고대문명연구소 연구총서 2

고대 근동과 중국, 문자와 문헌 전통의 형성
Writing and Textual Traditions in the Ancient Near East and Early China

심재훈, 빈동철, 김혁, 김석진, 이선우, 김구원, 윤성덕, 김아리, 강후구　지음

진인진

고대 근동과 중국, 문자와 문헌 전통의 형성

초판 1쇄 발행 | 2025년 2월 1일

지은이 | 심재훈, 빈동철, 김혁, 김석진, 이선우, 김구원, 윤성덕, 김아리, 강후구
발행인 | 김태진
발행처 | 진인진
등 록 | 제25100-2005-000003호
주 소 | 경기도 과천시 관문로 92, 101동 1818호
전 화 | 02-507-3077-8
팩 스 | 02-507-3079
홈페이지 | http://www.zininzin.co.kr
이메일 | pub@zininzin.co.kr

ⓒ 심재훈, 빈동철, 김혁, 김석진, 이선우, 김구원, 윤성덕, 김아리, 강후구 2025
ISBN 978-89-6347-625-4 93900

* 책값은 표지 뒤에 있습니다.
* 이 저서는 2023년 대한민국 교육부와 한국연구재단의 지원을 받아 수행된 연구임(NRF-2023S1A5C2A02095273)

고대 근동과 중국, 문자와 문헌 전통의 형성

목차

서론: 고대 근동과 중국, 문헌 전통 비교 연구의 물꼬를 트며···심재훈　　　　　9

제1부　고대 중국　　　　　21

제1장　중국 문자의 기원에 관한 생각들과 문해력···빈동철　　　　　23
I. 서론　　　　　23
II. 전통적 접근　　　　　24
III. 두 가지 주요한 현대적 접근　　　　　28
　1. 중국 문자는 갑자기 출현하였다　　　　　29
　2. 중국 문자는 점진적으로 출현하였다　　　　　32
IV. 대안적 접근: 문해력(literacy)은 종교적·의례적 활동과 특별히 관련되어 있다　　　　　37
　1. 문해력에 관련된 인지 과정　　　　　37
　2. 사물의 인식에서 문자의 인식으로　　　　　40
V. 요약과 결론　　　　　47

제2장　甲骨文 문자 체계에 공존하는 원시성과 발전성···김혁　　　　　53
I. 서론　　　　　53
II. 甲骨文에 보이는 원시적 형태들　　　　　55
III. 언어를 기록한 부호로서의 갑골문　　　　　59
　1. 가차자　　　　　59
　2. 形聲字　　　　　63
　3. 문장으로서의 갑골각사　　　　　65
IV. 결론　　　　　69

제3장 고대 중국에서 '기억 매체'의 발달과 '역사 쓰기'의 시작
   −기호 전통과 商 문자의 과거 기록−⋯김석진   73

  I. 머리글   73
  II. 인간 기억과 그 확장의 역사   75
  III. 고대 중국, 기억 매체의 초기 양상: 음성언어에서 시각 기호로   79
    1. 신석기시대 추상성(기하성, 非상형성) 기호   81
    2. 신석기시대 구상성(도상성, 상형성) 기호   82
    3. 청동기시대 이후 도기류 기호   82
  IV. 고대 중국, 기억 매체의 혁신과 '과거 쓰기'의 시작: '상 문자'와 초기 역사 서술   87
    1. 갑골문 기사류: 과거를 보존하고 기념하다   92
    2. 금문 기사류: 과거를 보존하고 기념하다   96
    3. 옥·석문 기사류: 과거를 보존하고 기념하다   98
    4. 갑골문 험사류: '불안'과 '경계'의 과거를 기록하다   100
  V. 맺음글: 영속성, 상 문자 그리고 기념과 경계   104

제2부 고대 근동   129

제4장 고대 이집트에서 문학의 기원과 발달⋯이선우   131

  I. 들어가는 말   131
  II. 이집트 문학이란? 이집트 문헌들 중 무엇이 '문학'인가?   133
    1. 19세기에서 20세기 초반까지   134
    2. 1950년대부터 1970년대까지: 문학과 순수문학   137
    3. 1974년 아스만의 Das Handbuch der Orientalistik 리뷰 이후: 이집트 문학과 문학이론   140
    4. 2000년대 이후: 이집트 '문학'과 포스트이론   141
  III. 이집트 문학의 기원: 고왕국 시대 자전적 문헌과 중왕국 시대 고전   143
    1. 고왕국 시대 자전적 문헌   144
    2. 중왕국 시대 12왕조와 문학의 시작   148
  IV. 이집트 문학의 발달: 고전과 문화적 기억   152
  V. 결론   157

제5장 수메르어로 된 길가메시 서사시는 존재했을까…김구원 163
I. 들어가는 말 163
II. 수메르어로 된 길가메시 서사시가 존재했는가? 168
    1. 부정 입장 168
    2. 긍정 입장 174
III. 나가는 말 191

제6장 길가메시 서사시의 수메르 자료들…김구원 197
I. 들어가는 말 197
II. 수메르 문학 속 길가메시 201
III. 길가메시에 대한 수메르 단편들 210
    1. 〈빌가메시 엔키두 그리고 지하세계〉 213
    2. 〈빌가메시와 후와와〉 217
    3. 〈빌가메시와 하늘 황소〉 222
    4. 〈빌가메시의 죽음〉 225
    5. 〈빌가메시와 아가〉 229
IV. 나가는 말 235

제7장 고대서아시아 지혜문학 분류법…윤성덕 245
I. 고대 서아시아 지혜 문학을 분류한 예 245
II. 지혜 문학을 새롭게 분류하기 250
III. 주인과 종의 대화 254

제8장 고대 근동 법률 전통의 내부적 영향과 외부적 영향
    –고대 바빌론 시대와 신바빌론 시대를 중심으로–…김아리 263
I. 서문 263
II. 본문 265
    1. 고대 근동의 법률 전통의 내부적 영향 265
    2. 고대 근동 법률 전통의 외부적 영향 272
III. 결문 278

제9장 **고대 문명 주변부의 문자 사용과 글쓰기**
　　　–가나안 지역의 비문을 중심으로–····강후구　　285
　I. 들어가면서　　285
　II. 가나안 지역의 비문들　　286
　　1. 연구사　　286
　　2. 상형문자　　289
　　3. 신관문자　　294
　　4. 쐐기문자　　295
　　5. 알파벳 문자　　301
　　6. 선형문자(키프로-미노안 문자)　　305
　III. 토론과 결론　　307

찾아보기　　317

서론
고대 근동과 중국, 문헌 전통 비교 연구의 물꼬를 트며

심재훈(단국대 사학과)

문자와 문헌만큼 인류 문명사에 지대한 영향을 끼친 것이 얼마나 있을까. 초창기 문자는 상거래와 행정, 신성한 표식, 신과의 소통 등에 활용되다 오랜 글쓰기의 진화 과정을 거쳐 학술의 근간인 다양한 문헌으로 귀결되었다.

이 책은 동서양의 초기 문명을 주도한 고대 근동과 중국의 사례를 중심으로 인류의 글쓰기 문화가 어떻게 생겨나 어떤 과정을 거쳐 초창기 문헌 전통을 형성해 가는지 검토하려고 한다. 고대 근동에 6편, 중국에 3편의 연구가 할애되었다. 각각의 연구는 특정 지역의 특정 양상에 초점을 맞추지만, 총 9편의 연구를 하나의 지면에서 살펴봄으로써 자연스럽게 비교적 관점이 드러날 수 있으리라 기대한다.

내가 소장을 맡고 있는 단국대 고대문명연구소는 2023년 "고대 근동과 중국 문헌 전통의 물줄기"라는 주제로 한국연구재단 인문사회연구소지원사업에 선정되었다. 이 책은 2029년까지 진행될 그 프로젝트의 첫 번째 성과다. 그 내용을 설명하기 전에 고대 근동과 중국의 문헌 발전사를 간략하게 개관할 필요가 있다.

기원전 3000년 이전부터 수메르어를 표현한 메소포타미아의 쐐기문자는 처음에 장부나 계약 등 실생활에 사용되다 서사시나 찬시 등 시문, 기념문과 헌정문 등 정치 지도자의 문서, 속담 모음집과 교훈서 등 지식인들의 문학작품으로 발전했다. 비슷한 시기에 이집트에서도 초기 문헌들이 태동하여 메소포타미아와 비슷하면서도 다른 궤적의 문헌 전통을 형성했다. 수메르어 문헌은 기원전 2000년경 우르 제3왕조 고바빌론 왕국에서 필사되고 새로 창작되면서 절정에 이르렀다. 이 절정기는 고대 근동의 주인공이 수메르인에서 아카드인으로 바뀌는 시기였다. 아카드어는 수메르어와 다른 어족에 속하지만, 아카드인은 기원전 23세기경부터 쐐기문자를 빌려 자신들의 언어를 표기했다. 그러다 카슈 왕조 시대(기원전 1600-1200)에는 수메르어 작품을 아카드어와 다른 지방 언어로 번역하여 수메르 전통을 계승하면서, 아카드어로도 다양한 장르의 문헌을 창작하여 바빌론의 문학 전통을 확립했다. 이때부터 아시리아도 바빌론 문학을 자신들의 '고전'으로 인식했으며, 기원전 제1천년기 신아시리아 왕 앗수르바니팔의 도서관은 수메르, 바빌론 문학들로 채워진다. 이때 주변부에서도 그 영향을 받아 새로운 글쓰기 문화(예컨대, 우가릿의 음소 쐐기문자 문헌, 페니키아, 아람, 이스라엘의 '알파벳' 문헌 등)가 태동한다. 고대 근동의 문헌 전통에는 찬시와 서사시, 사랑 노래, 신화, 왕궁 문서, 역사 문서, 법률 문서와 같은 전통적인 작품 외에, 신의 본질과 인생의 의미를 논의하는 지혜문학, 미래의 운명을 점치는 징조 문학, 제의와 관련된 다양한 종교문서가 있다.

현재까지 확인된 중국의 글쓰기 문화는 기원전 13세기 갑골문에서 시작되었다. 7만여 편의 문자가 새겨진 갑골에는 상나라 후기 왕실과 관련된 거의 모든 방면(조상 제사, 날씨, 추수, 왕의 순수[巡狩], 사냥, 전쟁, 농지 개척, 읍 건설, 출산, 질병 등)의 점복 기록이 담겨 있다. 상 후기에는 청동기 금문(金文)이라는 새로운 매체도 등장하는데, 기원전 11세기 상을 멸망한 주나라가 상의 방식을 계승하여 더욱 복잡하고 다양한 서사 양식을 발전시켰다. 2만여 점의 금문은 기원전 5세기경까지 주나라 귀족들이 자신들의 전공(戰功)과 관직 임명 등 업적, 제사, 혼인, 가족사, 거래, 소송 등 중대사를 기록한 기념 문헌이다. 이 무렵에 시, 정치 선언문, 신화전설, 역사, 점복 등을 다룬 『시경』과 『서경』, 『주역』의 원류에 해당하는 문헌도 출현한다. 이는 춘추시대(기원전 8~5세기)에 정치 세력 사이의 맹약을 기록한 맹서(盟書), 국가별 연대기인 『춘추』 같은 초기 역사서를 거쳐, 전국시대(기원전 5~3세기)에 새로운 단계로 접어든다. 1990년대부터 대량 출토되고 있는 초나라 죽간(楚簡) 문헌이 그 대표적 사례로, 크게 공문서(행정, 사법), 점복과 제사 문헌인 복서도사(卜筮禱祠), 상장(喪葬) 의례 문헌인 유책(遣冊), 문학성 서적류 등 네 부류로 나뉜다. 마지막의 문학성 서적류는 문학, 역사, 사상, 문화, 방술 관련 문헌으로, 2022년까지 총 10만여 자, 163종이 정리되었다. 이것들 중 일부가 진한 제국(기원전 221~기원후 220)을 거치면서 경전으로 수렴된다.

현재까지 드러난 두 지역의 문헌 전통은 역사적 조건과 출토된 글쓰기 매체에 따라 다음과 같은 차이를 보인다. 첫째, 현격한 시차다. 중국의 최초 문자 사용 시기가 근동보다 2000년 정도 늦다. 둘째, 다극 체제의 고대 근동 문헌 전통이 장기에 걸쳐 다양한 장르의 문헌을 생산한 반면, 중국의 경우 상과 주 왕조 중심의 일극 체제가 무너진 기원전 5세기 이후 초간 단계에 와서야 유사한 현상이 나타난다. 셋째, 고대 근동에서 신과 종교 관련 논의가 풍부했다면, 중국은 대체로 인간 자체에 중점을 두었다. 넷째, 고대 근동에서 지역성을 띠는 주변부 글쓰기 문화가 존재했다면, 중국을 중심으로 한 고대 동아시아에서의 지역적 변이는 상대적으로 두드러지지 않는다. 다섯째, 고대 근동 문헌 연구가 19세기부터 축적된 것과 달리, 중국은 이미 기원전 2세기부터 활발한 논의가 이루어졌다. 다만 20세기 들어 고문자 연구로 시작된 근대적 의미의 중국의 출토문헌학은 초간의 발견으로 1990년대 이후 본격화된 분야라고 할 수 있다.

이러한 차이에도 불구하고 두 지역의 문헌 전통은 크게 보아 시와 산문 등 문학, 신화전설을 포함한 역사, 신과 인간에 대한 지혜를 담은 사상, 미래를 예측하는 점복(징조) 등 여러 장르를 공유한다. 두 전통의 형성과정에서도 보편성이 확인된다.

저명한 독일의 이집트학자 얀 아스만(Jan Assmann, 1938-2024)은 무문자사회의 집단 기억이 축제나 제사와 같은 의례의 반복을 통해 이루어졌다고 본다. 그에 따르면 문자의 발명과 함께 문헌이 태동한 시기에도 오랫동안 무문자사회의 이러한 "의례적 연속성"(ritual continuity)이 텍스트의 형성을 이끌다가, 특정 유형을 갖춘 규범적 텍스트들이 대거 출현했다고 한다. 그는 아시리아학자 레오 오펜하임(A. Leo Oppenheim, 1904-1974)의 표현을 빌려 기원전 제2천년기 근동에서 나타난 다양한 장르의 문학이 분출하는 현상을 "전통의 물줄기"(stream of tradition)라고 묘사했다.[1] 이 물줄기는 다양한 자료를 실어 나르는 변화무쌍한 유기적 흐름이다. 아스만은 결국 이 단계에서 반복의 원칙에 따라 변이가 제한적인 "의례적 연속성"이 변이에서 자유로운 "문헌적 연속성"으로 대체된다고 본 것이다. 이 와중에 여러 갈래의 텍스트 중 일부가 다른 것보다 더 많이 전사되고 인용됨으로써 중요성을 인정받아 고전의 일종으로 자리잡는다. 이후 초기 문헌의 발전은 다양한 정치·문화·종교적 요인으로 인해 그 물줄기가 댐으로 막히는 경(정)전화(canonization)라는 마감 과정으로 수렴된다.[2]

---

[1] 오펜하임은 아시리아의 점토판 문헌을 두 종류로 대별한다. 그 첫 번째가 "박식하고 잘 훈련된 서기관들이 수세대에 걸쳐 복무한 전통에 의해 유지, 장악되어, 신중하게 보존된 문학적 텍스트 더미"로, 그가 바로 "전통의 물줄기"로 묘사한 것이다. 두 번째는 바빌로니아인들과 아시리아인들의 일상생활을 기록한 대량의 정보성 문헌이다(A. Leo Oppenheim, *Ancient Mesopotamia: Portrait of a Dead Civilization*. [Chicago: University of Chicago Press, 1977], p.13).

[2] Jan Assmann, *Cultural Memory and Early Civilization: Writing, Remembrance, and Politi-*

근동과의 현격한 시차에도 불구하고, 중국 역시 이러한 흐름에 대체로 부합한다. 상과 서주시대 갑골문과 청동기 금문 등 의례용 문헌은 초창기 근동 문헌처럼 변이가 적은 "의례적 연속성"의 성격이 강하고, 전국시대 초간은 문헌의 봇물이 터진 "전통의 물줄기"에 해당한다. 그 전통의 물줄기는 결국 한대에 경전화된다.

이 책에 포함된 9편의 논문을 집필한 연구자들 모두 대체로 초기 문자와 문헌 발전의 이러한 흐름을 염두에 두고 연구를 진행했다. 그 첫 번째 공동연구 성과인 이 책은 개별 연구자의 연구 상황에 따라 일관된 원칙을 지키기 어려운 면이 있었지만, 대체로 문자와 문헌의 최초 발전 단계에 초점을 맞추려고 시도했다. 9편의 연구를 모아 보니 한 가지 뚜렷한 흐름을 감지할 수 있었다. 고대 중국의 경우 대체로 초기 문자, 즉 갑골문의 발전에 초점이 맞춰졌다면, 근동은 다양한 문헌과 비문을 주로 다루었다. 1822년 샹폴레옹의 로제타석 성각문자 해독 이래로 오랜 문헌학 연구가 이루어진 근동의 경우 문자의 발전 자체가 더이상 주요 화두가 아닌 반면, 1990년대부터야 출토문헌학이 주요 연구 대상으로 등장한 중국의 경우 아직도 문자 발전에 대한 논쟁이 지속되고 있기 때문일 것이다.

따라서 이 책의 배열도 근동과 중국의 상대적 역사 순차보다는 글쓰기 양식의 발전 단계를 중시하여 초창기 문자가 강조된 중국 관련 논문 3편을 제1부에 담았다.

제1장은 중국 문자의 기원 문제를 다루었다. 저자 빈동철은 고대문명연구소 연구교수로 미국 인디애나대학의 동아시아언어문화학과에서 「고대중국의 서법과 서사(書寫) 전통」으로 2014년 박사학위를 받았다. 중국 고대문헌과 지성사 방면의 연구를 수행하고 있다.

빈동철의 연구는 우선 중국 문자의 출현과 관련하여 중국의 전통적 설명부터 현대의 이론에 이르기까지 다양한 접근들을 비판적으로 검토한다. 전통적 접근은 상 후기 안양(安陽, 은허) 문자 이전 신석기시대의 토기와 기물에 나타나는 부호들의 형태적 유사성을 근거로 문자의 기원을 추적하지만, 그 부호들의 기능과 문자로의 전환을 설명하지 못하는 맹점이 있다. 현대적 접근은 중국의 문자 출현을 단기간의 발명으로 보는 이론과 점진적으로 축적된 문화적 진화의 결과로 보는 견해가 대표적이다. 이 두 가지 가설 역시 현재 이용가능한 고고학적 정보 안에서 설명할 수 있는 한계를 넘어선 측면이 있다. 저자는 이것들에 대한 대안적 접근으로 안양 문자 이전의 자료를 동원하지 않고, 안양 문자

---

cal Imagination (Cambridge University Press, 2011), pp.76-81.

그 자체만으로 문자의 형성과 발전에 대한 진화론적 설명이 가능함을 제시한다.

제2장 역시 1장의 논의를 더욱 세밀하게 분석하고 있다. 저자 김혁은 중국 푸단(復旦)대학에서 「갑골문 형체의 분류와 분석」으로 2016년 박사학위를 받았다. 문자학 측면에서 갑골문을 다각적으로 분석하는 연구를 수행하고 있다.

김혁의 논문은 갑골문에 원시성과 발전성이 공존하고 있음을 강조한다. 빈동철과 마찬가지로 일부 중국 학자들이 그 원시성을 갑골문보다 2,000년 정도 이른 시기의 신석기 도기 부호로까지 소급하는 것을 비판하며, 그러한 양상이 갑골문의 초기 단계에서만 집중적으로 나타는 것에 주목한다. 나아가 발전성의 표식으로 상형문자와 같은 기존의 원초적 글자를 소리 부호로 활용하여 동음이의어를 표기하는 가차자(假借字)나 한쪽은 뜻을 나타내고 한쪽은 음을 나타내는 형성자(形聲字), 일정한 문법 규칙의 존재 등을 든다. 따라서 갑골문의 기원과 관련하여 신석기시대 도기 부호로부터의 장기적 연속성보다는 상 후기에서 가까운 과거, 즉 상 전기까지 소급될 가능성을 제시한다.

제3장은 앞선 두 장과의 연속선상에서 고대중국의 문자와 초기 서사(書寫)를 '기억 매체'의 발달과 '역사 쓰기'의 시작 측면에서 다루었다. 고대문명연구소 연구교수인 저자 김석진은 단국대 사학과에서 「역사 문서에서 역사 책으로: 청화간 『계년』의 역주와 성격 고찰」로 2022년 박사학위를 받았다. 역사류 문헌을 중심으로 고대 중국의 문헌사 혹은 학술사를 주로 연구하고 있다.

김석진은 우선 기원전 1만년 전후의 신석기시대부터 기원전 1000년 전후 상대(商代) 말기까지, 기억 매체의 다양한 양상을 비교적 상세히 정리한다. 현재까지 누적된 고대 중국의 도기 부호, 갑골문, 청동기 명문, 옥석기 기록 등을 분석하여 신석기시대 이래 청동기시대까지 수천 년을 아우르는 고대 중국이라는 거대한 역사적 시공간에서, 다양한 언어와 기호 전통을 가진 십수 개 이상의 문화 공동체들이 존속했을 것으로 본다. 이들은 청각, 시각, 시청각 등의 각종 매체를 통해 개인과 공동체의 기억을 보존, 표출, 확장하였다. 특히 골재, 도기류, 옥·석재 그리고 금속재와 같은 고내구성 매체 기록의 지속적인 제작과 활용은 고대 중국인들이 그들 개인과 집단의 정체성을 확증하고 '영속화'하려는 일관되고 연속적인 노력이었다.

무엇보다 청동기시대가 무르익은 상대 후기에 도읍 은허를 중심으로 창발된 갑골문과 청동기 금문은 이전 시기와 비교할 수 없는 매체의 혁신과 기억의 현시화 작업을 입증한다. 그 핵심에 골재와 청동기 같은 고내구성 매체에 구현된 문장 구조를 갖춘 글쓰기가 자리한다. 체계적 기록이자 초보적 역사 쓰기로도 볼 수 있는 상대 후기 서사의 주종은 '기념'과 '경계(警戒)'로 점철되는 듯하다. 매체를 독점한 엘리트들의 선택적 과거 쓰기가 자신과 집단의 정체와 영광을 드러내고 그들을 향한 위험과 불안을 경계하는 데 집중되었던 것이다. 이러한 기념과 경계의 서사는 사치재성 기록 매체와 결합하여 열흘 단위로 미래를 예비하는 정기적 과거 기록 체계를 통해 강화되었다.

중국이 기원전 제 2천년기의 막바지에 서사 체계가 형성되기 시작했다면, 제2부에서 살펴볼 근동의 초기 문헌 발전은 그 스펙트럼이 상당히 다양하다. 2부의 첫 번째 연구, 즉 제4장은 고대 이집트 문학의 기원와 발전을 개괄적으로 다루었다. 저자 이선우는 시카고대학 근동언어문명학과에서 「고대 이집트에서 고통의 탐구(Exploring Pain in Ancient Egypt)」로 2022년 박사학위를 받았다. 이집트 문학 방면의 연구를 수행하고 있다.

이선우의 연구는 우선 '무엇을 이집트 문학으로 정의할 것인가?'라는 근본적인 문제를 제기하며, 현대 문학의 개념을 고대 이집트에 적용할 때 발생할 수 있는 시대착오적 오류를 경계한다. 이를 위해 이집트학자들이 문학 개념을 이해하고 문학 텍스트를 분류해 온 학술사적 흐름을 개괄하여 이집트 문학의 정의와 범주에 대한 논의의 틀을 마련한다.

두 번째로, 이집트 문학의 기원에 대해 고찰한다. 단순히 문학의 시작 시점이나 최초 사례를 확인하는 것을 넘어, 문학이 형성된 방식과 그 이전 단계의 텍스트 전통 및 주변 문화적 요소들을 분석한다. 고왕국 시대(2686-2182BC)의 자전적 문헌이 중왕국 시대(2055-1650BC) 문학의 토대가 되었음을 중심으로, 이집트학자들이 제시한 다양한 해석을 검토하며 중왕국 시대에 문학이 본격적으로 발전한 이유를 탐구한다.

마지막으로, 이집트 문학의 발전 양상을 수용과 전승의 관점에서 분석한다. 얀 아스만의 문화적 기억 이론을 적용하여, 중왕국 시대 문학작품이 과거와 현재를 잇는 '전통의 물줄기(stream of tradition)'로서 어떤 역할을 했는지를 조명한다. 특히, 아스만의 이론이 초기의 순수문학 개념에서 문화적 기억 담론으로 확장되는 과정을 논하며, 이집트 문학이 집단 정체성을 구축하는 문화적 기억의 매체로 기능했음을 밝힌다.

제5장과 제6장은 고대 근동의 두드러진 문학 장르 중 하나인 서사시로 넘어간다. 길가메시 서사시에 집중한 두 장 모두 전주대학 신학과 김구원 교수가 담당했다. 김 교수 역시 시카고대학 근동언어문명학과에서 「아크하투, 키르타, 한나 이야기 속 인큐베이션 전형 장면: KTU 1.14 I-1.15 III, 1.17 I-II, 사무엘상 1:1-2:11에 대한 형식비평

과 서사비평적 연구」로 2010년 박사학위를 받았다.[3]

5장은 수메르어 길가메시 서사시의 존재 가능성에 초점을 맞추었다. 고대 메소포타미아의 문학 작품들 가운데 길가메시 서사시는 그 형성 역사를 가장 잘 확인할 수 있는 작품이다. 현대인들에게 가장 먼저 알려진 후기 버전 혹은 표준 버전은 기원전 7세기의 것이지만, 그것의 원형은 고바빌론 시대(1894-1595BC)까지 거슬러 올라간다. 그렇다면 길가메시 서사시의 고바빌론 버전은 어떻게 저작되었을까? 수메르어로 쓰여진 길가메시 사본들이 알려지기 전부터 학자들은 길가메시 서사시의 기원이 수메르 시대(2900-2000BC)까지 거슬러 올라간다고 생각했다. 실제로 20세기 초에 수메르어로 된 길가메시 단편들이 출판되면서 길가메시 서사시와 수메르 단편들 사이의 관계에 대한 연구가 본격화되었다. 많은 학자들이 수메르 단편들이 아카드 서사시의 '자료'가 된다는 점에 동의하지만, 수메르 단편들을 하나로 묶은 수메르 서사시의 존재에 대해서는 회의적이었다.

김구원의 연구는 그런 학자들의 합의를 비판적으로 검토하고 수메르어로 된 길가메시 서사시의 존재의 가능성을 탐색했다. 이를 위해 수메르 서사시의 존재를 부정하는 학자들이 제시하는 증거들에 대한 대안적 해석을 제시하는 한편, 길가메시 서사시 내에 숨어 있는 수메르 서사시의 흔적들에 대한 빙(J. D. Bing)의 연구를 중시한다. 예를 들어, 수메르 단편의 독립성에 대한 증거로 제시된 송영적 결말은 구술 공연의 끝을 가리킬 뿐 그 이야기가 더 큰 서사의 일부일 가능성마저 부정하는 것은 아니다. 또한 빙에 따르면, 길가메시 서사시에 나타나는 신학적 혹은 주제적 모순들도 수메르 서사시 흔적에 대한 힌트가 된다. 따라서 이러한 근거를 통해 우르 3왕조 시대(2150-2000BC)에 수메르 서사시가 적어도 구전의 형태로 존재했을 가능성을 제기하는 것이다. 수메르 문학의 기원이 구전인지는 논쟁의 여지가 있지만, 수메르 서전이 구전과의 상호작용을 통해 전승되었음이 확실하기 때문에 길가메시 수메르 단편들에 대해서도 그것과 상호 작용하는 구전의 존재를 상정하는 것이 합리적이라고 본다.

---

[3] 이 학위논문은 같은 제목으로 네덜란드 라이덴의 브릴출판사에서 Vetus Testamentum Supplement 시리즈로 출판되었다: Koowon Kim, *Incubation as a Type-scene in the Aqhatu, Kirta and Hannah Stories: A Form-critical and Narratological Study of KTU 1.14 I-1.15 III, 1.17 I-II, and 1 Samuel* 1:1-2:11 (Leiden: Brill, 2011).

김구원은 제6장에서 5장에서 제기된 논점을 구체화하기 위하여 길가메시 서사시의 수메르 자료들을 검토했다. 1980년대 고대 메투란에서 새로운 사본들이 발견됨으로써 길가메시 서사시와 수메르 단편들 사이의 관계에 대한 재검토 필요성이 제기되었다. 길가메시에 대한 수메르 단편들은 대부분 고바빌론 시대의 학교 문서로 전해지지만, 그것의 최초 문서화는 우르 3왕조 시대에 이루어졌을 가능성이 높다. 이것은 수메르 단편들에 수메르 사회의 관심들이 반영되었음을 의미한다. 수메르 단편들의 문체 분석을 통해 그것들이 구전과의 상호 작용 가운데 창작 전승되었음을 이해하고, 수메르 단편들과 후대의 서사시 사이의 다양한 관계를 살펴볼 수 있다.

예컨대 〈빌가메시 엔키두 그리고 지하세계(BEN)〉는 그 후반부가 아카드어로 번역되어 길가메시 서사시의 제12토판에 그대로 사용되었다. 일견 이 둘의 관계가 기계적 번역의 관계로 보이지만, 서사시의 저자는 BEN에 제시된 길가메시와 엔키두의 우정을 서사시 전체에 아우르는 핵심 개념으로 발전시켰다. 〈빌가메시와 후와와〉와 〈빌가메시와 하늘 황소〉의 경우, 길가메시 서사시와의 관계가 보다 느슨하다. 수메르 단편의 기본적 플롯이 서사시의 3-5토판, 6토판에서 확인되지만, 그 수메르 자료들은 세부 사항에 있어 길가메시 서사시와 크게 다름을 확인하였다. 주목할 만한 것은, 완벽히 인간중심적 세계관을 그린 후대의 서사시와 달리 수메르 단편에 그려진 길가메시는 수메르의 전통적 종교에 충실하면서 영웅적 행위를 수행한다는 것이다. 〈빌가메시의 죽음〉과 〈빌가메시와 아가〉에 반영된 일화는 길가메시 서사시에서 전혀 발견되지 않는다. 하지만 길가메시 서사시의 저자가 그 수메르 단편들을 좀더 미시적 차원에서 활용한 증거들은 확인할 수 있었다.

길가메시에 대한 수메르 단편들은 지역에 따라 조금씩 다른 구성을 보이기도 하는데 이것은 수메르 단편들이 길가메시에 대한 수메르 사회 각각의 '문화적 기억'을 담고 있음을 보여준다. 앞에서 언급했듯이, 길가메시 수메르 단편에 상응하는 구전의 존재를 상정할 수 있지만, 수메르 단편들을 아우르는 보다 긴 플롯의 수메르판 길가메시 서사시가 존재하는지의 여부는 별도의 연구의 필요해 보인다.

제7장 역시 고대 근동 문학의 주요 장르 중 하나인 지혜문학의 분류 문제를 다루었다. 저자 윤성덕은 미국 히브리유니언대학에서 「신바빌로니아 역사, 문학 양식, 사료의 형성」으로 2001년 박사학위를 받았다. 구약을 중심으로 고대 근동 문학을 연구하고 있다.

연구자들은 아카드어로 된 〈주인과 종의 대화〉라는 지혜문학 작품에 대해 심각한

회의주의적 저작 혹은 풍자나 희가극이라고 서로 다르게 평가한다. 윤성덕은 지금까지 연구자들 사이의 지혜문학 작품들에 대한 분류기준을 검토하여, 작품의 내용이나 구조에 따른 그 분류 결과에서 일관성을 찾기 어려움을 우선 지적한다.

따라서 새로운 분류법을 도출하기 위해 윤성덕은 문학작품과 저자들이 당시 사회 안에서 차지하는 지위와 기능에 주목하는 방법이 있음에 주목한다. 이러한 지식 사회학의 연구결과를 참조하여 지식의 수집과 분류 및 확산 과정이라는 개념을 사용할 수 있다고 제안한다. 이와 함께 각 단계의 기본 목적에 충실한 기초 작품들과 이를 응용한 변형 작품들도 있음을 고려했다. 이러한 새로운 분류법에 따라 〈주인과 종의 대화〉가 수집과 분류 단계에 속한 변형작품이라고 정의했다. 다양한 속담과 교훈들을 모아서 열거하는 것이 그 작품의 기본 목적이고, 한 가지 주제에 천착하지도 않았기 때문이다. 즉, 〈주인과 종의 대화〉는 간단한 이야기를 틀로 삼아 대화라는 형식을 도입했고, 그 틀에 따라 목록이 최소한의 줄거리를 따르는 모습을 보여준다. 대화 중에 현실에 대한 비판적인 논의가 등장하지만 이 주제를 깊이 파고드는 논의로 발전하지는 않았으며, 관련된 속담과 교훈을 나열하는데 그쳤다.

제8장은 고대 근동의 또다른 주요 장르인 비빌론의 법률 문헌을 다루었다. 저자 김아리는 파리1대학에서 「기원전 7세기 부터 5세기의 문서로 본 바빌론 권력기관의 행정과 법률 관행-범죄와 처벌을 중심으로-」로 2019년 박사학위를 받았다. 고대 근동 법제사 방면의 연구를 수행하고 있다.

김아리의 연구는 고바빌론 시대와 신바빌론 시대(626-539BC)의 문헌들을 바탕으로 고대 근동의 법률 전통이 내부적으로는 어떻게 작용했으며 외부적으로는 어떻게 영향을 미쳤는지를 살펴보았다. 고대 근동의 법률 전통은 내부적으로 왕의 법으로 대표되는 중앙의 법체계가 지방으로 영향을 미치는 일방향이 아닌 쌍방향이었다. 즉, 강압적으로 상부에서 하부로 내려올 수도 있었지만 아래에서 위로 요청될 수도 있어서 상당히 유동적인 모습을 지니고 있었다.

고대 근동의 법률 관행은 주변 지역에도 영향을 미쳤다. 특히 문헌적으로 그 영향력을 가장 잘 확인할 수 있는 지역이 시리아-팔레스타인 지역이다. 가나안 지역에서 청동기 시기에 이미 고대 근동 법률이 학자들에게 알려져 있었다. 성서법은 부분적으로 고대 근동의 법률 전통을 따르고 있었고 부분적으로는 이와 전혀 다른 정언 명령형 언어를 사용하는 전통을 가지고 있었다. 이는 고대 근동의 법률 전통이 주변에도 선별적으로 수용되었다는 사실을 알려준다.

가나안 지역에서 바빌론 법률의 수용은 그 지역의 문자 사용을 전제로 한다. 따라서 마지막 제9장은 주로 가나안 지역을 중심으로 주변부의 문자 수용 문제를 다양한 각도에서 분석했다. 서울장신대 교수인 저자 강후구는 히브리대학에서 「키르벳 케이야파의 토기군과 기원전 10세기 초 유다 이해에서 그 의의」로 2013년 박사학위를 받았다. 성서고고학자로 이스라엘 현지 발굴에 참여하며 다양한 연구를 수행하고 있다.

이 연구는 우선 이집트 문명과 메소포타미아 문명 사이에 위치한 가나안 지역에서 고고학적으로 발견된 비문들을 분석하였다. 이를 통해 7개 언어를 위하여 5개의 문자(상형문자, 신관 문자, 쐐기문자, 알파벳 문자, 선형문자)가 가나안에서 사용되었음을 밝혔고, 이 문자들이 발견된 장소와 시기를 분석하여 다음과 같은 몇 가지 결론을 내렸다.

첫째, 가나안인들의 문자사용은 중기 청동기 시대(기원전 20-16세기)에 주로 도시-국가인 제한된 장소들에서 사용되었고, 후기 청동기 시대(기원전 16-13세기)에는 비문이 발견되는 장소와 비문의 숫자가 증가하는 경향을 보여준다. 둘째, 가나안 지역에서의 문자사용은 정치 환경에 영향을 받는 경향이 비교적 뚜렷하다. 셋째, 가나안인들은 고대 이집트 문명의 영향을 받아 세계 최초로 알파벳 문자를 발명했다. 그러나 이 발명은 고대 이집트의 상형문자와 신관문자가 발생한지 천년이 넘는 기간 이후에 일어났고, 가나안인들은 한 번도 그들이 발명한 문자를 그들의 사회에서 제1문자로 사용하지 않았다. 넷째, 가나안 지역의 몇 도시들은 하나 이상의 문자를 사용했지만, 특정 도시들은 오직 하나의 문자 사용을 선호했다. 비문의 분포 분석을 통하여, 가나안 사회에서 가장 널리 사용된 문자는 쐐기문자였음을 알 수 있다. 마지막으로, 핵심 문명 지역의 문자들(고대 이집트 상형문자, 신관 문자, 쐐기문자)이 가나안 사회에서 행정, 경제, 외교를 위한 중심 역할을 담당했다.

지금까지 살펴본 9편의 연구 중 중국의 3편은 갑골문자 자체의 기원 문제와 초기 서사 혹은 역사 기록으로서 갑골문의 역할을 검토했다. 반면에 근동을 다룬 6편의 경우 문학의 기원에서 서사시, 지혜문학, 법률문헌, 주변부의 문자 수용까지 다양한 양상을 다루었다. 중국이 본격적인 문헌으로 발전하기 전 단계에 치중했다면, 근동은 그 단계를 뛰어 넘어 초기 문헌이 형성되는 구체적인 모습을 담고 있다.

본 공동연구의 기획자 중 한 사람인 나는 이 연구들을 일별한 뒤 고대문명 비교 연구가 얼마나 지난한 작업인지 새삼 절감한다. 앞에서 언급한 지역별 문헌 전통과 그에 따른 연구의 내력 차이 이외에도 다양한 요인이 여기에 영향을 미쳤을 것이다. 이 책의 편집을 마무리하며 내가 느끼는 한 가지 아쉬움은 쐐기문자나 성각문자의 기원 문제가 설사 현행의 주요 화두가 아니더라도 그 주제를 다룬 연구를 포함시키지 않은 점이다. 물론 제1장 빈동철의 연구에서 소개하듯, 서양 학계의 갑골문 기원 연구가 근동의 초기 문자 연구에 기반한 점은 분명하다.

메소포타미아와 이집트에서 기원전 3000년 이전부터 문자가 출현한 이후 문학성 문헌(literary texts)이 나타나기까지 대체로 500년 정도 경과한 듯하다.[4] 앞으로 고고학 발굴을 통해 이 시차가 앞당겨 질 수도 있겠지만, 문자가 발명되어 상거래 등 일상 생활에 사용되다 서사(敍事) 구조를 갖춘 문헌이 출현하기까지의 과정이 상당히 복잡했음을 알 수 있다. 그 과정에서 전통과 지식의 보존, 교육, 종교적 의례적 목적, 사회정치적 필요성, 심미적 오락적 욕구와 같은 여러 요인이 작용했을 것이다. 초창기 문자 문화의 의례적 측면을 중시한 아스만은 무문자 사회 이래 지속된 다중 매체적 복합성을 지닌 의례들을 문자로 표현하는데 어려움이 있었기 때문에, 문자가 문화적 기억을 창출하기 위한 기능적 부분에서 일정한 역할을 담당하기까지 상당한 시간이 소요되었을 것으로 보기도 한다.[5]

어떤 면에서 이 책에 포함된 중국 관련 연구는 대체로 근동의 문학 출현 이전 500년의 서사 발전에 상응하는 것으로 볼 수 있다. 따라서 이를 넘어서 이집트의 문학 전반과 메소포타미아의 서사시와 지혜문학, 법률 문헌 등의 초기 문헌 계통을 천착한 6편의 근동 관련 연구는 다음 단계에 진행될 중국 문헌 연구에 중요한 비교적 관점을 제시할 수 있을 것이다.

여러 한계와 아쉬움에도 불구하고 이 책은 고대 근동과 중국의 초창기 문헌 발전사를 한 지면에서 다루어보았다. 각각의 논문 한 편 한 편이 그 자체로서 큰 의미를 지님은 두말할 나위가 없다. 나아가 고대문명 연구가 일천한 국내의 상황에서 이러한 연구를 시도한 것과 그 시도가 지니는 한계를 드러낸 것만으로도 의의가 있다고 믿는다. 이 책이 앞으로 지속될 고대 근동과 중국의 문헌 전통 비교 연구에 물꼬를 틀 수 있으면 좋겠다.

---

4 Tawny L. Holm, "Ancient Near Eastern Literature: Genres and Forms," in *A Companion to the Ancient Near East*, ed. by Daniel Snell (Maldem, MA: Blackwell, 2007), pp.269-270.

5 Assmann, *Cultural Memory and Early Civilization*, p.76.

이 책은 고대문명연구소에서 진행 중인 인문사회연구소지원사업의 첫 번째 성과지만, 고대문명연구소 연구총서로는 제2권에 해당한다. 2024년 4월에 연구총서 제1권으로 『이집트에서 중국까지: 고대문명 연구의 다양한 궤적』(진인진)을 출간했기 때문이다. 1권 역시 연구소가 한국연구재단으로부터 수주한 일반공동연구지원사업 "문명의 시원, 그 연구의 여정과 실제"(2022~2024년)의 1년차 연구성과를 담은 것이다. 그 2년차 성과도 고대문명연구소 연구총서 제3권 『고대문명 형성의 물질적, 정신적 토대』로 2025년 상반기에 출간될 예정이다.

한국연구재단의 지원이 없었다면 이러한 연구들뿐만 아니라 고대문명연구소의 존립조차도 불가능했을지도 모른다. 점점 어려워지는 인문학 기초연구의 상황에도 불구하고 이렇게 큰 지원을 받을 수 있음에 감사드리며, 앞으로 더욱 충실한 연구 성과로 보답할 수 있길 희망한다.

어려운 상황에서도 상업성이 떨어지는 이 책을 기꺼이 출간해준 도서출판 진인진에 감사드린다.

2024년 12월 1일
저자들을 대표하여

제1부 고대 중국

1. 중국 문자의 기원에 관한 생각들과 문해력 (빈동철)

2. 甲骨文 문자 체계에 공존하는 원시성과 발전성 (김혁)

3. 고대 중국에서 '기억 매체'의 발달과 '역사 쓰기'의 시작: 기호 전통과 商 문자의 과거 기록 (김석진)

목차

I. 서론

II. 전통적 접근

III. 두 가지 주요한 현대적 접근
    1. 중국 문자는 갑자기 출현하였다
    2. 중국 문자는 점진적으로 출현하였다

IV. 대안적 접근: 문해력(literacy)은 종교적·의례적 활동과 특별히 관련되어 있다
    1. 문해력에 관련된 인지 과정
    2. 사물의 인식에서 문자의 인식으로

V. 요약과 결론

제1장
중국 문자의 기원에 관한 생각들과 문해력

빈동철(단국대 고대문명연구소)

I. 서론

중국 문자의 기원에 대해서 살펴보기 전에, 우선 우리는 문자라는 것이 무엇인가 하는 문자의 정의에 대한 예비적 고찰이 필요하다. 중국 문자의 기원을 찾아서 시대를 거슬러 올라갈수록, 우리는 그림이나 부호 같은 표시를 발견하는데, 이것을 문자와 구분하는 것은 문자를 정의하는 데 대단히 중요하기 때문이다. 현재 우리가 공공장소에서 흔히 볼 수 있는 표시, 예를 들면, "🚫"은 이 장소에서는 휴대폰을 사용해서는 안된다는 의미를 나타내는 것이다. 이 표시는 정확히 어떤 말을 전달하고 있는가? "휴대폰 사용금지", "휴대폰을 사용하지 마세요", "여기서는 절대 휴대폰 사용 안됩니다" 등 전부 의미는 비슷하지만, 정확히 어떤 우리말을 대변한 것인지 규정할 수 없다. 만약에 이 표시를 우리가 문자라고 한번 가정해 보자. 가령 이 표시를 한국 사람들이 누구나 소리내어서 "휴대폰 사용금지"라고 '읽는다'면, 이것은 문자가 될 수도 있을 것이다. 다른 언어, 예를 들면, 영어를 사용하는 사람이라면, "No Cellphones", "No Mobile Phones", "Please turn off cellphones", "No cellphones allowed" 등 입으로 소리내어서 여러 가지 방식으로 읽을 수도 있을 것이다. 따라서 이 표시를 언어와 결부시키는 것은 딱 고정되어 있는 것이 아니라 '임의적'이다. 동일한 것을 의미하는 데, 그것의 발음, 즉 소리(sound)는 언어마다 다르다. 즉, 이 소리가 나타내는 단어(word)는 의미는 같지만 발음은 다르다.

"휴대폰"과 "cellphone"은 동일한 것을 의미하지만, 발음한 소리는 다르다. 중요한 것은 문자는 어떠한 대상 혹은 의미를 전달하는 데 필요한 단순한 상징(symbol)이 아니라, 반드시 그것을 발음하는 소리를 가지고 있다는 점이다. 그래야 문자일 수 있다.

중국 문자의 경우, 이러한 문자의 정의를 토대로 그 기원을 살펴볼 때, 현재까지 가장 빠른 것은 안양에서 발굴된, 기원전 1200년 경의 갑골문이 대표적이다. 갑자기 출현한 안양의 문자에 대해서 일부 학자들은 안양 문자 이전에 어떤 다른 문자가 있었을 것이라고 추정하거나, 다른 학자들은 안양의 문자 이전의 형성기를 추적하거나, 아니면 안양의 문자 이것이 바로 중국에서 최초로 출현한 문자라고 주장한다. 이 글에서 우리는 이러한 중국 문자의 기원에 관한 여러 가지 가설과 주장들을 비판적으로 검토할 것이다. 그리고 현재까지 발견된 고고학적 정보와 현대의 인지신경과학의 연구성과를 토대로 가능한, 최선의 설명을 위한 대안적 접근을 시도할 것이다.

II. 전통적 접근

중국 문자의 기원을 생각해 볼 때, 우선 중국인들 자신의 전통 속에서 한자의 기원에 대하여 어떻게 생각하였는지 살펴볼 필요가 있다. 한 나라 때 허신(許愼, 58-148)은 중국에서 가장 이른 사전이라고 할 수 있는『설문해자(說文解字)』를 저술하였는데, 그 서문 속에서 한자의 탄생을 말하고 있다.

> 옛날에 포희(庖犧: 짐승을 길들이는 자)씨가 천하의 왕이 되었을 때, 위로 우러러 보아 하늘에서 모양(象)을 관찰하고, 아래로 굽어 보아 땅에서 패턴(法)을 관찰하며, 새·짐승의 문양과 땅의 마땅함을 보았다. 그리고 가까이는 몸에서 취하고 멀리는 사물에서 취하여, 처음으로『易』의 八卦를 만들어 하늘의 모양과 땅의 패턴을 남겼다. 신농(神農: 농사의 신)씨에 이르러 매듭을 도구로 다스리고 그 일을 통솔하였다. 많은 일들이 번잡해지면서 꾸밈과 거짓이 생겨나기 시작했다. 황제의 사관인 창힐(倉頡)이 새와 짐승의 발자

국을 보고 나뉘어진 패턴으로 서로 구별될 수 있음을 알아 처음으로 글자를 만들었다.[6]

물론 허신이 문자의 탄생과 관련하여 말하고 있는 내용을 곧이곧대로 믿을 수 있는 것은 아니다. 실제로 한자가 탄생하고 매우 오랜 기간이 지난 한대에 허신이 제시하는 신화적 설명을 그대로 받아들이기는 어렵다. 그러나, 이런 신화적인 내용에도 불구하고 한자의 특징에 대하여 중요한 점을 시사하고 있다. 그것은 바로 중국 문자가 애초에 새와 짐승의 모양이나 그 발자국을 본떠서 만든 글자라는 점이다. 말하자면, 중국의 문자는 애초에 사물의 모양을 본떠서 만든 '象形'이라고 하는 그림문자(pictograph)라는 것이다. 그림문자는 언어의 발음을 표현하는 것이 아니라 그 그림 자체로 의미를 드러낸다. 그러나 앞서 문자를 정의할 때 설명한 것처럼, 안양의 갑골문은 이미 이런 원시적인 그림문자의 단계를 지나서 언어를 소리로 표현하는 완성된 문자 체계이다. 따라서 허신이 전하고 있는, 창힐이 글자를 창제하였다는, 오래된 전설을 뒷받침할 수 있는 근거는 없다. 이처럼 문자의 기원에 대한 전통적 견해는 신화적 설명에서 더 이상 나아갈 수 없었지만, 현대의 일부 학자들에게 문자의 기원과 관련하여 한 가지 연구의 방향성을 제시한 것 같다. 바로 문자의 기원을 그림문자로 규정하는 이 전통적 견해는 갑골문 이전에 어떠한 문자의 형성과정이 있었는지 살펴보는 데, 신석기 시대의 부호와 그림으로 그 기원을 소급하는 견해와 연결된다.

안양의 갑골문 이전에, 간단히 두세 획으로 구성한 표지(sign)나 기하학적으로 그린 그림 등 토기에 나타나는 부호는 중국의 중원과 북방 전역에 걸쳐서 나타난다. 이러한 토기부호(pottery mark)는 신석기 후반에 나타나기 시작하여 대략 기원전 2000년 다원커우(大汶口) 지역의 유적에 이르기까지 다양하다. 문자의 기원을 추적하는 중국의 학자들은 주로 신석기와 청동기 시대에 나타난 다양한 토기부호와 안양 갑골문의 연관성을 확립하려고 한다.[7]

---

[6] 『說文解字』, "古者庖犧氏之王天下也, 仰則觀象於天, 俯則觀法於地, 視鳥獸之文與地之宜, 近取諸身, 遠取諸物, 於是始作《易》八卦, 以垂憲象. 及神農氏, 結繩爲治, 而統其事. 庶業其繁, 飾僞萌生. 黃帝史官倉頡, 見鳥獸蹄迒之跡, 知分理之可相別異也, 初造書契."

[7] 대표적인 사례들은 Qiu Xigui, *Chinese Writing*, trans. Gilbert L. Mattos and Jerry Norman (Berkeley: Society for the Study of Early China and Institute of East Asian Studies, University of California, 2000). 29-44쪽을 참고하기 바란다. 최근 파올라 드마테(Paola Demattè)는 안양 이전 시

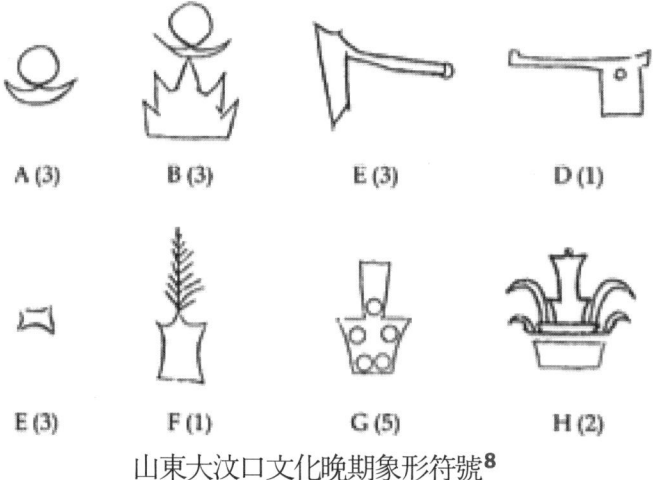

山東大汶口文化晚期象形符號[8]

　　추시구이(裘錫圭)는 이런 "다원커우 문화의 상형부호는 이미 비문자의 도형이 아니라, 원시문자이다."라고 주장하였다.[9] 그러나, 이후 그는 이런 초기의 토기부호가 중국 문자의 원시단계(precursor)를 구성하는 직접적인 증거가 될 가능성에 대하여 상당히 회의적이다. 이전에 그는 다원커우 토기부호와 안양의 갑골문 사이에 어떤 연결고리의 가능성을 생각하였지만, 현재는 이런 견해로부터 벗어나 오히려 그런 연결 가능성을 인정하지 않는다.[10]

　　이런 신석기 후반의 토기부호가 중국 문자의 기원과 관련되어 있다는 견해는 그 가정에 문제점들이 존재한다. 우선 이런 견해는 안양 이전의 부호와 갑골문의 글자가 형태상 유사성을 가지고 있어서 양자 사이에는 발전적(developmental) 또는 진화적(evolutionist) 관련성을 확립할 수 있다고 전제한다. 그러나, 신석기 토기부호의 기능에 대하여 우리가 아는 것이 없을 뿐만 아니라, 안양과의 시공간상 거리가 매우 멀다는 사실은 이 견해를 수용하기 어렵게 만든다. 더구나 이런 부호가 정말로 언어나 말을 기록한 것인

기에 중국의 여러 지역에서 만들어진 토기, 옥기, 청동기 등에서 나타나는 부호와 안양 문자의 형식적 유사성을 강조한다(Paola Demattè, *The Origins of Chinese Writing* [Oxford: Oxford University Press, 2022], pp.227-73). 그러나, 드마테(Demattè)의 주장은 몇 가지 부호를 설명할 수 있을지 모르지만, 문자의 시스템을 설명할 수 없다는 점에서 심각한 비판을 받을 수 밖에 없다.

8　Qiu Xigui, *Chinese Writing*, 34쪽에서 재인용. 그림에서 괄호안의 숫자는 나타난 횟수를 표시한다.
9　裘錫圭,「漢字形成問題的初步探索」,『中國語文』, 1978, 162–171쪽.
10　Qiu Xigui, *Chinese Writing*, p.38.

지 알 수 없다. 이것이 개별적 부호였을 것이라고 추정하는 것 외에, 어떤 시스템과 그 속에서의 내적 구조를 보여주는 방식에서 사용되었다는 것을 암시하는 증거 없이, 단지 우연한 형태적 유사성에 의존해서, 시기적으로 훨씬 후대의 문자와 '모양'을 비교하여 안양의 문자에 대한 발전적 모델을 가정하는 것은 받아들이기 어렵다.[11]

현재까지 최초의 문자로 입증된 것은 대략 기원전 1200년 경에 상 나라 후반 무정왕(武丁王) 시기 안양에서 사용된 청동기 명문과 갑골문이다. 이 문자는 제사 같은 조상 숭배와 의례 같은, 통치 계급과 관련된 특별한 사용에 한정되어 있다. 청동기 명문이든 갑골문이든 간에, 문자 체계는 철자법의 원리나 문장의 구조적 특징에서 기본적으로 현대 중국의 문자 시스템과 크게 다르지 않다. 따라서 현대의 중국문자와 형태적·구조적 연속성을 가지고 있는 안양의 문자 시스템 이전에 모종의 이전 단계가 있었을 것이라고 학자들은 추정한다. 문자가 처음 출현하여 시대를 내려가면서 발전하거나 진화하였다는 관점에서 본다면, 상 나라 후기의 문자 이전에 좀 덜 발달된 이전 단계의 문자가 제2천년기에 사용되었을 것이다. 추시구이는 다음과 같이 상 나라 이전의 문자 단계를 추정한다.

> 상대 후기의 한자는 이미 완벽하게 언어를 기록할 수 있었을 뿐만 아니라, 어떤 면에서는 상당히 성숙된 것으로 보인다....상대 후기는 한자가 원시 문자의 단계를 벗어나서 완정한 문자 체계를 형성한 시대로부터 이미 어느 정도 거리가 있었을 것이다.[12]

그러나 이런 가정에 기반하고 있는 여러 중국 학자들의 설명이 있지만, 여전히 갑골문 이전 단계에 속하는 문자의 존재를 입증하는 데는 성공하지 못하고 있다. 그러면, 도대체 갑골문 이전의 단계라고 하는 것은 본질적으로 어떠한 것인가? 이것은 앞서 논의한 무엇을 문자라고 하는가 하는 이슈와 직접적으로 연관되어 있는 문제이다. 갑골문

---

11 William G. Boltz, "Literacy and the Emergence of Writing," in *Writing and Literacy in Early China*, ed. Li Feng and David Prager Branner (Seattle & London: Washington University Press, 2011), pp.66-7.

12 裘錫圭, 『文字學槪要』 修訂本(北京: 商務印書館, 2013), p.33; 또한 영어 번역본 Qiu Xigui, *Chinese Writing*, pp.42-3.

이전에 써진 것이 부호이든 글자이든 간에[13], 중요한 것은 그것이 어떠한 모양을 하고 있는지 또는 어느 정도로 갑골문과 닮았는지가 아니라, 완전히 성숙된 문자 이전에 어떤 기능을 하고 있었고, 어떻게 문자로 진화했는가의 문제이다.

III. 두 가지 주요한 현대적 접근

우리가 일단 안양의 갑골문과 청동기 명문이 중국 문자의 처음이 아니라고 잠정적으로 결정하면, 중국의 문자는 언제, 어떻게, 그리고 왜 시작되었는지 현재 우리가 가지고 있는 신뢰할 수 있는 정보가 거의 없다는 사실에 적잖이 당황할 수 밖에 없다. 안양 무정 시기의 문자 활동 몇십년 전에 이 지역에서 문자 활동이 갑자기 일어났을까? 혹은 몇 백년 전에 바로 그 지역에서 점진적으로 그 발전의 과정이 진행되었을까? 혹은 다른 지역에서 문자 활동이 이미 진행되었지만, 과거의 역사 속에서 사라졌기 때문에 우리가 알 수 없는 것일까? 현재 안양 이전의 문자에 대한 고고학적 증거의 부재를 염두에 두면, 중국 문자의 기원을 설명하려는 가설적 접근들 중에 아래의 주요한 두 시도는 살펴볼 여지가 있다.[14]

---

[13] 여기서는 그것이 써진 것이든 그린 것이든 간에, 중립적인 의미에서 'graph'라고 하는 용어가 적절하다.

[14] 중국 문자의 출현과 관련하여, 1960년대 까지 젤브(I. J. Gelb) 같은 학자들은 안양 문화의 중요한 요소들은 근동 지역의 영향을 받은 것이라고 주장하였다. 이들은 중국 안양에서 갑자기 문자가 출현한 것은 메소포타미아로부터의 자극 확산(stimulus diffusion)에 기인한 것이라고 보았다(I. J. Gelb, *A Study of Writing* [Chicago, The University of Chicago Press, 1963], pp.217-20). 그러나, 중국 문명 자체 내의 고고학적 증거는 안양의 문화적 특징에 대하여 그 이전의 지역적 선례(예를 들면, 얼리강 문화)를 충분히 제공하고 있기 때문에, 외부 문명의 영향에 의존한 문자 발생의 설명은 더 이상 고려할 선택지가 아니다. 따라서 근동 지역의 자극 확산에 의한 중국 문자의 발생설은 이 글에서 배제한다.

1. 중국 문자는 갑자기 출현하였다

필자가 지금까지 논의한 전통적 접근과는 매우 다른 접근이 주로 서양 학자들에 의해서 이루어졌다. 이것은 시간의 추이에 따른 문자의 점진적 형성과정에 대한 논의를 비판하고 문자의 형성을 하나의 '발명(invention)'으로 간주하는 접근이다. 우선 이런 견해에 대표적인 윌리암 볼츠(William G. Boltz)의 주장을 보자.[15]

> 문자는 진화론적 발전의 최종적 생산물이 아니라, 하나의 발명이다. 모든 발명처럼, 그것은 틀림없이 순간적인 출현의 결과였을 것이다. 이 경우에, 그 순간은 누군가 그래프(graph)나 싸인(sign)이 단어나 이름 또는 어떤 다른 의미있는 언어 단위를 나타낼 수 있다는 것을 알아차렸을 때였다. 글쓰기(writing) 이전에…물리적으로 글쓰기의 도래를 미리 예시하는 표식(marks), 그림, 그리고 여러 종류의 그림문자(pictograph)가 있었을 것이다.…글쓰기의 발명 전후로 이 모든 특징들은 느슨하게 진화론적 양상으로 고려될 수 있을 것이다. 그러나 문자의 발명 그 자체는 진화가 아니라 일종의 실현이었고, 틀림없이 신속한 사건이었을 것이다.[16]

볼츠(Boltz)는 초기 문자의 본질에 대한 메소포타미아와 이집트의 모델을 수용하여, 하나의 그래프(graph)는 행위를 위한 간단한 부호나 표시이지만, 어떤 특정한 언어를 대변하지 않는 경우에는 문자의 영역 밖에 있는 것으로 간주한다. 그래서 진정한 의미에

---

[15] 볼츠(Boltz) 외에도, 문자의 '발명'을 주장하는 여러 학자들이 있다. 왕 하이청(Wang Haicheng)은 문자의 발명에 개입한 개인적 천재(individual genius)를 언급한다(Wang Haicheng, *Writing and the Ancient State: Early China in Comparative Perspective* [Cambridge: Cambridge University Press, 2014], p.301). 마빈 파월(Marvin A. Powell)은 고대 근동의 쐐기문자(cuneiform)는 한 개인에 의해서 발명된 것이라고 주장한다, 그에 따르면, 문자의 발명은 어떤 공동체에 의한 것도 아니며, 세대를 거치면서 천천히 축적된 싸인(sign)도 아니다. 즉, 어떤 공동의 진화적 발명에 대한 단 하나의 사례도 없다고 생각한다(Marvin A. Powell, "Three Problems in the History of Cuneiform Writing: Origins, Direction of Script, Literacy," *Visible Language* 15, no. 4 [Fall 1981]: p.422).

[16] William G. Boltz, *The Origin and Early Development of the Chinese Writing System* (New Haven, CT: American Oriental Society, 1994), pp.38-9.

서 중국 문자의 시작은 이집트의 사례에서 문자의 기원에 관하여 관찰된 것과 같다고 한다.

> 진정한 글쓰기가…창조되고 회화적 예술과 분리되는 전환점은 개별 사물의 예술적 재현이 시각적 연상뿐만 아니라 소리의 연상을 전달할 수 있으며, 이것이 단어로 "읽히고" 이해될 수 있다는 것이 실현되었을 때 도달되었다. 이는 음성문자의 발명에 필연적으로 선행해야 하는 기본적인 정신적 관찰이었다(Iversen 1961: 12).[17]

따라서 볼츠(Boltz)에게는 안양의 문자 이전에 나타난 부호와 표시는 엄밀한 의미에서 문자가 아니다. 그에 의하면, 누군가 사물을 그린 것과 그 사물의 이름이 불려진 것 사이의 관계를 인식하였을 바로 '그 순간'에 글쓰기는 발생하였다. 그는 어떤 그래프가 사물을 나타내는 것에서 그 그래프가 단어를 나타내는 것으로 이행한 순간을 "중요한 개념적 돌파(crucial conceptual breakthrough)라고 언급하였다.[18] 다시 말하면, 그림 같은 싸인(pictographic sign)이 '비음성적인(non-phonetic)' 것에서 '음성적인(phonetic)' 것으로 변하는 바로 그 순간에 그 싸인은 문자가 되는 것이다. 결과적으로, 일단 그림으로 된 그래프(pictograph)가 '음성적인' 것이 되면, 그 그래프의 모양에 의해 전달되는 의미의 역할은 감소하면서 그려진 현실성은 종종 빨리 사라져 버린다. 이것은 다시 그 그래프의 음성적 성질을 강화한다.[19]

그러나, 문자의 시작(또는 발명)에 대한 볼츠(Boltz)의 설명은 표면적으로 정합적인 것 같아 보이지만, 문제가 없는 것이 아니다. 첫째, 인간은 언어를 사용할 수 있다면 누구라도 사물을 소리내어 그 이름을 부를 수 있다. 심지어 문자의 발생 이전부터 인간은 사물에 음성을 결합하는 활동을 해왔다. 그래서 사물에 음성을 결합하는 인간의 심리적 활동은 갑작스러운 발견을 요구하지 않는다.

둘째, 사물을 그린 것이 '비음성적'이라는 그의 주장은 맞지 않다. 그가 '음성적'이라

---

[17] Boltz, *The Origin and Early Development of the Chinese Writing System*, pp.53-4에서 재인용.

[18] Boltz, *The Origin and Early Development of the Chinese Writing System*, 59; Boltz, "Literacy and the Emergence of Writing," pp.74-5.

[19] Boltz, "Literacy and the Emergence of Writing," p.75.

고 규정하는 것은 어떤 사물이 지각되었을 때, 그 사물에 대하여 음성적 재현을 활성화시킬 수 있는 정신적 능력으로 이해되어야 할 것이다. 이런 의미에서, 시각적 단어 만큼이나 시각적 사물 역시 '음성적(phonetic)'이 될 수 있다. 따라서 '비음성적인' 시각적 사물과 '음성적인' 시각적 단어의 절대적 구분은 포기해야 한다.[20] 그가 제시한, 순간적으로 발생한 "개념적 돌파(conceptual breakthrough)"는 실제적 경험과는 분리된 가상의 개념에 가까워 보인다. 만약 그런 개념적 돌파가 이루어졌다면, 안양 무정 시기의 문자 시스템 같은, 갑작스러운 발명(?)은 글쓰기의 개념이 전혀 없는 사회에서도 어떤 발명자가 글을 읽을 수 있는 미래를 예견하여 문자 시스템을 발명한 것을 가정하는 것이다. 이 발명자는 족휘(族徽) 같은 부족의 이름을 나타내는 상징을 전혀 본 적이 없는데도 불구하고 음성 언어에 대응하는, 글로 쓰는 언어의 유용성을 상상해 글쓰기를 성취하는 데 필수적인 싸인 목록 전체를 고안해내야만 했을 것이다. 그래서 대략 3000개에 달하는 그래프를 모아야할 뿐만 아니라, 이것을 다른 사람들이 배우도록 설득해야 했을 것이다. 이 모든 것은 가능할 것 같지 않은 발명의 시나리오이다.[21]

엄격하게 언어학적 측면에서 접근하는 학자들이 문자를 음성적 재현(phonetic representation)으로 귀속시키는 것은 글쓰기의 기원을 추적하는 데 오히려 주요한 장애물이 될 수도 있을 것이다. 왜냐하면, 그들은 글쓰기의 기능과 맥락의 역할을 소홀히 한 바, 문자 시스템이 발명되는 드문 경우에 대하여 어떤 다른 설명을 제시하지 못하기 때문이다. 메소포타미아와 이집트의 경우는 문자의 발명이 언어학적 원리가 아니라, 맥락과 기능에 달려있다는 것을 강조한다.[22]

---

20 Adam Smith, "Writing at Anyang: The Role of the Divination Record in the Emergence of Chinese Literacy" (PhD diss., University of California, Los Angeles, 2008), pp.118-9.

21 Robert W. Bagley, "Anyang Writing and the Origin of the Chinese Writing System," in *The First Writing: Script Invention as History and Process*, ed. Stephen Houston (Cambridge: Cambridge University Press, 2004), pp.230-3.

22 존 베인(John Baines)은 이집트의 초기 문자와 관련하여, 그 문자 발명의 목적을 언어적 '소통(communication)'보다는 행정적·경제적 동기나 '전시(display)' 같은 비언어적 요소를 동반한, 제한된 '맥락(context)'에 강조점을 둔다(John Baines, "The Earliest Egyptian Writing," in *The First Writing: Script Invention as History and Process*, ed. Stephen Houston [Cambridge: Cambridge University Press, 2004], pp.151-75). 제롤드 쿠퍼(Jerrold S. Cooper) 또한 메소포타미아 지역 글쓰기의 발명을 초래한 복잡성의 특별한 측면은 행정적이며, 수입, 지출 그리고 대규모 조직 내의 이송

2. 중국 문자는 점진적으로 출현하였다

문자가 단기간에 급속하게 출현하였다는 가설과는 반대로, 오랜 진화과정의 축적을 반영한다는 견해가 있다. 이 견해는 앞서 언급한 전통적 접근의 시각과 유사한 논점을 어느 정도 공유하고 있지만, 근동 지역의 사례로부터 착안한 정교한 이론적 가설을 제기한다. 갑작스러운 출현이 아닌, 중국 문자의 오랜 진화의 과정을 이해하려는 시도 속에서, 로버트 베글리(Robert W. Bagley)는 우선 전통적 접근의 가설을 검토한다.

사실 전통적 접근은 가장 오래되었고 현재도 지속적으로 제기되고 있는 주장이다.[23] 이것은 안양 문자 이전의 단계를 역사 속에서 잃어버렸지만, 안양에서 발견된 청동기의 족휘는 안양 이전의 문자를 모방하고 있기 때문에 우리는 안양 이전의 문자가 어떤 모양인지 알 수 있다고 제시한다. 말하자면, 청동기의 족휘는 화석화된 형태로 고대 문자의 모습을 유지하고 있다는 것이다.[24] 그러나, 베글리는 이런 청동기의 족휘는 그것의 도상적 특징이 갑골문보다 더 두드러지기 때문에 더 시기가 빠르다고 가정할 이유가 없다고 한다. 이런 청동기에 나타난 족휘는 갑골문에 해당하는 것을 보다 자세하게 그린 그림문자(pictograph)이지, 안양 이전의, 어떤 문자의 형식을 반영하고 있다고 볼 수 없

(transfer)을 기록하는 데 있다고 보고, 글쓰기의 발명에 대한 공통된 '맥락'을 사회적·경제적 요소에서 찾는다(같은 책, Jerrold S. Cooper, "Babylonian Beginnings: The Origin of the Cuneiform Writing System in Comparative Perspective," pp.71-80).

23 최근에 黃亞平은 한자의 기원과 관련하여, 여전히 선사 시대의 오랜 예술적 탐구를 통해 축적된 그림과 부호 속에서 그 기원을 모색한다는 점에서, 전통적 접근의 대표적 사례로 볼 수 있다. 그는 한자의 기원과 형성에 관련된 문제에 대하여, 부호에서 점진적으로 변화한 '漸變說'과 문자 체계의 형성은 사회적 요구에 기인한 양적 변화에서 질적 변화로의 급변 과정이라는 '突變說'을 융합("融通")하려고 한다. 그의 논의는 중국 문자의 '원천'의 측면에서 漸變說로 설명하고, 한자 '시스템' 형성의 측면에서는 강력한 사회적 요구에 의한 "돌변과정"이라고 주장한다. 그리고, 이 두 가지 설은 "한자 역사의 연구 속에서 상호 연관된 명제이며, 분별하여 토론해야지 혼동해서는 안된다"고 결론내린다. 결과적으로, 그의 주장은 부호 단계의 '점변설'에다가 사회적 요구를 동반한 '돌변설'을 절충한 것이지, 부호에서 문자로의 급변을 문자 자체 내에서 설명하지 못한다. 黃亞平,「漢字起源和漢字體系形成問題的探索與思考—兼談漢字起源'漸變說'與'突變說'的融通」,『出土文獻與古文字研究』第九輯(2020), pp.1-65.

24 이러한 전통적 접근은 대표적으로 裘錫圭의 주장을 꼽을 수 있다. 그의 가설은 중국 문자의 형성 과정에서 이런 족휘의 대부분이 문자로 전환되었다고 본다(Qiu Xigui, *Chinese Writing*, p.40).

다.²⁵ 그는 안양 문자 이전의 단계에 대한 청동기 족휘의 가능성을 배제한 뒤에, 대표적으로 볼츠(Boltz)가 제기한, 단기간에 문자의 출현 가능성 역시 배제한다.²⁶

베글리는 싸인(sign)과 언어를 결합하는 원리에 초점을 맞추는 대신에, 중국에서 문자가 점진적으로 발전한 단계들에 동기를 부여했을 기능들에 주목한다. 그 출발점으로 특별히 종교적 의례의 맥락을 고려하는데,²⁷ 이것과 관련하여 그는 안양에서 발견된 문자는 완전히 성숙한 문자이기 때문에, 문자가 출현한 시기나 장소를 반영한다고 보기 어려울 뿐만 아니라, 안양의 문자로는 이전의 어떤 단계에서 문자의 출현으로 나아가는 상황을 파악할 수 없다고 하였다.²⁸ 다시 말하면, 우리에게 남겨진 안양의 텍스트는 모두 썩지 않는 재료 위에 써진 것이고, 이것은 단지 의례나 종교적 활동의 특정한 맥락에서 사용된 것만을 반영한다. 반면에, 썩어 없어질 수 있는 매체에다가 적은 글은 완전히 사라졌기 때문에, 종교적인 문자 활동보다 더 많은 문자 활동을 예상할 수 있는 일상적 계산이나 기록 보관 등 이른바 무엇을 '관리'하거나 '조직'하기 위하여 사용된 문자의 증거가, 어떻게 문자가 출현하였는가의 문제와 관련하여 보다 본질적인 데도 불구하고, 우리는 이런 증거를 가지고 있지 못하다는 입장이다. 그래서 베글리는 중국 문자의 기원을 살펴보기 위하여 근동 지역의 메소포타미아 문명에서 그 연구 모델을 가져온다.

메소포타미아 문명은 중국보다 거의 2000년이나 앞서서 문자 활동을 하였다. 이 지역에서 문자가 발명되고 발전한 것에 대한 연구는 문자의 소리, 즉 음운 정보에 잘 접근

---

25   Bagley, "Anyang Writing and the Origin of the Chinese Writing System," pp.227-8.

26   Bagley, "Anyang Writing and the Origin of the Chinese Writing System," pp.230-3. 이것과 더불어, 필자는 앞서 이전 절에서 단기간 동안에 문자의 출현을 주장하는 가설에 대하여 충분히 비판하였다.

27   현재까지 고대 중국에서 글을 쓰고 읽는 능력, 즉 문해력(literacy)은 종교적이거나 의례적인 활동과 특별히 관련되어 있다는 입장은 여러 학자들이 제기하였다. 대표적인 견해는 다음을 참고하기 바란다. David N. Keightley, "Public Work in Ancient China: A Study of Foced Labor in the Shang and Western Zhou (PhD diss., Columbia University, 1969), p.353; K. C. Chang, Shang Civilization (New Haven and London: Yale University Press, 1980), pp.247-8; Lorthar von Falkenhausen, "Issues in Western Zhou Studies: A Review Article," Early China 18 (1993): pp.139-226; Mark Edward Lewis, Writing and Authority in Early China (Albany: State University of New York Press, 1999), pp.14-5.

28   Bagley, "Anyang Writing and the Origin of the Chinese Writing System," p.190, 226.

해서 분석한 전통을 가지고 있다. 그래서 이렇게 잘 발전된 문헌학 전통에서 문자의 기원과 관련한 연구방법들이 중국의 사례를 분석하는 데 가능한 모델을 제시하였다. 베글리는 근동 지역의 문자 활동이 종교적 활동과 관련된 것보다 훨씬 더 많이 주로 일상적인 '관리'나 '기록'을 위하여 이루어졌다는 점에 착안하였다.[29]

우리가 베글리의 가설을 받아들인다면, 중국의 경우 나무나 대나무로 만든 가느다란 긴 조각에 일상적으로 매일같이 기록하는 문자 활동을 가정할 수 있을 것이다. 이런 것들은 시간이 지나면 썩어 없어져서 남아있지 않게 된다. 그래서 우리는 안양에서 이런 매체의 증거를 가지고 있지 못한 것이다. 그러나 안양의 갑골문을 보면 '책(冊)'이라는 글자가 있는데, 이것은 글을 쓰기 위해서 나무나 대나무를 끈으로 엮어 놓은 것을 의미하는 '상형(象形)' 문자이다. 이런 나무나 대나무를 엮어 놓은 매체는 썩어 없어졌지만, 문자 속에 그 흔적은 남아 있다고 볼 수 있다. 따라서 지금 매체가 남아 있지 않지만, 필요한 경우를 충분히 가정해 볼 수 있다. 상 나라 왕실은 농업을 관리해야만 했고, 이것을 문자로 기록하는 사람들이 필요했을 것이다. 군대의 병사들을 소집하거나 노동력을 확보하기 위해서 인원을 기록하는 목록표 같은 것을 만들 필요가 있었을 것이다. 또 청동기 제작이나 다른 중요한 작업의 정교한 공정을 위해서도 수치나 다른 기록을 할 필요가 있었을 것이다. 이런 '관리'나 '조직'을 위한 일들은 문자를 사용하여 기록하는 기술 없이는 거의 불가능에 가깝다고 할 수 있다.

베글리는 메소포타미아와 이집트의 경우처럼, 완전히 성숙된 문자의 출현에 대해서 점진적 발전의 과정을 가정한다.[30] 앞서 언급한 것처럼, 안양의 문자는 완전히 성숙한 문자이다. 그래서 이미 수세기 동안 존재했을 가능성이 많다. 그 기간 동안 오로지 점을 치는 기록인 갑골문 영역 말고도 다른 텍스트 장르가 다양하게 발전되었을 것이라는 기대를 할 수 있다. 그러나 우리가 현재 가지고 있는 증거를 토대로, 아니면 근동 지역의 사례를 모델로 해서 과연 베글리 같은 학자가 주장한 것처럼, 상 나라 후기에 여러 가지 텍스트 장르의 다양성을 기대할 수 있을지는 여전히 확실하지 않다. 가장 큰 문제는 상 나라 안양에서 '관리'나 '조직'을 위해서 일상적으로 문자를 사용했다는 직접적인 증거가 남아있지 않다. 중국에서 대략 기원전 1300년부터 '관리'나 '조직'의 목적을 위하여

---

29 Bagley, "Anyang Writing and the Origin of the Chinese Writing System," pp.234-6.

30 Bagley, "Anyang Writing and the Origin of the Chinese Writing System," p.233.

글쓰기가 일상적으로 동원되었다는 주장은[31] 그 이후로 거의 1000년 동안이나 토기라는 매체에서 글쓰기가 나타나지 않는다는 고고학적 증거에 의하여 그 신빙성을 잃어버린다.

그가 문자의 진화론적 입장을 견지한다고 하더라도, 근동 지역의 사례를 모델로 행정이나 관리를 위한 기록으로 문자 발명의 동기를 가정하는 것은 또다른 비판을 야기한다. 그가 중국 문자 시스템의 진화과정에서 종교적 의례의 맥락—점을 친 기록을 보존한다—을 거부하는 이유를 살펴보자.

> 점치는 사람들은 조상의 목록과 의례 스케줄이 필요했지만, 이것들은 문법적인 문장을 적는 능력을 요구하지 않는다.…내용이 긴 갑골문은 많지도 않고 반드시 필요하지도 않아서, 수천개 그래프의 어휘목록을 발전시키는 데 확실한 동기를 제공하지 못한다.…점복은 일반적으로 글쓰기 없이 기능하고, 안양의 왕 아홉명이 일부 뼈에 글을 새긴 것은 견갑골점(scapulimancy)의 더넓은 역사에서 매우 예외적이라는 조건에서, 글쓰기의 발명을 점복에서 발생한 필요에 대한 반응으로 보는 것은 어렵다.[32]

여기서 "점복은 일반적으로 글쓰기 없이 기능한다"는 베글리의 주장은 그 점을 실행하는 맥락에 전적으로 의존한다. 물론 신석기 초기나 청동기 시대에 유사한 점복은 싸인(sign)이나 문자의 흔적이 정말로 없다. 그러나, 그 시대의 어떤 점복도 안양에서 만큼 집중적으로 이루어진 경우는 없다. 견갑골점의 역사에서 점복을 기록한 것이 매우 예외적이라는 주장도 사실이 아니다. 상 나라를 이어서 주 나라와 전국시대에도 안양에서 보존된 기록과 그 형식적 유사성을 보여주는, 점복에 대한 상세한 기록이 존재한다.[33]

---

31 현재까지 베글리 외에도 다음과 같은 학자들이 이 견해를 견지한다. Postgate, Nicholas, Tao Wang, and Toby Wilkinson, "The Evidence for Early Writing: Utilitarian or Ceremonial?," *Antiquity* 69, no. 264 (1995): pp.459-80; Wang Haicheng, *Writing and the Ancient State: Early China in Comparative Perspective*.

32 Bagley, "Anyang Writing and the Origin of the Chinese Writing System," p.235.

33 예를 들면, 기원전 4세기 전국시대 초 나라 고위 관료였던 邵佗(d. 316 BCE)의 무덤에서 나온 包山墓地竹簡의 卜筮는 酷吉라는 사람이 邵佗가 (죽은 영혼으로부터) 해를 입을 것인지 묻는 것으로 시작하여 귀신을 쫓아내는 엑소시즘(古)을 거행하는 내용을 상세하게 기록하고 있다. 이외에도 주 나

따라서 다양한 시대와 지역에서 점복을 기록하는 것이 특별히 예외적인 것이 아니라는 점은 분명하다. 결과적으로, 적어도 상 나라의 일부 사람들에게는 점복의 정보를 기록하는 기술을 사용할 충분한 동기가 있었다.[34]

만약에 상 나라 초기에 사람들이 자신들의 조상에 대해 제사를 지내는 좋은 날을 잡기 위해서 점을 친다면, 그리고 자신들의 조상이 계속 늘어나고 있다면, 아마도 이 점 치는 사람들은 그런 종류의 일에 대해서 날짜를 잡고 기록을 하는 것이 필요할 것이다. 실제로 갑골문 중에는 딱 맞는 날짜에 제사를 지내기 위하여, 날짜와 함께 죽은 사람의 이름을 새겨 놓은 것이 있다. 왕이 죽어 제사를 받는 조상이 되고, 이 과정이 시대를 내려가면서 계속 진행되면서, 죽은 왕의 부인도 제사를 받는 사람들의 목록에 편입되었다. 안양에서 상 나라 통치 기간 후기에 여섯 세대에 걸쳐서 31명의 왕과 그 부인들에게 제사를 지내는 목록을 담고 있는 갑골문이 있다. 이렇게 제사를 받는 조상들이 늘어나고 복잡해지는 과정에서, 딱 정확한 날짜에 제사지내는 일을 하기 위한 기록 보관(record-keeping)이 중국 문자 체계가 발전하는 데 중요한 역할을 했다고 보여진다.

아마도 상 나라 시대에 점을 치는 사람들은 자신들의 활동을 관리하기 위해서 사물을 표시하는 부호나 싸인(sign)을 개발했을 것이다. 그리고 그것들은 다른 사람들과 공유하면서, 반복적으로 그런 것들을 사용하는 과정에서 그 부호들을 축적해 나갔을 것이다. 점을 친 것을 정확하게 기록하는 것이 문자 출현의 동기가 될 수 있다는 것을 갑골문 속에서도 추정할 수 있다. 실제로 어떤 경제적인 '관리'나 '조직'을 위한 것보다도, 점 친 기록 자체 내에서 의례 과정이 잘 발견되고 있다. 예를 들면, 갑골문자 중에서 "복(卜)"(『甲骨文字詁林』#3348)은 거북이 배딱지에 뜨거운 것을 대면, 이런 모양의 균열이 생기는데, 바로 이것이 점친다는 의미를 가진 '卜' 자이다. " "와 " "는 소 어깨뼈를 나타내는 '골(骨)'이라는 글자이다. 이것과 더불어, 소 어깨뼈에 '卜' 자처럼 균열이 난 모양을 가

라의 수도 周原의 건물 기단에서 발견된 주 나라 갑골문뿐만 아니라, 전국시대의 전래문헌과 출토문헌은 점복을 기록한 것이 상 나라의 매우 예외적인 사례가 아니라는 것을 보여준다. Constance A. Cook, *Death in Ancient China: The Tale of One Man's Journey* (Leiden: Brill, 2006), pp.79-118, pp.154-157; Li Feng, *Early China: A Social and Cultural History* (Cambridge: Cambridge University Press, 2013), pp.118-9.

34   Adam Smith, "Writing at Anyang: The Role of the Divination Record in the Emergence of Chinese Literacy" (PhD diss., University of California, Los Angeles, 2008), pp.145-7.

진 글자가 있는데, 바로 "󰁕"(『甲骨文字詁林』 #2240)은 '소 어깨뼈에 생긴 금을 해석한다'는 의미를 가진 글자이다. 현재는 '구(㗱)'로 읽고 있다.[35] 이런 문자들은 의례 과정 자체가 문자 출현의 중요한 동기가 될 수 있다는 것을 시사한다.

IV. 대안적 접근: 문해력(literacy)은 종교적·의례적 활동과 특별히 관련되어 있다

우리가 문해력(literacy)과 관련하여 글쓰기의 출현을 고려해 볼 때, 비음성적 표기 시스템을 사용하는 어떤 공동체라도 문해력이 있다고 할 수 있다. 문자 시스템과 관련된 문해력의 기본적인 인지적·심리적 측면은 문자 이전의 비음성적 표기 시스템에 똑같이 적용될 수 있을 것이다. 문해력은 인간 사회 구성원의 어떤 표기(mark)—그것이 그림같은 상징이든지 그래프든지 간에—도 이해하고 해석할 수 있는 능력이라고 정의될 때, 이것은 볼츠(Boltz)가 규정한 진정한 글쓰기(true writing)의 사용에 선행하고, 사실상 음성을 표시하는 문자 시스템(glottographic writing)의 출현에 인지적인 필요조건인 것 같다.[36]

1. 문해력에 관련된 인지 과정

최근 인지신경과학의 연구를 보면, 우리가 어떻게 글을 읽을 수 있는지 설명하고 있는데, 문해력의 기원을 둘러싼 논의에 대하여 중요한 정보를 제공한다. 바로 우리의 대뇌에 문자를 위한 특별한 대뇌 피질 영역이 있다는 것이다. 마치 모든 사람의 뇌+에 일차 청각 영역이나 운동 피질 영역이 있는 것처럼, 어떤 언어이든 상관없이 읽기를 위해서 뇌에 보편적인 매커니즘이 존재한다고 한다.

시각적으로 입력된 일련의 문자에 대한 정보를 언어 영역으로 전송하는 특별한 '읽

---

35 于省吾 編, 『甲骨文字詁林』, 中華書局, 1996.
36 Boltz, "Literacy and the Emergence of Writing," pp.72-3.

기 영역'이 뇌에 있는데, 이 영역을 '시각 단어 형태 영역(Visual Word Form Area)' 또는 뇌의 '문자 상자(letterbox)'라고 한다. 1892년 프랑스의 신경심리학자 조셉 쥘 데저린(Joseph Jules Dejérine)은 뇌졸중으로 인한 좌반구 시각 체계의 일부 손상이 읽기의 전부 또는 일부를 방해한다는 것을 발견하였다. 이 영역이 바로 왼쪽 대뇌 반구(the left cerebral hemisphere)의 한 곳에 시각적으로 단어를 인지하는 영역이다(**그림 1**). 최근의 뇌 영상은 그 손상 영역이 읽기에 매우 중요한 역할을 한다는 것을 확인시켜 준다. 이 영역은 모든 인간의 뇌에서 동일한 위치에 있으며, 문자에 자동적으로 반응한다. 의식적 자각이 가능하지 않는, 아주 짧은 시간에 문자의 크기, 모양, 위치 등 외형상 차이에 관계없이 일련의 문자들을 파악한다. 그리고 나서 이 정보를 두 개의 중요한 뇌 영역인 측두엽과 전두엽에 보낸다. 측두엽은 소리 패턴을 처리하고, 전두엽은 의미 패턴을 처리하는 것으로 알려져 있다. 말하자면, 이 '문자 상자'의 영역은 일련의 문자들을 빠르게 파악

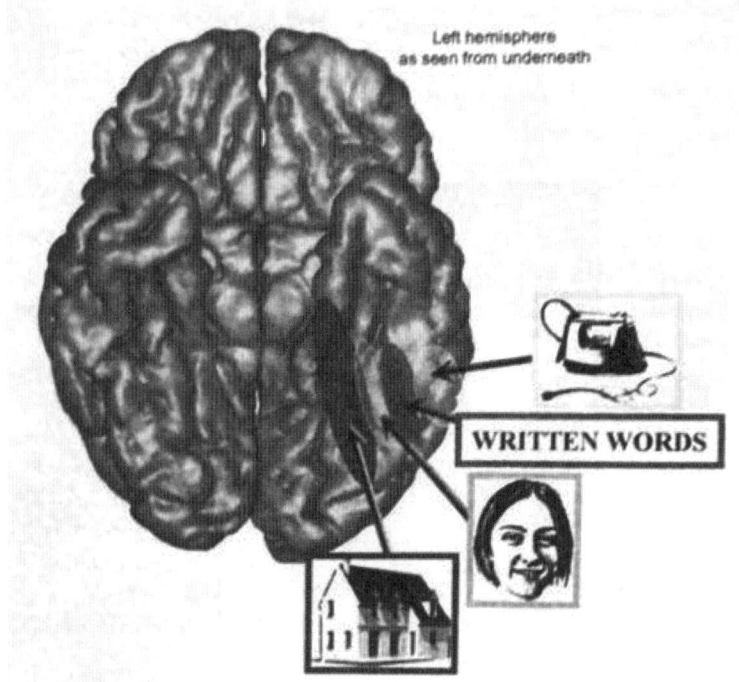

그림 1. 시각 단어 형태 영역(visual word form area) 또는 문자 상자(letter box)의 위치
전문화된 '시각 탐지기'의 배치 구조를 뇌의 아래쪽 면에서 보면, 각각의 피질 영역은 특정 범주의 물체를 선호한다. 이 선호 패턴은 모든 사람에게 동일한 순서를 나타내는데, 우선 집에서 시작하며, 이어서 얼굴, 단어 그리고 물체 순이다. 읽기가 활성화시키는 영역(VWFA, 즉, 시각 단어 영역)은 얼굴 영역과 물체 영역 사이에 있다. Stanislas Dehaene, *Reading in the Brain: The New Science of How We Read* (New York: Penguin, 2009), 74.

하고, 발음과 의미를 처리하는 상위 영역으로 전달하는 역할을 담당한다.[37]

'시각 단어 형태 영역(VWFA)'은 무엇을 인식하는 데 중요한 역할을 하는 뇌의 왼쪽 반구의 영역에 속하는데, 원래 물체의 인식을 담당하던 영역이 반복적인 노출과 학습을 통하여 읽기에 점차 특화된다. 곧 '시각 단어 형태 영역(VWFA)'은 학습과 경험에 의하여 시각적으로 제시된 글자와 단어에 선택적으로 반응하는 데 특화되어 있는 영역이다.[38] 이러한 인간 뇌의 '시각 단어 형태 영역(VWFA)', 즉 '문자 상자(letterbox)'가 어떻게 발전하는지에 대한 설명은 바로 한 집단 혹은 공동체의 사람들 속에서 어떻게 문해력이 출현하는가 하는 질문에 해답의 실마리를 제공한다.

앞서 언급한 것처럼, 문해력을 인간이 어떤 표기(mark)를 이해하고 해석할 수 있는 능력이라고 넓게 규정할 때, 이 능력은 우선 문자 이전의, 그림 같은 부호에서 출현한다고 가정해 볼 수 있다. 문자는 아니지만 의미를 나타내는, 마치 그림 같은(pictorial) 부호는 실제 사물을 우리가 무엇이라고 이름을 부르는 것처럼, 대상을 인식하고 그것을 이름 부를 수 있는, 매우 일반적이고 보편적인 우리의 인지 능력에 의존하고 있다. 이런 부호를 전문적으로 사용하는 사람들, 예를 들면, 토기에 여러 부호로 장식을 하는 사람들이나 갑골에 어떻게 새기는지 배우는 사람들은 반복적으로 새기는 활동을 통하여, 문자 이전 단계에 있는 부호들의 사용이 강화되면, 그런 부호들의 다양한 모양과 형태에 대해서 시각적으로 인식하고 기억하는 우리의 일반적 인식 능력은 그 부호들을 선택적으로 마음 속에 축적하게 된다. 이렇게 애초에 '사물 같았던' 부호에 반복적으로 노출되고, 그 부호를 계속적으로 생산해서 마음 속에 가지는 인지적 습관은, 이러한 부호 생산에 특화되어 있는 전문가들이 더 많은 부호들의 목록과 더 복잡한 기록의 관습을 기억할 수 있게 만든다. 그리고 전문가들이 부호를 반복적으로 사용하고 생산하면, 이 부호에 대한 인식은 그 부호의 모양과 닮은 사물을 인식한다기보다는 오히려 그 부호 자체의 시각적 특징을 통하여 이루어진다.[39]

---

37 Stanislas Dehaene, *Reading in the Brain: The New Science of How We Read* (New York: Penguin, 2009), 24-8.

38 Cohen, Laurent and Stanislas Dehaene, "Specialization within the Ventral Stream: The Case for the Visual Word Form Area," *NeuroImage* 22 (2004), pp.466-76.

39 Adam Smith, "Writing at Anyang: The Role of the Divination Record in the Emergence of

2. 사물의 인식에서 문자의 인식으로

어떤 사물을 '무엇이다'라고 이름을 부르는 것으로부터, 그 사물을 글로 써진 이름(시각 단어)을 보고 읽는 것으로 이행하는 과정은 보다 자세히 살펴볼 필요가 있다. 이것은 왜 사물을 닮은, 그림 같은 '부호'가 점진적으로 '문자'로 이행하는 단계로 나아갔는지 그 해명의 실마리를 제공하기 때문이다.

반복적으로 새기거나 그려서 거의 자동적인 습관처럼 부호를 생산하는 사람들의 공동체에서, 그 부호는 일정한 모양을 가지고 표준화된다. 부호의 모양이 표준화되는 것은 그것을 인식하기 위한 시각적 과정의 작업을 상당히 단순화시킬 수 있다. 예를 들면, 어떤 특정한 이름을 가지고 있는 사물은 그 시각적 모양에서 매우 다양할 수 있고, 개별적 사물은 여러 다양한 조건과 방향에서 인식될 수 있다. 심지어 그 사물의 일부만 보여진다고 하더라도, 인식할 수 있다. 마치 '사물 같은' 그림 부호(pictorial sign)는 그것이 나타내는 시각적 사물의 카테고리에 들어가지만, 이 부호는 대상의 두드러진 시각적 특징을 포착하여 표준화된 모양으로 제시된다. 그리고 사람들이 반복적으로 이런 부호를 새기거나 그리면, 그 부호와 닮은(그래서 대변하는) 사물의 특징이 아니라, 그 부호 자체의 시각적 특징을 통해서 인식한다. 다시 말하면, 다양한 부호를 사용하거나 배우는 사람들은 하나의 부호를 인식할 때, 그 부호가 가리키고 있는 대상과 시각적으로 매칭시켜서 '무엇이다'라고 인식하는 것이 아니라, 이미 이전에 시각적으로 경험했던 여러 부호들의 목록을 토대로, 그 부호가 어떤 모양으로 나타날지를 반복적으로 학습하고 있는 것이다. 이렇게 사물을 닮은, 그림 부호(pictorial sign)의 '상형성'으로부터 점차적으로 벗어나서 문자로의 이행이 중국 문자의 초기 단계에서 보여지고 있다.[40]

우리는 실제 갑골문 자체에서 이러한 이행을 목격할 수 있다. 안양의 문자 이전에 나타난 여러 토기 부호에서 그 모양의 유사성만을 가지고 입증되지 않는, 갑골문 이전 단계의 원시 문자를 가정할 필요가 없다. 만약 안양의 고고학적 증거만으로도 그 이전의 단계를 보여줄 수 있다면, 이것은 갑골문의 발전과정을 제시함으로써 문자의 출현에

Chinese Literacy," pp.117-37.

40 Adam Smith, "Are Writing Systems Intelligently Designed?," in *Agency in Ancient Writing*, ed. Joshua Englehardt (Boulder: University Press of Colorado, 2013), pp.71-93.

대한, 보다 신빙성 있는 진화론적 접근을 할 수 있을 것이다. 그러면, 실제 갑골문의 사례들을 살펴보자.

　　□□[卜], 爭貞: 王曰兔鷹, 田爾其執? (『合集』6528)

　　문제가 되는 글자는 "鷹"이다. 이전에는 무슨 글자인지 알 수 없었지만 지금은 이 글자가 구부러진 부리와 강력한 발톱을 가진 매의 모양이라고 여겨서, '응(鷹)' 자로 예정한다. "전이(田爾)"는 사람의 이름이고, 그 속의 "田"은 관직명이다. "집(執)"은 '잡다 또는 포획하다'는 뜻이다. 이제 "王曰兔鷹, 田爾其執"을 번역해보면, "왕이 '매로 토끼를 잡는 방식'을 명령하여 신하인 田爾가 아마도 잡을 것이다."가 된다. 여기서 "토응(兔鷹)"은 두 개의 명사가 아니다. 이것은 '鷹를 가지고 사냥하는 것'을 의미하는 구절이다. 곧 이 "兔鷹"이라는 글자는 단순히 '토끼'와 '매(鷹)'의 음성을 대변하는 것이 아니라, 이 글자의 상형성이 가지고 있는, '매를 가지고 토끼를 사냥한다'는 의미를 표시하는 일종의 상징(symbol)을 구현하고 있다.[41]

　　갑골문의 다른 사례는 볼츠(Boltz)가 정의한대로 문자가 단어의 발음을 드러내고 있는 것이 아니라, 실제적 의미를 상징하고 있는, 문자 이전 단계의 흔적을 보여준다. 다음의 갑골문을 보자.

　　癸巳卜, 殼貞: 旬亡回(憂)? 王國固(占)曰: "乃玆亦山屮(有)求(咎), 若稱." 甲午王往逐兕, 小臣甾車, 馬哦(俄), 毳(攸)王車子央亦𠂇(蹟). (『合集』10405, **그림 2**)
　　[번역] 계사일에 균열을 내어, 곡(殼)이 점을 쳤다: 10일 안에 우환이 있을 것이다. 왕이 점괘를 살펴보고 말하였다: "이 10일 안에 재앙이 있으니, 곧 일어날 것이다." 갑오일에 왕이 코뿔소를 쫓았는데, 小臣 甾(치)가 타고 앉은 전차의 굴대가 부러져 기울어져서, 왕의 마차를 쳐서 마차가 뒤집어졌다. 같이 타고 있던 子央 또한 마차에서 꼬꾸라졌다.

　　여기 '車' 자로 예정할지도 모르는 두 개의 글자 "車"와 "車"는 각각 그 발음

41　黃天樹, 「甲骨文中所見的一些原生態文字現象」, 『黃天樹甲骨金文論集』(北京: 學苑出版社, 2014), p.4.

그림 2. 「합집(合集)」 10405

을 대변한 글자가 아니라, 실제 그 상형성에 기반한 의미의 구절을 대변한다. "▨"는 일반적인 '車' 자와 다르게, 바퀴의 축이 부러진 모양을 나타내고 있다. 따라서 이 글자는 단어를 나타내고 있는 것이 아니라 '굴대가 부러지다'는 구절을 문자화하여 기록한 것으로 볼 수 있다. "▨"도 사람이 올라타는 부분이 아래로 향하고 두 바퀴가 위로 향해서 마차가 뒤집힌 형상을 하고 있다. 문맥상 이 글자는 '사냥하는 마차가 전복되었다'는 구절을 기록한 것이다.⁴² 따라서 이 두 글자는 문자 이전의 단계에서 단순한 기호

42　黃天樹, 「甲骨文中所見的一些原生態文字現象」, p.5.

나 부호로 구체적인 의미를 지시하는 상징의 성격을 그대로 유지하고 있다.

위의 두 갑골문 사례는 단어의 순서에 따라 언어를 기록할 수 없다. 더구나 단순한 개념만을 그려서 실사(實詞)만을 기록하고, 허사(虛詞)는 기록하지 않아 독자가 스스로 보완해야 하는 형태이다. 주목할 만한 점은 동쭤빈(董作賓)의 5단계 시기분류법으로는 제1기나 제2기에 속하는 상대 갑골문 초기의 복사라는 것이다.[43] 진화론적 관점에서는 좀 덜 발전된 이전 단계가 기원전 제2천년기에 사용되었을 것이다. 이 두 갑골문은 안양 이전 시기에 사용되었던, 의미를 가진 표식(sign)이 안양의 문자에 남겨놓은 흔적을 보여줄 뿐만 아니라, 상대 후기의 복사에서 이런 글자들이 점점 사라졌다는 것을 고려할 때, 갑골문 자체의 진화과정을 반영하고 있다. 무언가를 능숙하게 읽는 행동과 '단어 같은' 부호의 출현은, 상 나라의 종교적 의식이나 의례의 맥락 속에서, 전문가 집단에 의하여 '사물 같은' 부호를 생산하면서 '읽는' 것과 관련된 행위를 반복적으로 강화하고 확대한 결과라고 말할 수 있다. 이런 반복된 부호 학습의 과정에서 그 부호의 상형성은 점점 쇠퇴하면서 문자로의 이행이 진행되었던 것 같다.

문자 이전의 선행 단계가 상 나라 왕실에 의해 진행된, 복잡하고 비용이 많이 드는 제사 의식을 정기적으로 수행하는 맥락에서 발생하였고, 상 나라 후기의 문자는 그런 정기적으로 시행하는 제사 의례의 기록이며, 점을 친 기록은 바로 그 제사 의례를 기록한 주요한 부분이었다고 가정하면, 우리는 문자 생성의 과정을 아래와 같이 추정할 수 있을 것이다.

종교적 제사 의식이나 의례 동안에 사용되는 용기에 표기를 해서 그 의례를 받는 사람을 암시하였던 부호들의 목록이 기원전 제2천년기 중반에 정기적으로 사용되었다. 이런 부호들은 나중에 안양의 갑골문 시기 청동기에서 부족을 상징하는 족휘나 날짜와 이름이 합쳐진 合文의 원천이었다. 그리고 가축을 상형한 것과 숫자를 포함한 다른 목록들이 제사 기록을 위하여 발달하였다.

이런 제사 기록은 안양 기간 동안에 지속적으로 사용되었는데, 복사에서는 '책(冊)'자와 함께 가축의 상형을 동반한, '기록의 목록'을 언급하는 글자로 나타난다. 관련된 글자들을 살펴보자.

---

43   黃天樹,「甲骨文中所見的一些原生態文字現象」, pp.6-7.

등록된 목록이나 기록된 목록을 의미하는 글자		
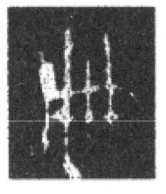	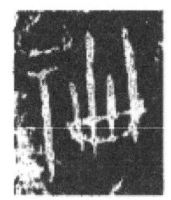	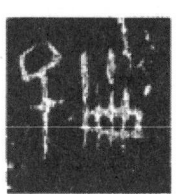
『合集』30398	『合集』30674	『合集』30685

두 번째 글자는 왼쪽에 제사를 지내는 재단을 상형한 요소 '시(示)'가 있고, 오른쪽에 '冊'을 결합하여 '등록된 목록' 또는 '기록된 목록'을 의미하는 글자이다. 이 재단을 의미하는 요소는 그 목록의 성격과 내용을 시사한다. 세 번째 글자는 왼쪽에 어린 아이를 나타내는 '子'의 요소와 오른쪽 '冊'을 결합하여 역시 '등록된 목록' 또는 '기록된 목록'을 의미하는 글자로 나타나는데, 이것은 제사를 받는 사람을 특정하고 있다.

이런 갑골문의 합문(合文) 중에는 제사를 위한 가축 수를 표시하기 위하여 사용한 글자들이 있는데, 매우 특이한 방식으로 새겨져 있다.

一+豕+白 甲+且(祖) 歲 寅 甲   甲 寅 歲 且(祖)+甲 白+豕+一

殷墟花園莊東地甲骨(『花東』170, **그림 3**)

여기 『화동(花東)』170에서 양 끝쪽에, " ", " " 이 두 개의 글자는 각각 '흰색+돼지+하나(白+豕+一)'를 의미한다. 이런 글자들은 주변에 쓸 공간이 협소하지 않아 굳이 이렇게 글자들을 합쳐서 쓸 이유가 없는데도 불구하고, 합문으로 새겨져 있다. 이런 방

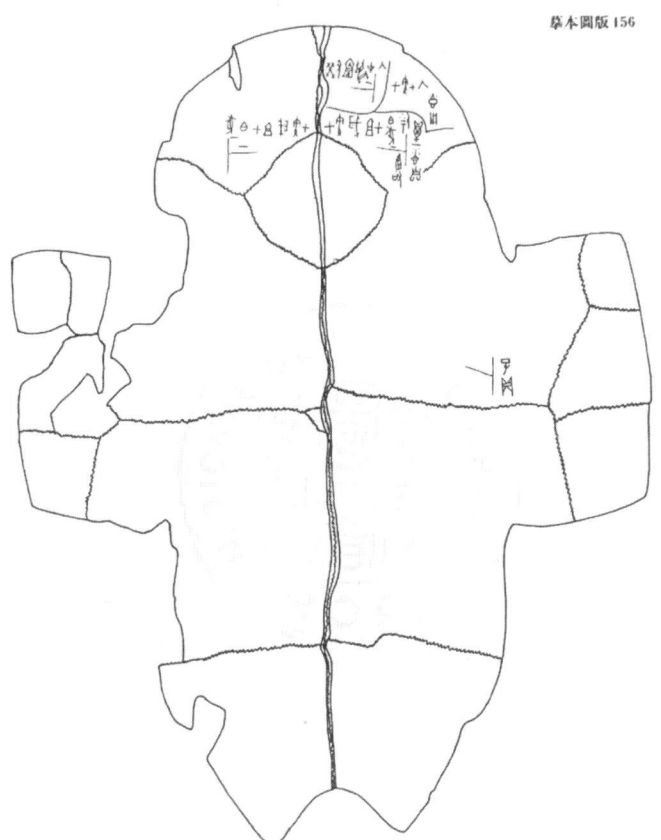

그림 3. 『화동(花東)』 170
朱歧祥, 『殷墟花園莊東地甲骨校釋』(臺中: 東海大學中文系語言文字研究室, 2006), 321

식으로 만들어진 合文의 형태는 이 글자가 이전에 다른 데서 왔다는 것을 암시한다. 말하자면, 갑골문에 이 글자를 새겨 넣은 사람은 연속되는 글자들의 위치가 단어의 순서를 반영하지 않는, 어떤 다른 범주의 기록으로부터 가져온 부호들의 시각적 배열을 재생산하고 있는 것이다. 점을 친 기록에서 제사를 위한 가축 수를 적기 위하여 사용한, 이런 합문은 언어에 바탕을 둔 문장 구성을 따라 일렬로 배열된 텍스트 안에서 기능하지 않았던, 어떤 다른 사용의 맥락으로부터 가져온 것으로 보여진다. 그래서 이런 합문은 안양 이전에, 가축을 기록하는 어떤 다른 의례의 맥락에서 사용했던 부호들의 흔적을 반영하는 것으로 생각할 수 있다.

애덤 스미스(Adam D. Smith)는 갑골문을 어떻게 새기는지 배우는 견습생들이 기록하였던 것으로 여겨지는 '습각복사(習刻卜辭)'의 자료를 활용하여, 어떤 경우에는 견습생들이 어떻게 갑골문을 '새기는지' 배우는 것이 아니라, 어떻게 '쓰는지' 실제로 배우

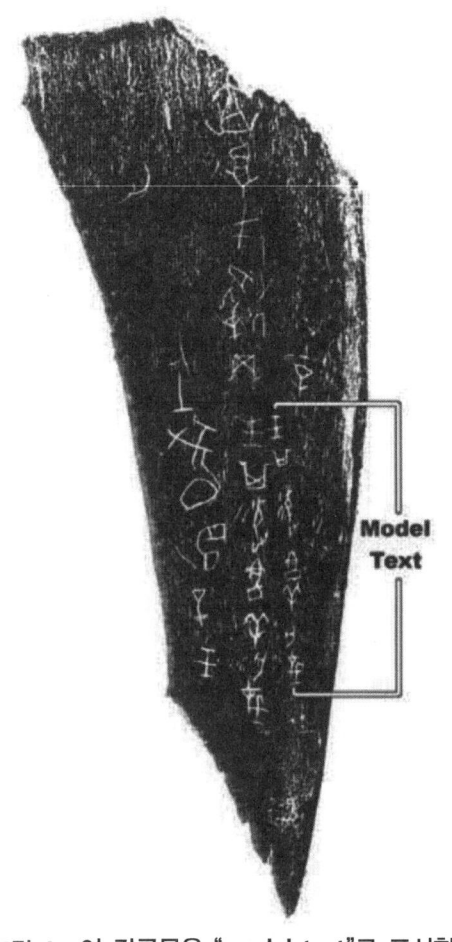

그림 4. 이 갑골문은 "model text"로 표시한 부분의 서사자(scribe)가 먼저 글자를 새기고, 이것을 견본으로 다른 서사자(scribe)가 따라서 학습하고 있는 습각복사(習刻卜辭)의 대표적 사례이다.

Adam Smith, "The Evidence for Scribal Training at Anyang," in *Writing & Literacy in Early China*, ed. Li Feng and David Prager Branner (Seattle: University of Washington Press, 2011), 190.

고 있다고 주장한다. 이것은 베글리의 주장처럼 문자를 쓰기 위하여 사용한 기타 다른 매체(medium)를 배제시킨 것이 아니라, 최소한 개별적인 몇 가지 경우에 있어서는 갑골이 글을 쓰기 위한 첫 번째 매체였다는 것을 시사한다.[44] 점을 친 것을 새기는 공방(工房, divination workshop)에서는 글쓰기에 능숙한 사람이 먼저 글쓰기 모델을 제시하고 잘 쓰지 못하는 견습생이 이 모델을 따라 배우고 익히는 과정이 반복되고 있었다(그림 4). 이렇게 안양의 공방에서는 갑골의 글쓰기를 학습하고, 세대를 거쳐서 전수했을 것이다.[45]

스미스의 주장 가운데 보다 주목할 것은 문자의 출현에 필요한 사회적 맥락과 관련된 것이다. 이 사회적 맥락은 전문화되고 통제 가능한 환경(예를 들면, '占卜工房')에서 '글을 쓴다'는 표준화된 행위가 일어나는 조건을 의미한다. 곧, 문자의 출현을 위한 사회적 맥락은 복잡한 일련의 작업이 반복적으로 이루어지면서, 전문가와 견습생 간에 기술적 보존과 전승이 이루어지는 특별한 관계를 토대로 하는 안정된 구조를 조건으로 한다. 이러한 문자

---

44 Adam Smith, "The Evidence for Scribal Training at Anyang," in *Writing & Literacy in Early China*, ed. Li Feng and David Prager Branner (Seattle: University of Washington Press, 2011), p.203.

45 Adam Smith, "The Evidence for Scribal Training at Anyang," p.204.

의 출현에 필요한 필수적인 사회적 조건은 메소포타미아의 경우, 경제적 교환의 맥락에서 계산에 필요한 기록을 할 필요에서 일어났다. 반면에, 중국 문명의 경우, 상 나라의 점복(占卜) 활동에 의하여 그 복잡한 과정과 반복적 실행으로 말미암아 정점에 이른 종교적 활동은, 글을 쓰는 활동과 관련한 능력(문해력)을 강화시키는 조건이 되었다.[46]

V. 요약과 결론

결론에 앞서, 이제까지 필자가 검토한 중국 문자의 출현에 대한 생각들을 요약할 필요가 있다. 전통적 접근은 문자의 기원을 안양 문자 이전의 토기와 기물에 나타는 부호에 소급시켰다. 이것은 문자의 기원에 대하여 형식적 유사성을 중요한 근거로 추적하는 가설인데, 주로 중국의 학자들을 포함하여, 최근 파올라 드마테(Paola Demattè) 같은 학자도 여전히 이러한 접근을 견지한다. 그러나 시기적으로 안양의 문자보다 빠른 부호들이 형태적으로 유사하다는 점 이외에, 그 기능과 문자로의 전환에 대하여 설명하지 못한다는 것은 여전히 비판받는다.

엄격한 언어학적 원리를 동원하여 볼츠(Boltz)가 제시한 독특한 가설은 안양 문자의 급속한 출현을 주장하였다. 이 가설은 중국 문자의 출현을 설명하는 데, 메소포타미아와 이집트의 케이스를 모델로 도대체 문자란 무엇인가 하는 문자의 규정을 우리에게 환기시킨 측면이 있지만, 근동 지역의 글쓰기조차도 단기간의 발명이라기보다는 점진적으로 축적된 문화적 진화(cultural evolution)의 결과라는 점을 간과하고 있다. 중국의 경우, 근동 지역과 문화적 맥락을 달리하지만, 문자 출현의 진화론적 발전과정은 예외가 아니다. 베글리는 진화론적 접근을 수용하지만, 그 역시 근동 지역의 모델을 동원하여 중국 문자 출현의 사회적 동기를 경제적 교환의 맥락에서 계산에 필요한 기록에서 찾음으로써, 그의 가설은 실제 고고학적인 증거의 영역을 벗어나고 있다.

안양 문자 이전의 원시 문자(pre-writing)에 대한 가설들은, 그것이 전통적 접근이든

---

[46] Adam Smith, "The Evidence for Scribal Training at Anyang," pp.173-205.

현대적 접근이든 간에, 현재 우리가 확보한 고고학적 정보 안에서 설명할 수 있는 한계를 넘어선 측면이 있다. 그러나, 여기 대안적 접근으로 제시된 것처럼, 우리는 안양 이전의 자료를 동원하지 않고 안양의 문자 그 자체만으로도 문자의 형성과 발전에 대한 진화론적 설명이 가능하다. 정말로 스미스(Smith)가 주장한 것처럼, 안양의 점복 공방에서는 글쓰기에 대하여 경험과 정보가 더 많고 능숙한 자와, 경험이 적고 미숙한 자가 세대를 거쳐서 어떻게 쓰는지를 배우고 전수한 것 같다. 안양의 문자 속에서 우리는 그 경험의 증거를 발견할 수 있을 뿐만 아니라, 글쓰기 그 자체에서 문자의 진화과정을 확인할 수 있다. 앞으로 더 많은 고고학적 정보가 안양 시기 이전의 문자 발전 과정을 해명해 줄 수 있기를 기대하지만, 그 때까지는 적어도 안양의 문자가 말해주는 것이 중국 문자의 기원에 대한 최소한의, 가능한 설명을 제공할 수 있을 것이다.[47]

---

[47] 이 글은 빈동철, 「중국 문자의 기원에 관한 생각들과 문해력」, 『한중언어문화연구』 74 (2024), pp.29-63을 수정 보완한 것이다.

참고자료

郭沫若 主編, 中國社會科學院歷史研究所 編輯, 『甲骨文合集』, 北京: 中華書局, 1982.

黃天樹, 「甲骨文中所見的一些原生態文字現象」, 『黃天樹甲骨金文論集』, 北京: 學苑出版社, 2014.

黃亞平, 「漢字起源和漢字體系形成問題的探索與思考—兼談漢字起源'漸變說'與'突變說'的融通」, 『出土文獻與古文字研究』 第九輯(2020).

裘錫圭, 「漢字形成問題的初步探索」, 『中國語文』, 1978.

裘錫圭, 『文字學概要』 修訂本, 北京: 商務印書館, 2013.

許慎 撰, 『說文解字』, 北京: 中華書局, 1963.

于省吾 編, 『甲骨文字詁林』, 中華書局, 1996.

Adam Smith, "Writing at Anyang: The Role of the Divination Record in the Emergence of Chinese Literacy," PhD diss., University of California, Los Angeles, 2008.

Adam Smith, "The Evidence for Scribal Training at Anyang," in *Writing & Literacy in Early China*, ed. Li Feng and David Prager Branner, Seattle: University of Washington Press, 2011.

Adam Smith, "Are Writing Systems Intelligently Designed?," in *Agency in Ancient Writing*, ed. Joshua Englehardt, Boulder: University Press of Colorado, 2013.

Cohen, Laurent and Stanislas Dehaene, "Specialization within the Ventral Stream: The Case for the Visual Word Form Area," *NeuroImage* 22 (2004).

Constance A. Cook, *Death in Ancient China: The Tale of One Man's Journey*, Leiden: Brill, 2006.

David N. Keightley, "Public Work in Ancient China: A Study of Foced Labor in the Shang and Western Zhou," PhD diss., Columbia University, 1969.

I. J. Gelb, *A Study of Writing*, Chicago, The University of Chicago Press, 1963.

Jerrold S. Cooper, "Babylonian Beginnings: The Origin of the Cuneiform Writing System in Comparative Perspective," in *The First Writing: Script Invention as History and Process*, ed. Stephen Houston, Cambridge: Cambridge University Press, 2004.

John Baines, "The Earliest Egyptian Writing," in *The First Writing: Script Invention as History and Process*, ed. Stephen Houston, Cambridge: Cambridge University Press, 2004.

K. C. Chang, *Shang Civilization*, New Haven and London: Yale University Press, 1980.

Li Feng, *Early China: A Social and Cultural History*, Cambridge: Cambridge University Press, 2013.

Lorthar von Falkenhausen, "Issues in Western Zhou Studies: A Review Article," *Early China* 18 (1993).

Mark Edward Lewis, *Writing and Authority in Early China*, Albany: State University of New York Press, 1999.

Marvin A. Powell, "Three Problems in the History of Cuneiform Writing: Origins, Direction of Script, Literacy," *Visible Language* 15, no. 4 (Fall 1981).

Paola Demattè, *The Origins of Chinese Writing*, Oxford: Oxford University Press, 2022.

Postgate, Nicholas, Tao Wang, and Toby Wilkinson, "The Evidence for Early Writing: Utilitarian or Ceremonial?," *Antiquity* 69, no. 264 (1995).

Qiu Xigui, *Chinese Writing*, trans. Gilbert L. Mattos and Jerry Norman. Berkeley: Society for the Study of Early China and Institute of East Asian Studies, University of California, 2000.

Robert W. Bagley, "Anyang Writing and the Origin of the Chinese Writing System," in *The First Writing: Script Invention as History and Process*, ed. Stephen Houston, Cambridge: Cambridge University Press, 2004.

Stanislas Dehaene, *Reading in the Brain: The New Science of How We Read*, New York: Penguin, 2009.

Wang Haicheng, *Writing and the Ancient State: Early China in Comparative Perspective*, Cambridge: Cambridge University Press, 2014.

William G. Boltz, "Literacy and the Emergence of Writing," in *Writing and Literacy in Early China*, ed. Li Feng and David Prager Branner, Seattle & London: Washington University Press, 2011.

William G. Boltz, *The Origin and Early Development of the Chinese Writing System*, New Haven, CT: American Oriental Society, 1994.

목차

I. 서론

II. 갑골문에 보이는 원시적 형태들

III. 언어를 기록한 부호로서의 갑골문
    1. 가차자
    2. 형성자
    3. 문장으로서의 갑골각사(甲骨刻辭)

IV. 결론

제2장
甲骨文 문자 체계에 공존하는 원시성과 발전성

김혁(경상국립대 중어중문학과)

I. 서론

추시구이(裘錫圭)는 『문자학개요(文字學槪要)』에서 문자를 협의의 문자와 광의의 문자로 구분하였다. 협의의 문자는 언어를 기록하는 부호체계이고, 광의의 문자는 특정 의미나 정보를 전달할 수 있는 도화(圖畫)나 부호이다. 협의의 문자 관점에서 보면 도화 또는 도해(圖解)를 가지고 특정 의미나 특정 사안을 기록하는 방식은 "문자와 유사한 형식의 그림이지 결코 문자가 아니다."라고 한다.[1] 그러한 의미에서 보면 상(商)나라 후기의 갑골문(甲骨文)·금문(金文)·도문(陶文)·옥석문자(玉石文字) 등은 당시 언어 단위와 명확하게 일치하는 협의의 문자로 간주할 수 있고, 그 이전의 도기(陶器)에 기록된 부호들은 문자로 보기 어렵다고 할 수 있다. 추시구이는 또한 광의의 문자로 볼 수 있는 도화와 같은 것이 표의자(表意字)와 같은 역할을 하고, 점진적으로 도화와 구분되면서, 가차(假借)의 방식이 함께 사용되어 도화의 형식을 취하는 표의자의 독음과 같거나 유사한 단어를 표기하는 현상이 발생하면 아주 빨리 진정한 문자 부호가 될 수 있다고 하였다. 즉, 도화와 완전히 구분되는 표의자와 가차자가 출현하는 것이 바로 문자 형성 과정이 정식으로

---

[1] 裘錫圭, 『文字學槪要』(修訂本) (北京: 商務印書館, 2013), p.1.

시작되는 표지라는 것이다.² 본 논문은 기본적으로 추시구이의 주장에 동의한다.

반면에 황톈수(黃天樹)는 『세계통사(世界通史)』의 서문에 제시된 동시대법(同時代法), 즉 세계의 사회 발전은 규칙적이어서 발전의 시간이 유사하다는 관점에 근거하여 이집트 문자와 메소포타미아의 설형문자가 지금부터 약 5,500년 전에 존재했었고, 그에 따라 추측하여 한자 역시 대략 3,500년 전인 갑골문보다 2,000년 이전에 원시한자체계가 있었을 것이라 주장한다.

원시한자체계로 중국어를 기록하는 시기: BC. 3,500~ BC. 1,600년
성숙한자체계로 중국어를 기록하는 시기: BC. 1,600~ BC. 1,046년³

필자는 이에 동의하지 않는다. 추시구이가 「한자의 기원과 발전(漢字的起源和演變)」에서 본인의 견해를 수정하여 말한 것처럼, 다원커우(大汶口) 문화 유적지의 기호들을 갑골문에 나타나는 특정 글자와 연결하고 그 전신(全身)으로서 원시 문자가 존재했다고 말하기 어려운 이유는, 기본적으로 이러한 도기 기호들이 매우 단편적으로 보여서 언어를 기록했다는 증거를 찾기 어렵기 때문이다. 특정 부호가 해당 언어의 특정 단어와 일치되고, 그러한 부호들이 체계적으로 성립되어 해당 언어의 어순에 맞게 나열하여 기록하는 것은 분명히 사회적인 조건이 이러한 기사(記事)가 반드시 필요할 때, 출현하는 것으로 이해하는 것이 타당하다고 본다.⁴

본 논문은 황톈수가 「갑골문에 보이는 일부 원시형태 문자 현상(甲骨文中所見的一些原生態文字現象)」에서 언급한 비교적 원시적인 형태로서, 하나의 글자가 형태소 또는 단어가 아닌, 구(句)를 나타내는 사례 및 그와 유사한 형태의 특수한 글자들을 가지고 갑골문에 보이는 일부 원시성에 대하여 논하고, 동시에 갑골문에 출현하는 다량의 형성자(形聲字)와 가차자 및 갑골에 새겨진 문장으로서의 각사(刻辭)들을 가지고 갑골문의 발

---

2 裘錫圭, 『文字學槪要』(修訂本) (北京: 商務印書館, 2013), p.5.
3 黃天樹, 「甲骨文中所見的一些原生態文字現象」, 『黃天樹甲骨金文論集』 (北京: 學苑出版社, 2014), p.3.
4 裘錫圭, 「漢字的起源和演變」, 『裘錫圭學術文集』(語言文字與古文獻卷) (上海: 復旦大學出版社, 2012), pp.116-117.

전성에 대하여 논할 것이다. 황톈수는 비교적 원시적인 형태의 글자가 갑골문에 보이는 원인이 갑골문 이전 시기에 원시한자체계가 존재했었고, 갑골문이 그 시기와 시간적 거리가 멀지 않기 때문에 이러한 원시성이 남아있는 것이라고 주장한다. 앞에서 말한 것처럼, 필자는 이에 동의하지 않는다. 갑골문의 문자 체계를 자세히 들여다보면 오히려 원시적인 형태보다 성숙한 문자 체계로서의 모습이 훨씬 더 잘 드러나며, 원시적인 형태의 기록 방식은 갑골문에 일부 단편적으로 공존하고, 그러한 공존은 5기 분법으로 볼 때, 초기에 집중되어 나타나기 때문이다.

II. 甲骨文에 보이는 원시적 형태들

황톈수(黃天樹)가「갑골문에 보이는 원시형태 문자 현상(甲骨文中所見的一些原生態文字現象)」에서 언급한 하나의 글자가 句 또는 그에 상당하는 특정 의미를 나타내는 경우를 보자.

1) □□卜, 爭貞: 王曰兔▨(鷹), 田爾其執. 合6528 賓組典賓類
    (□□일에 균열을 내고 爭이 점치기를: 王이 명하여 사냥용 매로 토끼를 잡으면 田獵官 爾가 포획할 것이다.)

▨은 황톈수가 매를 본뜬 응(鷹)자로 고석(考釋)하는데, 하나의 글자로 '사냥용 매로 토끼를 잡는다(以鷹捕兔)'는 일종의 구(句)와 유사한 의미를 나타낸다고 보았다.

2) 癸巳卜, 殼貞: 旬亡??(憂). 王占曰:"乃茲亦虫(有)求(咎), 若稱." 甲午王往逐兕, 小臣 甾▨, 馬硪(俄), ▨(敋)王▨, 子央亦▨(顛). 合10405 賓組典賓類
    (癸巳일에 균열을 내고, 殼이 점치기를: 10일 안에 우환이 있을 것이다. 王이 점괘를 판단하여 말하길: 곧 이 10일 안에 또한 재앙이 있을 것이니, 일어날 것이다." 甲午일에 王이 코뿔소를 쫓아 갔는데, 小臣 甾의 수레 車軸이 끊어졌다. 말이 기울어지면서 王의 마차를 부딪쳐 왕의 마차가 뒤집어졌고, 동승하고 있던 子

央 역시 마차에서 고꾸라졌다.)

⬛ 은 차(車)자를 변형시킨 것인데, 자세히 보면 차의 축(軸)이 부러져 있다. 따라서 '차축이 부러지다'라는 의미를 나타낸 특수한 글자이다. 그리고 ⬛ 자 역시 차의 변형인데, 차가 뒤집힌 모양을 하고 있어서 '마차(馬車)가 전복(顚覆)되다'라는 의미를 나타낸 것이다.

3) …子雔⬛馬. 合11450 賓組三類
(…子雔의 車轅이 부러져 말이 재앙을 당했다.)

⬛ 역시 차자를 변형시킨 것으로 가운데 세로축인 차원(車轅)이 부러진 형태를 하고 있으며, '車轅이 부러지다'라는 의미를 나타낸 글자이다. 이상의 예들은 모두 하나의 글자가 句 또는 그에 상당하는 특정 의미를 나타내는 경우로서 형태소-음절문자의 형식이 아닌, 원시적인 도화(圖畫) 성격의 글자 단위를 가지고 형태소 또는 단어의 범위를 뛰어넘는 의미를 나타낸 것이다. 위의 예보다는 간단하지만, 여전히 복잡한 의미를 나타내는 경우가 있는데, 바로 충(衝)자이다.

4) 癸丑卜, 爭貞：自今至于丁巳, 我戈(翦)⬛. 癸丑卜, 爭貞：自今至于丁巳, 我弗其戈(翦)⬛.
王占曰：丁巳我毋其戈(翦). 于來甲子戈(翦). 旬有一日癸亥⬛, 弗戈(翦). 之夕嚮甲子, 允戈(翦).
合6834 賓組典賓類
(癸丑일에 균열을 내어 爭이 점치기를: 오늘부터 丁巳일까지, 우리는 ⬛를 멸망시킬 것이다. 癸丑일에 균열을 내어 貞이 점치기를: 오늘부터 丁巳일까지, 우리는 ⬛를 멸망시키지 못할 것이다. 王이 점괘를 판단하여 말하길: 丁巳일에 우리는 멸망시키지 못한다. 오는 甲子일에 멸망시킬 것이다. 11일 뒤인 癸亥일에 衝車로 ⬛의 城을 공격하였으나, 멸망시키지 못하였다. 그날 저녁부터 甲子일에 이르는 시간에 과연 멸망시켰다.)

🗡은 충차(衝車)를 본뜬 글자로 단순한 衝이 아닌 '衝車로 적의 성을 공격하다'라는 의미를 나타낸다.

5) 戊午卜, 殼貞: 我其呼🗡🏛, 㞢(翦). 戊午卜, 殼: 我🗡🏛, 㞢(翦). 合1027正 賓組一類
   (戊午일에 균열을 내어 殼이 점치기를: 우리가 명령하여 🏛의 城을 衝車로 공격하면, 멸망시킬 것이다. 戊午일에 균열을 내어 殼이: 우리가 🏛의 城을 衝車로 공격하면, 멸망시킬 수 있을 것이다.)

🗡은 성곽을 衝車에 달린 도구로 공격하는 모양을 본뜬 글자로 역시 衝으로 고석할 수 있다. 여기서도 역시 '衝車로 적의 성을 공격하다'라는 의미를 나타낸다.[5] 위 두 가지는 하나의 글자가 하나의 형태소 또는 단어를 표기하는 것을 넘어서서 더욱 복잡한 상황의 의미를 나타내는 경우라고 할 수 있다. 다른 하나는 하나의 글자가 특수한 의미를 나타내기 위해서 기본 글자의 편방(偏旁)을 교체함으로써 바로 뒤이어 나올 수 있는 목적어를 동시에 겸하여 나타내거나, 뒤에 수식을 받는 중심어를 겸하여 나타내는 것이다. 고문자학에서는 이를 전용자(專字)라 칭한다. 아래 예를 보자.

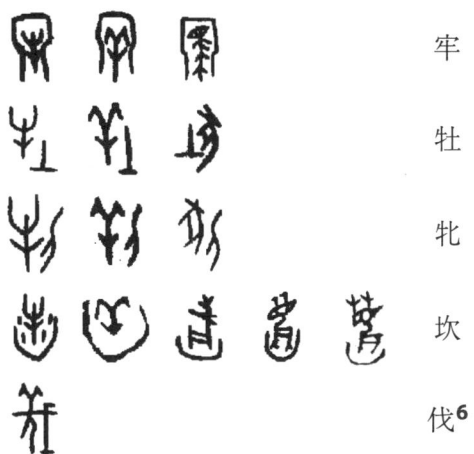

牢
牡
牝
坎
伐[6]

牢자는 牛, 羊, 馬 등 편방을 교체하여 각각 🐂는 제사용 소를, 🐏은 제사용 양을,

---

5 金赫,「釋甲骨文中的 "🗡"(衝)」,『探尋中華文化的基因』(一) (北京: 商務印書館, 2017), pp.125-131.
6 劉釗,『古文字構形學』(修訂本) (福州: 福建人民出版社, 2011), pp.64-65.

는 제사용 말을 나타낸다. 는 '牡牛'를, 는 '牡羊'을, 는 '牡鼠'를 나타낸다. 은 '牝牛'를, 은 '牝羊'을, 은 '牝豕'를 나타낸다. 은 본래 구덩이에 희생물을 넣은 모습을 본뜬 글자로 坎자인데, 편방을 牛로 하여 '坎牛'를 나타낸다. 은 '坎羊'을, 은 '坎麋'를, 은 '坎鹿'을 나타낸다.[7] 자는 伐에 본래 편방으로 들어가는 人을 羌으로 교체하여 '伐羌'을 뜻하는 전용 글자로 사용한 것이다.

갑골문에 보이는 비교적 원시적인 형태, 즉 하나의 도화적 성질을 가지는 글자가 특수한 상황의 의미를 나타내거나, 하나의 글자 편방을 교체하여 '동사+목적어' 구조의 술어, 또는 '수식어+중심어' 구조의 명사구를 나타내는 두 가지 사례를 살펴보았다. 추시구이(裘錫圭)는 갑골문이 200여 년의 역사 속에서 초기에서 후기까지 적지 않은 발전과 변화가 있었고, 갑골문에 출현하는 원시성을 가지는 특수한 글자들이 지속적으로 감소하여 후기로 갈수록 잘 보이지 않음을 지적한 바 있다.[8] 필자가 그동안 연구를 통하여 보았던 자료들로 볼 때, 충분히 동의할 수 있는 지적이라고 생각하며, 이는 은허(殷墟) 갑골문 자체가 중국에서 출현한 가장 이른 시기의 초기 문자이기 때문에, 그러한 원시성이 갑골문 자체 내에서도 초기에만 종종 보이는 것으로 이해하는 것이 타당하다고 생각한다. 황톈수의 주장처럼 甲骨文 이전에 원시적인 형태의 문자가 있었고, 그러한 연속선상에서 갑골문에 원시성을 나타내는 글자가 출현하는 것으로 보는 것은 문자의 발생에 필요한 사회적 조건과 도기기호(陶器記號)들이 가지는 너무 단편적이고 파편에 불과한 부분들을 가지고 볼 때, 합당한 결론이라 생각하지 않는다.

---

7 이러한 글자들은 田獵卜辭에 출현할 때는 坎이 아닌 陷으로 읽어야 한다. 사냥 대상인 동물을 함정에 빠뜨리는 방식으로 사냥하는 것을 나타내며, 은 陷鹿으로 해석한다. 裘錫圭, 「甲骨文字考釋(八篇)」, 『裘錫圭學術文集』(甲骨文卷) (上海: 復旦大學出版社, 2012), pp.82-83.

8 裘錫圭, 「從文字學角度看殷墟甲骨文的複雜性」, 『裘錫圭學術文集』(甲骨文卷) (上海: 復旦大學出版社, 2012), pp.420-421.

III. 언어를 기록한 부호로서의 갑골문

한자의 발전사적인 관점에서 볼 때, 위에서 언급한 것처럼 진정한 한자의 출발은 도화와 완전히 구분되는 표의자(表意字)와 가차자(假借字)가 사용되며, 가차의 원리를 기반으로 만들어지는 다양한 형성자(形聲字)의 사용이라고 할 수 있다. 이러한 측면에서, 갑골문은 주지하듯이 수많은 표의자(象形字·指事字·會意字)들이 각각 하나의 형태소 또는 단어를 표기하고 있는 동시에, 이러한 글자들을 가차하여 단어를 표기하고, 또한 형성자의 구조를 가지는 글자가 매우 큰 점유율을 차지하는 문자 체계라고 할 수 있다. 즉, 이미 성숙한 단계로서 체계적으로 당시 중국어를 기록할 수 있는 매우 발전된 글자인 것이다. 여기서는 갑골문에 보이는 가차자와 형성자 및 갑골에 새겨진 문장으로서의 갑골각사(甲骨刻辭)들의 예를 통하여 이러한 갑골문의 발전성에 대하여 논하도록 하겠다.

1. 가차자

가차는 허신(許愼)이 『설문해자(說文解字)』에서 말한 것처럼 '본래 글자가 없어서 소리에 기탁하여 뜻을 기록하는 것(本無其字, 依聲托事)'으로 동음(同音) 또는 어음(語音)이 유사한 글자를 빌려 특정 형태소 또는 단어를 기록하는 것을 말한다.[9] 갑골문에는 이러한 예가 무수히 많은데, 리샤오딩(李孝定)은 「중국 문자의 원시와 진화(中國文字的原始與演變)」에서 해독 가능한 글자 1,225개 글자 가운데 육서(六書)에 근거하여 상형은 276자로 22.53%, 지사(指事)는 20자로 1.63%, 회의(會意)는 396자로 32.33%, 가차는 129자로 10.53%, 형성(形聲)은 334자로 27.27%, 미상은 70자로 5.71%로 통계를 낸 바 있다.[10] 최근에 황톈수는 「은허 갑골문에서 형성자가 차지하는 비중 재검토(殷墟甲骨文形聲字所佔比重的再統

---

9 許愼이 假借의 예시로 제시한 令과 長은 사실 語義의 引伸에 해당하는 것으로 漢代 學者들은 이를 구분하지 않았던 것으로 추정된다.

10 李孝定, 「中國文字的原始與演變」, 『漢字的起源與演變論叢』(臺北: 聯經出版事業公司, 1986), pp. 128-137.

計)」에서 갑골자료의 새로운 발굴과 갑골철합(甲骨綴合)의 연구 성과 및 문자 고석의 진전에 의하여 반드시 갑골문자의 글자 구조를 새롭게 분석해야 하며, 동시에 갑골문 형성자의 비율에 대해서도 전면적으로 재검토하여 정리하고 연구할 필요가 있다는 점을 강조하였다. 동시에 기존의 새로운 연구 성과를 최대한 반영하여 현재 조정된 해독 가능한 글자 1,231개 글자 가운데 상형자는 307자로 24.94%, 지사자는 22자로 1.79%, 회의자는 318자로 25.83%, 형성자는 584자로 47.44%로 통계를 내고, 가차자는 통계를 내지 않았다.[11] 그 이유는 갑골문 내에 수많은 가차 현상이 존재하며, 해당 글자의 가차는 반드시 문장에 출현하는 언어 환경 내에서만 가차를 확정할 수 있기 때문이라고 설명하였다.

기본적으로 황톈수의 의견이 틀린 것은 아니다. 그러나 갑골문 내에서 가차되어 특정 단어를 기록하는 현상은 여전히 통계를 내볼 수 있다고 본다. 하지만 필자가 본 논문에서 주장하고자 하는 견해는 가차자의 통계를 보여주는 것이 아닌, 갑골문 자체가 이미 성숙한 문자 단계에 진입해 있는 문자 체계로서, 갑골문의 발전성을 강조하기 위한 것이기 때문에, 여기서는 몇 가지 상용되는 갑골문 가차의 용례를 제시함으로써 논지의 근거를 마련하도록 하겠다. 먼저 숫자를 보자.

一	二	三	三	五	六	七	八	九	十
一	二	三	四	五	六	七	八	九	十

갑골문 一에서 五까지는 기하학적인 부호를 사용하여 표기한 것으로 일종의 지사(指事)에 해당하는 글자로 볼 수 있다. 六 이후부터는 이러한 방식으로 표기하는데 어려움이 있기 때문에 기존의 표의자(表意字)를 가차하여 해당 숫자를 표기하였다. 六은 아직 무엇을 본뜬 것인지 그 본의(本義)를 알 수 없으나, 가차하여 숫자 6을 표기한 것이다. 七은 절(切)의 초문(初文)으로 절단되는 것을 지사 방식으로 나타낸 것인데, 가차하여 숫자 7을 나타냈다. 八은 지사 방식으로 분별의 의미를 나타낸 것인데, 가차하여 숫자 8을 나타냈다. 九는 팔꿈치를 강조하여 만든 글자로 주(肘)의 초문인데, 가차하여 숫

---

11 黃天樹, 「殷墟甲骨文形聲字所佔比重的再統計」, 『黃天樹甲骨金文論集』(北京: 學苑出版社, 2014), pp.54-131.

자 9를 나타냈다. ㅣ은 침을 본뜬 것으로 침(針)의 초문이다. 가차하여 숫자 10을 나타냈다. 이외에 간지(干支)를 나타내는 甲乙丙丁戊己庚辛壬癸와 子丑寅卯辰巳午未申酉戌亥 역시 모두 본래 각기 표의자로 특정 단어를 나타내는 글자들인데 가차하여 천간지지(天干地支)에 해당하는 단어를 표기한 것이다. 이외에 아래 몇 가지 갑골문 문례를 통하여 갑골문에 나타나는 가차 현상을 살펴보겠다.

6) 乙卯卜, 殼鼎(貞): 王比望乘伐下危, 受屮(有)又(佑).
   乙卯卜, 殼鼎(貞): 王昜(勿)比望乘伐下危, 弗其受又(佑). 合32
   (乙卯일에 균열을 내고 殼이 점치기를: 王은 望乘과 연합하여 下危를 정벌하라. 신의 도움을 받을 것이다.
   乙卯일에 균열을 내고 殼이 점치기를: 王은 望乘과 연합하여 下危를 정벌하지 말라. 아마도 신의 도움을 받지 못할 것이다.)

위 문례에 출현하는 정(鼎)은 갑골문에 아주 자주 출현하는 글자이다. 본래 솥을 본뜬 글자인데, 가차하여 '점치다' 또는 '당(當)', '정(正)'의 뜻을 나타낸다. 屮는 소를 본떠 만든 우(牛)자의 생략형이다. 가차하여 '유(有)'를 표기한다. 昜은 본래 발(發)의 초문으로 화살을 발사한 모양을 본뜬 글자인데, 가차하여 부정부사 {勿}을 나타내고, 弱은 본래 필(弼)의 초문으로 활을 바로잡는 모양을 본뜬 글자인데, 가차하여 역시 {勿}을 나타낸다. 그리고 실제 勿자는 문(刎)의 초문으로 칼로 베어내는 모양을 본뜬 글자인데, 이 역시 가차된 용법으로 사용된다. 불(弗)은 본래 줄로 나무를 고정시켜 곧게 펴는 모양을 본뜬 글자로 '교정(矯正)'이 원래 의미이다. 가차하여 부정부사 {弗}을 나타낸다. 其는 본래 키를 본뜬 글자로 기(箕)가 초문인데, 가차하여 부사 '장차' 또는 '아마도'를 뜻한다.

7) 戊戌卜, 殼鼎(貞): 王曰侯豹母(毋)歸. 合3301
   (戊戌일에 균열을 내고 殼이 점치기를: 王은 侯豹를 명하여 돌아가지 못하게 하라.)

모(母)는 본래 여성을 본뜬 글자에 구별부호를 추가하여 어머니를 뜻하는 글자인데,

假借하여 부정부사 {무(毋)}를 나타낸다.

8) 鼎(貞): 亦祼于父乙. 合2218
　　(점치기를: 父乙에게도 祼 제사를 드리라.)

역(亦)은 액(掖)의 初文으로 겨드랑이를 뜻하는 글자인데, 가차하여 부사 용법인 '~도', '또한'을 뜻한다. 우(于)는 본래 피리를 본뜬 글자로 우(竽)의 초문인데, 가차하여 전치사 용법 '~에서', '~에게' 등의 뜻으로 쓰인다.

9) 壬寅卜, 鼎(貞): 自今至于丙午雨. 合667
　　(壬寅일에 균열을 내고 점치기를: 오늘부터 丙午일까지 비가 올 것이다.)

자(自)는 본래 코를 본뜬 글자로 비(鼻)의 초문인데, 가차하여 전치사 용법, 주로 '~로부터'라는 전치사의 뜻으로 쓰인다. 금(今)은 본래 왈(曰)을 거꾸로 한 형태의 글자로 '입을 다물다'는 뜻을 나타내는 글자이며, 금(噤)의 초문이다. 가차하여 '지금', '현재'의 뜻을 나타낸다.

王占曰: 帝隹(惟)兹邑🐛不若. 合94反
(왕이 점괘를 판단하여 말하길: 상제께서 이 성읍의 🐛을 순조롭게 하지 않을 것이다.)

추(隹)는 본래 새를 본뜬 글자인데, 가차하여 어기사(語氣詞) {유(惟)}를 나타낸다. (자兹)는 본래 실타래를 본뜬 글자로 사(絲)의 초문인데, 가차하여 지시대명사를 나타낸다.

10) 鼎(貞): 才(在)北史屮(有)獲羌. 合914正
　　(점치기를: 북쪽에 있는 史는 강족을 포획할 것이다.)

재(才, 在)는 본래 말뚝을 본뜬 글자로 직(織)의 초문인데, 가차하여 전치사 '~에서'인 '在'의 용법으로 사용된다. 북(北)은 본래 두 사람이 등지고 있는 모습을 본뜬 글자로

배(背)의 초문인데, 가차하여 '북쪽'을 나타낸다.

11) 鼎(貞): 翼(翌)辛丑不其啟. 王占曰: 今夕其雨, 翼(翌)辛丑不雨. 之夕允雨, 辛丑啟.
合3297反
(점치기를: 다음날인 辛丑일에 날이 개이지 않을 것이다. 왕이 점괘를 판단하여 말하길: 오늘 저녁에 아마도 비가 올 것이고, 다음날인 辛丑일에는 비가 오지 않을 것이다. 그날 저녁에 과연 비가 왔고, 辛丑일에 날이 맑게 개였다.)

익(翼)은 본래 곤충의 날개를 본떠 만든 글자인데, 가차하여 '다음날'이라는 '익일(翌日)'의 뜻으로 쓰였다. 불(不)은 아직 어떤 것을 본뜬 글자인지 확실하지 않은데, 아마도 꽃받침을 본뜬 글자로 부(柎)의 초문으로 추정된다. 가차하여 부정부사 {不}을 나타낸다. 지(之)는 발을 본뜬 지(止)에서 파생된 글자로 '가다'는 뜻을 나타내는 글자인데, 가차하여 지시대명사로 사용된다.

2. 形聲字

형성자는 기본적으로 형부(形符)와 성부(聲符)로 구성된 글자를 말한다. 예를 들면, 성(星)처럼 별을 나타내는 정(晶)과 독음을 나타내는 생(生)으로 구성된 글자이다. 위에서 리샤오딩은 과거에 갑골문 해독 가능한 글자 1,225개 글자 가운데 형성자는 총 334자로 전체에서 27.27%를 차지하는 것으로 보았는데, 2013년 황톈수의 연구에 따르면 해독 가능한 글자 1,231개 글자 가운데 형성자는 총 584자로 전체에서 47.44%를 차지하는 것으로 보았다. 앞서 말한 것처럼, 이는 새롭게 발굴된 갑골문 자료와 기존에 정확히 몰랐던 글자들에 대한 고석과 고문자학의 발전에 의하여 갑골문의 형성자 비율을 높게 통계낸 것이지, 결코 기존에 없던 글자가 갑자기 많아져서 비율에 변화가 생긴 것은 아닙니다. 현재 학계에서 형성자로 볼 수 있는 갑골문을 모두 제시하는 것은 편폭의 제한이 있으므로 아래 대표적인 몇 개의 글자를 제시하도록 하겠다.

어(御)자는 형부 彳과 성부 午로 구성된 글자로 액막이 제사 어(禦)를 나타낸다. 또는 방어(防禦)를 뜻하는 글자로 로 서사하기도 하는데, 여기에 성부 어(魚)를 추가하여 로 서사하기도 한다.

왕(往)자는 형부 止/之와 성부 (王)으로 구성된 형성자이다.

화(穌)자는 형부 약(龠)과 성부 (禾)로 구성된 형성자이다.

심(尋)자는 성부 (簟)으로 구성된 형성자이다.

멸(蔑)자는 형부 戈와 성부 (眉)로 구성된 형성자이다.[12]

춘(春)자는 형부 林·日과 성부 (屯)으로 구성된 형성자이다.

혼(昏)자는 형부 日과 성부 (溫)으로 구성된 형성자이다.

록(麓)자는 형부 林과 성부 (鹿)으로 구성된 형성자이다.

---

12 시라카와 시즈카(白川靜)는 이 글자에 대하여 무녀인 媚를 살해하는 것으로 보았는데, 이는 글자의 단순 소리 부호인 聲符를 의미 부호로 곡해한 것이다. 동일한 예로 夢자의 경우 로 서사하는데, 이 역시 眉가 聲符로 작용한 것이다. 시라카와 시즈카는 이 글자에 대해서도 의미적으로 해석하는데, 필자의 입장과는 다른 견해이다. 시라카와 시즈카 저, 심경호 역, 『漢字, 백가지 이야기』(서울: 황소자리 출판사, 2005년), 109쪽. 시라카와 시즈카 저, 고인덕 역, 『漢字의 世界』(서울: 솔출판사, 2008), 288쪽.

금(金)자는 형부 火와 성부 ▲(亼)으로 구성된 형성자이다.

교(敎)자는 형부 子・攴과 성부 ✕(爻)로 구성된 形聲字이다.

3. 문장으로서의 갑골각사

갑골문의 각사(刻辭)는 크게 복사(卜辭)와 기사각사(記事刻辭)로 나눌 수 있다. 복사는 점복과 관련된 각사를 말하고, 기사각사는 점복과 관련이 없는 그 외의 각사를 말한다. 보다 상세한 각사의 문례에 대해서는 이미 전문적인 연구 성과들이 있으니, 여기서는 언어를 기록한 부호로서의 갑골문을 중점적으로 다루기 때문에, 간략하게 형태소와 단어, 그 배열에 의한 어순과 문법이라는 측면에서 몇 가지 문례를 제시함으로써 본 글의 논지를 강조하고자 한다. 기본적으로 한자는 문자 유형학적으로 형태소-음절문자에 속하는 글자이다.[13] 즉, 최소 단위인 하나의 자(字)가 음성 단위로는 음절을 가지고 있고, 의미 단위로는 최소 형태소의 뜻을 가지고 있는 글자이다. 중국어는 고대 중국어에서 현대 중국어에 이르기까지, 기본적으로 단음절 언어(monosyllabic language)이며, 갑골각사의 문장들을 보면 이러한 고대 중국어의 형태가 더욱 잘 드러난다. 아래 비교적 긴 문장의 예시를 통하여 상나라 시기의 고대 중국어와 당시의 갑골문 문자가 어떻게 대응되는지 제시할 텐데, 본 글의 논지가 기본적으로 갑골문이 매우 성숙한 문자 체계임을 증명하는 것이므로, 갑골문 가운데 후기가 아닌 1~2기에 해당하는 초기 갑골문의 문장을 제시하도록 하겠다.

12) 王占曰: 屮(有)求(咎). 八日庚戌屮(有)各(格)云(雲)自東, 面(冥)母(晦), 昃亦屮(有)出

---

13 중국인 학자 뤼슈샹(呂叔湘)은 문자가 대응하는 언어와의 관계를 가지고, 이 세계에 존재하는 문자를 유형학적으로 크게 세 가지로 분류할 수 있다고 하며, 음소문자(音素文字), 음절문자(音節文字), 형태소-음절문자(形態素-音節文字)로 나누었다. 呂叔湘, 「漢語文的特點和當前的語文問題」, 『語文近著』(上海: 上海教育出版社, 1987), p.142.

虹自北, 飲于河.
　　合10405反

(王이 점괘를 판단하여 말하길: 재앙이 있다. 8일 뒤인 庚戌일에 동쪽으로부터 구름이 왔고, 날이 어두워졌다. 해가 기우는 시간에 또 무지개가 북쪽에서 나와 황하에서 강물을 마셨다.)

복사 (12)는 무정(武丁) 시기 복사이다. '왕점왈(王占曰)'은 연동식 술어문으로 王(주어/왕이), 占(동사/점괘를 판단하여), 曰(동사/말하다)로 구성되었으며, 현대 중국어로는 '王占卜說道'로 번역할 수 있다. '유구(有咎)'는 有(동사/있다)와 咎(목적어[賓語]/재앙)로 구성된 술어이며, 현대 중국어로는 '有災咎'로 번역할 수 있다. '八日庚戌有格雲自東, 冥晦'에서 팔일경술(八日庚戌)은 부사어(副詞語)로 '8일 뒤인 경술일'을 의미하고, 현대 중국어로는 '八天後的庚戌日'로 번역할 수 있다. 유격운자동(有格雲自東)은 有(동사/있다), 格雲(목적어/오는 구름), 自東(보어/동쪽으로부터)로 구성된 술어이며, 현대 중국어로는 '有一片雲彩從東邊過來'로 번역할 수 있다. 명매(冥晦) 역시 이어지는 술어로 현대 중국어로 '天就黑了'로 번역할 수 있다. '昃亦有出虹自北, 飲于河'에서 측(昃)은 부사어로 해가 기울어지는 시간을 의미한다. 역유출홍자북(亦有出虹自北)은 亦(부사/또한), 有(동사/있다), 出虹(목적어/출현하는 무지개), 自北(보어/북쪽으로부터)로 구성된 술어이며, 현대 중국어로는 '下午也有一條彩虹從北邊出現'으로 번역할 수 있다. 음우하(飲于河)는 이어지는 술어로 飲(動詞/마시다), 于(전치사/~에서), 河(목적어/황하)로 구성되었고, 현대 중국어로는 '喝水在河裡'로 번역할 수 있다. 복사 (12)의 문장 구조에 대한 분석을 다시 표로 정리하면 아래와 같다.

甲骨文	王	占	曰	有	咎
문장 성분	主語	動詞	動詞	動詞	存在賓語
翻譯	王 왕이	占卜 점괘를 판단하다	說道 말하다	有 있다	災咎 재앙
甲骨文	八日庚戌	有	格雲	自東	冥晦
문장 성분	副詞語	動詞	存在賓語	補語	形容詞 述語
翻譯	八天後庚戌日 8일 뒤인 庚戌일	有 있다	過來的雲彩 오는 구름	從東邊 동쪽으로부터	天就黑了 날이 어두워 지다

甲骨文	昃	亦	有	出虹	自北	飲	于河
문장 성분	副詞語	副詞	動詞	存在賓語	補語	動詞	補語
翻譯	下午 오후	也 또한	有 있다	出現的彩虹 출현한 무지개	從北邊 북쪽으로부터	喝水 마시다	在河裡 황하에서

13) 癸子(巳)卜, 殼鼎(貞): 旬亡囚(憂).

　　王占曰: 业(有)求(咎), 其业(有)來嫀(艱), 气(迄)至.

　　五日丁酉允业(有)來嫀(艱)自西. 沚䤢告曰: 土方圍于我東啚(鄙), 戋(戬)二邑.

　　舌方亦侵我西啚(鄙)田.

合6057正

(癸巳일에 균열을 내고, 殼이 점치기를: 10일 동안 우환이 없을 것이다. 왕이 점괘를 판단하여 말하기를: 재앙이 있을 것이고, 곤란한 일이 닥쳐올 것이며, 이곳에 이를 것이다. 5일 뒤인 丁酉일에 과연 서쪽으로부터 곤란한 일이 닥쳐왔다. 沚䤢가 보고하여 말하기를: 토방이 우리 동쪽 변방을 포위하였고, 두 성읍을 함락시켰습니다. 공방 역시 우리 서쪽 변방 지역을 침략하였습니다.)

복사 (13) 역시 무정 시기 복사이다. '계사복, 각정(癸巳卜, 殼貞)'은 癸巳(부사어/계사일), 卜(동사/균열을 내다), 殼(명사/인명), 貞(동사/점치다)로 구성된 문장으로 현대 중국어로 '癸巳日灼甲骨, 殼卜問'으로 번역할 수 있다. '순무우(旬亡憂)'는 旬(부사어/10일 동안), 亡(동사/없다), 憂(목적어/우환)로 구성된 문장으로 현대 중국어로 번역하면 '十天內會沒有憂患'으로 번역할 수 있다. '기유래간(其有來艱)'은 其(부사/장차), 有(동사/있다), 來艱(목적어/오는 곤란한 일)으로 구성된 문장이며 현대 중국어로 '將會有艱難的事發生'으로 번역할 수 있다. 이어지는 '흘지(迄至)'는 迄(동사/도래하다), 至(동사/이르다)로 구성된 것으로 현대 중국어로는 '到來這兒'로 번역할 수 있다. '오일정유래간자서(五日丁酉允有來艱自西)'는 五日丁酉(부사어/5일 뒤인 丁酉일), 允(부사/진실로), 有(동사/있다), 來艱(목적어/오는 곤란한 일), 自西(보어/서쪽으로부터)로 구성된 문장이며, 현대 중국어로 '五天以後的丁酉日, 果然從西邊有艱難的事發生了'로 번역할 수 있다. '지과고왈(沚䤢告曰)'은 沚䤢(명사/인명), 告

(동사/보고하다), 曰(동사/말하다)로 구성된 문장으로, 현대 중국어로 '沚馘報告說道'로 번역할 수 있다. '토방위우아동비, 전이읍(土方圍于我東鄙, 翦二邑)'은 土方(명사/방국명), 圍(동사/포위하다), 于我東鄙(보어/동쪽 변방에서), 翦(동사/함락시키다), 二邑(목적어/두 성읍)으로 구성된 문장이며, 현대 중국어로 '土方包圍在我們的東部邊邑, 打破了兩個城邑'로 번역할 수 있다. '공방역침아서비전(舌方亦侵我西鄙田)'은 舌方(명사/방국명), 亦(부사/또한), 侵(동사/침략하다), 我西鄙田(목적어/우리 서쪽 변방 지역)으로 구성된 문장으로, 현대 중국어로 '舌方也侵犯了我們西部邊邑的田地'로 번역할 수 있다. 복사 (13)의 문장 구조에 대한 분석을 다시 표로 정리하면 아래와 같다.

甲骨文	癸巳	卜	殼	貞	旬	亡	憂
문장 성분	副詞語	動詞	主語	動詞	副詞語	動詞	存在賓語
翻譯	癸巳 계사일에	灼甲骨 균열을 내다	殼 殼	卜問 점치다	十天 10일 동안	沒有 없다	憂患 우환

甲骨文	王	占	曰	有	咎
문장 성분	主語	動詞	動詞	動詞	存在賓語
翻譯	王 왕이	占卜 점괘를 판단하다	說道 말하다	有 있다	災咎 재앙

甲骨文	其	有	來艱	迄	至
문장 성분	副詞	動詞	存在賓語	動詞	動詞
翻譯	將來 장차	有 있다	遇到 艱難的事 곤란한 일이 닥쳐옴	到來 이르다	到來 이르다

甲骨文	五日丁酉	允	有	來艱	自西
문장 성분	副詞語	副詞	動詞	存在賓語	補語
翻譯	五天後的 丁酉日 5일 뒤 丁酉日	果然 진실로	有 있다	遇到 艱難的事 곤란한 일이 닥쳐옴	從西邊 서쪽으로부터

甲骨文	沚馘	告	曰	土方	圍	于我東鄙	戠	二邑
문장 성분	主語	動詞	動詞	主語	動詞	補語	動詞	賓語
翻譯	沚馘 沚馘	報告 보고 하다	說道 말하다	土方 土方	包圍 포위 하다	在我們 東部的 邊邑 우리 동쪽 변경 에서	打破 함락 시키다	兩個 城邑 두 성읍

甲骨文	舌方	亦	侵	我西鄙田
문장 성분	主語	副詞	動詞	處所賓語
翻譯	舌方 舌方	也 또한	侵犯了 침략했다	我們西部 邊邑的田地 우리 서쪽 변경 지역

IV. 결론

본 논문은 갑골문에 보이는 원시적 형태의 글자와 성숙한 문자 체계로서 드러나는 글자들을 가지고 원시성과 발전성이 공존하고 있음을 제시하였다. 황톈수(黃天樹)는 갑골문에 보이는 원시적인 형태의 글자들이 존재하는 원인이 갑골문 이전, 대략 은허 갑골문보다 2,000년 이른 시기에 원시한자체계가 존재했었고, 갑골문이 그 시기와 시간적 거리가 멀지 않기 때문에 이러한 원시성이 남아있는 것이라고 주장하였다. 필자는 그러한 인과 관계를 차치하고, 일단 갑골문의 문자 체계에 원시적인 형태의 일부 글자들 보다 성숙한 문자 체계로서의 모습이 더욱 잘 드러난다는 것을 가차자와 형성자 및 문장으로서의 갑골각사를 통하여 설명하였다. 황톈수 역시 원시적인 형태의 기록 방식은 갑골문에 일부 단편적으로 존재하며, 갑골문 시기 전체로 볼 때, 초기에 집중되어 나타난다는 것을 인정한다. 하지만 반드시 지적해야 할 것은, 초기 갑골문이라 하더라도 이러한 원시적 형태의 글자가 일부 보이지만 가차자와 형성자가 이미 초기 갑골문에 상당한 부분을 차지하고 있다는 점이다. 또한 문장으로서 갑골각사는 당시의 중국어와 어법의 측면에서 충분히 복잡한 사안을 기사(記事)할 수 있음과 동시에, 어순이 명확히 갖추어진 형태의 문장을 만들 수 있는 문자 체계였다는 점을 볼 수 있다. 따라서 갑골문은 이미 발전성을 충분히 지니고 있는 성숙한 문자 체계이며, 일부 공존하는 원시성은 문자가 발생하는 시점이 상나라 중기 또는 그로부터 멀지 않은 상 초기이기 때문에 초기의 갑골문에 비교적 집중되어 나타나는 것으로 이해하는 것이 타당할 것이다. 이는 추시구이(裘錫圭)가 주장하는 것처럼, 도화와 같은 것이 표의자와 같은 역할을 하고, 점진적으로 도화와 구분되면서, 가차의 방식이 함께 사용되어 도화의 형식을 취하는 표의자의 독음과 같거나 유사한 단어를 표기하는 현상이 발생하면 **아주 빨리 진정한 문자 부호가 될 수 있다**[14]고 하는 점과, 갑골문 이전 시기의 것으로 발굴된 도기기호들이 너무 단편적으로만 나타나는 것을 통하여 입증할 수 있다.

---

14 裘錫圭, 『文字學槪要』(修訂本) (北京: 商務印書館, 2013), p.5.

참고자료

裘錫圭,「漢字的起源和演變」,『裘錫圭學術文集』(語言文字與古文獻卷) (上海: 復旦大學出版社, 2012).

裘錫圭,「甲骨文字考釋(八篇)」,『裘錫圭學術文集』(甲骨文卷) (上海: 復旦大學出版社, 2012).

裘錫圭,「從文字學角度看殷墟甲骨文的複雜性」,『裘錫圭學術文集』(甲骨文卷) (上海: 復旦大學出版社, 2012).

裘錫圭,『文字學概要』(修訂本) (北京: 商務印書館, 2013).

金赫,「釋甲骨文中的" "(衝)」,『探尋中華文化的基因』(一) (北京: 商務印書館, 2017).

呂叔湘,「漢語文的特點和當前的語文問題」,『語文近著』(上海: 上海教育出版社, 1987).

劉釗,『古文字構形學』(修訂本) (福州: 福建人民出版社, 2011).

李孝定,「中國文字的原始與演變」,『漢字的起源與演變論叢』(臺北: 聯經出版事業公司, 1986).

시라카와 시즈카 저, 심경호 역,『漢字, 백가지 이야기』(서울: 황소자리 출판사, 2005년).

시라카와 시즈카 저, 고인덕 역,『漢字의 世界』, (서울: 솔출판사, 2008).

黃天樹,「甲骨文中所見的一些原生態文字現象」,『黃天樹甲骨金文論集』(北京: 學苑出版社, 2014).

黃天樹,「殷墟甲骨文形聲字所佔比重的再統計」,『黃天樹甲骨金文論集』(北京: 學苑出版社, 2014).

목차

I. 머리글

II. 인간 기억과 그 확장의 역사

III. 고대 중국, 기억 매체의 초기 양상: 음성언어에서 시각 기호로

IV. 고대 중국, 기억 매체의 혁신과 '과거 쓰기'의 시작: '상 문자'와 초기 역사 서술

V. 영속성, 상 문자 그리고 기념과 경계

제3장
고대 중국에서 '기억 매체'의 발달과 '역사 쓰기'의 시작
― 기호 전통과 '상(商) 문자'의 과거 기록 ―[1]

김석진(단국대 고대문명연구소)

I. 머리글

중국 사학사 연구는 사료, 역사 인식, 역사 연구, 역사 서술 이론과 실제 등의 문제를 포괄한다.[2] 연구사를 고대 중국으로 좁히면, 사(史)의 의미, 사관(史官)의 기원, 역사 의식의 탄생과 특징, 역사 기록의 시작과 전개 등이 주요 논의가 된다.[3] 특히 20세기 이래 지속된 출토 자료의 누증으로, 초기 사료와 역사 기록의 양상과 성격에 대한 연구는 새

---

[1] 이 글은 『동양사학연구』 제168집에 게재한 「고대 중국에서 '기억 매체'의 발달과 '역사 쓰기'의 시작: 商代 이전 기호 전통과 '商 문자'의 과거 기록」(2024)를 수정-보완한 것이다.

[2] 尹達 主編,《中國史學發展史》編寫組 編著,『中國史學發展史』, 鄭州: 中州古籍出版社, 1985 [김동애 옮김, 『중국사학사 –선진·한·당 편』, 서울: 간디서원, 2006(개정판)], 17쪽; 謝保成,『增訂中國史學史-先秦至唐前期』(北京: 商務印書館, 2016), pp.導言4-7; W. G. 비슬리·E. G. 폴리블랭크 엮음/이윤화·최자영 옮김,『중국과 일본의 역사가들』[서울: 신서원, 2007(原書 1961)], 14-25쪽; 閔斗基 編,『중국의 역사인식(上)』(서울: 창작과비평사, 1985), 7-22쪽.

[3] 池田溫,「史學」,『中国思想文化事典』(溝口雄三·丸山松幸·池田知久 編, 2001). [김석근·김용천·박규태 옮김,『중국 사상 문화 사전』(서울: 책과함께, 2011)], 632-649쪽; 尹達 主編/김동애 옮김, 위 책 (2006), 21-197쪽; 謝保成, 위 책, pp.1-226; W. G. 비슬리·E. G. 폴리블랭크 엮음, 이윤화·최자영 옮김, 위 책 (2007), 45-75쪽; 閔斗基 編, 위 책 (1985), pp.23-307.

로운 증거와 해석을 더해가고 있는데,[4] 이는 상대(商代) 후기 이래 진한(秦漢) 제국까지, 다종의 새로운 출토 문자 기록을 기반으로 고대 중국에서 '역사 쓰기'의 시작과 전개는 어떠했는지, 그 특징은 무엇인지를 탐색하는 작업으로 이어지고 있다.[5]

'역사(과거) 쓰기'는 '기억'과 '문자'를 동반한다.[6] 과거의 사실을 기억하고, 문자를 통해 이를 기록한다. 즉, 과거 사건에 대한 개인과 집단의 기억을 문자라는 '매체'를 통해 현시화하는 작업이 역사 쓰기의 출발이며 근간이 된다. 따라서 본고는, 기억과 매체 관점을 기반으로, 고대 중국에서 과거의 사실을 기억하기 위해 고안된 기억 매체의 발달과 역사 쓰기의 시작을 살핀다. 이는 초기 중국에서 '과거의 기억을 저장하고 (재)구성'하는 (시각화된 혹은 기록된) 역사류 장르의 등장과 양상을 탐색하려는 통시적이며 공시적인 접근이다.

이하에서는 먼저 현생 인류가 지닌 기억의 속성과 그 매체의 역사를 간략히 기술하여 논의를 예비한 후, 기원전 1만년 전후 신석기시대부터 기원전 1000년 전후까지, 고대 중국 기억 매체의 양상을 귀납적으로 분석하고, 나아가 상대 후기에 본격화된 역사류 기록의 시작과 특징을 파악해보고자 한다.

---

[4] 선진(先秦)시기 새로 나온 역사 기록의 전반적인 양상에 대해서는 김석진, 「戰國 楚簡 『繫年』의 史學史적 성격: 先秦 출토·전래 역사류 기록의 문헌학적 고찰을 통해」, 『東洋史學研究』 161 (2022), 57-78쪽, 91-112쪽 참조.

[5] 신출 자료를 활용한, 고대 중국 사학사 연구의 주요 사례는 Edward L. Shaughnessy, "History and Inscriptions, China", *The Oxford History of Historical Writing Volume I: Beginnings to AD 600*, edited by Andrew Feldherr and Grant Hardy (New York: Oxford University Press, 2011), pp.371-393; Yuri Pines, *Zhou History Unearthed: The Bamboo Manuscript Xinian and Early Chinese Historiography*. (New York: Columbia University Press, 2020). Yuri Pines·Martin Kern·Nino Luraghi eds. *Zuozhuan and Early Chinese Historiography*. (Leiden: Brill, 2023) 참조.

[6] 통상 '역사(歷史, history)'는 '(과거에 일어난) **사건** 그 자체', '(과거에 일어난) 사건에 대한 **기록(탐구)**'을 가리킨다. 본고에서 사용한 '역사 쓰기' 혹은 '과거 쓰기'의 '역사'와 '과거'는 상기 2종 의미 중 전자에 해당하며, '쓰기(writing)'는 '문자를 통한 기록(물)'을 강조한다. 역사의 여러 의미와 역사류 기록물(historical writing)에 대해서는 김응종, 「역사」, 『역사용어사전』(서울: 서울대학교출판문화원, 2015), 1248-1249쪽; 林健太郎 著, 우윤·황원권 共譯, 『歷史學 入門』(서울: 청아출판사, 1983), 15-19쪽; 白壽彝 主編, 『中國史學史 第一卷, 先秦時期: 中國古代史學的産生』(上海: 上海人民出版社, 2006), pp.3-9; Andrew Feldherr & Grant Hardy, "Editors' Introduction", *The Oxford History of Historical Writing Volume I: Beginnings to AD 600* (New York: Oxford University Press, 2011), pp.1-4 참조.

II. 인간 기억과 그 확장의 역사

기억(memory, 記憶)은, 사전적 의미에서 간취할 수 있듯이,[7] '저장'과 '인출(호출)'이 주요 특성이며, 그 대상은 기본적으로 '과거적'이다. 특히, 대부분의 생물과 다르게, 인간은 개체·생리적 기억을 넘어 사회·문화적 기억까지 영위한다.[8] 생리적 관점에서 기억은 '경험이나 정보를 수용·보존(구성)하고, 이를 필요에 따라 호출(재구성)하는 과정'이지만, 인간이 무엇을 기억하고 망각할지 결정하는 것은, 생존과 여러 생리적 욕구를 넘어서, 사회·문화적 가치들에까지 이른다.[9]

---

[7] 기억에 대한 한(韓)·영(英)·중(中) 주요 사전의 정의에 따르면, 용어의 핵심 요소는 '저장(간직, retaining, perpetuating, 記性)', '인출(도로 생각해 냄, remembering, recalling, 回想)', '과거(이전, past, 過去)'이다. ·기억: 1. **이전의** 인상이나 경험을 의식 속에 **간직하거나 도로 생각**해 냄. 2.사물이나 사상(事象)에 대한 정보를 마음속에 받아들이고 **저장**하고 **인출**하는 정신기능. (『표준국어대사전』, https://stdict.korean.go.kr/search/search View.do). ·memory: I. Senses relating to the action or process of **commemorating**, **recollecting**, or **remembering**. II. Senses relating to the faculty of **recalling** to mind. II.6.a.The faculty by which things are remembered; the capacity for **retaining**, **perpetuating**, or **reviving** the thought of things **past**. ('*Oxford English Dictionary*', https://www-oed-com.libproxy.dankook.ac.kr/dictionary/memory_n?tab=meaning_and_use#37230791) [단국대학교 '퇴계기념중앙도서관' 경유(제공)]. ·記憶: 1.記得；不忘 2.對過去事物的印象. 3.記性, 記憶力. 4.回憶；回想. (『漢語大詞典』, http://www.kaom. net/book_hanyudacidian8.php) [〈古音小鏡〉'漢語大詞典查詢' 경유(제공)].

[8] 본고에서 취하는 '사회적', '문화적'의 의미는 '탈개체적(개인-집단 복합적)', '탈자연적(자연-인위 복합적)' 뜻을 담지한다. 사회적 기억에 대해서는, 알박스(Maurice Halbwachs, 1877-1945)의 '집합/집단적 기억(collective memory)' 연구를 개괄한 김영범, 「알박스(Maurice Halbwachs)의 기억사회학 연구」, 『사회과학연구』 제6집 3호, 1999; 문화적 기억에 대해서는, 아스만(Jan Assmann, 1938-2024)의 문화적 기억(cultural memory) 연구를 해제한 심재훈, 「『문화적 기억과 초기 문명』, 그리고 고대 중국」, 『사학지』 제64집, 2024 참조.

[9] 인간 기억의 생리적(인지·신경과학), 사회·문화적(역사학, 철학, 문학, 사회학, 종교학, 심리학) 특징에 대한 학제 간 탐색과 정리는 이진우·김민정 외 지음, 『(기억하는 인간) 호모 메모리스: 기억과 망각에 관한 17가지 해석』 (서울: 책세상, 2014) 참조. 이 책에서 이루어진 인간 기억에 관한 각 분과의 탐색에 대한 총합적 정리는 「들어가는 말」 7-13쪽 참조. 한편, 인간 기억에 대한 인문·사회학적 연구사에 대한 유용한 정리는 태지호, 『기억 문화 연구』 (서울: 커뮤니케이션북스, 2014) 참조.

저장, 인출, 과거의 속성을 지니며, 개체·생리적이며 사회·문화적 **현상**(기능)으로서 인간의 기억은 **이미지**(심상, 도상: 시각적 표상) · **행위**(제스처, 의식: 시각적 표상) · **소리**(음악, 말: 청각적 표상, 음운적 표상) · **기호**(부호, 문자: 시각적 표상, 시청각적 표상) 등의 기억 수단(매체)을 통해 현시화되고 (재)수행/구성된다(그림 1 참조). 이때 신체 단계에서 기억의 1차 매체(구성과 표출의 단위)는 시각적 표상(심상), 청각적 표상(소리), 개념적 표상(의미)이다. 즉 뇌(해마, 대뇌피질)의 범위에서 우리의 기억은 이미지와 소리 그리고 의미가 결합된 형태로 저장되고 인출된다.[10]

그림 1. '기억'과 '기억 매체'의 양상

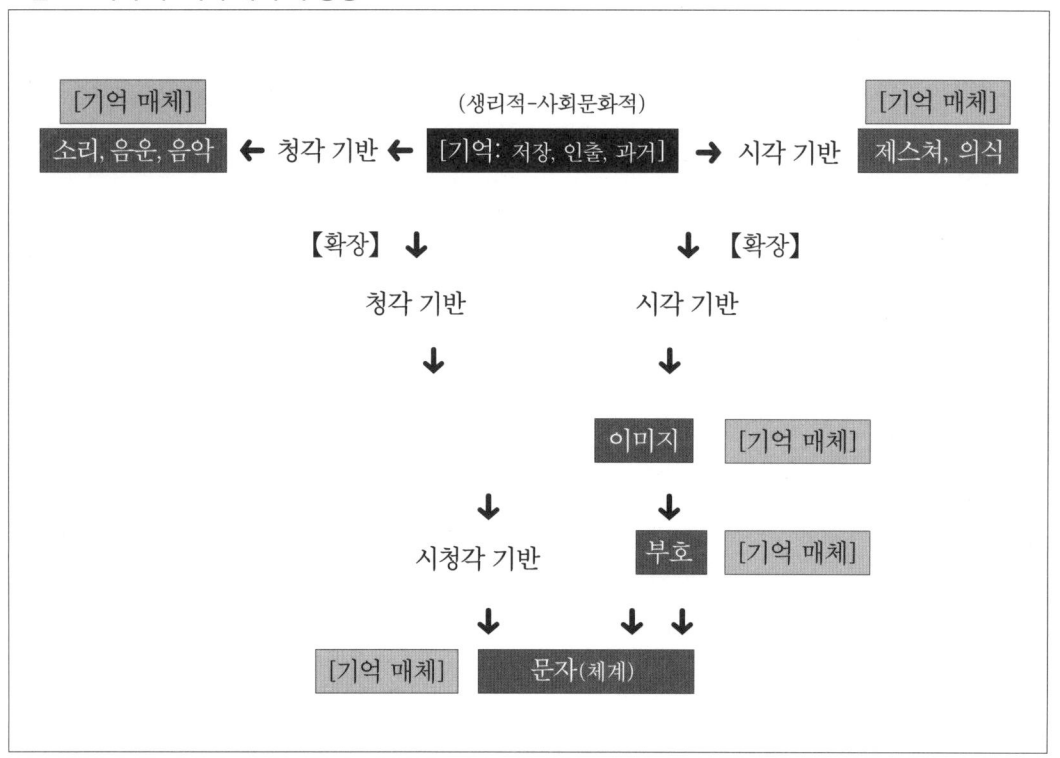

---

[10] 생물학적 (신경)세포 단계에서 기억의 저장과 인출 과정에 대해서는, 사이언티픽 아메리칸 편집부 엮음/홍경탁 옮김, 『두뇌 속 저장 장치의 비밀: 기억의 세계』 (서울: 한림출판사, 2017), 37-59쪽 참조. 기억의 신체 단계에서 저장과 인출의 요소와 그 형성 과정에 대해서는, ('어휘 기억'의 예를 들어) 대니얼 샥터 지음/홍보람 옮김, 『도둑맞은 뇌』 (서울: 인물과사상사, 2023), 134-136쪽 참조. 이상의 생물학적 기억의 저장과 표상의 과정에 대한 평이하고 유용한 서술은, 리사 제노바 지음/윤승희 옮김, 『기억의 뇌과학』 (파주: 웅진 지식하우스, 2022), 25-37쪽; 박문호, 『박문호 박사의 빅히스토리 공부』 (파주: 김영사, 2022), 250-253쪽 참조.

신체적 기억을 그 외부로 드러내거나 '확장'하는 2차 매체의 역사는 유구하다.[11] 우선, 가장 다양하면서도 오래된 기억 수단은 소리, 즉 발성과 청각을 기반으로 하는 '음성언어(말)'이다. 말의 기원은 최대 수백만 년에서 최소 수만 년 전까지 거슬러 올라가며,[12] 소멸된 십 수만 종의 음성언어를 제하고,[13] 오늘날 세계적으로 80억명의 사람들이 7천여 종의 말을 사용하고 있다.[14] 이는 적어도 수만 년 전부터 현재까지, 십 수만 종의 말, 즉 구술(口述)을 통해 기억이 수행·표출되어 왔음을 의미한다.

인간 기억 매체의 역사에서 '이미지(도상)'나 '기호(부호, 문자)' 같은 시각 기반 수단의 등장은, 이른바 '신체 외부에 존재하는 체외 기억(extrasomatic memory) 장치의 활용'

---

11 본고에서 취하는 '매체' 개념은 매클루언(Herbert Marshall McLuhan, 1911-1980)이 제시한 '**인간의 확장(extensions of man)을 본질로 하는 유·무형적 중개물**'이라는 넓은 의미를 가리킨다. 이는 '기호를 기반으로 하는 인간 사이의 의사 소통 중개물'로서의 매체, 즉 좁은 의미를 포괄한다. 매클루언이 매체의 본질로 파악한 '인간의 확장(성)'은 '공간 속으로 확장하고 진출하는 경향을 가진 존재로서 인간을 보는 시각에 토대를 둔 개념이다. 예를 들면, 팔다리를 자연적이고 원초적인 몸통의 확장으로 보고 이것이 인간이 주변 세계에 개입할 수 있게 해준다고 파악한다. 나아가 인간은 도구를 이용해 자신의 근원적 가능성을 확장하며, 동시에 주변 세계에 대한 영향력을 확장하고 구체한다'는 관점이다. 이상 매체의 여러 개념과 그 의미에 대해서는 안드레아스 뵌·안드레아스 자이들러 지음/이상훈·황승환 옮김, 『매체의 역사 읽기: 동굴벽화에서 가상현실까지』(서울: 문학과지성사, 2020), 41-52쪽 참조.

12 (음성)언어의 기원에 대해서는 역사언어학, 고생물학, 심리학, 영장류학, 신경학, 해부학 등의 방면에서 논의되고 있다. 각 방면의 연구에 따르면, 인류 언어의 시작은 최대 약 200만년 전(도구를 사용하기 시작한 고인류들)에서 최소 약 5만년 전(분절적 언어를 사용한 현생 인류)까지 이른다. E. M. 릭커슨·배리 힐튼 엮음/류미림 옮김, 『언어학에 대한 65가지 궁금증』(서울: 경문사, 2013), 23-26쪽; 파스칼 피크 外/이효숙 옮김, 『언어의 기원』(파주: 알마, 2009), 51-74쪽; 크리스토퍼 에렛, 「고인류: 도구, 언어, 문화」, 데이비드 크리스천 편집/류충기 옮김, 『인류의 확산: 대륙별 구석기 문화 (케임브리지 세계사 02)』 (서울: 소와당, 2021), 117-124쪽 참조.

13 언어학자들은 음성언어 출현 이래 최소 30,000에서 최대 500,000종 (평균 150,000)의 말이 사멸되었을 것으로 본다. David Crystal, *The Cambridge Encyclopedia of Language*, [Cambridge: Cambridge University Press, 2010(3rd)], p.295.

14 1951년부터 진행된 세계 언어 연구 프로젝트 '에스놀로그(Ethnologue: Languages of the World)'에서 제공하는 정보에 따르면, 2024년 9월 기준으로, 사용 중인 세계 언어는 7,164종이다. (https://www.ethnologue.com/). 세계 인구는, 실시간 세계 통계 'Worldometer'에 따르면, 현재 (2024년 9월) 약82억명(8,170,000,000)이다. (https://www. worldometers.info/).

혹은 '신체적 기억의 (외부로의) 확장'을 의미한다.[15] 대략 기원전 5만년 전후의 후기 선사시대부터, 구상(具象)적이든 추상적이든 각종의 동굴화, 암(각)화, 작은 조각상(figurine)과 같은 이미지성 기억 매체가 구대륙과 아프리카 일대에서부터 확인된다. 비슷하거나 조금 늦은 시기에, 뼈새김 눈금과 같은 부호 역시 인간 기억의 기능(저장, 인출)을 매개하기 시작한다.[16]

기원전 5천년 이후가 되면, 기억 매체는 도약을 이룬다. 바로 문자(쓰기, writing)의 등장이다.[17] 문자 탄생은 시각 기반에 청각 요소를 더한 시청각 매체의 출현을 의미한다. 즉, 문자의 기본 속성은 '**말 할 수 있는 의미 기호들**'로서,[18] 저장과 인출 그리고 과

---

15   데이비드 크롤리·폴 하이어 편저/김영기 옮김, 『인간 커뮤니케이션의 역사: 기술·문화·사회 1』 (서울: 커뮤니케이션북스, 2018), 5쪽. 이러한 '**신체적 기능의 확장과 외부화(외재화)**'의 관점에서 인간의 '**도구(기술)**'와 '**기억**'의 **특징을 이론화하고 설명**한 선구적인 연구는 앙드레 르루아-그루앙의 『행위와 말 Le Geste et la Parole』(1964년 출간)을 들 수 있다. 특히 **기억의 확장과 외부화**에 대해서는 '기억과 기술'에 관한 그의 논의를 참조할 수 있다. 앙드레 르루아-그루앙 지음/강형석 옮김, 『행위와 말 2: 기억과 리듬』 (서울: 연세대학교 대학출판문화원, 2016), '제2부 기억과 기술' 9-67쪽.

16   '이미지'와 '기호'는 인간의 생체적 행위나 사고를 시각화한 결과물로, 둘 모두 기억을 수행하고 표출할 수 있지만, 확장성과 기능성에서 기호가 이미지보다 제한적이며 구체적이다. 예를 들면, 후기 구석기시대에 나타나는 동굴벽화의 반신반인(半神半人) 이미지와 동물 뼈에 새겨진 눈금 부호의 경우, 거기에 저장되고 호출된 기억 대상의 의미나 해석 가능성은 이미지가 기호보다 훨씬 모호하고 열려있다. '이미지'와 '기호'의 성격 그리고 두 매체의 역사에 대한 간명한 정리는 데니스 슈만트베세랏, 「최초의 글쓰기」, 데이비드 크롤리·폴 하이어 편저/김영기 옮김, 위 책 (2018), 13-22쪽; 안드레아스 뵌·안드레아스 자이들러 지음/이상훈·황승환 옮김, 앞 책 (2020), 132-138쪽 참조.

17   부호의 문자화 과정과 그 특징에 대한 유용한 예시는 데니스 슈만트베세랏 「최초의 글쓰기」, 데이비드 크롤리·폴 하이어 편저/김영기 옮김, 앞 책 (2018), 22-37쪽 참조.

18   언어학과 문자학에서 '문자'의 범주에 대한 세 가지 입장이 있다. ① '**인간의 언어(특히 음성언어)를 시각적 기호로 표시한 체계**', ② '**인간의 언어나 생각 등을 시각적으로 표시한 일정한 기호**', ③ '**시각적인 속성을 가지고, 인간의 의사소통에 관련된 것이라면 "쓰인 것" 모두가 문자**'. ①, ②는 대체로 (음성)언어와 문자의 관련성을 인정하는 '언어중심'의 관점이고 ③은 문자를 언어보다는 '기호'의 관점에서 접근하려는 '기호중심'의 관점이다. 각 입장이 나름의 전통을 형성하고 있지만, 일반적으로 현대 언어학과 문자학에서는 ①의 입장을 중심으로 '문자'에 접근한다. 왜냐하면, 문자의 여러 '범주'에서 그 교집합은 '(음성)언어'이기 때문이다. 더욱이 역사상의 문자들 대부분이 1차적으로 그 (음성)언어와 뚜렷한 관련을 맺고 발달했다는 데에는 큰 이견이 없다. 각각의 참고 서지는, ①, ②에 대해서는 Gelb/연규동 옮김, 『문자의 원리』 (서울: 연세대학교 대학출판문화원, 2013), p.12; Sampson/신상순 옮김, 『세계의 문

거적 속성을 지닌 무형의 기억을 현시화함에 있어 더욱 정교하고 직접적인 매개가 되었다. 그러나 앞서 언급한 음성언어(말)와는 다르게, '체계화된 문자(writing system)'는 기원전 3천년 경에 시작해서 역사적으로 400여 종에 불과하였고,[19] 현재는 140여 종의 문자만이 사용된다.[20] 이는 비교적 최근 수천 년에 이르러서야, 단지 수백여 종의 문자 기록, 즉 서술(書述)을 통해 기억이 수행·표출되어 왔음을 의미한다.

III. 고대 중국, 기억 매체의 초기 양상: 음성언어에서 시각 기호로

유럽 전체 면적(50개국, 약1,018만㎢)에 필적하는 '중국'이라는 거대 공간(약960만㎢)을 대상으로,[21] 선사와 역사 시대 초반기를 아우르는 고대(초기) 중국을 탐색할 때 견지해야

자체계』(서울: 한국문화사, 2000), 32-33쪽; Peter T. Daniels & William Bright (eds), *The World's Writing Systems*, (New York: Oxford University Press, 1996), pp.1-2; Fischer/강주헌 옮김,『문자의 역사』(서울: 퍼블리온, 2024), pp.17-21쪽; Coulmas/연규동 옮김,『문자의 언어학』(서울: 연세대학교 대학출판문화원, 2016), 19-43쪽, 269-295쪽; 헨리 로저스 지음/이용 외 옮김,『(언어학으로 풀어 본) 문자의 세계』(서울: 국립한글박물관, 2018), 2-4쪽, 365-378쪽; 김하수·연규동,『문자의 발달』(서울: 커뮤니케이션북스, 2015), 1-14쪽. ③에 대해서는 로이 해리스/윤주옥 옮김,『문자를 다시 생각하다』(서울: 연세대학교 대학출판문화원, 2013), 203-266쪽. 한편 '문식성(literacy)' 분야에서 문자언어와 음성언어의 속성과 관계에 대한 다양한 관점과 문자(쓰기)의 범주에 대한 논의는 데이빗 바튼 지음/김영란·옥현진·서수현 옮김,『문식성: 문자언어 생태학 개론』(서울: 연세대학교 대학출판문화원, 2014), 142-204쪽을 참조할 수 있다.

19 Florian Coulmas, *The Blackwell Encyclopedia of Writing Systems*, (Oxford, UK: Cambridge, Mass., USA: Blackwell Publishers, 1996)에서는 역사상 문자체계 400여종 이상을 소개한다.

20 세계의 공식·비공식적인 각종의 문자체계에 관한 정보를 제공하는 "ScriptSource"(http://scriptsource.org)의 수치에 따르면, 현재 사용되는 문자는 140여종이다. 이는 로마 알파벳(자모음) 문자체계를 기반으로 하는 문자를 모두 개별적으로 헤아린 수치이다. 그러나 각종 로마 알파벳 문자체계를 1종으로 본다면, 현재 공식적으로 사용되는 문자체계의 수량은 30여종에 불과하다. E. M. 릭커슨·배리 힐튼 엮음/류미림 옮김, 앞의 책 (2013), 53쪽, 61쪽.

21 유럽과 중국의 공간 정보에 대해서는 https://en.wikipedia.org/wiki/Europe; https://en.wikipedia.org/wiki/China 참조.

할 점은, 백 수십만년에 걸친 이 역사적 공간의 주체들이 그 마지막 수 백년-진한 제국-을 제외하고는 단일한(통합된) '(정치-문화) 공동체'가 아니었다는 사실이다. 이러한 인식은 '개념으로서의 고대 중국'에 대한 시대착오나 편향을 줄일 수 있기에 중요하고 그 역사적 공간을 다루는 실제 연구 작업에서 (성급한) 일반화를 경계하는데 긴요하다. 고대 중국 기억 매체의 통·공시적 양상을 살피는 작업에서도 이러한 관점은 유효하다.

인간이 각종의 수단을 통해 기억을 수행하고 표출할 때, 가장 직접적이고 전형적이며 오래된 매체는 음성언어 즉 말이다. 오늘날과 같이 정치적으로 통합된 중국에서조차 대략 56개 민족이 130여종의 말을 사용하고 있다.[22] 따라서 현생 인류의 분절적 언어가 본격화되는 5만년 전후 구석기 시대 후기부터 고대 중국어(들)가 시작되는 1만년 전후 신석기시대 초기까지의 多종족, 多문화적 고대 중국 세계에서, 그 말(들)의 양상은 더욱 복잡하고 다양했을 가능성이 높지만, 현재로서 그 증거를 확인하기는 어렵다.

누적된 언어학, 인류학 등의 성과에 따르면, 고대 중국에서 가장 오래된 기원전 13세기 상대(商代) 후기의 문자 체계를 반영하는 음성언어 체계는 중국-티베트어족(漢藏語族, Sino-Tibetan Languages)으로, 그 기원은 대략 9천년 전후에 쓰촨성(四川省) 일대 혹은 황허(黃河) 중상류 유역에서 시발되어 중국 전역으로 확산되어 간다.[23] 따라서 고대 중국의 기억 매체는, 기원전 7천년 전후부터 해서 본격적인 문자 체계가 확인되는 기원전 1200년경까지, 적어도 5~6천여년 동안은 음성언어(고대 중국어들)가 주요한 역할을 차지했을 것으로 판단된다. 이는 무문자시기 고대 중국에서 고대 중국어(들)를 기반으로 하는 구술(口述)과 구전(口傳) 역사의 상한을 1만년 전 이상으로 소급하기 어려울 수 있음을 시사한다. 그러나 한편으로 이 시기 고대 중국 곳곳에서 다양한 부호와 이미지들

---

22 Endymion Wilkinson, *Chinese history: a new manual*. vol.1, [Cambridge, Massachusetts: Harvard University Asia Center, 2022(6th)], p.31.

23 중국-티베트어족의 기원을 다루는 주요 가설은 다음 연구를 참조. George van Driem, "Tibeto-Burman vs Indo-Chinese", in Laurent Sagart·Roger Blench·Alicia Sanchez-Mazas (eds.), *The Peopling of East Asia: Putting Together Archaeology, Linguistics and Genetics*, (New York, NY: Routledge, 2005), pp.81-106; Laurent Sagart·Guillaume Jacques·Yunfan Lai·Robin J. Ryder·Valentin Thouzeau·Simon J. Greenhill·Johann-Mattis List, "Dated language phylogenies shed light on the ancestry of Sino-Tibetan", *Proceedings of the National Academy of Sciences* 116(21) (2019), pp.10317-10322.

이 발견되어, 음성언어라는 청각 기반 기억 매체를 넘어서는 시각 기반 기억 매체의 발전 양상을 가늠할 수 있게 해준다.

　　신석기시대 주요 표지 중 하나인 도기(陶器, 土器)는 고대 중국 기억 매체의 역사에서도 특별하다. 고대 중국의 신석기시대는 대략 기원전 1만년 경 황허(黃河)와 창강(長江) 일대에서 시작되는데,[24] 기원전 7천년 신석기시대 전반기부터 기원전 4세기 전후 청동기시대 후반까지 수 천년에 걸쳐 중국 전 지역에 도기류(대다수의 도기와 미량의 석기, 옥기, 골기 등의 내구성 서사 매체) 부호가 출현한다.[25] 이는, 현재로서 확인 가능한, 고대 중국인들이 남긴 가장 오래된 시각 기억 매체 중 하나로,[26] 그 증거가 상당히 풍부하다.

　　이하에서, 고대 중국의 주요 도기류 부호를 구상성(도상성, 상형성) 기호와 추상성(기하성, 非상형성) 기호로 나누어, 신석기시대부터 청동기시대까지 시대순으로 정리하여 살펴보자.

1. 신석기시대 추상성(기하성, 非상형성) 기호

신석기시대 도기류 부호는 2018년까지 대략 130군데 이상의 유적에서 2000여 건(800여 종) 이상이 누적되었다.[27] 부호의 대다수는 非상형적이고 기하 형태의 추상성 기호들

---

[24]　中國社會科學院考古硏究所, 『中國考古學(新石器時代卷)』 (北京: 中國社會科學出版社, 2010), p.802 "附錄1".

[25]　학계에서는 도기 부호를 상형성(도상성), 부호성, 문자성 등의 기준에 따라 '陶文', '陶符', '陶畵' 등으로 분류하는 논의가 분분하다. 高明, 「論陶符兼談漢字的起源」, 『北京大學學報 (哲學社會科學版)』 1984-06 (1984); 張曉明, 「史前陶符形體硏究」, 『管子學刊』 2014-4 (2014); 牛淸波, 「百年來刻畵符號硏究述評」, 『華夏考古』 2017-4 (2017). 논쟁의 요는 이들 부호의 정체를 문자, 부호, 도상 중 어디에 귀속시키는가이다. **본고에서는 이들 부호가 공통적으로 '시각 매체'임에 주목하여, 도문, 도부, 도화 등을 포괄하는 용어로 '부호' 혹은 '기호'를 사용**한다.

[26]　물론 이는 석재에 준하는 도기의 고내구성에 따른 고고학적 연대로, 목재와 같은 저내구성(부식성) 물품에 표시된 부호나 이미지는 더 오래전부터 영위되었을 가능성도 충분하다.

[27]　신석기시대 도기 부호의 수량 통계는 다음 저록과 연구를 기반으로 추산한 것이다. 李萬福, 「突變論: 關於漢字起源方式的探索」, 『古漢語硏究』 2000-4(總第49期) (2004); 王恩田, 『陶文圖錄(共6冊)』 (濟南: 齊魯書社, 2006); 牛淸波, 「中國早期刻畵符號整理與硏究」, 安徽大學博士學位論文 (2013); 張炳

인데, 누적된 고고학적 양상에 따르면, 대략 기원전 7천년 전후부터 시작해서 기원전 2천년대 후반까지, 황허(黃河), 화이허(淮河), 창강(長江), 둥베이(東北), 화난(華南) 등 중국 곳곳에서 1천 수백건의 추상성 부호들이 제작되고 사용되었다(〈부록 1〉 참조).[28]

이들 추상성 기호의 대다수는 '단일 부호'이다. 대체로 점, 선, 도형의 각종 변이 형태로, (음성)언어와의 상관성을 찾기 힘들고, 서사 매체(도기류)의 소속이나 수량 혹은 종류 등과 관련된 의미 기호들로 보여진다.

2. 신석기시대 구상성(도상성, 상형성) 기호

추상성 기호만큼은 아니지만, 신석기시대 구상성 부호들 역시 상당량 발견되었다. 대략 기원전 6천년 전후부터 시작해서 기원전 2천년대 후반까지, 황허 중·하류, 화이허 유역, 창강 하류 일대를 중심으로 수 십건 이상의 도상성, 상형성 부호들이 나타난다(〈부록 2〉 참조).

이들 구상성 기호들은 대체로 지역적 차이를 보이며, 3천년대부터는 '연속 부호(成文)'들이 발견되어 (음성)언어적 특징을 반영하는 경우가 존재하고, 2천년대 이후의 일부 부호들은 상대(商代) 후기 문자 전통과의 상관성이 엿보이기도 한다.

3. 청동기시대 이후 도기류 기호

도기류 부호들은 신석기시대를 시작으로 청동기시대까지 이어진다. 고대 중국의 청동

火 主編/良渚博物院 編著,『良渚文化刻畫符號』(上海: 上海人民出版社, 2015); 徐在國,『新出古陶文圖錄』(合肥: 安徽大學出版社, 2018).

[28] 이하 〈부록 1〉, 〈부록 2〉는 다음 자료를 기반으로 정리하였다. 王蘊智,「史前陶器符號的發現與漢字起源的探索」,『華夏考古』1994-3 (1994); 賈漢清,「論江漢地區二例相關的史前陶文」,『江漢考古』2003-2(總第87期) (2003); 大西克也·宮本徹 編著,『アジアと漢字文化』(東京: 放送大学教育振興会, 2009); 牛清波, 위 논문 (2013); 趙輝,「良渚的刻畫符號」,『考古學研究』15 (2022); 洪國玲,「長江中游史前刻劃符號」,『文物鑒定與鑒賞』2022-3(下) (2022). 신석기시대 도기류 기호의 해독은 牛清波, 위 논문 (2013) 참조.

기시대는 기원전 20세기 전후 이리두문화(二里頭文化, 혹은 夏代) 이래 주대(周代) 후반부까지 대략 2천여년간 지속된다. 청동기라는 새로운 가치재는 기존의 (일부) 도기들이 담당했던 (일급) 의례 용품을 대체해나가기 시작하지만, 이 시기에도 여전히 다수의 도기류와 그 부호들이 제작되고 사용된다.

20세기 초반부터 2010년대까지 발굴되고 발견된 청동기시대 도기류 부호는, 시대순으로 이리두문화(夏代, 기원전 1900~1555) 100여건(11처 이상), 상대(商代, 기원전 1554~1046) 460건 이상(20처 이상), 서주대(西周代, 기원전 1045~771) 110건 이상(10처 이상)이다(〈부록 3〉 참조).[29]

이상 신석기시대 이래 청동기시대까지 고대 중국 도기류 부호의 양상을 정리해보면, 먼저 기호의 형식은, 추상성(기하성, 비상형성) 부호가 주를 이루고 구상성(도상성, 상형성) 부호가 일부를 차지한다. 기호의 절대다수가 '단일 부호'이고 2개 이상의 기호가 이어지는 '연속 부호(成文, 문장성 부호)'가 극소수 존재한다.

기호의 내용은, ❶서사 매체와 관련된 집단(족명) 혹은 개인(인명)의 정체, ❷서사 매체와 관련된 숫자, 이름 ❸서사 매체와 관련된 장소 ❹서사 매체와 관련된 정체(집단/개인)의 (해독 불능) 상징 기호와 언어 흔적으로 대분할 수 있다(〈부록 1〉, 〈부록 2〉, 〈부록 3〉 '출토지(출처), 특징', '부호의 양상' 참조). 특히 ❶, ❹와 같은 기호의 내용은, 비록 개별적이고 단편적이지만, 고대 중국의 개인과 집단의 정체에 대한 기억을 현시화하는 시각 매체로서의 역할을 보여준다.

또한 도기류 부호 출토지의 고고학적 연대에 따르면, 기원전 7~6천년 경 창강(長江) 중류와 화이허(淮河) 유역에서 시작해서 5천년대 황허(黃河) 중류와 하류 그리고 창강 하류 지역에서도 도기 부호들이 나타난다. 기원전 3천년대에 초반에는 황허 상류에서도 확인되며, 기원전 2천년 초중반에 이르면, 기존 지역을 포함해서, 창강 상류와 둥베

---

[29] 청동기시대 도기류 부호의 수량과 〈부록 3〉은 다음 자료를 기반으로 정리하였다. 王恩田, 『陶文圖錄(共6冊)』(濟南: 齊魯書社, 2006); 大西克也·宮本徹 編著, 위 책 (2009); 徐正磊, 『殷商與西周陶文硏究』, 安徽大學碩士學位論文 (2010); 李維明, 「二里頭文化陶字符量化分析」, 『考古與文物』 2012-6 (2012); 牛清波, 위 논문 (2013); 中國社會科學院考古硏究所 編著, 『二里頭: 1999-2006 (全5冊)』 第4冊, (北京: 文物出版社, 2014); 徐在國, 위 책 (2018). 二里頭文化 시기, 商代, 西周代 도기류 기호와 문자의 해독은 劉一曼, 「殷墟陶文硏究」, 『慶祝蘇秉琦考古五十五年論文集』(北京: 文物出版社, 1989); 徐正磊, 위 논문 (2010); 牛清波, 위 논문 (2013); 袁廣闊, 「二里頭文化的文字符號與禮制文明」, 『中國社會科學』 2023-6 (2023) 참조.

표 1. 고대 중국 도기류 부호(考古 文化) 연대표

연대(기원전)	黃河 상류	황허 중류	황허 하류	長江 상류	창강 중류	창강 하류	淮河 유역	東北 지구	華南 지구
7000									
6900									
6800									
6700									
6600					彭頭山文化		賈湖文化		
6500						城背溪文化			
6400									
6300									
6200									
6100									
6000									
5900									
5800									
5700		老官臺文化 (大地灣文化)				跨湖橋文化			
5600									
5500									
5400									
5300									
5200							雙墩文化		
5100									
5000									
4900			北辛文化						
4800									
4700									
4600									
4500						河姆渡文化 / 馬家濱文化			
4400									
4300									
4200									
4100									
4000		仰韶文化			大溪文化				
3900							龍虬莊文化		
3800									
3700			大汶口文化			崧澤文化			
3600	馬家窯文化								
3500						凌家灘文化			
3400		宗日文化				薛家崗文化			
3300									
3200					屈家嶺文化	良渚文化			
3100									
3000									

연대 (기원전)	黃河상류	황허중류			황허하류	長江상류	창강중류	창강하류	淮河유역	東北지구	華南지구
2900		廟底溝2기文化								小河沿文化	縣石山文化
2800											
2700											
2600											
2500		客省莊2기文化	陶寺文化	王灣3기文化	龍山文化	寶墩文化	石家河文化				
2400											
2300											
2200											
2100											
2000											
1900	齊家文化	夏 (二里頭文化)			岳石文化		三房灣文化	馬橋文化		夏家小店下哈層文化	浮濱文化
1800											
1700											
1600											
1500		商 (商전기)					路家河文化				
1400											
1300											
1200	寺洼文化	殷 (商후기)									
1100											
1000											
900		西周									
800											
700											
600		東周									
500											
400											
300											
200											

이(東北) 그리고 화난(華南)까지 중국 전 지역에서 도기 부호들이 사용되고 있음을 알 수 있다(표 1 참조).[30]

본고가 귀납한 도기류 기호의 양상에서 간취할 수 있는 고대 중국 기억매체 발전의 특징은 다음과 같다. 먼저, 부호가 처음 발견되는 신석기시대 전기부터 청동기시대 후

---

30 표 1은 牛清波, 앞 논문 (2013), pp.579-580을 기초로 일부 수정하고 하(夏, 二里頭 문화), 상(商), 주(周) 부분을 추가하였다. 신석기시대 문화 분류와 연대는 中國社會科學院考古研究所, 앞 책 (2010), p.802의 "附錄1"을 따르고, 청동기시대의 연대는 Li Feng 지음/이청규 옮김, 『중국고대사』(서울: 사회평론, 2017), "고대 중국 연표"에 따른다.

기(夏·商·周代)까지 수천년 간 일관되게 추상성(기하성, 非상형성) 기호가 주를 이루며 구상성(도상성, 상형성) 기호는 일부 포함된다. 그리고 이러한 **추상성 기호의 통시적 연속성과 일관성**은, 도기류 부호의 대다수가 상대(商代) 후기 문자 체계 탄생(혹은 본격화)의 맥락과는 독립적으로 존재하였을 가능성이 높고,**31** 이는 고대 중국에서 '문자 전통'과는 구분되는 더 이른 시기의 다양한 '기호 전통'이 이어졌음을 암시한다.

일부 지역의 경우 **음성언어의 개별 어휘가 문장을 이루는 현상을 반영하는 '연속 부호'**가 등장하기 시작하는데,**32** 이는 도기류 부호가 개별적 시각 상징을 넘어서 **청각적 음성언어를 반영하는 매체가 될 수 있었음**을 보여준다.

대략 기원전 4~2천년대에 이르면, 각 지역 문화의 분화와 발달에 맞추어 부호의 다양성과 수량이 증가하면서도 일정한 지역 범위를 포괄하는 **공통의 기호 전통 권역**이 나타나기도 한다.**33** 그리고 이러한 현상은 각 지역 정치체 혹은 문화권의 독자적 기호 전통이 심화되면서도 정치적 통합 혹은 문화적 교류 등을 통해 일정한 **광역 기호권이 형성되었을** 가능성을 보여준다. 특히 **2천년대 초반부터 나타나는 황허 중하류에 걸친 도기류 부호의 광역성과 상(商) 문자 체계와의 연관성은**,**34** 이 지역에서 일종의 (시청각) 매체 혁신이 존재했을 개연성을 높여 주는 듯하다.

그러나 한편으로 기원전 3~1천년대까지 고대 중국 전역에서 새로운 지역 문화와 기호 전통이 지속적으로 발생하고, 나아가 기원전 제1천년기 중후반까지도 **각 지역 스타일의 도기류 부호 전통이 산견될 뿐 아니라, 심지어 지역 문자들의 흔적까지도 나타난다**(〈부록 3〉 후반부 참조). 이러한 현상은, 신석기시대에서 청동기시대까지 고대 중국의 시각 기억 매체의 다양성과 복잡성을 보여주면서 이른바 '**고대 중국의 중원 중심 한자문화권으로의 동질화**'에 대한 성급한 판단을 재고토록 한다.

---

31 高明, 앞 논문 (1984), p.51.

32 신석기시대 후기 4건, 상대 5건 이상, 서주대 2건 등이 존재한다. 〈부록 2〉, 〈부록 3〉의 '출토지(출처), 특징' 음영 부분 참조.

33 牛清波, 앞 논문 (2013), pp.448-487; 黃亞平, 「從整體上看"龍山時代"前後中原和周邊的"文字萌芽"」, 『漢字漢語研究』 2022-1 (2022).

34 이 시기 황허 중하류 일대 도기류 부호와 상 문자(갑골문)의 계통적 연관성에 대한 논의가 분분하다. 높은 연계성을 부여하는 연구는 徐正磊, 앞 논문 (2010); 牛清波, 앞 논문 (2013); 袁廣闊, 앞 논문 (2023) 참조. 낮은 연계성과 유보적 입장은 大西克也·宮本徹 編著, 앞 책 (2009), pp.40-43 참조.

IV. 고대 중국, 기억 매체의 혁신과 '과거 쓰기'의 시작: '상 문자'와 초기 역사 서술

고대 중국에서 기억 매체의 혁신은 '상 문자'의 출현이다. 기원전 16세기에서 기원전 11세기 중반까지, 황허 중하류 일대를 중심으로 존속한 상(商) 왕조는 중국 최초의 문자 문화를 창발함으로써 이른바 '역사 시대'로 진입한다.[35] 상 문자의 기억 매체사적 의의는 이전 시대의 '부호'라는 시각 중심 매체에서 '문자'라는 시청각 복합 매체로의 총체적 전환을 이루었다는 점이다. 이는 당대의 음성언어(뜻과 소리를 가진 말)를 표기하는 시각 기호 체계의 등장으로, 인간 기억의 현시화에 있어서 그 **용량**과 **정확성**, **보존성**, **전달성** 등을 획기적으로 높일 수 있는 수단이 마련되었음을 뜻한다.[36]

상 문자의 매체적 혁신성은 그 사용량에서부터 독보적이다. 내구성이 높은 일부 서사 매체에 남겨진 증거만을 기준으로 해도, 1899년 갑골문(甲骨文) 발견 이래 현재까지

---

[35] Li Feng 지음/이청규 옮김, 앞 책 (2017), 75-76쪽.

[36] 오해하기 쉽지만, '말(음성언어)'과 '문자(기호언어)'의 기본 특성은 거의 비슷하다. 다만 기능의 차이와 그 정도가 다를 뿐이다. 인간 음성언어의 주요 특성은 '초월성(displacement)', '자의성(arbitrariness)', '생산성(productivity)', '문화적 전승(cultural transmission)' 인데, 초월성(실재가 아닌, 즉 공간과 시간의 범위를 벗어나는 상황을 말할 수 있다), 자의성[말의 의미와 소리의 관계는 고정된 것이 아니다, '개라는 동물'의 의미는 '개(개)', '도그(dog)', '취안(犬)'이라고 소리낼 수 있다], 생산성(또는 창조성(creativity), 무한성(open-endedness), 지속적으로 새로운 표현과 문장을 말할 수 있다), 문화적 전승[각기 다른 말(모국어)을 전해 줄 수 있다]. 이외에도 양면 분절성(double articulation), 구조 의존성(structure dependent) 등이 있다. 이러한 음성언어의 특질은 문자에서도 나타나는데, 예를 들면, '초월성(실재가 아닌, 즉 공간과 시간의 범위를 벗어나는 상황을 쓸 수 있다)', '자의성(문자의 의미와 형태의 관계는 고정된 것이 아니다, '개라는 동물'의 의미는 '개', 'dog', '犬'이라고 쓸 수 있다)', '생산성(지속적으로 새로운 표현과 문장을 쓸 수 있다)', '문화적 전승(각기 다른 문자를 전해 줄 수 있다)'이 문자에도 해당될 수 있다. 음성 언어와 문자의 특징에 대해서는 조지 율/노진서·고현아 옮김, 『(율이 들려주는) 언어학 강의』 (서울: 케임브리지, 2009), 8-20쪽; 에이치슨/임지룡 옮김, 『언어학개론』 (서울: 한국문화사, 2003), 14-26쪽; 로버트 로렌스 트래스크 지음/변진경 옮김, 『언어학』 (파주: 김영사, 2006), 64-71쪽; 강범모, 『언어: 풀어쓴 언어학 개론』 (서울: 한국문화사, 2010), 26-43쪽 ; 정한석·최주열, 『기초 언어학 개론』 (서울: 한국문화사, 2013), 216-223쪽 참조. 문자와 말의 구조적이며 기능적인 차이에 대해서는 크리스타 뒤르샤이트 지음/김종수 옮김, 『문자언어학』 (서울: 유로, 2007), 44-57쪽 참조.

누적된 상 문자의 총량은 백수십만 글자에 달한다.

갑·골(甲·骨), 청동기(靑銅器), 옥·석(玉·石), 도기(陶器) 등의 고내구성 매체에 기록된 문자의 구체적 양상은 다음과 같다. 우선 갑골문의 경우, 2019년까지 약 16만편이 발견되어 문자 총수량은 대략 150만 글자이고,[37] 단어는 4500여개(해독된 단어는 약 1/3)가 누적되었다.[38] 청동기 명문(金文)의 경우, 2012년을 기준으로 6200여건이 발견되어 문자 총수량은 약 1만5천 글자 이상(기물당 평균 2.5글자), 단어는 1700여개(해독 문자 약 570여개) 이상이 알려졌다.[39] 소수이지만, 또 다른 내구성 매체 기록인 옥·석(玉·石) 문자 약 50건 200여자 이상,[40] 여기에 앞서 살펴본 도기 문자 400여건을 포함하면, 현재 우리에게 남겨진 상(商) 문자의 총량은 4~5종의 고내구성 매체에 151만 6천여 글자 이상이 된다. 비록 갑골문이 대다수이지만, 이러한 상(商) 문자의 총량은 고대 중국의 또 다른 핵심 출토 문헌인 상주대(商周代) 전체 금문 20여만 글자,[41] 전국대(戰國代) 초간(楚

---

37 胡厚宣, 「八十五年來甲骨文材料之再統計」, 『史學月刊』 1984-5 (1984); 孫亞冰, 「百年來甲骨文材料統計」, 『故宮博物院院刊』 2006-1 (2006); 葛亮, 「一百二十年來甲骨文材料的初步統計」, 『漢字漢語研究』 2019-4 (2019).

38 陳英傑, 「談甲骨文單字的數量及其相關問題」, 『中國書法』 總367期 (2019); 劉釗·馮克堅 主編, 『甲骨文常用字字典』 (北京: 中華書局, 2019).

39 苗利娟, 「商代金文字頻分級的初步研究」, 『殷都學刊』 2011-2 (2011); 苗利娟, 「20世紀初至今商代銅器銘文的著錄與研究概述」, 『中國史研究動態』 2013-3 (2013); 苗利娟, 「全國出土商代有銘銅器概述」, 『殷都學刊』 2009-3 (2009). 참고로 상(商), 주(周) 시기 금문의 총량은 『殷周金文集成(修訂增補本)』(2007년) 12,113건을 포함하는 2012년 출간 『商周青銅器銘文暨圖像集成』 16,703건을 기준으로, 여기에 2016년 출간 『商周青銅器銘文暨圖像集成續編』 1,509건과 2020년 출간 『商周青銅器銘文暨圖像集成三編』 1,772건 더하면, 2020년을 기준으로 모두 19,984건이다.

40 陳志達, 「商代的玉石文字」, 『華夏考古』 1991-2 (1991); 王蘊智, 「中原出土商代玉石文及其釋讀」, 『中國國家博物館館刊』 2013-4 (2013); 徐峯, 「淺論先秦玉石文字」, 『東方收藏』 2018-18 (2018); 鄧淑蘋, 「玉禮器與玉禮制初探」, 『南方文物』 2017-1 (2017).

41 劉志基(「西周金文字頻特點成因初探」, 『語言科學』 2010-1, 2010, p.81)에 따르면, 상주(商周) 금문 수량 통계는 2010년까지 《商周金文數字化處理系統》(升級版)'을 기준으로 기물 13,178건에 문자 총량 129,397글자였다(1기물당 평균 10글자). 여기에, 위에서 정리했듯이, 이후 2020년까지 전체 기물 수가 19,984건이므로 2010년 이후 대략 6,800여건이 증가하였고, 이를 (1기물당 평균 10글자로) 계산하면 문자 수량은 대략 68,000여 글자가 늘어나, 현재 상주 금문 총 문자량은 대략 20만자(19만 8천여 자) 정도로 판단된다.

簡) 20여만 글자,⁴² 심지어 십삼경(十三經)과 다수 제자서(諸子書)를 포함하는 선진(先秦) 주요 문헌 27종의 147만여 글자를⁴³ 능가하는 놀라운 수치이다.

이렇듯 기원전 14~3세기경 문자 증거의 갑작스러운 폭발로, 상 문자 탄생의 공·통시적 맥락과 방식은 여전히 논쟁적이지만,⁴⁴ 적어도 상대 후기인 기원전 13세기 경에는 당시의 음성언어를 거의 대부분 표기할 수 있는 비교적 완비된 문자 시스템이 영위되고 있었음은 분명하다. 즉, 상 문자는 주요 동사(형용사 포함)와 보통 명사를 포함하는 수백종의 상용(常用) 어휘,⁴⁵ 수 십종의 기능어,⁴⁶ 높은 비율로 나타나는 음성언어의 소리를 이용한 글자(假借字, 形聲字)를 갖춤으로써,⁴⁷ 이전 시기의 부호 혹은 문자성 기호들과는 비교할 수 없는 높은 구어(口語) 표현력을 가진 문자 체계였음을 보여준다. 따라서 상 문자 기록은 당대의 어떤 방면이라도 상당한 수준에서 구술(口述)을 대체하거나 보강할 수 있었고, 이는 남겨진 흔적들을 통해 확인된다. 무엇보다 **상 문자의 이러한 기능적 특장점은 '과거적' 속성을 핵심으로 하는 '기억'을 본격적으로 매개하여 '과거 쓰기'의 장을 열 수 있게 했다는 점에서 주목된다.**

현재 확인할 수 있는, 초기 중국 '과거 쓰기'의 시작을 살필 수 있는 주요 자료는 상

---

42 대략 2021년까지 누적된 전국 초간 문자 수량에 대해서는 김석진, 앞 논문 (2022), pp.57-58.

43 覃勤, 「先秦古籍字頻分析」, 『語言研究』 25 (第4期) (2005), pp.112-113.

44 Endymion Wilkinson, op. cit, (2022), "2. Script & Calligraphy"(pp.53-65), "56.3 Prehistoric Signs and Symbols"(pp.1243-1253) ; 裘錫圭, 『文字學概要 (修訂本)』 (北京: 商務印書館, 2013) [한국어역: 이홍진 譯, 『중국문자학의 이해』 (서울: 신아사, 2010(개정판))], 15-85쪽; 大西克也·宮本徹 編著, 앞 책 (2009), pp.1-44; 黃亞平, 「漢字起源和漢字體系形成問題的探索與思考: 兼談漢字起源"漸變說"與"突變說"的融通」, 『出土文獻與古文字研究』 第9輯 (2020); Paola Demattè, *The Origins of Chinese Writing*, (New York, NY: Oxford University Press, 2022), "Introduction" pp.xxv-xxx.

45 상대 갑골문과 금문에서는 대략 7~800여종의 상용 어휘가 사용된다. 陳婷珠, 『殷商甲骨文字形系統再研究』, 華東師範大學博士學位論文 (2007); 苗利娟, 앞 논문 (2011). 갑골문의 주요 동사, 형용사, 명사에 대해서는 楊逢彬, 『殷墟甲骨刻辭詞類研究』 (廣州: 花城出版社, 2003) 참조.

46 갑골문에는 전치사 15종(先秦 32종), 접속사 5종(先秦 60종), 조사 0종(先秦 10종), 어기사 2종(先秦 14종), 부사 30여종, 지시사 10여종 등 60종 이상의 기능어(虛詞)가 나타난다. 張玉金, 『出土先秦文獻虛詞發展研究』 (廣州: 暨南大學出版社, 2016), pp.256-298; 張玉金 원저/최남규·원효봉·서진현 편저, 『갑골문의 어법적 이해』 [《甲骨文虛詞詞典》, 1994] (서울: 신아사, 2020), 10-16쪽.

47 갑골문 중 (음성언어) 단어의 소리를 활용한 글자는 50% 전후에 해당한다. 王瑞英, 「甲骨文假借字論析」, 『殷都學刊』 第2期 (2009), pp.116-120.

대 후기의 고내구성 기록물이다. 이들은 갑·골, 옥·석, 청동기에 (붓으로) 쓰이고, (칼로) 새겨지고, (불로) 주조된 '과거의 시간, 공간, 인물, 사건'에 대한 기록이다. 이들은, 위에서 살폈듯이, 전대까지 주를 이룬 개별 어휘(부호) 단위의 기록, 즉 '인물/집단'이나 '공간'에 대한 고립된 표지를 넘어, **문장을 기반으로 과거의 시간, 공간 그리고 사건을 연속적으로 기술함으로써 명백한 과거 쓰기의 시작을 보여준다**(표 2 참조).

표 2. 상대 후기 '과거 쓰기'의 예시(갑골문 기사각사)

【釋文】壬午, 王田于麥菉(麓), 隻(獲)??(商)戠兕, 王昜(賜)宰丰??(寝)小䈂兄(貺). 才(在)五月. 隹(唯)王六祀彡(肜)日.　　　　　·甲骨文合集補編 11299反

【번역】임오일에 왕께서 '麥麓'땅에 사냥을 나가, '商'쪽에서 흙색 물소를 잡으셨다. (이에) 왕께서는 (사냥에 함께한 귀족) '宰丰'의 침소에 작은 䈂를 하사품으로 내려주셨다. 5월이었다. 왕 재위 6년, '肜日' 제사를 지낸 날이었다.

상 문자의 대다수를 차지하는 갑골문은 점복 의례용 기록물이다. 백 수십만 글자의 이 텍스트들은, 언뜻 점술의 맥락에서 보면 미래를 향해 있는 듯하지만, 상대 후기의 왕과 왕실 그리고 (소수) 귀족을 주체로, 그들의 일상과 관련된 온갖 분야에서[48] **'현재 상황에 닥칠 미래'**를 점친 의식[전사(前辭)]과 그 점의 내용[명사(命辭), 점사(占辭)] 그리고 (일부) **점의 결과[험사(驗辭)]**까지도 담고 있어서,(그림 2 참조) 당대의 시간과 공간 그리고 그 안에서 삶을 영위한 역사 공동체의 모습을 밀도 있게 보여준다.[49] 더욱이, 잘 알려지지 않았지만, 수 천건 이상의 갑골문은 점복이 아닌 **개별 사건들의 사후 기록, 즉 기사각사(記事刻辭)**이다. 그리고 이러한 기사(記事) 기록은 갑골문 뿐만 아니라 금문과 옥석문

48　대표 저록『甲骨文合集』의 분류에 의하면, 갑골문의 내용은 크게 21개 분야로 나뉜다. 노동계층(奴隷), 평민, 왕실·귀족(奴隷主貴族), 관리, 군대·형벌·감옥, 전쟁, 영역(方域), 무역(貢納), 농업, 어렵·목축, 수공업, 상업·교통, 천문·역법, 기상, 건축, 질병, 생육, 귀신숭배, 제사, 길흉몽환(吉凶夢幻), 점술(卜法), 문자 등이다. 郭沫若 編輯, 胡厚宣 主編,『甲骨文合集(全13册)』(北京: 中華書局, 1978-1982), '分類 總目' 참조.

49　갑골문 정보를 기반으로, 상대의 인간 세계에 대한 실증적이고 매력적인 묘사는 데이비드 N. 키틀리 지음/민후기 옮김,『갑골의 세계: 상대 중국의 시간, 공간, 공동체』(서울: 학연문화사, 2008)를 보라.

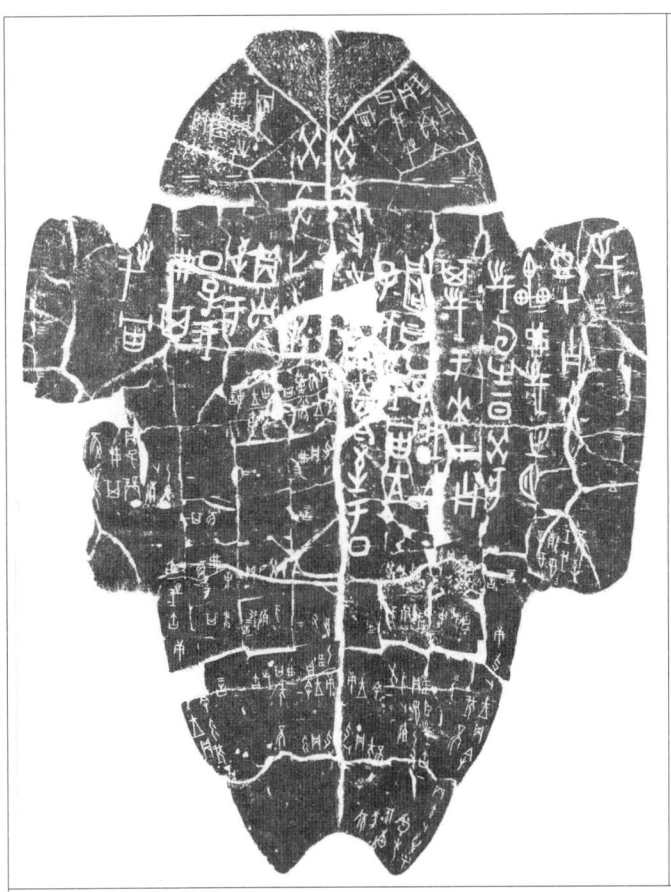

【釋文】
〖前辭〗癸丑卜,〔爭〕〖命辭〗
鼎(貞): 自今至于丁子(巳)我𢦏
(戠)舌. 癸丑卜, 爭鼎(貞): 自
今至于丁子(巳)我弗𢦏(戠)舌.
〖占辭〗王固(占)曰:"丁子(巳)
我母(毋)其𢦏(戠). 于來甲子
𢦏(戠)."〖驗辭〗旬㞢(有)一日
癸亥🀄(衝), 弗𢦏(戠), 之夕🀄
(嚮)甲子, 允𢦏(戠).

【번역】
〖前辭〗계축일에 균열을 내고, 爭이 〖命辭〗점쳤다: 지금부터 정사일까지 우리는 舌方을 멸망시킬 것이다. 계축일에 균열을 내고, 爭이 점쳤다: 지금부터 정사일까지 우리는 舌方을 멸망시키지 못할 것이다. 〖占辭〗왕이 점괘를 보고 말하였다: "정사일에 우리는 舌方을 멸망시키지 못한다. 오는 갑자일에 멸망시킬 것이다." 〖驗辭〗11일 후인 계해일에 衝車로 敵方의 성읍을 공격하였으나, 멸망시키지 못하였다. 그날 저녁을 지나 다음 갑자일로 접어드는 시기에 과연 멸망시켰다.[50]

그림 2. 점복 갑골문의 예시(合集06834正)

에도 나타난다. 따라서 아래에서는 商 문자 기록 중 '명백히 과거를 기술하는' 갑골문의 기사각사류와 험사류 그리고 청동기, 옥기, 석기에 남겨진 기사류 기록을 살펴봄으로써 '상대 후기 과거 쓰기'의 양상과 특징을 간취해보고자 한다.

---

50 번역은 김혁, 「《殷墟文字丙編》001~004 譯註」, 『중국학논총』 53 (2016), 198-207쪽 참조.

1. 갑골문 기사류: 과거를 보존하고 기념하다

갑골문 기사류 기록은, 그 내용과 형태적 양상에 따라 ❶점복 관련 사건 기록, ❷점복 무관 사건 기록, ❸표(干支表)와 계보(家譜, 祀譜) 기록, ❹습각(모방, 연습) 기록으로 구분할 수 있다.[51] 2021년까지 누적된 통계에 따르면, ❶이 1970여건, ❷가 100여건(골문), ❸이 약 460건, ❹가 약 270건, 도합 2800여편으로,[52] 16만편에 달하는 갑골문 총량의 1~2% 정도에 불과하다. 그러나, 갑골 매체의 다양성과 내용의 특수성 면에서 이들 기사류 갑골문의 중요성은 대단히 높다.

표 3. 갑골문 기사류의 예시

자료, 해독 및 비고		
❶점복 관련 사건 기록 예시 1	❶점복 관련 사건 기록 예시 2	❷점복 무관 사건 기록 예시 1
·(乙6704) 【釋文】雀入二百五十. 辛亥. 【번역】'雀'이 250개를 들여왔다. 신해일이었다. ·(乙6686) 【釋文】我氏千. 帚井示百. 㱿. 【번역】'我'가 1000개를 들여왔다. (검시자)帚井이 100개를 살폈다. (서명자)'㱿'이었다.	·(合集03458反) 【釋文】奠來五. 才(在)襄. 【번역】'奠'이 5개를 들여왔다. '襄'에서였다. ·(合集09409) 【釋文】丁亥, 乞自霎十二屯. 旬示. 㪢. 【번역】정해일, '霎'로부터 12쌍을 구해왔다. (검시자)旬가 살폈다. (서명자)'㪢'였다.	·(合集00390) 【釋文】癸卯, 宜于鷬(義京), 羌三人、卯十牛. 右. 【번역】계묘일, '義땅의 높은 곳, 義京'에서 '宜'제사를 드리면서, 강족 3인과 배를 가른 소 10마리를 바쳤다. (서명자)'右'였다. ·(合集22884) 【釋文】乙未, 又歲于且(祖)乙, 牡三十, 宰, 隹(唯)舊歲. 【번역】을미일, '祖乙'께 '又'제사와 '歲'제사를 드리면서, 수소 30마리와 희생 양을 바쳤다. '舊'에서 '歲'제사를 드렸다.

---

51 왕우신·양승남 외 지음/하영삼 옮김,『갑골학 일백 년 2』(서울: 소명출판, 2011), 347-397쪽.

52 갑골문 기사류의 수량 통계는 다음 논저에서 제시한 수치를 정합하였다. 方稚松,『殷墟甲骨文五種記事刻辭研究』(北京: 線裝書局, 2009); 劉一曼·曹定雲,「論殷墟花園莊東地H3的記事刻辭」,『甲骨文與殷商史』新3輯 (2013); 王蘊智 主編,『殷墟甲骨文書體分類萃編 第十卷: 非占卜性文辭』(鄭州: 河南美術出版社, 2016); 方稚松,『殷墟甲骨文五種外記事刻辭研究』(上海: 上海古籍出版社, 2021).

자료, 해독 및 비고	
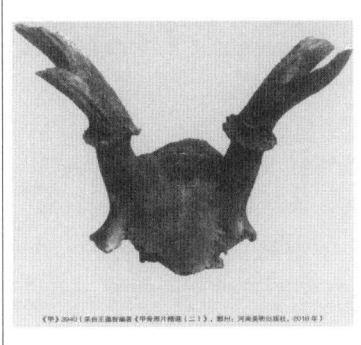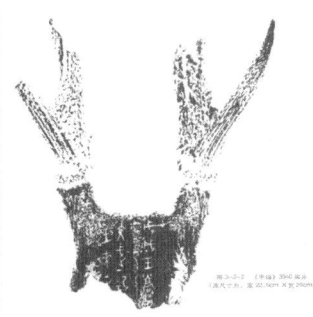	• (合集36534) 【釋文】 戊戌, 王蒿田……文武丁秘……王來正(征)…… 【번역】 무술일에 왕께서 '蒿'에 사냥을 나가……文武丁께 '秘' 제사를 드리고……왕께서 와서……정벌하였다. · 사슴 머리뼈 · 시기: 帝乙
	• (合集38758) 【釋文】 …方白…且(祖)乙伐… 【번역】 '…方'의 우두머리를……'祖乙'……'伐' 제사를 지냈다…… · 사람 머리뼈 · 시기: 帝乙
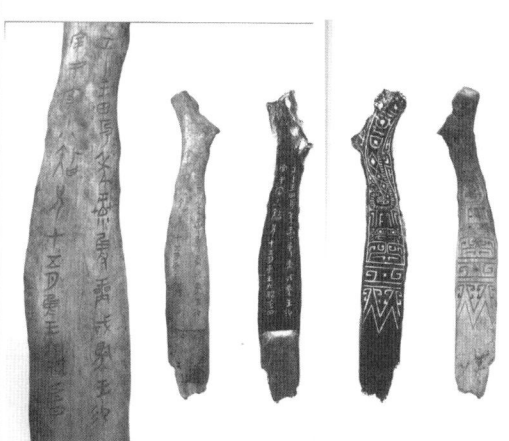 (뒷면)　　　　　(앞면)	• (甲骨文合集補編 11299反) 【釋文】 壬午, 王田于麥菉(麓), 隻(獲)??(商)戠兕, 王易(賜)宰丰??(寢)小秳兄(貺). 才(在)五月. 隹(唯)王六祀彡(肜)日. 【번역】 임오일에 왕께서 '麥麓'땅에 사냥을 나가, '商'쪽에서 흑색 물소를 잡으셨다. (이에) 왕께서는 (사냥에 함께한 귀족) '宰丰'의 침소에 작은 秳를 하사품으로 내려주셨다. 5월이었다. 왕 재위 6년, '肜日' 제사를 지낸 날이었다. · 물소 갈비뼈: 앞면 (무늬, 상감), 뒷면 (기록) · 시기: 帝乙 6년

자료, 해독 및 비고	
《乙編》 8688 (图 3-8-1 ~ 图 3-8-4) 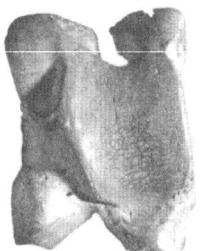  图 3-8-1 《乙編》 8688 原片　　图 3-8-2 《乙編》 8688 拓片	• (合集35501) 【釋文】 王曰: 則(祖)大乙禘于白彔盾宰丰. 【번역】 왕께서 말씀하셨다. "'白彔'의 '盾'에 모여서 '大乙'께 '禘' 제사를 올려라. '宰丰'이 맡으라." · 물소 정강이뼈 · 시기: 帝乙
 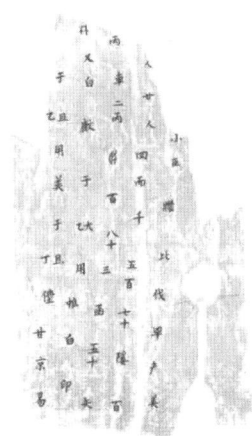 图 3-1-1 《国博》 260 正拓片　　图 3-1-2 《国博》 260 正釋文片	• (合集36481) 【釋文】 ……小臣牆(墻)比伐, 罕(擒)危美……人廿人四, 聝千五百七十, 隉百…丙(匹), 車二丙(兩), 盾百八十三, 函五十, 矢…用又白(伯)慶于大乙, 用{隹+囟}白(伯)印…隉于且(祖)乙, 用美于且(祖)丁, 傢甘京易(賜)…… 【번역】 ……小臣 牆이 왕을 따라 정벌에 나가 危의 美와……사람 20명과 사람 4명을 사로잡고 1570명의 목을 잘랐다. 또 隉의 말 백……필, 수레 2량, 방패 183개, 화살통 50개, 화살……를 노획하였다. 또 우두머리 慶을 大乙께 바치고, {隹+囟}의 우두머리 印을 사용해……, 祖乙께 隉을, 祖丁께 美를 죽여 제사지냈다. 傢이 '크게 상을 내릴 것이다'라고 하였다……

자료, 해독 및 비고		
·祀譜 각사 (合35406) 【釋文】甲戌翼(翌)上甲(甲), 乙亥翼(翌)匚乙, 丙子翼(翌)匚丙, 〔丁丑翼(翌)〕匚丁, 壬午翼(翌)示壬, 癸未翼(翌)示癸, 〔乙酉翼(翌)大乙, 丁亥〕翼(翌)大丁, 甲午翼(翌)〔大甲, 丙申翼(翌)卜丙, 庚子〕翼(翌)大庚. 【번역】갑술일에 '상갑'께, 을해일에 '보을'께, 병자일에 '보병'께, [정축일에] '보정'께, 임오일에 '시임'께, 계미일에 '시계'께, [을유일에 '대을'께], [정해일에] '대정'께, 갑오일에 ['대갑'께], [병신일에 '외병'께], [경자일에] '대경'께 '익'제사를 드렸다.	·干支表 각사(合集37986) (1)甲子 乙丑 丙寅 丁卯 戊辰 己巳 庚午 辛未 壬申 癸酉 (2)甲戌 乙亥 丙子 丁丑 戊寅 己卯 庚辰 辛巳 壬午 癸未 (3)甲申 乙酉 丙戌 丁亥 戊子 己丑 庚寅 辛卯 壬辰 癸巳 (4)甲午 乙未 丙申 丁酉 戊戌 己亥 庚子 辛丑 壬寅 癸卯 (5)甲辰 乙巳 丙午 丁未 戊申 己酉 庚戌 辛亥 壬子 癸丑 (6)甲寅 乙卯 丙辰 丁巳 戊午 己未 庚申 辛酉 壬戌 癸亥 	·家譜 각사(『英藏』2674正) 【釋文】鼎(貞): 兒先且(祖)曰▨, ▨子曰▨, ▨子曰▨, ▨子曰▨子▨壺, 壺弟曰▨, 壺子曰喪, 喪子曰▨, ▨子曰▨, ▨子曰▨, ▨弟曰▨, ▨(禦)子曰*, ▨子曰▨. 【번역】점친다: 兒의 先祖를 ▨라 하고, ▨의 아들을 ▨라 하고…… ▨의 아들을 壺라 하고, 壺의 동생을 ▨라 하고, 壺의 아들을 喪이라 하고, 喪의 아들을 ▨이라 하고,…… 禦의 아들을 ▨이라 하고, ▨의 아들을 ▨라 한다.

위 기사류 갑골문의 주요 사례를 살펴보면,[53] ❶점복 관련 사건 기록은, 점복 의식에 사용된 거북 뼈와 그 외 동물 뼈의 '출처'와 '수량' 그리고 그 '관리자(검시, 서명)'에 대한 내용이 주를 이룬다. 이는 신석기시대 도기류 부호와 마찬가지로, **매체와 그 소유자의 정체를 드러내고 보존하는데** 목적이 있다.

❷점복 무관 사건 기록은, 첫째는 제사류 기사로, 갑골문이 본격화되는 무정(武丁) 시기부터 상대 말기까지,[54] 주요 제사를 어떻게 지냈는지를 꾸준히 적고 있다. 특히 제사에 사용된 물품과 희생 등에 대한 수량이 비교적 철저하게 기입되어 있고, **해당 기록이 담긴 서사 매체는 그 제사에 사용된 물품(희생)에 속한 경우가 많다.** 두 번째 점복 무

---

53 그림 자료와 탁본은 呂章申 主編, 『(中國國家博物館藏) 中國古代書法』(合肥: 安徽美術出版社, 2014); 方稚松, 『殷墟甲骨文五種記事刻辭研究』위 책; 王蘊智 主編, 『殷墟甲骨文書體分類萃編 第十卷: 非占卜性文辭』위 책 해당 항목 참조.

54 갑골문의 분류와 시기 구분은 '부록 4, 갑골문 자체(字體) 분류 및 각 류(類)의 연대표' 참조.

관 사건 기록은 **공적을 기념하는** 내용이다. 주로 상대 말기에 집중된 이들 기사류는 왕과 엘리트들이 전쟁, 사냥, 공적 임무 등에서 이룬 공훈을 드러낸다. 이러한 기념성 과거 기록에서 주목할 부분은 **그것이 담긴 매체**(사람 머리뼈, 물소 머리뼈, 사슴 머리뼈, 물소 갈비뼈 등)**가 해당 사건**(즉, 전쟁, 사냥, 임무)**과 밀접한 관련**이 있을 뿐 아니라, 일부 기록물의 경우, 매체에 대한 2차 가공(다듬기, 장식)을 통해 (일급) 사치재로서 가치를 증대함으로써 '기념 기록물'로서의 정체를 완성했다는 점이다.[55] 요컨대 서사 매체와 그 기록이 '기념'이라는 동일한 목적을 위해 적극적으로 부합하고 있는 것이다.

❸수 백건의 간지표(干支表)와 십여 건의 각종 계보(系譜)를 담고 있는 기사류 기록은 '간지'라는 상대의 시간 단위에 대한 명확한 증거를 제공하면서, 주요한 제사와 혈통에 대한 누적된 과거 정보를 보여준다. ❹습각(모방, 연습) 기록은 그 자체로는 '과거의 사건'을 기록한 것은 아니지만, 누층된 시간 정보를 담고 있는 간지표와 계보 등을 일종의 매뉴얼로 해서 각사 연습의 저본으로 삼았다는 점은, 이러한 **표와 계보가 '전형적인 과거 기억' 중 하나**였을 가능성을 암시한다.

2. 금문 기사류: 과거를 보존하고 기념하다

상 문자의 역사 쓰기에서, 앞의 갑골문 기사류에서 살핀 '사치재에 기록된 기념성 과거 쓰기' 방식이 가장 널리 실천된 경우는 바로 상대 말기의 청동기 명문이다. 2012년까지 대략 60여 건의 '기념성 과거'를 담은 상 금문이 발견되었다.[56] 이러한 기사류 금문은 왕(왕실)과 (비교적 다수의) 엘리트들이 자신들과 연관된 과거 사건에 대한 (원)정보를 편집하고 재구성하여 (재)기록하였는데,[57] 사건의 시간, 공간, 주체 그리고 공훈(물)의 수

---

55 기사류 갑골문 중 사치재성 기념 기록물의 경우 주로 묘장(墓葬)에서 출토되어, 교갱(窖坑, 저장 구덩이)이나 회갱(灰坑, 폐기 구덩이)에서 발견되는 보존성 기사류 갑골문과는 대비된다. 옥석이나 청동기의 사치재성 기념 기록 역시 대다수가 묘장에서 발견된다. 예를 들어, 화려하게 장식된 물소 갈비뼈 기사 기록물들의 묘장 출토 양상은 方稚松, 앞 책 (2021), pp.112-129 참조.

56 閆志, 「商代晚期賞賜銘文」, 『殷都學刊』 第1期 (2012).

57 Edward L. Shaughnessy, "History and Inscriptions, China", *The Oxford History of Historical Writing Volume I: Beginnings to AD 600*, edited by Andrew Feldherr and Grant Hardy (New

량과 내용 정보를 담고 있다(〈표 4〉 참조).[58] 더욱이 그 기록 매체인 청동기에 구현된 기술과 장식 등은 '사치재'로서 최고 수준에 도달해 있어서, **상대 말기 '기념성 과거 기록물'**의 한 정점을 보여준다.

표 4. 금문 기사류 예시

· 司母戊鼎(集成01706)

【釋文】
A. 后母戊　B. 司母戊　C. 戊

【번역】
A. 왕비 母戊(의 기물이다)
B. 母戊를 제사지내다
C. 姒戊(의 기물이다)

· 戍甬鼎(集成02694)

【釋文】[亞印]丁卯, 王令宜(祖)子逬(會)西方于省. 隹(唯)反(返). 王賞戍甬貝二朋. 用乍(作)父乙䵼.
【번역】[亞印]정묘일, 왕께서 명하시길 子에게 가서 省땅 서쪽에 모이라 하셨다. 돌아왔다. 왕께서 戍甬에게 貝 2붕을 상으로 내리셨다. 이에 父乙 䵼를 만드노라.

York: Oxford University Press, 2011), pp.379-390

58　그림 자료와 탁본은 呂章申 主編, 『(中國國家博物館藏) 中國古代書法』(合肥: 安徽美術出版社, 2014) 해당 항목; 蘇榮譽 2022, 「晚商作册般青銅黿的工藝及相關問題」, 『江漢考古』總第178期 참조.

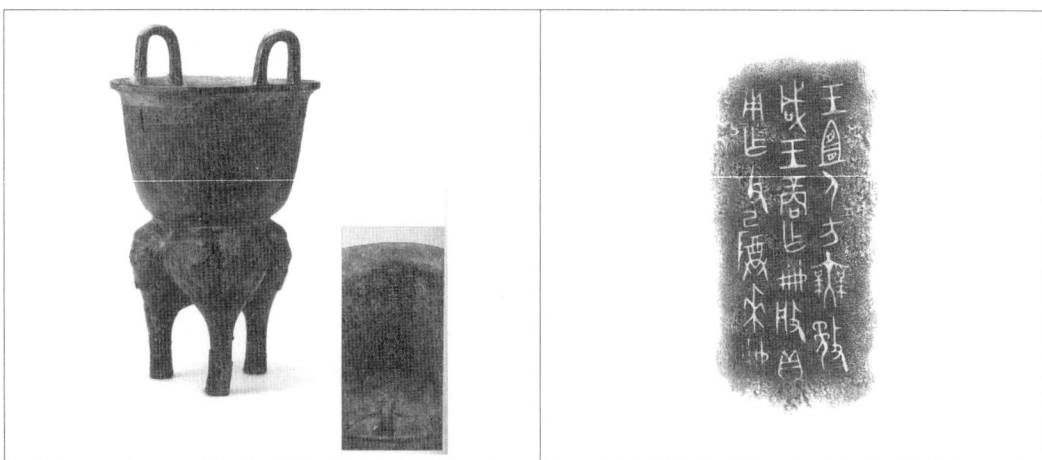

· 乍册般甗(集成00944)

【釋文】王宜(俎)尸(夷)方, 無敃, 咸. 王商(賞)乍(作)册般貝, 用乍(作)父己隣.〔來册〕

【번역】王께서 夷方으로 가셨다. 힘듦 없이 (일을) 마치셨다. 王께서 作册 般에게 貝를 상으로 내리셨다. 이에 父己 隣을 만드노라.〔來册〕

 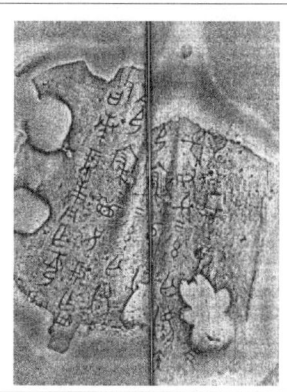

· 作册般青銅黿(中國國家博物館藏)

【釋文】丙申, 王??于洹, 隻(獲). 王一射 ??, 射三??(率), 亡(無)法(廢)矢. 王令(命)??(寢)馗兄(貺)于乍(作)册般, 曰:"奏于庸, 乍(作)女(汝)寶."

【번역】병신일, 왕께서 洹水에서 순시(巡)하시다, (자라를) 잡았다. 王께서는 1발을 쏘아 맞추고? 이어서 3발을 쏘고 (그) 화살을 제거하지 않으셨다. 왕께서는 寑(寢)馗에 명하여 作册 般에게 하사하라 하면서 말씀하시기를 "기물(庸)에 기록하여(奏), 그대의 보배로 삼으라."

3. 옥·석문 기사류: 과거를 보존하고 기념하다

갑골과 청동기의 압도 때문에 간과하기 쉽지만, 상대 후기 중요한 고내구성 서사 매체로 옥과 돌이 존재한다. 특히 옥은 청동기시대 이전에 신석기시대를 대표하는 사치재이

자 문화적 표지로서 이른바 '고대 중국 옥 문화'의 전통은 유구하다.[59] 옥·석에 개별 부호와 같은 표지를 남긴 사례는 신석기시대 후기에도 존재하지만, **문자를 동반한 문장구성식 사건 기록은 상대 후기**에야 나타난다. 지금까지 누적된 상대 후기 옥·석 기록물은 약 50건 이상이며, 이들은 대개 소량의 문자를 새기거나 일부 붓으로 쓴 것이다(朱書). 그 중에서 기사류는 5건 정도 존재하며,[60] 그 내용은 **제사, 공납, 전쟁** 등과 관련된 기념적 사건을 담고 있다(표 5 참조).[61] 그리고 위의 다른 고내구성 매체들과 마찬가지로, 이들 옥·석 서사 매체는 그 기록 내용(사건, 인물, 공간)과 밀접하게 관련되어 있다.

표 5. 옥·석문 기사류 예시

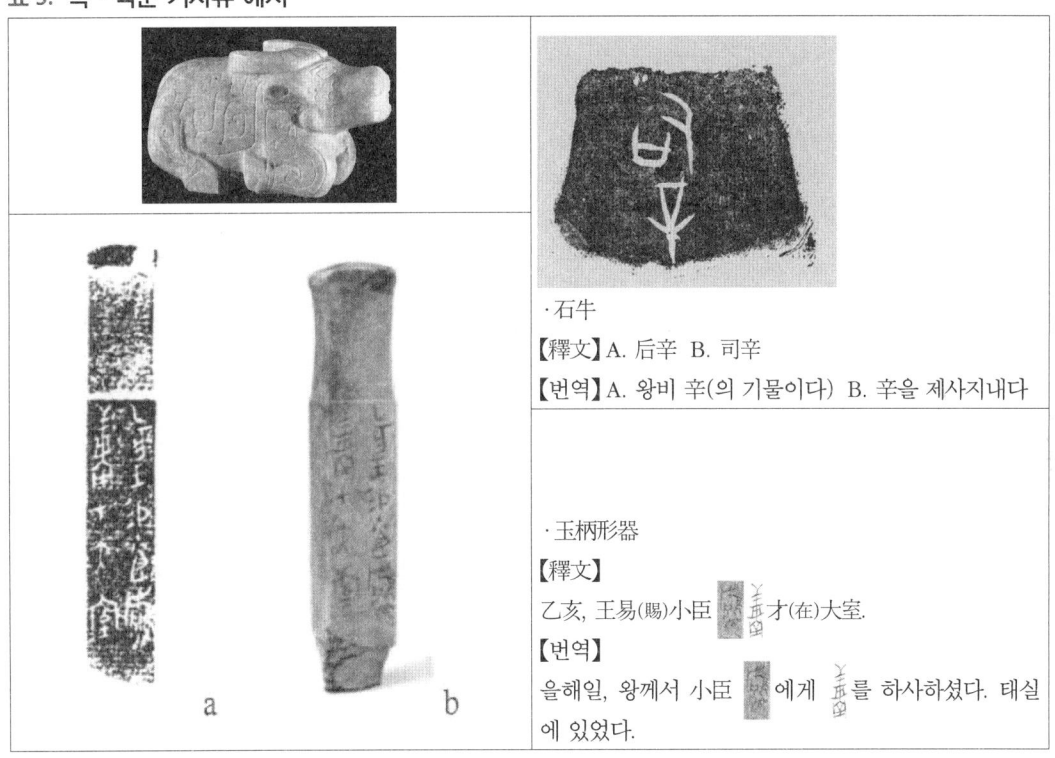

---

[59] 신석기시대 이래 한대(漢代)까지 고대 중국 옥 문화의 한 사례는, 楊岐黃, 『新石器時代至漢代玉璧研究』, 西北大學博士學位論文 (2020) 참조.

[60] 陳志達, 「商代的玉石文字」, 『華夏考古』 1991-2 (1991), pp.65-67; 徐峯, 앞 논문 (2018), pp.160-107.

[61] 그림 자료와 탁본은 陳志達, 「商代的玉石文字」, 『華夏考古』 1991-2 (1991); 王蘊智, 「中原出土商代玉石文及其釋讀」, 『中國國家博物館館刊』 2013-4 (2013); 王雙慶, 「甲骨文與商代文字」, 『大眾考古』 2014-04 (2014); 鄧淑蘋, 「玉禮器與玉禮制初探」, 『南方文物』 2017-1 (2017); 徐峯, 앞 논문 (2018); 杜金鵬, 「殷商玉戈名實考」, 『文物』 2022-7 (2022); 杜金鵬, 「殷商玉璧名實考」, 『文物』 2023-7 (2023)의 해당 항목 참조.

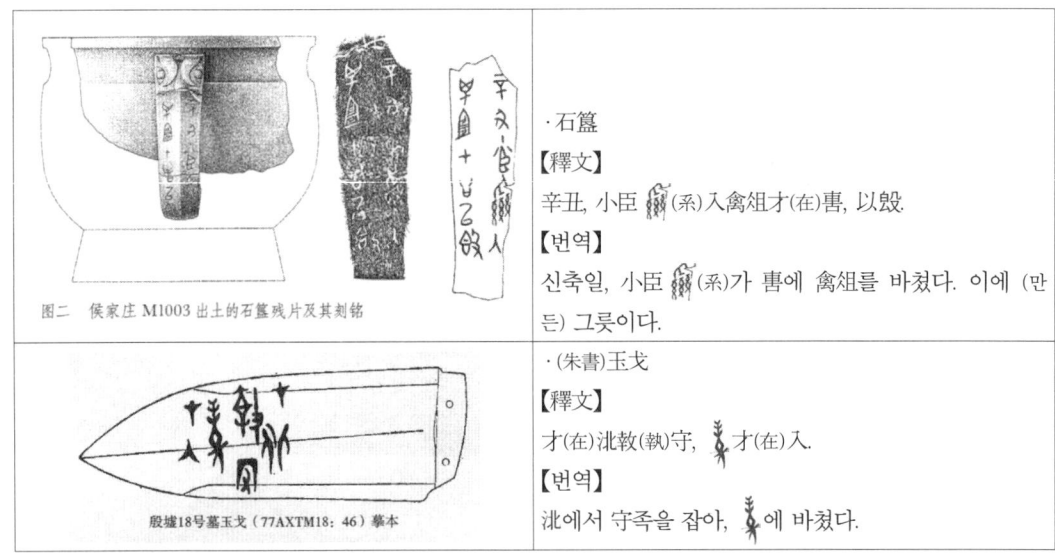

4. 갑골문 험사류: '불안'과 '경계'의 과거를 기록하다

상 문자로 기록된 과거에 대한 가장 풍부한 정보를 담고 있는 텍스트는 '특정 사건의 결과를 기록한' 갑골문의 험사류이다. 연구사에 따르면, 발견된 16만편의 갑골문 중 대략 7만 편 정도가 그 전모를 들어낸 듯하다.[62] 이들 7만여 편의 공개된 갑골문 중 대다수를 차지하는 부류는 '점복 내용 기록'인데, 그 중에서 일부만이 점과 점단의 결과를 기록한 험사(驗辭)를 포함한다.[63] 갑골문 험사류에 대한 전면적인 조사와 연구가 아직 부재하므로 정확한 통계는 어렵지만, 일부 사례 연구에 따르면, 험사류 기록은 대략 전체의 5~10%(5천~1만여 편) 정도로 추정된다.[64] 짧게는 1~2글자에서 길게는 수십 글자에 달

---

[62] 갑골문의 대표 저록은 1982년에 출간된 『甲骨文合集(全13册)』으로 여기에는 41,956편의 갑골문이 실려있다. 이후 1983년 『小屯南地甲骨』 4,512편, 1985년 『英國所藏甲骨集』 2,674편, 2003년 『殷墟花園莊東地甲骨』 561편이 주요 저록이었다. 그리고 최근 이들 저록 등을 포함한 23종의 자료집을 모아서 정리한 黃天樹 主編, 『甲骨文摹本大系(全43册)』(北京: 北京大學出版社, 2022)가 출간되었는데, 여기에는 모두 70,659편의 갑골문이 수록되었다.

[63] 잘 알려져 있듯이, 갑골문의 점복 기록에서 '명사(命辭)'는 거의 예외 없이 나오고 전사(前辭) 역시 대다수에 보인다. 그러나 점사(占辭)와 험사(驗辭)는 빈도수가 크게 떨어지며, 특히 험사가 더욱 적게 출현한다.

[64] 이러한 수치는 『殷墟花園莊東地甲骨』 561편 중 39편(약 7%)을 추출한 이민영(「事實의 記錄,《花

하는 갑골문 험사류의 예시는 다음과 같다(표 6 참조).⁶⁵

표 6. 갑골문 험사류의 예시

험사류 일반	
❶갑골문 험사류 예시 1	❷갑골문 험사류 예시 2
◉(合集00902) 【釋文】[前辭, 命辭] 己卯卜, 殼貞: 雨. [占辭] 王占: 其雨, 惟壬午. [驗辭] 允雨. 【번역】[前辭, 命辭] 己卯일에 균열을 내고, 殼이 점쳤다: '비가 올까요?' [占辭] 왕이 판단하다: '비가 올 것이며 壬午일일 것이다' [驗辭] 정말 비가 왔다. ◉(合集10319) 【釋文】[前辭, 命辭] 壬申卜, 殼貞: 甫擒麋. [驗辭] 丙子陷, 允擒二百又九. 【번역】[前辭, 命辭] 壬申일에 균열을 내고, 殼이 점쳤다: '甫가 노루를 잡을까요?' [驗辭] 丙子일에 함정을 놓았더니, 정말 209마리가 잡혔다. ◉(合集00655正甲) 【釋文】[前辭, 命辭] 丙寅卜, 殼貞: 來乙亥賜日. 【번역】[前辭, 命辭] 丙寅일에 균열을 내고, 殼이 점쳤다: '오는 乙亥일에 날이 맑을까요?' 【釋文】[前辭, 命辭] 丙寅卜, [殼]貞: 來[乙]亥[不]其賜[日. 占辭] [王]占曰: □乃玆不]賜日. [驗辭] [乙]亥[允]不[賜]日, 雨. 【번역】[前辭, 命辭] 丙寅일에 균열을 내고, 殼이 점쳤다: '오는 乙亥일에 날이 맑지 않을까요?' [占辭] 왕이 판단하여 말하다: '…이…맑지 않을 것이다.' [驗辭] 乙亥일에 과연 맑지 않고 비가 왔다.	◉(合集13307) 【釋文】[前辭, 命辭] 乙亥卜, 酌礿, 賓貞: 翌乙亥, 賜日. [驗辭] 乙亥酌, 允賜日. 【번역】[前辭, 命辭] 乙亥일에 균열을 내고, 賓이 점쳤다: '다음 乙亥일에 酌, 礿 제사를 하는데 날이 맑을까요?' [驗辭] 乙亥일에 酌 제사를 행하는데 정말 날이 맑았다. ◉(合集00454正) 【釋文】[前辭, 命辭] 辛未卜, 殼貞: 婦妌娩嘉. [占辭] 王占曰: 其惟庚娩嘉. [驗辭] 三月. 庚戌娩嘉. 【번역】[前辭, 命辭] 辛未일에 균열을 내고, 殼이 점쳤다: '婦妌가 분만하는데 嘉할까요?' [占辭] 왕이 판단하여 말하다: '庚일에 분만하면 嘉할 것이다.' [驗辭] 3월. 庚戌일에 분만하였는데 (결과가) 嘉하였다. ◉(合集06834正) 【釋文】[前辭, 命辭] 癸丑卜, 爭貞: 自今至于丁巳我翦🀫. [占辭] 王占曰: 丁巳我母其翦, 于來甲子翦. [驗辭] 旬又一日癸亥車弗翦, 之夕向甲子允翦. 【번역】[前辭, 命辭] 癸丑일에 균열을 내고, 爭이 점쳤다: '오늘부터 丁巳일까지 우리가 🀫을 꺾을까요?' [占辭] 왕이 판단하여 말하다: '丁巳일에는 우리가 꺾지 못할 것이나 오는 甲子일에는 꺾을 것이다.' [驗辭] 11일째인 癸亥일에 車가 꺾지 못했으나, 그날 저녁에서 甲子일로 넘어가는 사이에 과연 꺾었다.

──────

東》卜辭의 驗辭」, 『中國文學硏究』 제44집, 2011)의 연구에 기반하여, 갑골문 전체를 비슷한 백분율 (5~10%)로 추정한 것이다.

65 험사류 갑골문의 주요 해독은 이민영, 위 논문 (2011); 이민영, 「殷墟賓組卜辭 驗辭硏究」, 『中語中文學』 第59輯 (2014); 이민영, 「殷墟賓組卜旬卜辭 驗辭硏究 -내용 분류 및 사건의 재구성을 중심으로」, 『中國文學硏究』 제63집 (2016)의 해당 항목을 참조.

험사류 中 복순복사(卜旬卜辭)		
❶갑골문 복순복사 험사류 예시 1: 無事, 월식		❷갑골문 복순복사 험사류 예시 2: 군사, 기상

❶갑골문 복순복사 험사류 예시 1: 無事, 월식

◉(合集16722)
【釋文】[前辭, 命辭] 癸巳卜, 古貞: 旬無憂. 八月.
【번역】[前辭, 命辭] 癸巳일에 균열을 내고, 古가 점쳤다: '10일간 근심될 일이 없을까요?' 8월.
【釋文】[前辭, 命辭] 癸丑卜, 貞: 旬無憂.
【번역】[前辭, 命辭] 癸丑일에 균열을 내고, 점쳤다: '10일간 근심될 일이 없을까요?'
【釋文】[前辭, 命辭] 癸未卜, 貞: 旬無憂. 十月.
【번역】[前辭, 命辭] 癸未일에 균열을 내고, 점쳤다: '10일간 근심될 일이 없을까요?' 10월.
【釋文】[前辭, 命辭] 癸酉卜, 貞: 旬無憂.
【번역】[前辭, 命辭] 癸酉일에 균열을 내고, 점쳤다: '10일간 근심될 일이 없을까요?'

◉合集11482正/合集11482反
【釋文】[前辭, 命辭] 癸丑貞: 旬無憂.
【번역】[前辭, 命辭] 癸丑일에 점쳤다: '10일간 근심될 일이 없을까요?'
【釋文】[前辭, 命辭] 癸亥貞: 旬無憂.
【번역】[前辭, 命辭] 癸亥일에 점쳤다: '10일간 근심될 일이 없을까요?'
【釋文】[前辭, 命辭] 癸酉貞: 旬無憂. [驗辭] 旬壬申, 夕月有食.
【번역】[前辭, 命辭] 癸酉일에 점쳤다: '10일간 근심될 일이 없을까요?' [驗辭] 10일째인 壬申일 저녁 月蝕이 있었다.

❷갑골문 복순복사 험사류 예시 2: 군사, 기상

◉(合集06066正/反)
【釋文】[前辭, 命辭] ☐貞: 旬[無]憂. [驗辭] 五日丁未, 允有來[艱…]. 告曰: 舌方圍于我三邑.
【번역】[前辭, 命辭] …점쳤다. '10일간 근심될 일이 없을까요?' [驗辭] 5일째인 丁未일에 정말 문제가 생겼다. '舌方'이 우리 마을 셋을 포위하였다'는 보고가 올라왔다.

◉(合集21021)
【釋文】[前辭, 命辭] 癸丑卜, 貞: 旬. [驗辭] [甲寅]大食雨☐乙卯小食大啓, 丙辰☐大雨自南.
【번역】癸丑일에 균열을 내고, 점쳤다: '10일간 어떨까요?' [驗辭] 甲寅일 大食일 때에 비가 내렸고…乙卯일 小食일 때에 크게 개었으며, 丙辰일…남쪽으로부터 비가 많이 내렸다.
【釋文】[前辭, 命辭] 癸亥卜, 貞: 旬. [驗辭] 一月. 昃[雨]自西東. 九日辛未, 大采各雲自北, 雷延, 大風自西, 刜雲率雨☐龠日.
【번역】[前辭, 命辭] 癸亥일에 균열을 내고, 점쳤다: '10일간 어떨까요?' [驗辭] 1월. 해가 질 무렵에 동서쪽으로부터 비가 내렸고, 9일째인 辛未일 大采때에는 북쪽으로부터 구름이 몰려왔으며, 번개가 이어졌고, 서쪽으로부터 큰 바람이 일어 刜雲이 함께 비를 내렸다…龠日)

❸갑골문 복순복사 험사류 예시 3: 질병, 사망, 화재, 기상, 도망

◉(合集00137正)
【釋文】[前辭, 命辭] 癸丑卜, 爭貞: 旬無憂. [驗辭] 三日乙卯☐有艱…. 單丁人豐[⿰]于彔☐丁巳龜子豐☐鬼亦得疾.
【번역】[前辭, 命辭] 癸丑일에 균열을 내고 爭이 점쳤다: '10일간 근심될 일이 없을까요?' [驗辭] 3일째인 乙卯일에…문제가 발생했다. 單丁人 豐이 彔에서 하였다…丁巳일에는 龜子豐이 ⿰하였다…鬼 또한 병을 얻었다.

◉(合集17066)
【釋文】[前辭, 命辭] ☐貞: 旬無憂. [驗辭] 旬⿰壬申莽(達)火, 婦姓子, 七(甲?)
【번역】[前辭, 命辭] …점쳤다: '10일간 근심될 일이 없을까요?' [驗辭] 10일째 ⿰壬申일에…화재에서 도망…婦姓의 子가 사망하여…7일(甲일)…

◉(合集00137正)
【釋文】[前辭, 命辭] 癸卯卜, 爭貞: 旬無憂. [驗辭] 甲辰☐大驟風, 之夕嚮乙巳☐莽(達)☐五人. 五月, 在[敦].
【번역】[前辭, 命辭] 癸卯일에 균열을 내고 爭이 점쳤다: '10일간 근심될 일이 없을까요?' [驗辭] 甲辰일에…큰 바람이 불었고, 그날 저녁에서 乙巳일 사이…5명이 달아났다. 5월, 敦에서.

'과거 쓰기'와 관련해서, 험사류 갑골문이 중요한 의미를 갖는 이유는 그것이 '선택된 과거 사건의 기록'이라는 점이다. 때문에 험사가 다루는 사건의 양상은, 상대 후기 엘리트들의 과거에 대한 주된 관심을 보여주면서, 그들이 수행한 과거 쓰기의 특징을 시사해 줄 수 있다. 갑골문 험사류 수백 건에 대한 일련의 연구에 따르면,[66] 험사가 가장 많이 출현하는 사건의 주제는 수렵, 기상 그리고 일주일(旬, 10일)의 우환(憂)을 묻는 복순복사(卜旬卜辭)이다.[67] 그 외 험사가 다루는 사건 주제로는 제사, 출산, 전쟁, 질병, 천문, 왕과 왕실의 일상 등이 발견된다.

특히 주목할 부분은 '한 주일의 우환을 묻는 복순복사 속 험사'의 양상인데, 우선 복순복사에서는 험사가 등장하는 비율이 20%에 육박하여,[68] 다른 점복의 2~3배 이상에 달한다. 이는 '일주일간 우환이 없을 것입니다(없을까요), 旬無憂'라는 물음(命辭)의 결과에 대한 선택적 사건 기록이 다른 물음에 대한 선택적 사건 기록보다 훨씬 높았음을 보여주는 증거로, 당대 과거 쓰기의 주요한 부분이 '憂, 우환/걱정'이 된 사건 기록임을 알 수 있다.

복순복사의 역사 기술이 주목되는 또 다른 이유는, 대부분의 다른 험사들이 그 점복 주체들이 제시한 물음(命辭)과 예측(占辭)에 부합하는 결과(만)를 기록한 반면 복순복사는 오직 우환(憂)이라는 물음(命辭)에 예측(占辭)이 없는(예측할 수 없는) 사건을 다수 적고 있다는 점이다. 이는 복순복사의 험사류가 다른 험사들보다 상대적으로 객관화된 '선택적 사건 기록'일 수 있음을 의미한다.

복순복사 험사류에 기록된 '우환/걱정'이 된 사건의 주된 내용은 군사적 위협, 월식, 폭우와 기상의 변화, 질병, 부상, 사망 그리고 노예나 포로의 도주 등인데, 구체적으로 군사적 위협은 대부분 적국의 침입을 가리키며, 월식, 폭우와 같은 비일상적이며 재해의 성격을 지닌 기상 현상이 기록된다. 또한 질병, 부상, 사망 관련된 내용들도 대다수 일반적인 질병이나 사망이 아닌, 예기치 못한 사건 즉, 재난적인 신변 이상을 의미하며,

---

66 위의 이민영 2011, 2014, 2016의 연구 참조.

67 '정순복사(貞旬卜辭)'라고도 하는 '복순복사'는 갑골문 초기(武丁)부터 말기(帝乙, 帝辛)까지 꾸준히 확인되며, 『甲骨文合集』(41,956편) 기준으로 2,321편 분량으로 대략 5.5%를 차지한다. 劉學順, 「貞旬卜辭與殷王朝的年代」, 『殷都學刊』 2003-1 (2003), pp.20-21. 복순복사의 연구사 및 특징에 대해서는 羅華鑫, 『殷墟卜旬辭的整理與研究』, 河南大學碩士學位論文 (2020) 참조.

68 이민영(「殷墟賓組卜旬卜辭 驗辭研究 -내용 분류 및 사건의 재구성을 중심으로」, 『中國文學研究』 제63집, 2016, 191-192쪽)의 통계에 따르면, 갑골문 빈조(賓組) 시기의 복순복사는 대략 400편이고 그 중 험사가 기록된 경우는 70편 이상으로, 복순복사 속 험사류의 비율은 대략 18%의 수치를 보여준다.

예상치 못한 노예(포로)의 도주 역시 우환으로 여겼다.

요컨대 자연 현상이든 인간 현상이든, 그들이 우려하고 경계하며 기록했던 사건들은 일반적 사건이 아닌 **갑작스럽거나 제어할 수 없는 '불안한 미래이고 과거'**였다. 그리고 바로 이러한 불안한 미래에 대한 대비와 경계가, 다름 아닌 매 일주일의 우환을 점치는 복순복사의 험사들을 통해 간취된다. 결국 갑골문 험사류가 전해 주는 상대 과거 쓰기의 중요한 양상과 특징은, 당대의 엘리트들이 '불확실하고/불확실했던 재난·재해와 같은 사건들'을 복순복사를 통해서 기록하였고, 이는 그들이 행한 역사 쓰기의 주요한 목적이 **불안에 대한 대비와 경계**에 있었다는 점이다.

V. 맺음글: 영속성, 상 문자 그리고 기념과 경계

신석기시대 이래 청동기시대까지, 수천 년을 아우르는 고대 중국이라는 거대한 역사적 시공간에서는, 다양한 언어와 기호 전통을 가진 십수 개 이상의 문화 공동체들이 존속하였다. 이들은 청각, 시각, 시청각 등의 각종 매체를 통해 개인과 공동체의 기억을 보존, 표출, 확장하였는데, 특히 잘 부식되거나 변형되지 않는 골재, 도기류, 옥·석재 그리고 금속재와 같은 내구성 기억 매체의 지속적인 제작과 활용은, 고대 중국의 뚜렷한 특징이다. 이는 고대 중국인들이, '고내구성 기억 매체'를 통해, 그들 개인과 집단의 정체성을 확증하고 영속화(永續化)하려는 일관되고 지속적인 노력이었다.

청동기시대가 무르익은 상대 후기에 발로된 매체 혁신과 기억의 현시화 작업은 인상적이다. 전대(前代)를 압도하는 고내구성 기록 매체의 가공 기술과 사치재로서의 극대화는 골기, 도기, 옥기, 석기 그리고 청동기에 이르기까지 이전 시대에 찾아보기 어려운 매체 기술의 변혁과 발달을 암시한다. 무엇보다 무형의 기억을 유형화할 수 있는 높은 수준의 시청각 매체, 즉 '상 문자 시스템'의 창발, 체계화, 대량화의 실천은 불과 수 백년 전의 청동기 문화 초기와는 비교할 수 없는 거대하고 세련된 양상을 보여준다.

고내구성 매체에 문장구성식 기록을 구현한, 상대 후기 역사 쓰기는 '기념'과 '경계'로 점철되는 듯하다. 물질과 문자를 장악한 엘리트들의 선택적 과거 쓰기는 자신과 집단의 정체와 영광을 드러내고 그들을 향한 위험과 불안을 경계하는 데 집중하고 있다. 그리고 이러한 기념과 경계의 역사 쓰기는, 사치재성 기록 매체와 결합하고 일주일마다 미래(과거)를 예비(선택적으로 기억)하는 정기적 과거 기록 시스템을 통해 강화된다.

우리는 1천년 이후의 문헌 전통을 대표하는 십삼경(十三經, 58만여 글자)의 3배에 달하는 상 후기 2백여 년의 기록이 각종의 내구성 매체에 남겨졌음에도 불구하고, 이러한 폭발적인 기록과 매체가 왕실과 도읍 안양(安陽, 殷墟)에 심각하게 집중되었고, 상의 멸망과 함께 그 기록물의 맥락이 급속하게 쇠퇴하고 사라졌음을 기억해야 한다. 그러면서도, 불과 1~2백년 만에 벌어진 갑골과 그 기록의 급격한 쇠락과 망각에도 불구하고, '상 문자(漢字)', '(조상 제사용) 청동기' 그리고 '영속성'과 '기념·경계의 역사 쓰기'라는 상 문화의 전통이, 고대 중국 (엘리트)의 핵심 유산으로 면면히 이어져 갔음을 상기해야 한다.[69]

"眞이 보배로운 그릇을 만드니, 만년토록 자자손손 영원히 보배롭게 쓰일지어다!"[70][71]

西周 중기 〈眞盤〉(集成10091) :
"眞乍(作)寶般(盤), 其邁(萬)年子子孫孫永寶用."

그림 3. 서주(西周) 청동기 명문의 '기념성'과 '영속성'의 전형

[69] 상대 후기, 상 문자에 기반한 과거 쓰기의 특징은 이어지는 주대에도 강한 전통을 형성해나간다. 서주의 엘리트들은 상 문자를 충실히 계승하면서도, 도읍에 제한되던 갑골문이 아닌, 더욱 강화된 영속성 사치재인 청동기 기록물의 탈 도읍적 확장을 실천하고, 그 기록은 내용과 형식에서 기념비의 정점을 이루어낸다. 불안과 위험을 예비하는 경계의 역사 또한, 문식력의 확장과 함께, 경계성 정치사상 문서(『尙書』류)와 고사 기록을 통해 이른바 '교훈적 과거 쓰기'로 진화한다. 나아가 동주대(東周代) 본격화되는 범용 서사매체로서 목간 기록의 확대는 상대 후기 역사 쓰기 전통의 또 다른 매체적 전환을 암시한다. 상대 후기 이후 역사 기록의 장기적 양상은 김석진, 앞의 논문, 2022, pp.91-112 참조. 상대~동주까지 기록문화의 변화 양상과 특징에 대해서는 Li Feng and David Prager Branner eds. *Writing & literacy in early China: studies from the Columbia Early China Seminar* (Seattle, London: University of Washington Press, 2011), pp.141-336 참조.

[70] 〈그림 3〉의 사진과 탁본은 張天恩. 主編,『陝西金文集成 13』(西安: 三秦出版社, 2016), pp.16-17.

[71] 이 글은 김석진, 「고대 중국에서 '기억 매체'의 발달과 '역사 쓰기'의 시작: 商代 이전 기호 전통과 '商 문자'의 과거 기록」,『동양사학연구』168 (2024), pp. 239-315를 수정 보완한 것이다.

부록 1. 고대 중국 신석기시대 도기류 부호(추상성)

문화권 (연대)	출토지(출처) ·특징	부호의 양상
彭頭山文化 (前7000-5900)	(湖南) ·彭頭山 ·八十壋	
跨湖橋文化 (前5900-5300)	(杭州) ·跨湖橋	
老官臺文化 (前5900-5000)	(陝西) ·白家村 ·大地灣	
雙墩文化 (前5500-4600)	(安徽) ·雙墩村	

문화권 (연대)	출토지(출처) · 특징	부호의 양상
北辛文化 (前5400-4200)	(山東) · 北辛	
河姆渡文化 (前5900-3900)	(浙江) · 河姆渡	
大溪文化 (前4500-3300)	(湖北) · 柳林溪	

문화권 (연대)	출토지(출처) ·특징	부호의 양상
仰韶文化 (前4900-2900)	(西安) ·半坡	半坡遺址仰韶文化刻畫符号一览表
	(陝西) ·姜寨	姜寨遺址仰韶文化刻画符号一览表
馬家窯文化 (前3900-2000)	(青海) ·柳湾 (甘肅) ·石嶺下	
良渚文化 (前3200-2100)	(上海) ·馬橋 등(浙江) ·杭縣	

문화권 (연대)	출토지(출처) ·특징	부호의 양상
小河沿文化 (前2900-2600)	(內蒙古) ·小河沿	图九 小河沿文化陶器符号 《中国考古学会第二次年会论文集》, 150页图七.
縣石山文化 (前2900-2000)	(福建) ·縣石山	1-16. 《考古学报》, 1957年第4期, 25页, 图七23-28
石家河文化 (前2500-2000)	(湖北) ·天門, 隨州, 麻城, 房縣 等	图4 石家河遗址群陶器符号 (图片来源: 《华夏考古》1994年第3期中的《史前陶器符号的发现与汉字起源的探索》)
廟底溝2기文化 (前2800-2600)	(陝西) ·泄湖	1 (T3⑤H2:1) 2 (T3⑤H2:2) 3 (T1⑤H6:5) 4 (T5⑤:7) 1-4. 《考古学报》1991年第4期, 432页, 图一二 2, 3, 5, 6
客省莊2기文化 (陝西龍山) (前2500-2000)	(陝西) ·紫荊, 花園	

제3장 고대 중국에서 '기억 매체'의 발달과 '역사 쓰기'의 시작 -기호 전통과 商 문자의 과거 기록- 109

문화권 (연대)	출토지(출처) ·특징	부호의 양상
西樵山文化 (前2300-2000)	(廣東) ·河宕	图一 西樵山文化陶器符号 1——10. 广东佛山河宕,《考古学报》1985年1期,24页图十二, 11. 广东高要茅岗,《考古学报》1985年1期.
王灣3기文化 (前2500-2000)	(河南) ·登封 王城崗	1——3. 山东龙山文化陶器符号;1——2. 历城龙山城子崖,《城子崖》图十六. 3. 青岛赵村,《考古》1965年9期, 481页. 4——13. 河南龙山文化陶器符号;4. 河北永年台口,《考古》1962年12期; 5、6. 登封王城岗《文物》1984年11期. 又参《登封王城岗与阳城》78页, 文物出版社, 1992年. 7——11. 淮阳沙冢,《考古》1981年1期. 4页图五; 12、13. 临汝煤山,《考古学报》1982年4期, 435页图九, 447页图十八. 14——18. 陕西龙山文化陶器符号;14. 商县紫荆,《考古与文物》1983年4期, 1页图一; 15——18. 绥德小官道,《考古与文物》1983年5期, 17页图八.
龍山文化 (前2500-2000)	(山東) ·城子崖	1-3.《城子崖》, 图版拾陆 1a、1b、12

부록 2. 고대 중국 신석기시대 도기류 부호(구상성)

문화권 (연대)	출토지(출처) ·특징	부호의 양상
賈湖文化 (前7000-5800)	(河南)賈湖 ·(非)한자계 구상성 부호 ·골기, 도기	
雙墩文化 (前5500-4600)	(安徽) ·雙墩村	
龍虬莊文化 (前4500-3000)	(江蘇)龍虬莊 ·非한자계 구상성·추상성 (연속) 부호	
大汶口文化 (前4100-2600)	(山東)大汶口 등 ·(非)한자계 구상성 부호	図 2-11 陵陽河遺跡陶文 (『大黃河文明の流れ 山東省文物展』P.47, 西武美術館·朝日新聞社, 1986年)

문화권 (연대)	출토지(출처) ·특징	부호의 양상
崧澤文化 (前3800-3300)	(上海)崧澤 ·非한자계 구상성 부호	
凌家灘文化 (前3600-3300)	(安徽)凌家灘 ·非한자계 구상성 부호	
宗日文化 (前3600-2000)	(青海)宗日 ·非한자계 구상성 부호	
良渚文化 (前3200-2100)	(上海)馬橋 등 ·非한자계 구상성 (연속) 부호 ·옥기, 도기	

문화권 (연대)	출토지(출처) ·특징	부호의 양상
龍山文化 (前2500-2000)	(山東)丁公 ·非한자계 연속 부호	
陶寺文化 (前2500-2000)	(山西) 陶寺 ·한자계 (연속) 부호 ·朱書	図 2-12 陶寺遺跡陶文 (解希恭主編『襄汾陶寺遺址研究』 P.620, 科学出版社, 2007年) 1. 陶寺扁壺上的朱書文字(H3404), 陶寺文化晚期, 约距今 4000-3900 年　2. 陶寺遺址發现的骨耜文字 (放大15倍照片) 陶寺文化中期, 约距今 4100-4000 年　3. 陶寺遺址骨耜文字(陈治军摹写) 图 5　中原龙山文化陶寺类型原始汉字

부록 3. 고대 중국 夏·商·周代 도기류 부호

정치체/문화권 (연대)	출토지(출처) ·특징	부호의 양상
夏 [二里頭文化] (前1900-1555)	(河南) 偃師, 淅川下王崗 등 · 非한자계/한자계 　추상성·구상성 부호 · 숫자류, 개인/집단 · 정체명, 기물명류	
商代전기 (前1554-1200)	(河北) 下七垣 · 추상성 부호	

정치체/문화권 (연대)	출토지(출처) ·특징	부호의 양상
商代전기 (前1554-1200)	(河南) 二里崗 ·추상성 부호 / 한자계 문자?	
	(河南) 孟莊 ·구상성 부호	
	(河南) 偃師商城 ·추상성 부호	
	(河南) 鄭州商城 ·추상성/구상성 부호	

정치체/문화권 (연대)	출토지(출처) ·특징	부호의 양상
商代전기 (前1554-1200)	(河南) 小雙橋 ·非한자계/한자계 　(연속)부호 ·朱書	
	(河北) 藁城台西 ·非한자계/한자계 　부호	
	(江西) 吳城 ·非한자계/한자계 　(연속)부호 ·숫자	
	(江西) 新干 ·非한자계/한자계 　(연속)부호	1. XDM:505 2. XDM:508 3. XDM:511 4. XDM:515 5. XDM:534 6. XDM:535 7. XDM:537 1-4.《新干商代大墓》, 167頁, 圖八五. 1-4; 5-7. 175頁, 圖九〇

정치체/문화권 (연대)	출토지(출처) · 특징	부호의 양상
商代전기 (前1554-1200)	(山東) 折源 · 非한자계 연속 부호	《陶文圖錄》 L・33・1
商代후기 (前1200-1046)	(河南) 安陽 · 한자계 (연속)문자/ 非한자계 부호 · 숫자(一~十, 三十 등) · 숫자 조합; 封辭 (五八七, 八六一六六 등) · 족명/인명(魚, 戉, 戈, 木, 井, 犬易, 車, 亞, 龜, 虫, 龍, 田, 皿, 亥 등) · 기물의 배치 관련 (左, 中, 右 등) · 서사 매체와 관련된 정체(집단/개인)의 (해독 불능) 상징 기호와 언어 흔적	7・7 釋為 "舀公万（丐）敦辟，作父辛尊彝□"。

정치체/문화권 (연대)	출토지(출처) ·특징	부호의 양상
夏·商代 주변 지역 문화 (前2900-1000)	小拉哈文化 (前2000-1400) (黑龍江省)小拉哈, 白金寶	
	夏家店下層文化 (前2000-1400) (東北)老哈河, 大小凌河	《2006中國重要考古發現》, 第47頁
	馬橋文化 (前2000-1300) (上海)馬橋	
	浮賓文化 (前1900-1000) (廣東)楓朗鎭 (福建)虎林山	

정치체/문화권 (연대)	출토지(출처)·특징	부호의 양상
夏·商代 주변 지역 문화 (前2900-1000)	路家河文化 (前1600-1300) (湖北)路家河	
	寺洼文化 (前1300-1000) (甘肅)徐家碾, 欄橋	
西周代 (前1045-771)	(陝西)周原 · 한자계/비한자계 (연속)기호/문자 전통	
	(陝西)鳳翔 · 한자계/비한자계 기호 전통	

정치체/문화권 (연대)	출토지(출처) · 특징	부호의 양상
西周代 (前1045–771)	(山東)萊陽 · 非한자계 연속 기호	
	(湖北)宜城 · 한자계 기호 전통	
	(河南)新鄭, 登封陽城 · 한자계/非한자계 기호 전통	
春秋代 (前770–481)	(山東)城子崖上層 · 지역 전통 부호	
	(山西)侯馬 · 지역 전통 부호	図 2-9 侯馬鑄銅遺跡陶文 (『侯馬鑄銅遺址』P.321, 文物出版社, 1993年)

정치체/문화권 (연대)	출토지(출처) ·특징	부호의 양상
戰國代 (前480-221)	(四川) ·巴蜀문자 (湖南) ·楚문자	図 2-18 「巴蜀文字」の数々 (松村一徳「巴蜀青銅器文化の巴蜀文字」『長江流域と巴蜀, 楚の地域文化』 P.233, 雄山閣, 2006年) 　　図 2-19 「楚文字」銅矛 (部分, 『考古学報』1959年第1期図版 12)

부록 4. 갑골문 자체(字體) 분류 및 각 류(類)의 연대표[72]

		글자체 분류	시대
小屯村 북부 계통 王卜辭	1	自組 肥筆類	武丁 초기 ~ 武丁 중·후기 교체기
	2	自組 小字類	武丁 초기 ~ 武丁 후기
	3	屮類	武丁 중기
	4	自賓間類	武丁 중기
	5	賓組 戌類	武丁 중기
	6	賓組 一類	武丁 중기
	7	賓組 二類 (典型 빈조류)	武丁 중기 ~ 祖庚; 주로 武丁 후기
	8	賓組 三類 (빈조 賓出類)	武丁 후기 ~ 祖甲 초; 주로 祖庚 시기
	9	賓出類	武丁 후기 ~ 祖甲 초
	10	出組 一類 (출조 賓出類)	祖庚 초기 ~ 祖甲 초
	11	出組 二類	祖甲 시기
	12	事何類	祖庚에서 祖甲 교체기
	13	何組 一類	祖甲 후기에서 武乙 초기
	14	何組 二類	廩辛 ~ 武乙
	15	黃類 (黃組)	文丁 ~ 帝辛
小屯村 중·남부 계통 王복사	16	自歷間類	주로 武丁 중기 ~ 武丁 후기
	17	歷組 一類	주로 武丁 시기 ~ 祖庚 초기
	18	歷組 二類	武丁 후기 ~ 주로 祖庚 시기
	19	歷草體類	주로 祖庚 시기
	20	歷無名間類 (歷無名間組)	祖甲 후기에서 武乙 초기
	21	無名類 (無名組)	康丁(혹은 위로 廩辛 시기까지) ~武乙에서 文丁 교체기
	22	無名黃間類 (無名黃間組)	武乙, 文丁 시기
非王 복사	23	子組 (丙種 子卜辭)	武丁 초기 ~ 武丁 중·후기 교체기
	24	圓體類 (丙種 子卜辭 a)	武丁 중기
	25	劣體類 (丙種 子卜辭 b)	武丁 중기
	26	婦女복사 (甲種 子卜辭)	武丁 중기
	27	午組 (乙種 子卜辭)	武丁 초·중기 교체기 ~ 武丁 후기 초반
	28	花東 子복사	武丁 중후기
	29	力 복사	武丁 중후기
	30	亞 복사	武丁
	31	侯南 子類	廩辛 시기
	32	屯西 子類	康丁 ~ 武乙 사이

注: 이외 '未詳'(6,289편), '殷墟 이외 출토갑골문'(315편)

---

[72] 70,659편의 갑골문을 저록한, 黃天樹 主編, 『甲骨文摹本大系(全43册)』(북京: 北京大學出版社, 2022), "甲骨刻辭字體分類及各類所佔年代總表"를 번안-편집하여 옮겨 실음.

참고자료

1. 자료 (종류별-출간시기순)

[도기류 부호]

王恩田 2006, 『陶文圖錄(共6冊)』(濟南: 齊魯書社).
大西克也·宮本徹 編著 2009, 『アジアと漢字文化』(東京: 放送大学教育振興会).
徐正磊 2010, 『殷商與西周陶文研究』, 安徽大學 碩士學位論文.
李維明 2012, 「二里頭文化陶字符量化分析」, 『考古與文物』 2012-6.
牛清波 2013, 『中國早期刻畫符號整理與研究』, 安徽大學 博士學位論文.
中國社會科學院考古研究所 編著 2014, 『二里頭: 1999-2006 (全5冊)』(北京: 文物出版社).
徐在國 2018, 『新出古陶文圖錄』(合肥: 安徽大學出版社).

[갑골문]

郭沫若 編輯, 胡厚宣 主編 1978-1982, 『甲骨文合集(全13冊)』(北京: 中華書局). [약칭 合集]
中国社会科学院考古研究所編 1980-1983, 『小屯南地甲骨』(上海: 中華書局).
李學勤·齊文心·艾蘭, 中國社會科學院歷史研究所·倫敦大學亞非學院 編輯 1985, 『英國所藏甲骨集 上編 (上下冊)』(北京: 中華出版 新華發行).
中國社會科學院考古研究所 編著 2003, 『殷墟花園莊東地甲骨』(昆明: 雲南人民).
王蘊智 主編 2016, 『殷墟甲骨文書體分類萃編 第十卷: 非占卜性文辭』(鄭州: 河南美術出版社).
黃天樹 主編 2022, 『甲骨文摹本大系(全43冊)』(北京: 北京大學出版社).

[금문]

中國社會科學院考古研究所 編 2007, 『殷周金文集成(修訂增補本)(全8冊)』(北京: 北京中華). [약칭 集成]
吳鎮烽 編著 2012, 『商周青銅器銘文暨圖像集成(全35冊)』(上海: 上海古籍出版社).
吳鎮烽 編著 2016, 『商周青銅器銘文暨圖像集成續編(全4冊)』(上海: 上海古籍出版社).
吳鎮烽 編著 2020, 『商周青銅器銘文暨圖像集成三編(全4冊)』(上海: 上海古籍出版社).
呂章申 主編 2014, 『(中國國家博物館藏) 中國古代書法』(合肥: 安徽美術出版社).
張天恩 主編 2016, 『陝西金文集成(全16冊)』(西安: 三秦出版社).
蘇榮譽 2022, 「晚商作冊般青銅黿的工藝及相關問題」, 『江漢考古』 總第178期.
張秀華·邵清石 2009, 「作冊般銅黿銘文匯釋」, 『黑龍江教育學院學報』 第28卷 第1期.

[옥·석 문자]

陳志達 1991, 「商代的玉石文字」, 『華夏考古』 1991-2.
王蘊智 2013, 「中原出土商代玉石文及其釋讀」, 『中國國家博物館館刊』 2013-4.

王雙慶 2014,「甲骨文與商代文字」,『大眾考古』2014-04.
張炳火 主編/良渚博物院 編著 2015,『良渚文化刻畫符號』(上海: 上海人民出版社).
鄧淑蘋 2017,「玉禮器與玉禮制初探」,『南方文物』2017-1.
徐峯 2018,「淺論先秦玉石文字」,『東方收藏』2018-18.
楊岐黃 2020,『新石器時代至漢代玉璧研究』, 西北大學 博士學位論文.
杜金鵬 2022,「殷商玉戈名實考」,『文物』2022-7.
杜金鵬 2023,「殷商玉璧名實考」,『文物』2023-7.

[온라인 자료]
"Ethnologue: Languages of the World" (https://www.ethnologue.com/).
"ScriptSource" (http://scriptsource.org).
"Worldometer" (https://www.worldometers.info/).
"표준국어대사전" (https://stdict.korean.go.kr/search/searchView.do).
"Oxford English Dictionary" (https://www-oed-com.libproxy.dankook.ac.kr/dictionary/memory_n?tab=meaning_and_use#37230791) [단국대학교 '퇴계기념중앙도서관' 경유(제공)].
『漢語大詞典』, http://www.kaom.net/book_hanyudacidian8.php) [〈古音小鏡〉'漢語大詞典查詢' 경유(제공)].

2. 연구 (저자순)

[韓文]
김석진,「戰國 楚簡『繫年』의 史學史的 성격: 先秦 출토·전래 역사류 기록의 문헌학적 고찰을 통해」東洋史學研究 161, 2022.
김영범,「알박스(Maurice Halbwachs)의 기억사회학 연구」,『사회과학연구』제6집 3호, 1999.
김하수·연규동,『문자의 발달』(서울: 커뮤니케이션북스, 2015).
김혁,「《殷虛文字丙編》001~004 譯註」,『중국학논총』53, 2016.
대니얼 샥터 지음/홍보람 옮김,『도둑맞은 뇌』(서울: 인물과사상사, 2023).
데이비드 N. 키틀리 지음/민후기 옮김,『갑골의 세계: 상대(商代) 중국의 시간, 공간, 공동체』(서울: 학연문화사, 2008).
데이비드 크롤리·폴 하이어 편저/김영기 옮김,『인간 커뮤니케이션의 역사: 기술·문화·사회 1』(서울: 커뮤니케이션북스, 2018).
데이빗 바튼 지음/김영란·옥현진·서수현 옮김,『문식성: 문자언어 생태학 개론』, (서울: 연세대학교 대학출판문화원, 2014).
리사 제노바 지음/윤승희 옮김,『기억의 뇌과학』(파주: 웅진 지식하우스, 2022).
리펑 지음/이청규 옮김,『중국고대사』, (서울: 사회평론, 2017). [Li Feng Early China: A Social and

Cultural History (2013)].

E. M. 럭커슨·배리 힐튼 엮음/류미림 옮김, 『언어학에 대한 65가지 궁금증』 (서울: 경문사, 2013).

閔斗基 編, 『중국의 역사인식(上)』 (서울: 창작과비평사, 1985).

박문호, 『박문호 박사의 빅히스토리 공부』 (파주: 김영사, 2022).

W. G. 비슬리·E. G. 풀리블랭크 엮음/이윤화·최자영 옮김, 『중국과 일본의 역사가들』 (서울: 신서원, 2007) [*Historians of China and Japan*. edited by W. G. Beasley and E. G. Pulleyblank. London: Oxford University Press, 1961].

사이언티픽 아메리칸 편집부 엮음/홍경탁 옮김, 『두뇌 속 저장 장치의 비밀: 기억의 세계』 (서울: 한림출판사, 2017).

심재훈, 「『문화적 기억과 초기 문명』, 그리고 고대 중국」, 『사학지』 제64집, 2024.

안드레아스 뵌·안드레아스 자이들러 지음/이상훈·황승환 옮김, 『매체의 역사 읽기: 동굴벽화에서 가상현실까지』 (서울: 문학과지성사, 2020).

앙드레 르루와-그루앙 지음/강형석 옮김, 『행위와 말 2: 기억과 리듬』 (서울: 연세대학교 대학출판문화원, 2016).

왕우신·양승남 외 지음/하영삼 옮김, 『갑골학 일백 년 2』 (서울: 소명출판, 2011).

이민영, 「事實의 記錄, 《花東》卜辭의 驗辭」, 『中國文學研究』 제44집, 2011.

이민영, 「殷墟賓組卜辭 驗辭研究」, 『中語中文學』 第59輯, 2014.

이민영, 「殷墟賓組卜旬卜辭 驗辭研究 -내용 분류 및 사건의 재구성을 중심으로」, 『中國文學研究』 제63집, 2016.

이진우·김민정 외 지음, 『(기억하는 인간) 호모 메모리스: 기억과 망각에 관한 17가지 해석』 (서울: 책세상, 2014).

張玉金 원저/최남규·원효붕·서진현 편저, 『갑골문의 어법적 이해』 [《甲骨文虛詞詞典》, 1994] (서울: 신아사, 2020).

池田溫, 「史學」, 『中國思想文化事典』 (溝口雄三·丸山松幸·池田知久 編, 2001). [김석근·김용천·박규태 옮김, 『중국 사상 문화 사전』 (서울: 책과함께, 2011)].

쿨마스 지음/연규동 옮김, 『문자의 언어학』 (서울: 연세대학교 대학출판문화원, 2016).

크리스타 뒤르샤이트 지음/김종수 옮김, 『문자언어학』 (서울: 유로, 2007).

크리스토퍼 에렛, 「고인류: 도구, 언어, 문화」, 데이비드 크리스천 편집/류충기 옮김, 『인류의 확산: 대륙별 구석기 문화 (케임브리지 세계사 02)』 (서울: 소와당, 2021).

파스칼 피크 外/이효숙 옮김, 『언어의 기원』 (파주: 알마, 2009).

헨리 로저스 지음/이용 외 옮김, 『(언어학으로 풀어 본) 문자의 세계』 (서울: 국립한글박물관, 2018).

[中文]

賈漢清, 「論江漢地區二例相關的史前陶文」, 『江漢考古』 2003-2(總第87期), 2003.

葛亮, 「一百二十年來甲骨文材料的初步統計」, 『漢字漢語研究』 2019-4, 2019.

高明, 「論陶符兼談漢字的起源」, 『北京大學學報 (哲學社會科學版)』 1984-06, 1984.

裘錫圭,『文字学槪要』(北京: 商務印書館, 1988/2013(修訂本)) [한국어역: 이홍진 譯,『중국문자학의 이해』(서울: 신아사, 2010 개정판)].

覃勤,「先秦古籍字頻分析」,『語言研究』25(第4期), 2005.

鄧淑蘋,「玉禮器與玉禮制初探」,『南方文物』2017-1, 2017.

羅華鑫,『殷墟卜旬辭的整理與研究』, 河南大學 碩士學位論文, 2020.

苗利娟,「商代金文字頻分級的初步研究」,『殷都學刊』2011-2, 2011.

苗利娟,「20世紀初至今商代銅器銘文的著錄與研究槪述」,『中國史硏究動態』2013-3, 2013.

苗利娟,「全國出土商代有銘銅器槪述」,『殷都學刊』2009-3, 2009.

方稚松,『殷墟甲骨文五種記事刻辭研究』(北京: 線裝書局, 2009).

方稚松,『殷墟甲骨文五種外記事刻辭研究』(上海: 上海古籍出版社, 2021).

謝保成,『增訂中國史學史 –先秦至唐前期』(北京: 商務印書館, 2016).

徐峯,「淺論先秦玉石文字」,『東方收藏』2018-18, 2018.

徐在國,『新出古陶文圖錄』(合肥: 安徽大學出版社, 2018).

徐正磊,『殷商與西周陶文研究』, 安徽大學 碩士學位論文, 2010.

孫亞冰,「百年來甲骨文材料統計」,『故宮博物院院刊』2006-1, 2006.

袁廣闊,「二里頭文化的文字符號與禮制文明」,『中國社會科學』2023-6, 2023.

王蘊智,「中原出土商代玉石文及其釋讀」,『中國國家博物館館刊』2013-4, 2013.

王蘊智,「史前陶器符號的發現與漢字起源的探索」,『華夏考古』1994-3, 1994.

牛清波,『中國早期刻畫符號整理與研究』, 安徽大學 博士學位論文, 2013.

袁廣闊,「二里頭文化的文字符號與禮制文明」,『中國社會科學』2023-6, 2023.

劉釗·馮克堅 主編,『甲骨文常用字字典』(北京: 中華書局, 2019).

劉一曼,「殷墟陶文研究」,『慶祝蘇秉琦考古五十五年論文集』(北京: 文物出版社, 1989).

劉一曼·曹定雲,「論殷墟花園莊東地H3的記事刻辭」,『甲骨文與殷商史』新3輯, 2013.

劉學順,「貞旬卜辭與殷王朝的年代」,『殷都學刊』2003-1, 2003.

尹達 主編,《中國史學發展史》編寫組 編著,『中國史學發展史』, 鄭州: 中州古籍出版社, 1985 [김동애 옮김,『중국사학사 –선진·한·당 편』, 서울: 간디서원, 2006(개정판)].

李萬福,「突變論: 關於漢字起源方式的探索」,『古漢語研究』2000-4(總第49期), 2004.

張玉金,『出土先秦文獻虛詞發展研究』(廣州: 暨南大學出版社, 2016).

張曉明,「史前陶符形體研究」,『管子學刊』2014-4, 2014.

趙輝,「良渚的刻畫符號」,『考古學研究』15, 2022.

中國社會科學院考古研究所,『中國考古學(新石器時代卷)』(北京: 中國社會科學出版社, 2010).

陳英傑,「談甲骨文單字的數量及其相關問題」,『中國書法』總367期, 2019.

陳婷珠,『殷商甲骨文字形系統再研究』, 華東師範大學 博士學位論文, 2007.

陳志達,「商代的玉石文字」,『華夏考古』1991-2, 1991.

胡厚宣,「八十五年來甲骨文材料之再統計」,『史學月刊』1984-5, 1984.

洪國玲,「長江中游史前刻劃符號」,『文物鑒定與鑒賞』2022-3(下), 2022.

黃亞平, 「漢字起源和漢字體系形成問題的探索與思考: 兼談漢字起源"漸變說"與"突變說"的融通」, 『出土文獻與古文字研究』第9輯, 2020.

黃亞平, 「從整體上看"龍山時代"前後中原和周邊的"文字萌芽"」, 『漢字漢語研究』2022-1, 2022.

[英文]

Coulmas, Florian, *The Blackwell Encyclopedia of Writing Systems*, (Oxford, UK: Cambridge, Mass., USA: Blackwell Publishers, 1996).

Crystal, David, *The Cambridge Encyclopedia of Language* (3rd), (Cambridge: Cambridge University Press, 2010).

Daniels, T. Peter·Bright, William (eds), *The World's Writing Systems*. (New York: Oxford University Press, 1996).

Demattè, Paola, *The Origins of Chinese Writing*, (New York, NY: Oxford University Press, 2022).

Driem, George van, "Tibeto-Burman vs Indo-Chinese", in Laurent Sagart·Roger Blench·Alicia Sanchez-Mazas (eds.), *The Peopling of East Asia: Putting Together Archaeology, Linguistics and Genetics*, (New York, NY: Routledge, 2005), pp.81-106.

Fischer, Steven R., *A History of Writing*. London: Reaktion, 2001 [한국어역: 강주헌 옮김, 『문자의 역사』, 서울: 퍼블리온, 2024].

Gelb, Ignace J, *A Study of Writing*. Chicago: University of Chicago Press, 1952/1963(Revised Edition) [한국어역: 연규동 옮김, 『문자의 원리』, 서울: 연세대학교 대학출판문화원, 2013].

Harris, Roy, *Rethinking Writing*. Bloomington: Indiana University Press, 2000 [한국어역: 윤주옥 옮김, 『문자를 다시 생각하다』, 서울: 연세대학교 대학출판문화원, 2013].

Li, Feng·Branner, David Prager eds. *Writing & literacy in early China: studies from the Columbia Early China Seminar*. (Seattle, London: University of Washington Press, 2011).

Pines, Yuri, *Zhou History Unearthed: The Bamboo Manuscript Xinian and Early Chinese Historiography*. (New York: Columbia University Press, 2020).

Pines, Yuri·Kern, Martin·Luraghi, Nino eds. *Zuozhuan and Early Chinese Historiography*. (Leiden: Brill, 2023).

Sagart, Laurent·Jacques, Guillaume·Lai, Yunfan·Ryder, Robin J.·Thouzeau, Valentin·Greenhill, Simon J.·List, Johann-Mattis, "Dated language phylogenies shed light on the ancestry of Sino-Tibetan", *Proceedings of the National Academy of Sciences* 116(21), 2019, pp.10317-10322.

Sampson, Geoffrey, *Writing Systems: A Linguistic Introduction*.(Stanford, Calif.: Stanford University Press, 1985/2015(Second edition) [한국어역: 신상순 옮김, 『세계의 문자체계』, 서울: 한국문화사, 2000].

Shaughnessy, Edward L., "History and Inscriptions, China", *The Oxford History of Historical Writing Volume I: Beginnings to AD 600*, edited by Andrew Feldherr and Grant Hardy

(New York: Oxford University Press, 2011).

Wilkinson, Endymion, *Chinese history: a new manual. vol.*1 (6th), (Cambridge, Massachusetts: Harvard University Asia Center, 2022).

제2부 고대 근동

4. 고대 이집트에서 문학의 기원과 발달 (이선우)

5. 수메르어로 된 길가메시 서사시는 존재했을까 (김구원)

6. 길가메시 서사시의 수메르 자료들 (김구원)

7. 고대서아시아 지혜문학 분류법 (윤성덕)

8. 고대 근동 법률의 자체 전승 전통과 그 주변부에 미친 영향 -고대 바빌론 시대와 신바빌론 시대를 중심으로- (김아리)

9. 고대문명 주변 지역의 비문 분석 -가나안 지역을 중심으로- (강후구)

목차

I. 들어가는 말

II. 이집트 문학이란? 이집트 문헌들 중 무엇이 '문학'인가?
  1. 19세기에서 20세기 초반까지
  2. 1950년대부터 1970년대까지: 문학과 순수문학
  3. 1974년 아스만의 Das Handbuch der Orientalistik리뷰 이후: 이집트 문학과 문학이론
  4. 2000년대 이후: 이집트 '문학'과 포스트이론

III. 이집트 문학의 기원: 고왕국 시대 자전적 문헌과 중왕국 시대 고전
  1. 고왕국 시대 자전적 문헌
  2. 중왕국 시대 12왕조와 문학의 시작

IV. 이집트 문학의 발달: 고전과 문화적 기억

V. 결론

제4장
고대 이집트에서 문학의 기원과 발달

이선우(단국대 고대문명연구소)

I. 들어가는 말

본 논문에서는 고대 이집트 문학의 기원과 발전 양상을 기존 연구들을 바탕으로 검토하고자 한다. 우선 예비적으로 고찰 해야할 가장 근본적인 문제는 '무엇을 이집트 문학으로 볼 것인가?'이다. 문학의 개념은 시대와 문화에 따라 다르게 정의될 수 있기 때문에, 현대의 문학 개념을 고대 이집트에 그대로 적용하는 것은 시대착오적 오류를 범할 수 있다. 또한 이집트학자들 사이에서조차 이집트 문학의 정의와 분류의 기준에 대한 합의는 존재해오지 않았기 때문에 혼란의 여지가 크다. 따라서 본 논문의 첫 부분 에서는 이집트학자들이 문학이라는 개념을 어떻게 이해해왔는지, 어떤 텍스트를 문학으로 분류해왔는지에 대한 학술사적 흐름을 개괄하고, 이를 통해 이집트 문학의 개념에 대한 논의의 틀을 마련하고자 한다.

이어서 본 논문의 두번째 부분에서는 이집트 문학의 기원에 대해 살펴본다. 어떤 것의 기원에 대해 이야기한다는 것은 단순히 그것이 시작된 시점이나 최초의 사례를 확인하는 것을 넘어선다. 기원을 밝힌다는 것은 그것이 어떻게 생겨났는지 설명하는 것으로서, 그 대상이 아닌 것, 즉 이전 단계나 주변 요소에 대한 설명이 요구된다. 예를 들어, 우리가 인류의 기원을 이야기할 때, 현 인류와 구분되는 원시 인류에 대해 이야기하거나, 혹은 인간과 확연히 구분되는 신이라는 존재로부터의 창조를 이야기하는 것처럼 말이다. 마찬가지로 이집트 문학의 기원에 대해서 이야기하기 위해서는 문학 이전의 텍스트 전통이나 주변 문화 요소들에 대한 고찰이 필요하다. 이집트학자들은 일반적으로 중왕국 시대를 이집트 문학의 시작점으로 보지만 문학의 선구적인 형태를 고왕국 시대의 문헌, 특히 자전적 문헌에서 찾는다. 이 장에서는 고왕국 시대 자전적 문헌들이 어떤 면에서 중왕국 시대 문학 작품의 토대가 되었는지, 그리고 왜 중왕국 시대에 이르러 문학이 본격적으로 발전하게 되었는지에 대한 다양한 이집트학자들의 해석을 검토할 것이다.

마지막으로 이집트 문학의 발달 양상에 대해 이야기한다. 여기서 발달이란 통상적인 의미의 발달보다는 수용과 전승의 측면에 초점을 맞출 것인데, 이를 위해 얀 아스만의 문화적 기억 이론을 적극적으로 활용하고자 한다. 잘 알려진 바와 같이 아스만은 문화 이론가이기 이전에 이집트 학자이다. 그가 기여한 이집트학의 여러 분야 중에는 문학도 포함된다. 아스만은 이집트 문학의 역사적 기원에 대한 실증적 역사 서술은 하지 않았지만, 이집트 문학의 근원에 대한 이론적 논의를 심층적으로 펼쳤다. 흥미로운 점은 그가 초기에는 자족적 영역으로서의 문학, 즉 순수문학이라는 개념에 입각하여 이집트 문헌에서 문학적 텍스트와 비문학적 텍스트를 구분했지만,[1] 이를 20여 년 후 문화적 기억 담론을 바탕으로 수정했다는 것이다.[2] 문화적 기억이란 한 세대에서 다음 세대로 전승되는 과거에 대한 구성된 이해인데, 이는 집단의 정체성을 구축하는 역할을 한다. 아스만은 문자의 발명과 쓰기 문화의 확산은 문화적 기억의 형성 양식에 큰 변화를 가져온 것으로 보고, 이러한 맥락에서 문학적 텍스트를 문화적 기억의 중요한 매체로 조명한다. 본 논문의 세 번째 부분에서는 아스만의 문화적 기억 이론을 바탕으로, 중왕국 시대의 문학작품이 과거와 현재를 잇는 '전통의 물줄기'(stream of tradition)[3]로서 어떻게

---

[1] Jan Assmann, "Der literarische Text im alten Agypten: Versuch einer Begriffsbestimmung," *OLZ* 69 (1974), pp.117-126.

[2] Jan Assmann, "Cultural and Literary Texts," in *Definitely: Egyptian Literature. Proceedings of the Symposion "Ancient Egyptian Literature: History and Forms"*, Los Angeles, March 24-26, 1995, ed. Gerald Moers, Studia monographica 2 (Göttingen: Lingua Aegyptia, 1999), pp.1-15; Jan Assmann, "Kulturelle und literarische Texte," in *Ancient Egyptian Literature: History and Forms*, ed. Antonio Loprieno, PdÄ10 (Leiden: E.J. Brill, 1996), pp. 56-81; Jan Assmann and J. Czaplicka, "Collective Memory and Cultural Identity," *New German Critique* 65 (1995), pp.125-33.

[3] '전통의 물줄기'라는 표현은 1960년대 앗시리아 학자 오펜하임이 처음 사용하였는데 시대를 통해

이해될 수 있는지 살펴볼 것이다.

II. 이집트 문학이란? 이집트 문헌들 중 무엇이 '문학'인가?

2020년 발간된 옥스포드 이집트학 핸드북의 문학에 대한 챕터가 다음과 같이 시작한다는 것은 이집트학자들이 문학이란 범주를 두고 꽤나 골머리를 앓고 있다는 것을 보여준다:

> 이 장에서 우리는 데모틱 문자가 주요 필기체로 사용되기 이전 시기의 일반적으로 문학으로 분류되는 텍스트 (those texts generally glossed as literature)를 다룬다. '일반적으로 문학으로 분류되는' 이라는 문구가 우리의 출발점이 되어야 하는 것은, 곧 보게 될 테지만, 이러한 텍스트들을 다른 범주의 글과 구별하는 기준이 명확한 정의보다는 친숙함과 과거의 관행에 더 많이 의존하기 때문이다.[4]

이 책 중 10페이지도 넘지 않는 짧은 챕터에서 3페이지가량이 문학의 정의에 할애되지만, 명확한 답이 제시되지 않은 채 "고대 이집트 문학의 정의에 대한 논쟁과는 별개로, 이 장의 나머지 부분에서는 주요 문학 텍스트 범주를 살펴보고…" 라고 넘어가는 것을 볼 수 있다.[5] 해당 분야의 가장 권위 있는 연구자들이 최신 연구 동향을 제시하는 개론서에서조차 이집트 문학의 정의가 이런 방식으로 다뤄진다는 것은 시사하는 바가 크다.

영어 단어 literature는 문헌 전통 전체를 포괄하는 넓은 의미와 특정 종류의 글만을 지칭하는 좁은 의미를 모두 지니고 있다. 레이먼드 윌리엄스와 같은 문학이론가에 따르

문화적 관습과 가치가 지속적으로 흐름을 나타내는 개념을 설명한다. Leo A. Oppenheim, "Assyriology- Why and How?" *Current Anthropology* 1, no. 5/6 (1960), pp.409–23.

[4] Bill Manley, "Literary texts," in *The Oxford Handbook of Egyptology*, ed. Ian Shaw, and Elizabeth Bloxam (Oxford: Oxford University Press, 2020), p.1007.

[5] Ibid., p.1008.

면, 이러한 좁은 의미의 문학은 19세기 전후에 등장한 비교적 최근의 개념이다.[6] 19세기부터 이집트학자들은 특정 이집트 문헌들을 '문학'으로 분류해왔지만, 그 기준은 일정하거나 명확하지 않았다. 이는 이집트 문헌이 기존 서양 문학의 형식과 다르다는 점도 있지만, '문학'이라는 개념 자체가 역사적, 문화적으로 구성되고 변화하는 유동적인 개념이기 때문이기도 하다.[7]

본 장에서도 이집트 문학에 대한 완벽한 정의를 제시하기는 어렵다. 그러나 이집트학자들이 특정 문헌들을 문학으로 분류해 온 데에는 분명한 이유가 있으며, 이러한 과정을 살펴보는 것은 그 자체로 고대 이집트 문학의 개념을 이해하는 데 중요한 단서를 제공할 수 있다. 따라서 이 장에서는 이집트학자들이 일반적으로 문학으로 분류하는 문헌들의 목록을 소개하는 데 그치지 않고, 이집트학자들이 이들을 문학으로 분류한 근거와 그 변천 과정을 개괄적으로 조망함으로써 고대 이집트 문학의 개념에 대한 비판적인 관점을 제시하고자 한다.

1. 19세기에서 20세기 초반까지

이집트학이 태동한 19세기 초반부터 시작해보자. 로제타 석비를 해독하여 성각문자 해독의 길은 연 샹폴리옹은 당대 유명 수집가의 신관문자 파피루스 콜렉션을 살펴보던 중 특별한 문헌을 발견했다. 당시에 알려진 신관문자 문헌들은 **사자의 서**와 같은 장례문헌들이 대부분이었는데, 샹폴리옹은 아직 신관문자 해독이 완전하지 않은 상황에서도 해당 문헌이 다른 문헌들과는 다른 성격을 띠고 있다는 것을 알아차린 것이다. 이 문헌은 후에 **아메넴하트 왕의 교훈**이라고 판명되는 문학 작품이다.[8] 하지만 당시 샹폴리옹은

---

6 Raymond Williams, *Marxism and Literature* (Oxford: Oxford University Press, 1977), pp.45-54.

7 고대 이집트 문학뿐만 아니라, 문학의 본질을 규명하는 일은 매우 어려운 과제이다. 문학 이론의 역사에서 여러 정의가 제시되었으나, 그 정의들의 불확실성은 본질적인 문제로 남아 있다. 문학에 대한 체계적인 정의가 어려운 이론적 배경에 대해서는 아힘 가이젠하스뤼케의 《문학이론 입문》(27-34쪽)을 참고하라.

8 Papyrus Sallier 2 = Papyrus British Museum EA 10182.

이 문헌을 문학 작품으로 인식하지 못하고 '일종의 파라오를 찬양하는 노래 또는 기도문'이라고 추측했다. 파킨슨은 이를 두고 샹폴리옹을 포함한 동세대의 첫 이집트 연구가들에게 이집트는 마냥 신비한 문명이었고, 이제 막 해독하기 시작한 이집트 문헌들을 그들의 이러한 인식에 부합하는 종교적이고 신비로운 글이라고 간주했기 때문이라고 지적한다.[9]

이집트 문헌 중에서도 문학이라는 것이 존재할 수 있다는 가능성을 처음으로 인식한 것은 샹폴리옹 바로 다음 세대의 학자들로, 엠마누엘 드 루제, 찰스 굿윈, 그리고 프랑수아 샤바가 있다. 이 시기에는 아직 많은 텍스트들이 알려지지 않은 상태였는데 그들이 이 시기에 관심 가지고 번역하고 해석한 **두 형제 이야기**[10], **프타호텝의 교훈**[11] 등은 이후에 이집트학자들이 무엇을 문학으로 분류할 수 있는지 결정하는 기준점이 되었다. 이들이 해당 문헌들을 문학이라고 분류한 것은 그들이 문학이라고 여겨오던 것과 비슷하기 때문이다. 드 루제가 "la premier échantillon du genie égyptien dans un genre purement littéraire"이자 "un ouvrage du pure imagination" 라고 묘사한 **두 형제 이야기**는 특히 성서의 요셉과 보디바르의 아내 이야기와 비슷하다는 점에서 큰 흥미를 끌었다.[12]

베인즈는 이 시기 이집트학자들의 이집트 문학에 대한 태도와 이해가 당시의 시대상, 유럽 중심의 사회진화론적 사고를 반영한다고 분석한다.[13] 초기 이집트학자들은 이집트 문학을 서양 문학과 비교하여 상대적으로 원시적인 것으로 간주했지만, 그럼에도

---

9 R.B. Parkinson, Poetry and Culture in Middle Kingdom Egypt. *A Dark Side to Perfection* (London: Equinox Publishing, 2002), p.11.

10 Papyrus D'Orbiney.

11 Papyrus Prisse.

12 Emmanuel de Rougé, "Notice sur un manuscript égyptien en écriture hiératique." in *Oeuvres Diverses* 2, Bibliothèque égyptologique 22 (Paris, 1908), p.306, 319; François Chabas, "Note sur la littérature des anciens Égyptiens, " in *Oeuvres Diverses* 1, Bibliothèque égyptologique 9 (Paris, 1899), p.317.

13 John Baines, "Research on Egyptian literature: definitions, backgrounds, prospects (Millennium debate)," *Egyptology at the dawn of the twenty-first century: proceedings of the Eighth International Congress of Egyptologists Cairo*, 2000, 3, ed. Zahi Hawass and Lyla Brock (Cairo: American University in Cairo Press, 2003), p.1.

불구하고 나름의 문학으로서의 가치를 인정했다는 것이다. 이는 찰스 굿윈이 **시누헤 이야기**를 두고 다음과 같이 이야기한 데서도 잘 들어난다:

> 비록 짧고 단순하며 현대 독자의 관심을 끌만한 요소가 거의 없지만…우리가 익히 알고 있던 태곳적 이야기들보다 이 이야기가 수세기 더 오래되었다는 점, 보존된 사본이 아브라함이 태어나기 훨씬 전에 쓰였을 것을 생각한다면 이 원시적 시도를 함부로 폄하할 수 없다.[14]

19세기 후반과 20세기 초반은 이전보다 훨씬 방대한 양의 이집트 문헌이 발굴되면서 서양 학자들의 이집트에 대한 막연한 신비로움이 해체되고, 실증적이고 과학적 연구에 기반한 이해가 강조되기 시작했다. 특히 이 시기는 아돌프 에르만과 그의 제자들로 구성된 베를린 학파가 문법 및 어휘 연구에 기반한 문헌학의 토대를 마련한 시기이다. 에르만은 고대 이집트어를 전기 이집트어와 후기 이집트어로 구분하는 중요한 언어학적 업적을 이루었는데, 이를 바탕으로 텍스트를 시대별로 분류했다. 예를 들어, 기존에는 **시누헤 이야기**와 **두 형제 이야기**를 모두 고대 이집트 문학으로 묶어서 다루었지만, 에르만은 이를 각각 '중왕국 시대 이야기' '신왕국 시대 이야기'와 같이 시대별로 세분화하여 분류했다.

1923년에 출간된 에르만의 *Die Literatur der Ägypter*는 **시누헤 이야기** 같은 서사 장르나 **프타호텝 교훈서**와 같은 지혜문학뿐만 아니라 기념비적인 글과 종교적인 글 등을 포함한 이집트 문학의 종합 선집이다.[15] 선집의 서문은 에르만이 이집트 문학이라는 범주를 포괄적으로 이해했다는 것을 보여준다:

> 재능 있는 민족이 자신들의 노래와 이야기에 더욱 풍부하고 예술적인 형태를 부여하는

---

14 Charles Wycliffe Goodwin, "The Story of Saneha. An Egyptian Tale of Four Thousand Years Ago Translated from the Hieratic Text." *Fraser's Magazine for Town and Country* 71 (1865), p.202

15 Adolf Erman, *Die Literatur der Ägypter. Gedichte, Erzählungen und Lehrbücher aus dem 3. und 2. Jahrtausend v. Chr.* (Leipzig: J.C. Hinrichs, 1923); *The Literature of the Ancient Egyptians: Poems, Narratives, and Manuals of Instriuction, from the Third and Second Millennia B.C.*, A.M. Blackman, trans. (New York: Haarper and Row, 1927).

것을 즐겼고, 다른 면에서도 정신적 삶, 즉 일상을 넘어서는 삶과 종교 영역의 사고의 세계가 발전했다는 것은 놀라운 일이 아니다. 이집트인들은 또한 문자 체계를 발명했기 때문에 다양한 종류의 글이 초기에 발전했고, 이를 의식적으로 계발하고 귀히 삼았는데, 우리가 이를 두고 그들의 문학이라고 부르는 것은 과한 칭찬이 아니다.[16]

그는 이런 포괄적 의미의 문학이 고대 이집트의 오랜 역사와 활발했던 지적 삶, 그리고 고대 이집트 '시'에 대한 통찰을 제공한다는 점을 강조하며 각 시대의 문화적, 역사적 맥락 안에서 작품을 이해해야 한다고 주장했다.[17] 에르만의 선집은 수십년간 널리 이용된 만큼 그의 이집트 문학에 대한 생각도 후대 학자들에게 큰 영향을 끼쳤다.

알렌 가디너는 비록 이집트 문학에 대해 이론적인 정의나 체계적인 분류를 시도한 것은 아니지만, 문법책을 집필했을 뿐만 아니라 수많은 텍스트를 번역하고 주석을 달았으며, 이러한 깊은 문헌 지식을 바탕으로 이집트 텍스트들의 문학적 가치를 평가했다. 예를 들어, 그는 **카케페레세네브**에 대해 "문학이 이제 자의식이 매우 강한 예술이 되었다"라고 언급했고, **시누헤 이야기**를 "세계적인 고전의 반열에 오를 수 있다"라고 높이 평가하기도 했다.[18] 이집트학자들이 이집트 문학에 대해 생각하는 데 있어서 그들이 가진 서양 고전에 대한 개념이 작용했음을 보여준다.

2. 1950년대부터 1970년대까지: 문학과 순수문학

1950년대부터는 이집트학자들이 이집트 문학을 '순수문학'(belles lettres)이라는 개념을

---

16 Erman, *The Literature of the Ancient Egyptians*, pp.xxiii-xxiv.

17 영미권에서는 관심을 받지 못했지만, 독일어권 인문학에 지대한 영향을 끼치고 근대 해석학 정립에 크게 기여한 딜타이가 문학을 "시, 철학, 역사, 과학 등을 아우르는 언어로 표현되는 한 민족의 모든 지속적이고 가치 있는 삶의 표현(alle dauernd wertvollen Lebensäußerungen eines Volkes, die sich in der Sprache darstellen: also Dichtung wie Philosophie, Historie wie Wissenschaft)"이라고 포괄적으로 이해하는 걸 볼 수 있는데 이는 당시 에르만이 이집트 문학이라는 범주를 어떻게 생각했는지 이해하는 배경이 된다. Wilhelm Dilthey, "Archive für Literatur," *Deutsche Rundschau* 58 (1889), p.369.

18 Baines, "Research on Egyptian Literature," p.2에서 재인용.

중심으로 보려는 경향이 강화되었다. 베인즈는 1952년에 출간된 *Handbuch der Orientalistik Literatur*가 이후에 이집트학자들이 암묵적으로 받아들이게 된 문학의 두 가지 범주를 확립하는 계기가 되었다고 이야기한다.[19] 베인즈의 지적에 따르면 이 저서의 본래 목적은 현존하는 이집트 문헌의 총체적인 안내서를 만들려는 것이었지만, 서문에서는 그 초점이 'schöne Literatur'에 불균형하게 쏠린다는 것을 볼 수 있다고 한다.

1950-60년대에 포즈너가 *Revue d'égyptologie* 에 게재한 *Recherches littéraires* 시리즈는 중왕국과 신왕국 시대의 문학 작품들을 분류하고 목록화 했는데, 가장 단편적인 작품까지 아우르고 편집한 것을 볼 수 있다. 그의 분류는 에르만이 도입한 이집트 문학 텍스트의 문화적, 연대기적 분류를 채택하여 더욱 정교하게 발전시킨 것이지만 문학의 개념을 순수문학으로 한정하여 이해한 것이다. 포즈너의 분류는 이후 학계의 표준이 되었다.

이집트학자들이 빠르게 순수문학 개념을 적극적으로 받아들이게 된 배경에는 순수문학을 뜻하는 프랑스어 belles lettres 와 mdw nfr (아름다운 말)라는 이집트어 단어의 의미가 비슷하다는 점이 크게 작용했다.[20] 이집트어 어휘에는 문학의 개념을 나타내는 고정되고 일관된 단어는 없다. 하지만 문학적 텍스트라고 분류되는 텍스트들 중에서도 중왕국 고전으로 간주되는 텍스트들은 아름다운 말을 자주 그 테마로 삼아 훌륭한 언어적 창조를 강조한다. 예를 들면, **프타호텝의 교훈서**나 **네페르티의 예언서**에서 각각 프타호텝과 네페르티의 말이 아름다운 말 이라고 칭해지는 걸 볼 수 있으며 **언변좋은 농부**에서의 농부가 아름다운 말솜씨를 가진 사람이라고 불리는 걸 볼 수 있다. 즉, **프타호텝**, **네페르티**, **언변좋은 농부** 같은 작품의 문학성은 아름다운 말에 기인한다고 볼 수 있는데, 여기서 아름다움은 미적 가치만이 아닌 인식적, 윤리적 가치도 포함한다.

1970년대에는 오늘날도 영어권에서 가장 널리 읽히는 두개의 이집트 문학 문집의 첫번째 에디션이 출간되었다. 심슨이 편집한 문집과 리흐타임이 출간한 문집이다.[21] 이

---

19 Ibid.

20 Peter Kaplony, "Die Definition der schonen Literatur im alten Agypten," *Fragen an die altägyptische Literatur. Studien zum Gedenken an Eberhard Otto*, ed. Jan Assmann et al. (Wiesbaden, 1977), pp.289-314; Stephen Quirke, *Egyptian Literature 1800 BC: Questions and Readings* (London: Golden House, 2004), 49f 또한 참조하라.

21 William Kelly Simpson and Raymond O. Faulkner, eds., *The Literature of Ancient Egypt: An Anthology of Stories, Instructions, and Poetry* (Yale University, 1972); Miriam Lichtheim, *An-*

두 선집은 비슷한 시기에 출간되었음에도 이집트 문학을 바라보는 관점에서 큰 차이를 보인다. 심슨은 순수문학을 고집한다. 다음은 심슨 선집의 3번째 에디션의 서문이다:

> 이집트의 문화는 서사시나 드라마로 표현되지 않았고, 호메로스나 베르길리우스, 아이스킬로스, 소포클레스, 에우리피데스를 능가할 작가들을 배출하지 않았으며, 플라톤과 아리스토텔레스에 필적할 사상가나 사포와 카툴루스에 버금가는 서정시인을 배출하지 않았다. 그러나 현존하는 그들의 문학의 극히 일부분은 더 넓은 관객층에게 소개될 가치가 있다... 여러 세대의 이집트학자들이 연구한 방대한 자료 중에서 우리 시대의 문학으로 분명히 간주될 수 있는 일련의 작품들이 나타났다. 가장 가까운 유사점은 메소포타미아와 구약 성서 민족의 문학 등 고대 근동의 다른 부분에서 찾을 수 있다. 이 작품들은 이야기와 설화, 가르침(훈계), 그리고 시로 구성되어 있다.[22]

반면 리흐타임은 에르만의 문집이 그랬던 것처럼 넓은 의미로 문학을 이해한다. 다음 서문에서 나타나는 것처럼 그녀는 비록 이집트 문헌 전체를 문학으로 보는 것은 아니지만 순수문학이 이집트 문학의 전부를 이루고 있다고 보지는 않는다:

> 고대 문학을 다룰 때 문학을 넓게 정의하여 순수문학 이상을 포함하는 것이 일반적이며 적절하다. 대부분의 고대 문학은 목적성을 지니고 있다. 기념하고, 가르치고, 권하고, 찬양하고, 애도한다. 문학을 상상력의 비기능적인 작품으로 좁게 정의하면 고대 작품의 대부분이 제외되고 고대 작가들에게는 매우 생소한 기준이 도입될 것이다. 사실, 문학이라는 용어가 순수문학이라는 개념으로 축소된 것은 19세기 이전에는 일어나지 않았다. 따라서 이집트 문학은 단순히 실용적인 것 (목록, 계약서, 소송, 편지 등) 이외의 모든 작품을 의미한다.[23]

---

cient Egyptian Literature. Volume I: The Old and Middle Kingdoms. (Berkeley: University of California Press, 1975).

22 William Kelly Simpson, ed., *The Literature of Ancient Egypt: An Anthology of Stories, Instructions, and Poetry*. 3rd edition (Yale University, 2003), p.2.

23 Lichtheim 1973/2006, p.vi 에서는 문학을 '실용적인 것'과 구분되는 것으로 정의하는 것을 볼 수 있다. 하지만 다음에서 보는 것과 같이 맨리와 같은 학자는 실용성 또한 명확한 기준이 될 수 없음을 지

3. 1974년 아스만의 Das Handbuch der Orientalistik 리뷰 이후: 이집트 문학과 문학이론

지금까지 살펴본 내용에서 알 수 있는 점은 이집트 학자들 간에 이집트 문학을 넓은 의미로 볼 것인지, 좁은 의미의 순수문학으로 볼 것인지에 대한 의견이 엇갈렸다는 것이다. 그러나 이는 어디까지나 기존에 발견된 텍스트의 분류와 제시 방식의 문제였을 뿐, 문학의 본질에 대한 깊이 있는 논의로 이어지지 않았다. 즉, 이집트학자들은 특정 텍스트를 순수문학으로 분류할 때 직관에 따라 분류했고, 무엇이 순수문학을 다른 문헌과 구분 짓는가에 대한 고민은 하지 않았다.[24] 얀 아스만은 이에 대해 처음 문제의식을 제기한 학자다. 러시아 형식주의에서 영감을 얻은 그는 문학 텍스트를 비문학 텍스트와 구별하는 것이 내용, 형식, 매체만의 기준으로 가능하지 않다고 지적했다. 대신, 결정적인 요인으로 즉각적 Sitz im Leben (삶의 자리)의 부재, Situationsabstraktheit를 제안했다. 예를 들어, 찬가나 비문은 문학적 텍스트와 같이 형식적인 우아함을 보여주지만 특정한 사회적, 기능적 맥락에 종속되어 있다. 반면 그가 본 진정한 의미의 문학 텍스트는 그러한 즉각적인 기능에 매몰되지 않고 자율적이며 특정한 사회적 또는 역사적 맥락과 독립적으로 존재한다. 아스만의 주장에 깔려 있는 근본적인 아이디어, 즉 문학을 자율적인 영역으로 보는 개념은 이미 이집트학자들이 받아들인 순수문학 개념과 다르지 않은 것이었다. 하지만 아스만의 논의는 이집트학자들로 하여금 체계적 접근의 필요성을 느끼게 하고 학제간 탐구, 특히 문학이론을 긍정적으로 받아들이게 한 계기가 되었다는 점에서 큰 의의가 있다.

1990년대에는 문학성에 대한 이론적 논의가 굉장히 활발하게 진행되었다. 1996년

적한다:"'문학'은 때때로 다른 문서들, 예를 들어 편지, 유리한 날의 달력, 의학 치료 목록, 또는 명명법과 비교했을 때 명백하게 실용적이지 않은 상형 문자로 된 모든 텍스트로 비공식적으로 정의되는 것처럼 보인다. 그렇지만 우리는 파라오 시대의 달력, 점성 도상, 그리고 명명법이 단순히 실용적인 것이 아니라, 그 자체로 사물의 의미를 설명하는 방식이라는 점을 유의해야 한다. 따라서 '실용적'이라는 정의를 너무 좁게 적용하지 않도록 주의해야 한다." Manley, "Literary Texts," p.1009.

24 로프리에노는 다음과 같이 지적한다: "오히려 텍스트의 문학적 특성은 개별적인 분석을 바탕으로 임시로 추론되어 특정 텍스트에 적용되었으며, 유형학적 고찰에는 큰 관심을 두지 않았다." Loprieno, "Ancient Texts," p.40.

로프리에노가 편집한 *Ancient Egyptian Literature: Theory and Forms*이 그 대표적 예다.²⁵ 여기에 실린 논문들은 새로운 것을 제시했다기보다는 일반적으로 받아들여지는 좁은 의미에서의 문학이라는 개념과 이집트학자들이 문학이라고 분류해온 텍스트들의 관계를 문학이론의 틀과 용어를 빌려 체계화하고 명료화하려는 시도라고 볼 수 있다. 예를 들어 여기에 실린 논문에서 로프리에노는 허구성(fictionality), 상호 텍스트성(intertextuality), 수용(reception)과 같은 일련의 기준을 도입하여 이집트 문학의 문학성을 구성하는 요소를 더욱 정교하게 설명하고자 했다.²⁶

4. 2000년대 이후: 이집트 '문학'과 포스트이론

2000년대부터는 이집트 문학 자체에 대한 본질적인 정의 문제는 더 이상 주요 논쟁거리가 되지 않는다. 대신 여태까지 이집트학자들이 문학을 어떻게 이해해왔는지에 대한 메타적/반성적 분석을 통해 실용적인 측면에서 학자들 간의 합의를 도출하고 앞으로 이집트 문학 연구를 어떻게 진행할지에 대한 대안 모색이 이루어지는 걸 볼 수 있다.²⁷

---

25   문학 이론가 한스 울리히 굼브레히트가 이 책에 기고한 에세이에서 이집트학자들이 문학 이론에 깊은 관심을 보이는 것에 놀라움을 표하면서도, 문학 이론이 이집트학 분야에 실질적으로 적용될 수 있을지에 대해서는 회의적인 시각을 드러낸 것은 주목할 만하다. Hans Ulrich Gumbrecht, "Does Egyptology need a 'theory of literature'?" in *Ancient Egyptian Literature: History and Forms*, ed. Antonio Loprieno, PdÄ 10 (Leiden; New York; Köln: E. J. Brill, 1996), pp.3-18.

26   Antonio Loprieno, "Ancient Texts and Modern Theories," in *Ancient Egyptian Literature: History and Forms*, ed. Antonio Loprieno, PdÄ 10 (Leiden; New York; Köln: E. J. Brill, 1996), pp.39-58.

27   문학에 대한 이론적 접근이 시들해진 데에는 여러가지 요인이 복합적으로 작용한 것으로 보인다. 문학이론의 문화학적 전환: 문학 연구가 텍스트 자체의 분석에서 벗어나 사회문화적 맥락을 강조하는 문화학적 접근으로 변화하면서, 이집트학내에서도 문학의 본질적인 정의보다는 텍스트의 사회적 기능과 의미를 규명하는 것에 대한 관심이 높아졌다. 포스트모더니즘과 푸코적 사고의 확산: 포스트모더니즘, 특히 푸코의 담론 이론은 절대적인 진리나 보편적인 가치를 부정하는데, 이러한 사고는 '문학'이라는 범주 역시 사회적 구성물이라는 인식을 이집트 학자들 사이에 확산시켰다. 서구중심주의에 대한 비판적 성찰: 이집트학계 내에서도 서구 중심적인 시각에서 벗어나 이집트 문학을 고유한 맥락에서 이해하고자 하는 움직임이 활발해졌다. 영어 중심 학술 환경의 영향: 이집트 문학 연구에 대한 이론적 담론

예를 들면 스티븐 쿼크는 고대 이집트 문학을 이해하기 위한 실용적인 접근 방식으로 '문학 책(literary book)'이라는 물리적 외형에 주목할 것을 제안했다.[28] 문학의 정의를 확정하기 어렵더라도, 우선 물리적으로 다른 유형의 글과 구별되는 필사본인 문학 책을 살펴보는 것을 시작점으로 삼자는 것이다. 이를 통해 문학 책의 형태와 내용이 시간이 지남에 따라 어떻게 변화했는지를 다른 문헌들과 비교함으로써, 고대 이집트에서 문학이 어떻게 발전했는지에 대한 통찰력을 얻을 수 있다고 주장한다. 쿼크는 이러한 접근 방식의 두 가지 장점을 제시했다. 첫째, 이집트 필사본에서는 현대 독자들이 문학으로 간주하지 않을 수 있는 찬가나 기도문이 문학 작품과 함께 나타나는 경우가 많은데, 문학 책이라는 기준은 이러한 다양한 텍스트를 포괄적으로 다룰 수 있게 해 준다. 둘째, 문학 책은 필사본의 물리적 특징, 즉 시각적 측면(페이지 높이, 줄 간격, 가로 및 세로 줄의 조합 등)에서 다른 유형의 글과 구별되는 특징을 보인다는 점이다. 따라서 내용을 읽지 않고도 시각적인 특징만으로 문학 작품을 식별할 수 있다.

2013년 출간된 *Ancient Egyptian Literature: Theory and Practice*는 1996년 로프리에노 편집 책과 비슷한 제목이지만, 기존의 "Forms"이라는 단어가 "Practice"로 바뀐 것을 볼 수 있다.[29] 이 책에 수록된 많은 논문들이 수행성이나 정체성 주제에 초점을 두고 있으며, 이를 통해 이전 학자들이 이집트 문학을 형식과 본질 중심으로 보아왔던 것에 대한 문제 제기를 하는 것을 볼 수 있다. 예를 들면 크리스토퍼 에어 같은 학자는 문학 작품을 단순한 문자 기록이 아닌 행위의 한 형태로 규정하며, 연행(performance)이 이집트 문학에 만연한 현상임을 강조했다.[30] 그는 이집트 문학의 반복적이라던가 에피소드적인 형식과 구조는 구전 전통에서 문자 전통으로의 발전, 혹은 단순히 덜 복잡한 것에서 더 복잡한 쓰기 문화로의 진화를 보여주는 것이 아니라, 그 자체로 이집트 문학

은 아스만을 비롯한 주로 독일어권 학자들을 중심으로 이루어졌었는데, 학술 환경이 점차 영어 중심으로 변화하면서 독일어로 된 연구가 더 이상 주목받지 못하는 경향이 생겼다.

28 Quirke, *Egyptian Literature* 1800 BC, p.24.

29 Roland Enmarch & Verena M. Lepper, eds., *Ancient Egyptian Literature. Theory and Practice*, Proceedings of the British Academy 188 (Oxford: Oxford University, 2013).

30 Christopher Eyre, "The Practice of Literature: The Relationship between Content, Form, Audience, and Performance," in *Ancient Egyptian Literature. Theory and Practice*, ed. Roland Enmarch & Verena M. Lepper, Proceedings of the British Academy 188 (Oxford: Oxford University, 2013), pp.101–42.

의 수행적 전통을 보여준다고 주장했다.

　이와 같은 맥락에서 이집트 문학을 논할 때 따옴표를 사용하거나 앞에서 본 바와 같이 "일반적으로 문학으로 분류되는" 등의 표현이 자주 사용되기 시작한 것이다. 이는 명확한 정의를 원하는 이들에게는 다소 불만족스러울 수 있다. 그러나 이와 같은 상황은 우리가 익숙하게 문학으로 여기는 것들과 공통점을 가지면서도 여러 면에서 차이를 보이는 이집트 문헌들을 하나의 범주로 묶는 것이 얼마나 어려운지를 잘 보여준다. 따라서 이후 논의되는 이집트 문학의 기원에 대한 고찰은 이러한 점을 염두에 두고 접근해야 할 것이다.

III. 이집트 문학의 기원: 고왕국 시대 자전적 문헌과 중왕국 시대 고전

일반적으로 문학의 기원은 구전으로 전승되던 이야기가 문자로 기록되는 과정에서 시작되었다고 쉽게 생각할 수 있다. 이는 메소포타미아의 길가메시나 호메로스의 일리아드와 같은 신화적 내용이 많이 포함된 서사시가 최초의 문학작품으로 널리 알려져 있는 것과 무관하지 않다. 신화적 서사는 문자가 없는 문명에서도 널리 존재하며, 오랜 구전 전통을 기반으로 하기 때문에, 이러한 작품들이 구전 전승에서 유래했을 것이라는 추측은 자연스럽다. 하지만 이집트에서의 문학의 기원도 같은 패러다임으로 설명될 수 있을까? 어느 정도는 그러하다. 실제로 후기 이집트어로 쓰인 **두 형제 이야기**와 같은 작품들은 민담과 유사한 구조와 모티브를 보여주며, 이를 통해 이집트 문학에 구전 전통이 상당한 영향을 미쳤음을 짐작할 수 있다. 그러나 이집트 문헌 중 문학으로 여겨지는 것들의 가장 오래된 형태는 후기 이집트어로 쓰인 이야기들이 아니라, 중기 이집트어로 쓰였으며 신화적 요소가 없고 반드시 이야기 형태를 갖추지도 않은 것들이다. 따라서 이집트 문학의 기원을 말한다는 것은 이런 문헌들의 기원을 말해야 함을 의미하는데, 과연 이런 문학적 문헌의 기원도 구전 전승으로 설명할 수 있을까?[31]

31　2000년대 후반부터 가장 자율적인 문자 전통조차도 "살아있는 구술 맥락" 내에서 발생한다고 주장

이 장에서는 이집트 문학에서 구전 문화의 영향을 부정하려는 것이 아니라, 그 기원이 문자 문화와 밀접한 관련이 있음을 보여주고자 한다. 이를 위해 두 가지 논점을 제시하고자 한다. 첫째는 고왕국 시대의 자전적 문헌에 관한 것이다. 자전적 문헌은 넓은 의미에서는 문학에 포함되지만, 좁은 의미에서는 포함되지 않는다. 그럼에도 여러 이집트학자들은 고왕국 시대의 자전적 문헌을 중기 이집트어 고전의 선구적 형태로 여긴다. 어떤 측면에서 자전적 문헌이 이집트 문학의 조상으로 여겨지는지 살펴보겠다. 둘째는 중기 이집트어 고전의 출현 시기로 여겨지는 중왕국 시대 12왕조에 관한 것이다. 12왕조의 문화적, 역사적 정황이 문학의 탄생에 어떤 영향을 미쳤는지에 대해 논의할 것이다.

1. 고왕국 시대 자전적 문헌

자전적 문헌이란 귀족들이 자신의 분묘 벽, 비석, 석상 등에 자신의 이름, 생전에 얻은 공직, 주요 업적, 기념할 만한 사건 등을 상형문자로 기록한 글을 말한다. 이러한 전통은 고왕국 시대 파라오들의 피라미드 주변에 귀족들의 묘지가 조성되면서 시작되었다. 귀족들의 분묘에는 시신을 안치하는 공간뿐만 아니라 후손들이 제사를 지낼 수 있는 공간도 마련되었다. 석상을 만들고 벽에 다양한 이미지를 새겼으며, 무엇보다 이름과 공직, 정형화된 제물 목록과 기도문을 상형문자로 새겨 넣었다. 초기에는 간단한 기록이

한 베인즈를 중심으로 영국 이집트학자들이 문학적 텍스트가 구비전통에서 직접적으로 유래했다는 것은 부정하면서도, 구술적 차원의 연행이 매우 중요했다고 강조하는 것을 볼 수 있다. Johan Baines, *Visual and Written Culture in Ancient Egypt* (Oxford: Oxford University Press, 2007). 파킨슨의 다음과 같은 설명도 참조하라: "장례 전기들의 느리고 눈에 띄는 발전과 대조적으로, 중왕국에서 문학 장르 시스템이 빠르게 등장하여 완전하고 안정된 형태를 갖춘 것은 상당한 구술적 전사를 시사한다. 문학 작품이 거의 확실히 일부는 구술로 공연되었기 때문에, 구술 시가와 문자 시가 사이의 전환이 우리가 생각하는 것만큼 급격하게 느껴지지 않았을 수 있다. 중왕국 이전의 구술 시가가 이후의 작품의 원형을 포함했는지, 아니면 실제로 나중에 기록된 텍스트였는지에 대한 논란이 있어 왔다. 텍스트가 기록되기 전에 구술 형식으로 존재했을 가능성도 있지만, 장르가 구술 작품의 필사본으로 나타나기는 하지만, 구술 형식과 문자 형식 간의 관계는 매우 복잡하다. 구술 작품의 정확한 전수는 불가능했을 것이다." Parkinson, *Poetry and Culture*, pp.55-56; 고대 이집트 문학과 구전 전통의 관계에 대한 더 자세한 논의는 Jacqueline E. Jay, *Orality and Literacy in the Demotic Tales* (Leiden: Brill, 2016)를 참조하라.

었지만, 5왕조 시기부터는 주요 업적이나 기념할 만한 사건에 대한 짧은 서사가 포함되기 시작했고, 6왕조 시기에는 웨니나 쿠푸의 것처럼 상당한 길이의 서사문이 등장했다. 이러한 글들은 분묘 주인의 1인칭 시점에서 서술되어, 마치 자서전에서 저자가 자신의 인생을 회고하며 서술하는 것처럼 망자가 자신의 생애를 이야기하는 듯한 느낌을 준다. 이 때문에 이집트학자들은 이러한 문헌을 '자전적 문헌'이라고 부르게 되었는데, 이 명칭이 고유한 이집트 문화현상을 가장 정확히 나타내는 명칭은 아님을 여러 학자들이 지적한다.[32]

그렇다면 어떤 의미에서 이런 자전적 문헌을 중왕국 시대에 등장하는 문학작품들의 조상이 된다고 여길 수 있는 것일까? 이는 크게 세 가지 측면에서 살펴볼 수 있겠다. 첫째, 문학적 형식 또는 내용적인 측면이다. 어휘나 시적 기법, 형식적 틀에 이르기까지 재료적 면에서 중왕국 시대 문학은 고왕국 자전적 문헌으로 부터 영향받았다. 예를 들어 중기 이집트어 고전 문학의 대표작인 **시누헤 이야기**는 시누헤가 자신의 분묘에 기록한 자전적 문헌 형태의 액자 구조를 취하고 있다. 분묘 벽이나 비석에 새겨진 자전적 문헌처럼, '이름, 공직 타이틀 + 말하다(Dd)' 동사로 시작하여 1인칭 시점에서 이야기를 풀어나간다. 물론 내용적인 면에서 궁중 암투에 대한 두려움으로 이집트를 떠나 시리아 지역으로 도망친 후, 타지에서 이룬 성공 신화와 겪은 어려움, 그리고 다른 문헌에서는 찾아볼 수 없는 박진감 넘치는 결투 장면 등을 포함한다는 점에서 일반적인 자전적 문헌에 비해 훨씬 극적인 서사를 보여준다는 점에서 차이를 보인다. 하지만 이야기의 절정을 이루는 것이 다름 아닌 시누헤가 이집트로 돌아와 파라오에게 높은 관직과 멋진 분묘를 하사 받았다는 것, "나는 죽는 날이 올 때까지 왕의 축복 속에 살았다"라는 문장으로 끝맺는 모습은 고왕국 시대의 자전적 문헌을 떠올리게 한다.

학자들은 자전적 문헌과 중기 이집트어 고전 문학의 주를 이루는 교훈서에 밀접한 관계가 있다고 본다. 교훈서는 사회생활을 시작하는 젊은이에게 경험 많은 연장자가 삶의 지혜와 성공적인 삶을 위한 조언을 전달하는 형식으로, 사회 구성원들이 올바른 행동 양식을 갖추고 성공적인 삶을 살아가도록 돕는 내용을 담고 있다. 이는 분명 1인칭 시점에서 자신의 삶을 회고하는 자전적 문헌과는 다르다. 하지만 교훈서에서 권장하는

---

[32] Denise Doxey, "'Autobiographical' texts," Ian Shaw, and Elizabeth Bloxam, eds., *The Oxford Handbook of Egyptology* (Oxford: Oxford University Press, 2020), p.994.

행동과 미덕은 자전적 문헌의 저자들이 자신에게 기꺼이 부여하고자 하는 것과 일치하며, 때문에 자전적 문헌에서 자주 등장하는 어휘나 어구가 교훈서에도 자주 등장한다. 또한 중왕국 시대 자전적 기록을 담은 석비의 내용과 일치하는 문헌이 신왕국 시대 교훈서 필사본에서 나타나는 모습을 볼 수 있는데,[33] 이는 비록 고왕국 시대의 자전적 문헌이 직접적으로 교훈서의 모태가 되는 것을 보여주는 것은 아니나, 두 장르의 경계가 매우 유동적이라는 것을 보여준다.[34]

둘째, 사회적 상호작용 또는 연행 측면에서다. 이는 문학을 사회적 행위를 보는 베인즈가 견지하는 입장이다.[35] 그에 따르면 고왕국 시대 자전적 문헌이 중왕국 시대 문학의 언어적 원재료만 제공한 것이 아니라, 사회 구성원들이 특정한 규칙, 규범, 형식, 즉 그가 말하는 데코룸(decorum)을 따르며 소통하는 공간의 선례를 제공했다.[36] 베인즈는 특히 자전적 문헌에 내재하는 일종의 역할극(role-playing)이 문학의 허구성과 어떠한 연속성이 있음을 시사한다. 그의 주장을 현대적인 예시로 풀어 설명하면 다음과 같다. 오늘날 소셜 미디어는 사회적 상호작용이 일어나는 장이며, 이곳에서의 상호작용은 일련의 규칙과 형식을 따르지만, 현실 세계에 일방적으로 종속된 세계가 아닌 나름의 독자적인 세계를 구성한다. 예를 들어 인스타그램에서는 사람들이 있는 그대로의 모습이 아닌 연출된 모습을 공유하며, 그 연출된 이미지를 매개로 다른 이들과 물건도 팔고 인기도 얻는 등 상호작용을 한다. 마찬가지로, 고대 이집트의 자전적 문헌 역시 단순히 망자의 삶에 대한 과거 서술 기록이 아니라, 사회 구성원들이 소통하는 장이었다. 이들은 자신을 이상적인 모습으로 연출하고, 사회적 지위를 과시하며, 꼭 현실과 일치하는 것만은 아닌 모습을 보여줬다. 즉, 자전적 문헌은 언어를 도구로 대안적 현실(alternate

---

33   Cairo CG 20538.

34   학자들은 자전적 문헌과 교훈서는 문구와 주제의 유사성 때문에 둘의 저자가 비슷한 원천 자료를 참고했을 가능성이 높다고 제시한다. 그러나 어느 쪽이 다른 쪽의 창작에 영향을 미쳤는지, 또는 선행하는 구전 전통이 둘 모두에 영향을 미쳤는지에 대해 학자들의 의견이 일치하지 않는다.

35   각주 31) 참고

36   John Baines, "Prehistories of Literature: Performance, Fiction, Myth," Gerald Moers ed. *Definitely: Egyptian literature. Proceedings of the Symposium "Ancient Egyptian literature: History and forms", Los Angeles, March 24-26, 1995*, pp.17-41. Studia Monographica 2 (Göttingen: Lingua Aegyptia, 1999).

reality)을 구성하고, 이를 매개로 다른 이들과 소통하는 공간이었다. 이러한 경험이 중왕국 시대에 더욱 정교하고 복잡한 허구적 문학 형식이 탄생하는 토대가 되었다는 것이다.

마지막으로 아스만은 고왕국 시대의 자전적 문헌이 문학적 텍스트의 기원이 되었다는 점을 재료적, 사회적 측면보다 더 근원적인 측면에서 설명한다.[37] 극적으로 아스만은 자전적 문헌과 무덤의 연결 고리를 둘 다 문자를 매개로 개인의 기억을 보장하고 죽음을 초월하려는 염원에서 찾았다. 그는 이집트 문학을 "문자 정신에서 탄생한 문학의 가장 순수한 예시"라고 주장한다. 아스만이 생각하는 문학의 본질은 후대에 작품이 전달되며 저자의 유산이 보존되는 것인데, 이의 원시적인 형태가 무덤 비문에서 나타나기 때문이다. 무덤은 단순히 시신을 안치하는 공간일 뿐 아니라, 구조물이나 글을 통해 개인의 정체성과 업적을 기록하고 후대에 전달하는, 일종의 '프로토-저자' 기능이 발현되는 공간이다. 다음의 신왕국 시대의 시가는 아스만이 말하고자 하는 무덤이 비문을 통해 기억과 정체성을 보존하는 것과 작가가 문학 작품을 통해 불멸화되는 것 사이의 유사성을 좀 더 직관적으로 파악하기 위한 도움을 주기에 살펴볼 필요가 있다:

신들 이후 나타난 자들의 시대 이래 현명한 작가들,
다가올 일을 예언했던 자들, 그들의 이름은 영원히 남으리라.
...
그들의 묘비는 진흙으로 뒤덮이고,
무덤은 잊혀졌지만,
그들의 이름은 그들이 젊었을 때 쓰여진
두루마리에서 읽힌다.
기억되기에 그들은 영원히 존재하리라.
...
여기 호르데데프와 같은 자가 있는가?
임호텝과 같은 자가 또 있는가?
네페르티와 같은 자가 우리에게 없고,

---

37 Jan Assmann, "Schrift, Tod und Identitat. Das Grab als Vorschule der Literatur im alten Agypten," in *Schrift und Gedanchtnis*, pp.64-93.

그들의 으뜸 케티도 없다.

프타호텝과 같은 자는 또 있는가?

카이레스와 같은 자는 어떠한가?

...

이들은 모두 가고, 그들의 이름은 잊혀졌지만,

글들은 그들을 기억되게 한다네.**38**

이여기서 호르데데프, 임호텝 등은 고왕국 시대의 현자들로, 후대에는 오랫동안 전승되는 교훈서의 창작자로 인식되었다. 고대 이집트에서는 오늘날과 같은 저자 개념이 없었으며, 필사를 한 사람이 자신의 이름을 써넣는 경우는 있었지만 작품의 창작자를 명시하지는 않았다. 다만 교훈서에서만은 텍스트의 화자를 창작자로 표현하는 것을 볼 수 있는데, 이들을 오늘날의 저자와 완전히 동일시할 수는 없지만 유사한 개념으로 볼 수 있다는 것이 얀 아스만 논의의 출발점이다. 이를 바탕으로 아스만은 비문을 통해 말하는 무덤 주인과 교훈을 통해 말하는 저자 사이에 구조적 유사성이 있음에 주목한다. 두 경우 모두 자신의 말과 이름을 후대에 남기기 위해 집단 기억에 호소하는데, 여기서 문자가 중요한 역할을 한다. 문자는 문학 텍스트를 매번 다른 화자에 의해 변형될 수 있는 유동적인 것이 아닌, 비교적 안정된 형태로 고정시켜 현자의 지혜를 후대에 전달하는 역할을 한다. 이는 무덤에서 비문이 고인의 정체성과 업적을 영구히 보존하는 것과 유사하다.**39**

2. 중왕국 시대 12왕조와 문학의 시작

문학적 텍스트의 창작 시점을 정확히 증명할 증거는 없지만, 현존하는 가장 오래된 사본은 기원전 19세기경, 즉 중왕국 시대 12왕조로 추정된다. 오늘날 이집트학자들은 12

---

38   Papyrus Chester Beatty IV, vol. 2, 5-3, 11.

39   다른 점이 있다면 전자는 개인의 정체성에 초점을 맞춘 자기주체화인 반면 후자는 저자의 개성보다는 집단적인 지혜와 경험을 전달하는 것을 우선시한다는 것이다.

왕조 내에서도 정확히 어느 시점에 문학 작품이 등장했는지에 대해 의견을 달리하지만, 적어도 12왕조 이전은 아닐 것이라는 점에는 대부분 동의한다. 12왕조는 이집트 역사상 가장 안정적인 왕조로 평가되는 시기로 중왕국 시대의 전성기를 이끌었다. 시기의 건축물들은 규모, 분포, 숫자 등에서 전후 시대와 압도적인 차이를 보이며, 출토되는 문헌 자료도 마찬가지다. 이를 제1중간기의 분열과 혼란은 11왕조 때 멈추었지만, 본격적인 팽창과 발전은 12왕조에 이르러서야 이루어진 것으로 해석할 수 있다. 무엇보다도 중기 이집트어로 쓰여진 고전 텍스트들이 12왕조를 배경으로 하는 것을 볼 수 있다. 물론 문학 텍스트가 어떤 시대를 배경으로 한다고 해서 이를 그대로 믿을 수 있는 것은 아니지만, 학자들은 자연스럽게 중왕국 고전 텍스트를 12왕조와 연결 지어 생각하게 되었고, 구체적으로 12왕조의 어떤 요인과 정황이 이 텍스트들의 창작으로 이어지게 되었는지에 대한 설명을 시도해왔다. 그 중에 몇 가지 중요 견해를 살펴보자.

위에서도 언급된 포즈너는 처음으로 중왕국 시대 고전 텍스트에 대한 근원적 설명을 시도한 학자다. 그는 이 텍스트들을 12왕조의 정치적 상황에 위치시키는데, 구체적으로 이들을 왕권 강화와 사회 안정을 위한 정치적 전략의 일환으로 보았다.[40] 그의 이런 설명에서 전제되는 것은 12왕조에도 제1중간기의 혼란에 대한 기억이 완전히 사라지지 않았을 것이고, 12왕조 시대에도 평화와 통합이라는 과제가 여전히 남아있었을 것이라는 점이다. 포즈너는 글을 정치적 목적으로 사용하는 현상이 제1중간기에 처음 등장했다고 보았는데, 당시 격변하는 사건들이 글에 반영되면서 사람들이 글을 통해 여론에 영향을 미치는 방법을 터득하게 되었다는 것이다. 그리고 이러한 경험을 바탕으로 중왕국 시대에는 문학을 활용하여 사회 규범과 질서, 가치들을 재확립하려는 시도로 이어지게 되었다는 것이 그의 해석이다. 예를 들어, **네페르티 예언서**와 같은 비탄 문학은 제1중간기의 혼란을 상기시켜 현 왕조의 안정성을 강조하고, **아메넴헤트의 교훈서**는 암살된 아버지 이후 즉위한 세누스레트 1세의 권위를 정당화하는 데 활용되었다고 주장한다.

포즈너의 견해는 한동안 많은 학자들에게 받아들여졌었지만 오늘날 이집트학자들에게 받아들여지지 않는다. 문학 작품을 정치적 의도로 기획된 것으로 보는 시각에 대한 거부감과 함께, 문학 작품의 내용을 토대로 정치적, 역사적 상황을 재구성하는 방법

---

40 George Posener, *Littérature et politique dans l'Egypte de la XIIe dynastie.* 1956, pp.14-17.

론의 한계가 지적되었다.⁴¹ 특히 문학 작품의 내용을 통해 재구성된 정치적 상황을 바탕으로 문학 작품의 창작 이유를 설명하는 것은 순환 논리에 빠진다.

문학의 출현을 사회 계층의 변화, 특히 중왕국 시기에 새롭게 등장한 중산층 계급과 연관 짓는 시도가 있었다. 중왕국 시대에 중산층이라는 새로운 계층이 등장했다는 이론은 아비도스 묘지에서 발견된 수많은 석비를 근거로 오랫동안 이집트학계에서 공공연히 받아들여져 오던 견해이다.⁴² 다양한 석비의 크기와 품질, 그리고 석비에 새겨진 다양한 호칭과 직함이 이전에는 볼 수 없었던 광범위한 계층 분화를 보여주는 듯했기 때문이다. 또한 중왕국 문학 텍스트에는 '관리(srw)' '평민(nDs)'과 같은 특정 계층을 지칭하는 듯 표현을 볼 수 있는데, 로프리에노와 같은 학자는 이를 종합하여 다음과 같은 설명을 내어놓았다. 후기 고왕국 시대와 제1중간기에 국가 노역에서 면제되고 지적, 경제적 독립을 추구하는 새로운 '자유 시민' 계층이 등장했다. 이들은 중앙 권력에 저항하며 자전적 문헌을 통해 자신들의 이념과 개인의 업적을 기념했지만, 중왕국 시대에 막강한 군주제가 재건되면서 중앙 권력과 갈등을 겪게 되었고, 이러한 긴장을 표현하기 위한 수단으로 문학 창작에 눈을 돌렸다. 그 결과, 그들의 투쟁, 가치관, 열망을 반영하고, 개인의 욕망과 사회적 기대 사이의 복잡한 관계를 탐구하는 풍부한 서사를 담은 활기찬 중왕국 시대의 문학 텍스트들이 탄생했다는 것이 로프리에노의 주장이다.⁴³

로프리에노의 이론은 이후 중산층 이론 자체에 대한 비판적인 검토가 이루어지면서 설득력을 잃었다. 특히 데트레프 프랑크와 같은 학자는 고대 이집트에 자유로운 사고를 하는 지식인 계층이 문학의 창작자이자 수용자라는 주장은 근대 서구 중심적인 사고라

---

41 Parkinson, *Poetry and Culture*, pp.13-16.

42 이 관점의 이집트학 내 역사에 대한 개요는 다음을 참조하라. Janet Richards, *Society and Death in Ancient Egypt: Mortuary Landscapes f the Middle Kingdom* (Cambridge: Cambridge University Press, 2005), pp.1-8.

43 Antonio Loprieno, "Loyalistic Instructions," in *Ancient Egyptian Literature: History and Forms*, ed. Antonio Loprieno, PdÄ 10 (Leiden; New York; Köln: E. J. Brill, 1996), 409. 다음 또한 참조하라. Antonio Loprieno, *Topos und Mimesis*, 1988; Antonio Loprieno, "The Sign of Literature in the Shipwrecked Sailor," in *Religion und Philosophie im alten Ägypten: Festgabe für Philippe Derchain zu seinem 65. Geburtstag am 24. Juli* 1991, ed. U. Verhoeven and E. Graefe (Leuven, 1991), pp.212-13.

며 강하게 비판했다.[44] 그러나 유럽의 부르주아와 같은 근대 시민의 특성을 가진 중산층은 아니더라도, 중왕국 시대에 방대한 관료제와 이에 수반된 광범위한 서기관 계층의 발달이 있었다는 점, 그리고 이 서기관들이 문학 작품의 생산자이자 소비자였다는 점에 대해서는 큰 이견이 없다.

사회 계층에 대한 논의와 자주 함께 언급되는 이슈는 자아 의식과 개인적인 경험 표현의 증가이다. 10-12왕조 시기의 자전적 문헌은 '마음'을 뜻하는 ib을 포함한 복합어가 빈번하게 등장하는 등 확장된 내면적, 도덕적 어휘를 보여준다. 이를 통해 일부 학자들은 이 시기에 주체로서의 자아에 대한 인식이 점점 커져갔다고 추측하고, 이것이 문학 창작의 동기가 되었다고 주장한다. 실제로 중왕국 문학 작품에서는 개인의 고독과 자아 의식이 두드러지게 나타난다. 예를 들어, 시누헤 이야기에서 주인공은 사회로부터 떨어져 고립된 경험을 겪으며 매우 개인적인 이야기를 펼친다. 마찬가지로, 난파된 선원의 이야기에서도 고독에서 비롯된 고통스러운 경험이 강조된다. 또한, 중왕국 문학의 큰 부분을 차지하는 교훈서에서는 가르침을 마음에 새기고 내면에 익히라고 강조하는데, 이는 자아 성찰이 이집트 문학의 중요한 전제 조건임을 시사한다.

마지막으로, 문자 문화의 급격한 확산이다. 루드빅 모렌즈는 중왕국 시대 초기에 일종의 '미디어 혁명'이 일어났고, 문자 사용의 증가가 문학 발전의 중요한 요인이 되었다고 주장했다. 문자 문화 확산의 근거는 앞서 언급한 중산층 이론의 근거로도 사용된 아비도스 지역 무덤 비문과 다른 기념비적 문헌이다. 이 문헌들은 이전의 문헌과 비교해서 새겨진 문자의 수가 증가했을 뿐만 아니라, 비교적 '낮은' 계층에 속한 것이기에, 과거에는 소수에게만 허용되었던 문자가 더 많은 사람들에게 이용 가능해졌음을 시사한다.

베인즈는 문자 문화의 확산이 "이데올로기의 중요한 교리를 상대화하여 불일치하는 개념들이 동일한 맥락에서 제시될 수 있도록 하는 대화를 가능하게 한다"며 새로운 유형의 담론을 문자화할 수 있는 가능성을 열었다고 주장한다.[45] 파킨슨은 베인즈의 이러한 아이디어를 발전시켜 문자 담론의 확장이 "완벽함의 어두운 면"을 형성하는 움직임

44　Detlef Franke, "Kleiner Mann (nds): was bist Du?", *Göttinger Miszellen* (1998), pp.33-48.

45　John Baines, "Schreiben," Wolfgang Helck et al. eds., *Lexikon der Ägyptologie* 5 (Wiesbaden: Otto Harrassowitz), p.697.

을 촉발했다고 주장했다.⁴⁶ 개인의 고독과 같은 어두운 주제가 문자를 통해 의식 속으로 떠올랐고, 글을 통해 이러한 주제가 잠재적으로 가질 수 있는 부정적인 면에 대응하는 것이 문학의 역할이라는 것이다.⁴⁷ 이러한 주장은 문학이 단순히 아름다움을 추구하는 것이 아니라, 인간의 내면세계와 사회의 복잡한 문제를 탐구하는 도구로 활용되었음을 보여준다.

종합적으로 살펴보면, 12왕조를 기점으로 문학 텍스트를 포함한 문헌의 양이 폭발적으로 증가했다는 점은 명확하지만, 이러한 문학의 발흥을 이끈 구체적인 원인을 단정하기는 어렵다. 여러 학자들이 사회 변화, 정치적 상황, 문자 사용의 확대 등 다양한 요인을 제시하며 문학의 등장을 설명하려는 시도를 해왔지만, 대부분의 주장은 순환 논리에 빠지거나 증거 부족으로 인해 결정적인 결론을 내리지 못하는 한계를 보인다. 그러나 역사 연구는 본질적으로 해석의 과정이며, 완벽한 증거를 확보하기 어려운 경우 가장 그럴듯한 해석을 채택하는 것이 일반적이다. 따라서 현재로서는 12왕조 시기에 문자 사용의 확대가 문학 발흥에 결정적인 역할을 했다는 주장이 가장 설득력 있는 해석으로 받아들여지고 있다. 비록 정확한 정황은 알 수 없지만, 문자 사용의 확대가 문학 창작과 향유의 기회를 넓히고 다양한 주제와 형식의 문학 작품이 등장하는 데 기여했을 가능성은 충분히 타당하다고 볼 수 있다.

IV. 이집트 문학의 발달: 고전과 문화적 기억

이 장에서는 문학의 발전과 전승에 관한 논의를 아스만의 관점을 중심으로 전개한다. 문학 텍스트가 시간에 따라 어떻게 수용되고 변화했는지에 대한 단순한 서술보다는, 문

---

46 이는 파킨슨 2002년 저서의 부제이기도 하다.

47 R.B. Parkinson, "Individual and Society in Middle Kingdom Literature," in *Ancient Egyptian Literature: History and Forms*, edited by Antonio Loprieno, PdÄ 10 (Leiden; New York; Köln: E. J. Brill, 1996), p.155.

학 텍스트가 문화적 기억 형성과 전승에 어떤 역할을 했는지, 즉 '전통의 물줄기'의 흐름을 어떻게 구성했는지 보여주려고 한다.

우선 아스만이 그의 이집트 문학에 대한 견해를 90년대에 어떻게 수정했는지, 또 여기에 문화적 기억 이론은 어떤 역할을 하는지부터 살펴보자. 언급했듯이 아스만은 초기에는 문학을 형식, 주제, 스타일로 정의하는 것을 거부하고, 관계적 또는 기능적 정의를 택했는데, 문학적 텍스트란 다른 텍스트와는 달리 비기능이 그 특징이라고 주장했다. 하지만 후에 그는 이러한 이집트 문학에 대한 비기능적 정의가 근대적 사고에 기반한 시대착오적인 것이었음을 깨닫고 이를 수정할 필요성을 느꼈다.[48] 그는 미술과의 비교를 통해 이를 설명한다. 미술은 르네상스 시대에 박물관, 미술 시장, 개인 소장품 등이 등장하면서, 즉 실용적인 목적에서 벗어나 그 자체로 감상 될 수 있는 제도적 틀이 만들어지면서 비로소 독자적인 영역, 순수예술로서 인식되기 시작했다. 문학의 경우 인쇄술의 발명은 텍스트의 유통을 혁신적으로 변화시켜 도서관, 서점, 개인 독서 문화를 발전시켰다. 이러한 탈기능화된 공간의 등장은 사람들이 원하는 때에 원하는 곳에서 텍스트와 이미지에 접근할 수 있게 했고, 이는 예술과 문학에 대한 더 큰 감상으로 이어졌다. 오늘날 우리에게 탈기능화된 공간은 너무나 자연스러운 것이지만, 고대 이집트에서는 그렇지 않았다. 고대 이집트에는 책 시장이나 여가 독서를 위한 개인 도서관이 없었다. 필사본은 주로 학교, 사원, 정부 부서와 같은 기관 내에서 유통되었다. 몇 안 되는 개인이 소장하였던 콜렉션 예시에서도 종교, 마법, 의학, 문학 등 다양한 종류의 텍스트가 혼재되어 있었는데, 이는 문학이 사제나 의사와 같은 전문가들의 레퍼토아의 일부분이였음을 시사한다.

따라서 아스만은 이집트 문학의 역할을 재고하고자 문학을 가능케 한 근본적인 기제에 대한 규명부터 시작하는데, 이를 위해 고대 이집트에서 문자의 초기 기능을 논한다. 그는 고대 이집트에서 문자가 소통보다는 정보 저장의 수단으로 활용되었으며, 문화적 지식과 소통의 전체 영역에서 예외적인 경우였음을 밝힌다. 일반적인 소통 방식은 구두였으며, 문자는 살아있는 기억에 의존하는 자연스러운 형태의 지식 전달이 충분하지 않거나, 문자만이 제공할 수 있는 가시성과 영구성이 요구되는 경우에만 발생했다는 것이다. 이집트에서 구체적으로 글쓰기가 필수적으로 사용된 특정 역영은 세 가지로 구

---

[48] 각주 2) 참조.

분된다. 첫째, 경제, 행정, 왕실 장례 의식 등 복잡해진 문화 활동 영역에서 인공적인 저장 수단으로써 정보의 정확한 저장과 전달을 가능하게 했다. 아부시르 파피루스(Abusir Papyri)와 피라미드 텍스트(Pyramid Texts)는 글쓰기가 행정 및 의례에 사용된 대표적인 예시이다. 둘째, 문서, 법령, 칙령 등은 단순히 정보를 전달하는 것을 넘어 사회적/문화적 효력을 발휘하는 수단이었다. 4왕조 말기 세카프 왕의 칙령이나 5왕조 시대 네페리카레의 법령 같은 경우 문자를 통해 공식화되고 기록됨으로써 사회 질서 유지와 문화적 가치 전달에 기여했다.[49] 마지막으로, 기념물이다. 기념물은 단순한 건축물이 아니라, 의미를 시각적으로 표현하고 영속성을 확보하며 후대와 소통하는 매체였다. 위에서 분묘의 자전적 문헌은 죽은 자의 목소리를 영원히 보존하고 후손과의 '대화'를 가능하게 한 대표적인 예시이다.

아스만이 자전적 문헌을 프로토 문학텍스트로 간주했다는 것은, 그가 이집트 문학을 의미 가시화와 영속화의 매체로 보았음을 의미한다. 하지만 이러한 연결만으로 이집트 문화에서 문학텍스트의 기능을 온전히 이해하기는 어렵다. 특히 문학텍스트가 어떻게 집단의 정체성 형성과 보존에 기여하는지에 대한 설명이 필요하며, 이를 위해 제시되는 것이 '문화텍스트'라는 개념이다.

문화텍스트는 해석인류학의 선구자인 클리포드 기어츠가 처음 제시한 개념이다. 기어츠는 발리 섬에서 닭싸움이 단순한 놀이를 넘어 삶의 의미와 가치를 부여하고, 사람들에게 일체감을 형성하는 주요 요소라는 것을 관찰했다. 이를 통해 그는 의식, 제례, 축제, 관습, 춤, 이미지, 상징, 기념 장소 등 문화형태가 일반적인 의미의 텍스트가 아니더라도, 텍스트처럼 해석이 필요하다는 점에서 '문화텍스트'라는 용어를 사용했다.[50]

아스만에 따르면 원래 문화텍스트는 의례와 밀접하게 연결되어 있었다. 문자 문화 발달로 그 형태는 변화했지만, 유대교의 부림절에서 에스더서를 읽는다거나 바흐의 마태수난곡을 성 금요일에 연주하는 것처럼, 문자화된 문화텍스트도 여전히 의례적 맥락

---

49 고왕국 시대 칙령은 대부분 석비로 남아있고, 특히 5왕조 이전의 파피루스 기록은 남아있지 않지만, 석비에 새겨진 형식이 파피루스에 쓰여지는 문서 형식을 반영하고 있는 것을 볼 수 있다. W. Helck, *Altägyptische Aktenkunde des 3. Und 2. Jahrtausends v. Chr. MÄS* 31 (Munich, 1974), 10-18; Shih-wei Hsu, "The Development of Ancient Egyptian Royal Inscriptions," *JEA* 98 (2012), p.274.

50 Clifford Geertz, "Deep Play: Notes on the Balinese Cockfight.", *The Interpretation of Cultures: Selected Essays* (London: Hutchinson, 1975), pp.412-53.

에서 분리될 수는 없다. 문학텍스트 역시 문화텍스트의 일종으로, 단순히 읽히는 대상이 아니라, 규범적이고 형성적인 방식으로 기능하며 특정 상황과 밀접하게 연결된다. 즉, 문학텍스트는 닭싸움과 형태는 다르지만, 공동체 구성원들에게 삶의 의미와 정체성을 부여하는 기능 면에서는 유사하다.

물론 닭싸움과 문학텍스트는 그 형태와 내용 면에서 큰 차이를 보인다. 아스만은 기어츠의 폭넓은 문화텍스트를 개념을 수용하면서,[51] 문자와 기억의 상관관계를 설명하기 위해 히브리어 학자인 콘라트 엘리히가 제안한 텍스트 개념을 결합시켰다.[52] 엘리히는 텍스트를 반복되고, 기억되고, 복원되고, 참조되는 메시지로 정의했는데, 이는 텍스트의 핵심이 원래 발화 행위 자체가 아니라 다양한 맥락에서 재생산되고 해석되는 메시지에 있다고 간주하는 것이다. 이러한 의미에서의 텍스트는 생성과 동시에 메시지가 즉각적인 의사소통 상황에서 분리될 수 있도록 하고, 이러한 분리는 화자와 청자가 물리적으로 함께 있지 않아도 되는 '연장된 상황'을 만든다. 종합하자면, 문자를 기반으로 문화텍스트가 세대를 초월하는 연장된 상황에서 공유될 때, 비로소 아스만이 말하는 문화적 기억이 형성되는 것이다.

이런 면에서 '전통적 물줄기'는 문화텍스트가 문화적 기억을 형성하고 유지하는 기능을 개념화하는데 매우 좋은 비유이다. 특히 한국어에서 시간을 '흐른다'라고 표현하는 점에 주목하면, 아스만 이론에서 다소 부족하게 다뤄진 시간 개념을 보완하는데 유용하고, 비유의 적절성을 쉽게 이해할 수 있다. 물이 흐르는 것처럼 시간도 흐른다고 표현하다. 물이 흐를 때 흐르는 것은 물이다. 그런데 시간이 흐른다고 할 때 움직이는 것은 무엇일까? 이는 철학자들의 오랜 난제이고, 여기서 이에 대한 답을 제시하려는 것은 아니다. 다만 '전통적 물줄기'라는 비유가 우리의 시간에 대한 직관적인 인식을 드러낸다는 점을 강조하고 싶다. 문자화된 문화텍스트가 시간 그 자체를 눈으로 볼 수 있게 만드는 것은 아니다. 그러나 이 비유는 시간의 '흐름' 속에서 문화적 기억이 단순히 추상

---

51 아스만은 문화적 텍스트를 다음과 같이 정의한다: "문화적 텍스트는 읽기, 낭송, 공연의 형태로 반복적으로 실현되며, 참가자들의 정체성을 규범적이고/또는 형성적인 방식으로 알리는 기호적 단위이다." Assman, "cultural and literary texts," p.7 n.18.

52 더 자세한 설명은 다음을 참조하라: Jan Assmann, "Form as a Mnemonic Device: Cultural Texts and Cultural Memory," in *Performing the Gospel: Orality, Memory and Mark*, ed. Richard A. Horsley et al. (Minneapolis: Fortress Press, 2006), pp.73-76.

적인 관념으로 존재하는 것이 아니라, 물질화되고 공간화 된 텍스트를 매개로 과거와 현재를 잇고 미래로 이어지는 역동적인 과정임을 생생하게 보여준다.

이제 다시 이집트 문학텍스트로 돌아가, 중왕국 시대의 고전 문헌들을 살펴보자. 이 문헌들이 과거, 현재, 미래를 연결하는 기능을 수행했다는 점은 여러 측면에서 확인할 수 있다. 가장 명백한 증거는 신왕국 시대의 필사본들이다. **시누헤 이야기**와 **아멘엠하트 교훈**은 신왕국 시대에 파피루스뿐만 아니라 오스트라카에도 필사되어 전해진다. 이는 신왕국 시대 서기관들이 중왕국 시대 문헌에 사용된 어휘, 문체, 내용, 가치관, 세계관 등을 통해 과거의 서기관들과 '연장된 상황'에 놓여 있었음을 보여준다.

네페르티의 예언서는 '전망적 기억'이 활용된 대표적인 사례다. 이 작품은 놀랍게도 고왕국 시대 4왕조의 첫 파라오인 스네페루 왕 시대를 배경으로 한다. 현자 네페르티는 파라오의 부름을 받아 이집트의 미래에 대한 예언을 담은 "아름다운 말(mdw nfr)"을 창작한다. 이 예언은 이집트가 아시아 침략자들에 의해 혼란에 빠지지만, 아메니라는 구원자에 의해 질서를 되찾을 것이라는 내용을 담고 있다. 아메니는 12왕조의 첫 파라오인 아멘엠하트 1세로 해석된다. 흥미로운 점은 마지막 구절에 "현명한 자는 내가 말한 것이 실현되는 것을 보았을 때, 나를 위해 물을 부어줄 것이다,"라는 내용이 등장한다는 것이다. 즉, 텍스트 내적으로는 고왕국 시대의 인물이 제1중간기와 중왕국 시대를 넘어 자신의 예언이 실현된 후 어떤 이가 과거를 돌아보는 시점까지 내다보고 있는 것이다. 텍스트 외적으로는 어떨까? **네페르티의 예언서**는 아메니라는 구원자를 언급하기 때문에 중왕국 시대 12왕조에 창작되었을 것으로 추정된다. 그러나 현재 남아있는 유일한 사본은 신왕국 시대 18왕조의 것으로 여겨진다. 이처럼 1,000년이 넘는 시간을 넘나드는 텍스트의 존재는 역사적 사실 여부를 떠나 그 자체로 놀라운 현상이다.

아스만을 비롯한 많은 이집트학자들은 이 문학텍스트들이 서기관 양성기관에서 사용되었을 것으로 추정한다. 서양 학자들은 이집트 서기관을 단순히 기계적인 관료로 인식하여 서기관 교육을 행정 업무에 필요한 읽고 쓰는 기능 교육으로만 이해하는 경향도 있어왔다. 그러나 아스만은 이집트의 교육기관을 더 넓은 의미에서 생각해야 한다고 주장한다. 즉, 서기관 교육은 단순한 기술 습득을 넘어, 문화적, 도덕적 형성의 기초를 다지는 데 중요한 역할을 했다는 것인데, 이를 유대교의 무사르, 고대 그리스의 파이데이아, 독일의 빌둥과 같은 개념과 연결 짓는다. 바로 이러한 점에서 이집트 문학 텍스트들은 히브리 성서나 호메로스의 일리아드와 같은 기능적 면에서 공통점을 갖는다고 볼 수 있다.

V. 결론

본 논문에서는 기존 이집트학 연구를 바탕으로 고대 이집트 문학의 개념, 기원, 발달 과정을 고찰했다. 문학의 개념은 시대와 문화에 따라 다양하게 정의될 수 있기에 단일한 정의를 내리기 어렵지만, 이집트학자들은 특정 문헌들을 문학으로 분류해 왔으며, 특히 중왕국 시대의 고전 텍스트는 순수문학의 전형으로 간주되어 왔다. 이러한 고전 텍스트의 기원은 고왕국 시대 분묘의 자전적 문헌으로 거슬러 올라가며, 이는 문자가 지닌 세대를 초월하는 연결 능력이 이집트 문학의 발전에 중요한 역할을 했음을 보여준다.

고대 이집트 문학은 단순히 문학적 형식이나 창작 활동의 결과물이 아니라, 사회적, 문화적, 그리고 종교적 맥락 속에서 인간 경험의 본질과 가치를 전달하는 중요한 매체로 기능했다. 비록 이집트 문학 텍스트가 서구 문학 개념의 기반이 되는 고전 문학 텍스트들과 형식적인 측면에서는 차이가 있을 수 있지만, 이집트 사회 내에서 인간의 인격을 도야하고 영혼을 고양시키며, 세대를 거쳐 전승됨으로써 문화를 영속시키는 기능을 수행했다는 점에서 서구 고전 문학과 유사한 가치를 지닌다.

특히, 얀 아스만의 문화적 기억 이론을 바탕으로 볼 때, 이집트 문학은 단순한 기록물에 그치지 않고, 과거와 현재를 연결하며 공동체의 정체성을 형성하는 중요한 역할을 했다. 이집트 문학 텍스트는 개인적 성찰과 사회적 연대를 담아내며, 문학적 상상력과 실천을 통해 이집트 사회가 공유하는 가치를 보존하고 확장하는 데 기여했다.

이 연구에서는 고대 이집트 문학이 단순히 고대의 유물로서가 아니라, 그 문화적 맥락 속에서 시대를 초월하는 메시지를 전달하며 문학의 보편적 가치를 보여준다는 점을 강조하고자 하였다. 이를 통해 고대 문학에 대한 이해를 심화하고 현대 문학 연구와의 교차점을 모색할 수 있는 기초를 제공할 뿐만 아니라 고대 문학이 현대 문학 담론에 기여할 수 있는 가능성을 모색할 수 있을 것이다.[53]

---

53 이 글은 이선우, 「고대 이집트에서 문학의 기원과 발달」, 『서양고대사연구』 71 (2024), pp. 127-167을 수정 보완한 것이다.

참고자료

아힘 가이젠하스뤼케, 박배형·신혜정·안성찬 옮김, 『문학이론 입문』 (서울대학교출판문화원, 2016).

Assmann, Jan. "Der literarische Text im alten Agypten: Versuch einer Begriffsbestimmung." *OLZ* 69 (1974): 117–126.

Assmann, Jan. "Schrift, Tod und Identität. Das Grab als Vorschule der Literatur im alten Ägypten." In *Schrift und Gedächtnis. Beiträge zur Archäologie der literarischen Kommunikation*, edited by A. Assmann, J. Assmann and C. Hardmeier, 64–93. München: Wilhelm Fink, 1983.

Assmann, Jan. "Kulturelle und literarische Texte." In *Ancient Egyptian Literature: History and Forms*, edited by A. Loprieno, PdÄ 10, 59–82. Leiden; New York; Köln: Brill, 1996.

Assmann, Jan. "Cultural and Literary Texts." *In Definitely: Egyptian Literature. Proceedings of the Symposion "Ancient Egyptian Literature: History and Forms", Los Angeles, March 24–26, 1995*, edited by G. Moers, LingAeg SM 2, 1–15. Göttingen: Seminar für Ägyptologie und Koptologie, 1999.

Assmann, Jan. "Form as a Mnemonic Device: Cultural Texts and Cultural Memory." In *Performing the Gospel: Orality, Memory and Mark*, edited by Richard A. Horsley et al., 67–82. Minneapolis: Fortress Press, 2006.

Assmann, Jan and J. Czaplicka, "Collective Memory and Cultural Identity." *New German Critique* 65 (1995): 125–33.

Baines, John. "Schreiben." In *Lexikon der Ägyptologie*, Vol. 5 (columns 693–698), edited by Wolfgang Helck, and Wolfhart Westendorf. Wiesbaden: Otto Harrassowitz.

Baines, John. "Prehistories of Literature: Performance, Fiction, Myth." In *Definitely: Egyptian Literature: Proceedings of the Symposion "Ancient Egyptian Literature: History and Forms", Los Angeles, March* 24-26, 1995, edited by G. Moers, LingAeg SM 2, 17–41. Göttingen: Seminar für Ägyptologie und Koptologie, 1999.

Baines, John. "Research on Egyptian Literature: Background, Definitions, Prospects." In *Egyptology at the Dawn of the Twenty-first Century: Proceedings of the Eighth International Congress of Egyptologists, Cairo*, 2000, vol. III, edited by Zahi Hawass and Lyla Brock, 1–26. Cairo: American University in Cairo Press, 2003.

Baines, John. *Visual and Written Culture in Ancient Egypt*. Oxford: Oxford University Press, 2007.

Chabas, François. "note sur la littérature des ancien égyptiens." In *Oeuvres Diverses* 1. Bibliothèque égyptologique 9. Paris, 1899.

Doxey, Denise. "'Autobiographical' texts." In *The Oxford Handbook of Egyptology*, edited by Ian Shaw, and Elizabeth Bloxam, 994–1006. Oxford: Oxford University Press, 2020.

Dilthey, Wilhelm "Archive für Literatur." *Deutsche Rundschau* 58 (1889):360–375.

Enmarch, Roland & Verena M. Lepper, eds. *Ancient Egyptian Literature. Theory and Practice*, Proceedings of the British Academy 188. Oxford: Oxford University, 2013.

Erman, Adolf. *The Literature of the Ancient Egyptians: Poems, Narratives, and Manuals of Instriuction, from the Third and Second Millennia B.C.*, translated by A.M. Blackman. New York: Haarper and Row, 1927.

Eyre, Christopher. "The Practice of Literature: The Relationship between Content, Form, Audience, and Performance." In *Ancient Egyptian Literature. Theory and Practice*, edited by Roland Enmarch & Verena M. Lepper, Proceedings of the British Academy 188, 101–42. Oxford: Oxford University, 2013.

Franke, D. "Kleiner Mann (nDs) - was bist Du?" *GM* 167 (1998): 33–48.

Geertz, Clifford. "Deep Play: Notes on the Balinese Cockfight." In *The Interpretation of Cultures: Selected Essays*, 412–53. London: Hutchinson, 1975.

Goodwin, Charles Wycliffe. "The Story of Saneha. An Egyptian Tale of Four Thousand Years Ago Translated from the Hieratic Text." *Fraser's Magazine for Town and Country* 71 (1865): 185–202.

Gumbrecht, Hans Ulrich. "Does Egyptology need a 'theory of literature'?" In *Ancient Egyptian Literature, Ancient Egyptian Literature: History and Forms*, edited by Antonio Loprieno, PdÄ 10, 3–18. Leiden; New York; Köln: E. J. Brill, 1996.

Helck, W. *Altägyptische Aktenkunde des 3. Und 2. Jahrtausends v. Chr.* MÄS 31. Munich: 1974.

Hsu, Shih-wei. "The Development of Ancient Egyptian Royal Inscriptions," *JEA* 98 (2012): 269–283.

Jay, Jacqueline E. *Orality and Literacy in the Demotic Tales*. Leiden: Brill, 2016.

Kaplony, Peter. "Die Definition der schonen Literatur im alten Agypten." In *Fragen an die altägyptische Literatur. Studien zum Gedenken an Eberhard Otto*, edited by Jan Assmann et al. 289–314. Wiesbaden, 1977.

Lichtheim, M. *Ancient Egyptian Literature. Volume I: The Old and Middle Kingdoms*. Berkeley; Los Angeles; London: University of California Press, 1975.

Loprieno, Antonio. "The Sign of Literature in the Shipwrecked Sailor." In *Religion und Philosophie im alten Ägypten: Festgabe für Philippe Derchain zu seinem 65. Geburtstag am 24. Juli* 1991, edited by U. Verhoeven and E. Graefe, 209–18. Leuven, 1991.

Loprieno, Antonio. "Ancient Texts and Modern Theories." In *Ancient Egyptian Literature: History and Forms*, edited by Antonio Loprieno, PdÄ 10, 39–58. Leiden; New York; Köln: E. J. Brill, 1996.

Loprieno, Antonio. "Loyalistic Instructions." In *Ancient Egyptian Literature, Ancient Egyptian Literature: History and Forms*, ed. Antonio Loprieno, PdÄ 10, 403–414. Leiden; New

York; Köln: E. J. Brill, 1996.

Manley, Bill. "Literary Texts." In *The Oxford Handbook of Egyptology*, edited by Ian Shaw and Elizabeth Bloxam, 1007–1018. Oxford: Oxford University Press, 2020.

Oppenheim, Leo A. "Assyriology- Why and How?" *Current Anthropology* 1, no. 5/6 (1960): 409–423.

Parkinson, Richard B. "Individual and Society in Middle Kingdom Literature." In *Ancient Egyptian Literature: History and Forms*, edited by Antonio Loprieno, PdÄ 10, 137–155. Leiden; New York; Köln: E. J. Brill, 1996.

Parkinson, Richard B. *Poetry and Culture in Middle Kingdom Egypt. A Dark Side to Perfection* London: Equinox Publishing, 2002.

Posener, G. *Littérature et politique dans l'Égypte de la XIIe dynastie*. BEHE 307. Paris: Librairie ancienne Honoré Champion, 1956.

Quirke, Stephen. *Egyptian Literature* 1800 *BC: Questions and Readings* (London: Golden House, 2004.

Richards, Janet. *Society and Death in Ancient Egypt: Mortuary Landscapes f the Middle Kingdom*. Cambridge: Cambridge University Press, 2005.

Rougé, de Emmanuel. "notice sur un manuscript égyptien en écriture hiératique⋯' *Oeuvres Diverses* 1. Bibliothèque égyptologique Œuvres Diverses 2 (BdE 22, 1908), 1852.

Simpson, W. K. "Belles Lettres and Propaganda." In *Ancient Egyptian Literature: History and Forms*, edited by Antonio Loprieno, PdÄ 10, 435–443. Leiden; New York; Köln: E. J. Brill, 1996.

Simpson, W. K. ed. *The Literature of Ancient Egypt: An Anthology of Stories, Instructions, Stelae Autobiographies, and Poetry*. New Haven; London: Yale University Press, 2003.

Williams, Raymond. *Marxism and Literature*. Oxford: Oxford University Press, 1977.

목차

I. 들어가는 말

II. 수메르어로 된 길가메시 서사시가 존재했는가?
    1. 부정 입장
    2. 긍정 입장

III. 나가는 말

제5장
수메르어로 된 길가메시 서사시는 존재했을까?

김구원(전주대 신학과)

I. 들어가는 말

우리에게 가장 잘 알려진 길가메시 이야기는 니느웨의 앗수르바니팔 도서관에서 발견된 표준 버전이다. 이것은 기원전 7세기의 사본으로, 그것의 가장 원시적 형태는 고바빌론 시대까지 거슬러 올라간다.[1] 표준 버전과 고바빌론 버전을 비교한 앤드류 조지(Andrew George)에 따르면 전자는 전형 장면에 대한 풍성한 반복을 통해 그리고 새로운 내용의 첨가를 통해 후자를 확장 개정하였지만, 기본적 주제와 플롯에 있어서는 변함이 없고, 심지어 그 둘이 겹치는 부분에서는 거의 행 단위로 어휘와 어순에 있어 일치를 보

---

[1] 표준 버전의 본문 형성 역사에 대한 개괄을 보려면 다음을 참조하라: Andrew George, *The Babylonian Gilgamesh Epic: Introduction, Critical Edition, and Cuneiform Texts* (Oxford: Oxford University Press, 2003), pp.3-70; Jeffrey H. Tigay, *The Evolution of the Gilgamesh Epic* (Wauconda: Bolchazy-Carducci Pulishers, 2002). 길가메시 서사시의 고바빌론 버전의 존재는 20세기 초에 알려지게 되었다. 1914년에 펜실베니아 대학(University of Pennsylvania)과 예일 대학(Yale University)이 거의 동시에 6개 칼럼으로 된 고바빌론 시대의 토판들(OB II과 OB III)을 각각 구입하였다. 비교적 보전 상태가 좋은 펜실베니아 토판(OB II)은 엔키두의 도래에 대한 길가메시의 꿈, 창기 삼핫에 의한 엔키두의 문명화, 엔키두와 길가메시의 만남 등의 내용을 담고 있고, 예일 토판(OB III)은 길가메시가 엔키두와 더불어 삼나무 숲으로 여행하기 직전까지의 일화들을 담고 있다.

인다.² 표준 버전이 12개의 토판에 걸친 장편 서사시라면 고바빌론 버전은 4-5개의 토판에 담긴 중편 서사시라 할 수 있다.

표준 버전과 고바빌론 버전은 그 길이의 차이에도 불구하고 길가메시에 대한 다양한 일화들이 하나의 주제, 일관된 플롯을 따라 편집된 유기적 서사라는 점을 공유한다. 하나의 토판에 전부 다 담지 못하기 때문에 보통 여러 다중 칼럼 토판(multi-column tablets)에 나누어 기록되었다. 이것은 토판의 서기관 간기(Colophon)에 의해서 확인된다. 토판의 간기는 본문의 일부로는 여겨지지 않으며 서기관이 토판에 담긴 행수, 이야기의 제목, 필사자의 이름, 필사 장소나 시간 등을 표기하는 장치였다.³ 다음은 표준 버전 제1토판의 간기의 일부이다(MS B₁, MS F₄).

DUB 1-KAM šá naq-ba i-mu-ru ÉŠ.GÁR ᵈGIŠ-gím-maš……
토판 1, '심연/모든 것을 본 자' 길가메시 시리즈……

이 간기는 해당 토판이 길가메시 시리즈 서사 중 첫번째 토판임을 표시하는 동시에, 그 시리즈의 제목이 "심연/모든 것을 본 자"임을 가르쳐 준다.⁴ 표준 버전의 사본들의 경우, 이런 간기가 2, 3, 7, 8토판을 제외한 모든 토판들에 남아 있기 때문에, 학자들은 표준 버전 토판들의 순서, 그 안에 담긴 일화들의 연결 구성을 확정할 수 있게 된다.⁵ 반면 고바빌론 버전의 경우 간기가 확인된 토판은 OB II 뿐이다.

---

2   Andrew George, *The Epic of Gilgamesh* (UK: Penguin, 2020), p.xxv.

3   A. Gadotti, *Gilgamesh, Enkidu and the Netherworld and the Sumerian Gilgamesh Cycle* (Berlin: De Gruyter, 2014), p.100.

4   아카드어 *naqbu*는 희귀 동사 *naqābu* "깊다"에서 파생된 말로, 에아(Ea)의 영역인 지하 바다(Below Ocean or Apšû)를 가리킨다. 그리고 파생적으로 "모든 것"의 의미하기도 한다. 번역가들은 길가메시 서사시 표준 버전의 첫 구절 *ša naqba īmuru*를 어떻게 번역해야 할지 고민한다. 이야기 중에 길가메시가 불로초를 얻기 위해 심연에 들어갔다 나왔기 때문에 "심연을 본 자"라는 해석이 타당하지만, 이야기 전체의 관점에서 보면, 모험을 위해 전세계를 구경했다는 의미에서 길가메시에 대해 "모든 것"을 본 자라고 말할 수도 있을 것이다. 두 가지 의미가 모두 의도되었을 가능성도 배제할 수 없다. George, *The Babylonian Gilgamesh Epic: Introduction, Critical Edition, and Cuneiform Texts*, p.444.

5   조지가 표준 버전의 모든 서기관 간기를 한 곳에 정리해 두었다. George, *The Babylonian Gilgamesh Epic: Introduction, Critical Edition, and Cuneiform Texts*, pp.736-739.

DUB 2-KAM-ma šu-tu-ur e-li šar-ri 4 šu-ši

토판 2 "왕들 중에 뛰어난 자" 270행.

여기에는 길가메시 "시리즈"(ÉŠ.GÁR)라는 말은 없지만 길가메시 고바빌론 버전의 제목인 "왕들 중에 뛰어난 자(šūtur eli šarrī)"가 표기되었고, 해당 토판이 그 작품의 두번째 토판이라는 정보가 들어 있다. "토판 2"(DUB 2-kam-ma)라는 말이 시리즈의 개념을 전제하기 때문에 고바빌론 시대에 이미 길가메시를 주인공으로 한 연속적 서사가 존재했다고 추정할 수 있다.[6]

그렇다면 길가메시 서사시의 고바빌론 버전은 어떻게 저작되었을까? 수메르어로 쓰여진 길가메시 사본들이 알려지기 전부터 학자들은 길가메시 서사시의 기원이 수메르 시대까지 거슬러 올라간다고 생각했다. 그 근거는 길가메시 서사시의 두 주인공의 이름 "길가메시"와 "엔키두"가 수메르어 이름이라는 것과[7] 그 이야기에 등장하는 주요 신들이 수메르 만신전의 신들이라는 사실이다.[8] 1920-30년대에 길가메시 수메르

---

[6] 고바빌론 버전은 최소 4개의 토판으로 구성되었을 것이다. 서기관 간기를 포함한 OB II가 두번째 토판이기 때문에, 현전하지 않는 제1토판의 존재를 쉽게 가정할 수 있다. 또한, 제2토판의 내용과 자연스럽게 연결되는 예일 토판(OB III)을 제3토판으로 이해할 수 있다. 이 두 토판들에 서로 중복되는 내용이 없고, 토판의 크기, 재질, 구성, 문체 등에 있어도 서로 동일하여 한 서기관에 의해 필사된 것으로 여겨진다는 사실도 그런 추정을 뒷받침한다(George, *Gilgamesh Epic*: *Introduction*, *Critical Edition*, *and Cuneiform Texts*, p.159). 나아가 예일 토판의 본문이 삼나무 숲으로 여행을 떠나기 직전에서 멈추기 때문에 길가메시와 후와와 괴물의 전투와 불멸 추구 여행을 담은 추가적 토판들을 어렵지 않게 상정할 수 있다.

[7] 길가메시 이름에 대한 논의는 George, *The Babylonian Gilgamesh Epic*: *Introduction*, *Critical Edition*, *and Cuneiform Texts*, 71-90을 참조하고, 엔키두의 이름에 대한 논의는 G. Dossin, "Enkidou dans l'Épopée de Gilgameš", *Bulletin de l'Academie royale de Belgique*, *Classe des letteres* 42 (1956), pp.580-593을 참조하라.

[8] Samuel N. Kramer, "The Epic of Gilgameš and Its Sumerian Sources", *Journal of the American Oriental Society* 64 (1944), p.11. 길가메시의 부모인 루갈반다(Luganbanda)와 닌순(Nunsun)의 이름도 수메르어이다. 엔키두를 창조한 여신 아루루(Aruru)는 수메르 여신 닌마흐/닌후르사그/닌투이며, 하늘 황소를 내어준 안(An)은 수메르의 천신(天神)이다. 엔키두의 죽음을 선포한 신도 수메르 만신전의 최고신 엔릴(Enlil)이며, 홍수 이야기에서 핵심 역할을 하는 신도 모두 수메르 신들이다. 아카드 시인은 일부 수메르 신들의 경우 아카드 이름(샤마쉬, 이쉬타르, 에아 등)을 사용하기도 하지만 길가메

단편들을 담은 사본들이 알려지고 특히 사무엘 크레이머(Samuel N. Kramer)의 노력으로 1940년대 중반까지 수메르어 사본들에 대한 이해가 증진되면서[9] 학자들은 길가메시 서사시의 아카드 버전이 수메르 단편들에 근거하고 있다고 확신하게 되었다. 현재까지 알려진 수메르어로 된 길가메시 단편들은 모두 다섯 개이다. 이중 〈빌가메시와[10] 엔키두 그리고 지하세계〉는 길가메시 서사시의 제12토판과 동일하다. 다시 말하면 제12토판은 그 수메르 단편에 대한 발췌 번역이다.[11] 〈빌가메시와 후와와〉는 서사시 표준 버전의 제3-5토판의 내용과 연결되어 있으며, 〈빌가메시와 하늘 황소〉는 서사시 표준 버

시 서사시에 반영된 신학이 수메르 만신전의 것임은 부정할 수 없다.

9 20세기 초에 이미 길가메시에 관한 수메르 사본들이 알려지고 일부 출판되었다. 표준 버전의 제12토판의 원전(Vortext)으로 알려진 수메르 단편 〈빌가메시와 지하세계〉가 1909년에 출판되었다. 1913년에는 〈빌가메시와 하늘 황소〉 일화가 알려졌다. 1914년, 푀벨(A. Poebel)이 〈수메르 홍수이야기〉와 〈빌가메시와 하늘 황소〉 단편을 발표했고, 같은 해, 랭돈(S. Langdon)이 수메르와 후와와 이야기를 번역해 내었다. 그리고 1917년에는 〈빌가메시와 아가〉가 랭돈에 의해 출판되었으며, 1920-30년대에 더 많은 수메르 편사본들이 알려지게 되었다. 하지만 이 수메르 사본들에 대한 이해를 결정적으로 증신시킨 것은 1940년대에 크레이머가 수행한 연구들이었다. 최근에 텔 하다드(Tell Hadad IV, 고대의 메투란)에서 발견된 수메르 사본들이 길가메시 수메르 단편 연구에 있어 또 하나의 변곡점을 제공했지만, 여전히 이 사본들에 대한 이해는 온전하지 않다. Cf. Joaquín Sanmartín, *Gilgameš rey de Uruk* (Itorial: Trotta, 2018), p.357.

10 길가메시에 대한 표준적 수메르 철자법은 빌가메시(^{d}bìl.ga.mes; ^{d}Giš.bíl.ga.mes; ^{d}giš.bil.pab.ga.mes)이다. 서사시의 고바빌론 버전(OB II, III)에서는 길가메시는 ^{d}Giš로 표기되고, 표준 버전에서는 ^{d}Giš.gín.maš로 표기된다. 후자를 '길가메시'로 읽는 근거는 BM 54595 후편 4행(^{d}giš.gín.maš = ^{d}gi-il-ga-meš)이다. 길가메시에 대한 다양한 철자법의 변천에 대해서는 다음을 참조하라: George, The Babylonian Gilgamesh Epic: Introduction, Critical Edition, and Cuneiform Texts, chapter 2. 빌가메시가 길가메시의 수메르 발음이라는 주장에 대한 반박을 보려면 다음의 논문을 참조하라: Gonzalo Rubio, "Reading Sumerian Names, II: Gilgameš", *Jouranl of Cuneiform Studies* 64 (2012), pp.3-16.

11 표준 버전의 제12토판은 〈빌가메시와 엔키두 그리고 지하세계〉의 후반부에 해당한다. 제12토판은 그 수메르 단편 172-303행에 대한 발췌 번역에 불과하다. 하지만 이 둘 사이의 미세한 차이도 발견된다. 예를 들어, 길가메시가 지하세계에서 갇힌 엔키두를 구하기 위해 신들에게 탄원하는 장면에서, 수메르 버전은 길가메시가 찾아간 신으로 엔릴과 엔키만을 언급한다. 반면, 아카드 서사시에서는 월신 신(Sîn)에 대한 기도가 첨가된다. 그러나 이것이 표준 버전이 수메르 단편에 대한 기계적 번역이라는 인상을 상쇄하지는 못한다.

전의 제6토판의 내용과 연결되어 있지만, 표준 버전이 수메르 단편들의 번역이나 기계적 재사용은 아니다. 일화의 큰 줄거리는 유지되지만 세부 사항에서는 많은 차이를 보인다. 한편, 〈빌가메시의 죽음〉과 〈빌가메시와 아가〉에 상응하는 일화들은 길가메시 서사시에서 발견되지 않는다.[12] 그 수메르 단편들에 포함된 전형적 모티브가 서사시 표준 버전의 다른 문맥에서 재활용될 뿐이다.[13]

방금 언급한 길가메시에 관한 수메르어 단편들은 모두 단일 토판 사본들로 아카드어로 된 길가메시 서사시의 일부만을 반영한다. 이 때문에, 표준 버전과 고바빌론 버전에 대해서 "서사시"라는 장르 명칭을 기꺼이 사용하는 학자들이[14] 길가메시에 관한 수

---

[12] 본 논문에서 사용한 제목들은 모두 현대 학자들이 붙인 것들이다. 고대인들은 그 토판의 첫 구절(incipits)을 따라 제목을 정한다. 〈빌가메시와 엔키두 그리고 지하세계(BEN)〉의 첫 구절 타이틀은 u_4-ri-a "그 날에"이다. 〈빌가메시와 후와와(BH)〉의 버전 a의 고대 제목은 en.e kur lú.ti.la.še "주께서 산 자의 땅으로"이다. 같은 단편 버전 b의 첫 구절 제목은 ì.a.lu$_4$.lu$_4$이다. 〈빌가메시와 하늘 황소(BBH)〉의 고대 제목은 šul.mè.kam "그는 전쟁 영웅이다"이다. 〈빌가메시와 아가(BA)〉의 첫 구절 제목은 lú.kin.gi$_4$.a ak.kà "아가의 사절단"이다.

[13] 길가메시에 관한 수메르 단편에 대한 우리말 번역을 보려면, 앤드류 조지, 「인류 최초의 신화 길가메시 서사시」(공경희 옮김), (서울: 현대지성, 2021), 제2부를 참조하라. 원제는 Andrew George, *The Epic of Gilgamesh* (UK: Penguin, 2020).

[14] 이 때 "서사시"는 편의적 개념이다. 그 장르 명칭은 현대적인 것(etic)으로 길가메시 이야기와 호메로스의 서사 작품 사이의 유사성에 근거해 붙여졌다. 서양 문학사에서 장르에 대한 논의의 시원은 아리스토텔레스의 시학이다. 아리스토텔레스는 서사시를 비극의 관점에서 정의했다: 즉 서사시를 구성의 길이와 운율에 있어 비극과 다른 것으로 정의했다(〈시학〉 1459a 23). 즉 '비극'이 아닌 것이 서사가 되었다. 이후 고전학자들은 서사시에 대한 보다 긍정적인 기준들을 제안했다. 예를 들어, 전쟁, 여행, 무용적 주제, 민족/국가의 정체성 부여, 신의 인간사 개입, 문자화 이전의 구두 전승의 유무, 작문 방식(운율) 등을 서사시의 긍정적 기준들로 제시했다. 물론 서사시가 이런 기준들을 모두 만족해야 하는 것은 아니다. 이런 기준들의 일정 집합이 '고전적' 서사시와 가족 유사성(family similarity)을 형성하면 그것을 서사시로 인지하게 되는 것이다. 하지만 장르 구분이 언제나 특정 세계관을 배경으로 하기 때문에 서양에서 활용된 서사시의 개념을 고대 메소포타미아에 적용 가능할지에 대한 비판이 가능하다. 하지만 고대 메소포타미아인들의 장르 구분과 그 용어들(emic)은 문화사적으로 이해하기 매우 어렵기 때문에 (예를 들어 운문의 종류가 그것이 공연될 때 사용된 악기의 종류에 따라 분류됨), 고대 문학 작품들을 연구하는데 있어 현대적 장르 구분을 적용하는 것이 발견적 가치를 가질 수 있다. 이 때문에 주지하다시피 고대 근동 학자들이 고전학과 성서학의 장르 개념을 그들의 연구 대상에 적용해 왔다. Cf. Gadotti, *Gilgamesh, Enkidu and the Netherworld and the Sumerian Gilgamesh Cycle*, pp.93-95.

메르 토판들에 대해서는 그 명칭을 거의 사용하지 않는다. 그 대신 "이야기"(tale) 혹은 "단편시"(poem), "자료"(source)라는 말을 사용한다.[15] 이 배후에는 크레이머(Samuel N. Kramer)와 마투스(L. Matouš), 그리고 티게이(Jeffrey H. Tigay)의 연구 이후 생성된 학자들의 합의 즉 아카드 길가메시 서사시에 상응하는 수메르 서사시는 없다는 주장이 있다.[16] 본 논문은 그런 학자적 합의를 비판적으로 검토하고 수메르 단편들을 아우르는 수메르 서사시의 존재 가능성에 대해 논의할 것이다.

II. 수메르어로 된 길가메시 서사시가 존재했는가?

1. 부정 입장

수메르 단편들에 대한 초기 연구가들은 이 질문에 긍정적으로 대답했다. 모리스 재스트로(M. Jastrow)는 1920년에 출판된 책 〈길가메시 서사시의 고바빌론 버전〉에서 더 많은 수메르 단편들이 출토되어야 확실히 알 수 있다는 단서를 달면서도, "아카드 버전보다 선행한 수메르 서사시가 존재했다고 믿을 충분한 이유가 있다"고 주장한다.[17] 하지만 이런 주장에 대한 직접적 근거는 제시하지 못한다. 다만 〈이쉬타르의 지하세계 강하〉 혹은 〈아트라하시스〉 등의 아카드 서사에 상응하는 수메르 버전들이 존재함을 지적하면서 길가메시 아카드어 버전도 그에 상응하는 수메르 서사시를 전제하고 있을 것이라 추정할 뿐이다.[18] 〈빌가메시와 하늘 황소〉(1914년)와 〈빌가메시와 아가〉(1917년)를 최

---

15 Gadotti, *Gilgamesh, Enkidu and the Netherworld and the Sumerian Gilgamesh Cycle*, p.93.

16 Kramer, "The Epic of Gilgameš and Its Sumerian Sources", pp.7 – 23; L. Matouš, "Les Rapports Entre La Version Sumérienne et La Version Akkadienne de l'épopée de Gilgameš", P. Garelli(ed.), *Gilgameš et Sa Légende* (Paris: Librairie C. Klincksieck, 1958), pp.83 – 94; Jeffrey H. Tigay, *The Evolution of the Gilgamesh Epic* (Wauconda: Bolchazy-Carducci Publishers, 2002).

17 M. Jastrow, *An Old Babylonian Version of the Gilgamesh Epic on the Basis of Recently Discovered Texts* (New Haven: Yale University Press, 1920), p.13.

18 Jastrow의 추정은 여기서 한 걸음 더 나아간다. 수메르 길가메시 서사가 아카드 버전과 동일한 일

초 번역 출판한 랭돈(S. Langdon)도 비슷한 주장을 폈다.[19] 그의 주장에 따르면 길가메시에 관한 수메르 단편들도 아카드 서사시의 일화들처럼 일정한 순서로 배열되어 하나의 서사시를 구성한다.[20] 랭돈은 수메르 서사시의 기본 플롯을 바빌로니아와 아시리아의 시인이 그대로 채용했다고 주장한다. 하지만 아카드 서사시가 수메르 서사시의 기계적인 모방은 아니며, 아카드 시인들이 수메르 서사시의 플롯과 내용을 새로운 방식으로 증강, 각색하여 위대한 작품을 만들었다고 덧붙인다.[21] 나아가 그는 수메르 자료들이 더 발견되어야 전모가 밝혀질 수 있다는 단서를 달았지만 "수메르 서사시는 약 200행을 가진 네다섯 개의 토판"으로 구성되었다고 명시한다.[22] 이런 초기 주장들의 약점은 수메르 서사시의 존재에 대한 보다 실질적인 증거를 제시하지 못한다는 것이다. 그럼에도 불구하고 이런 주장이 가능했던 이유는 수메르 단편들이 막 세상에 알려지던 때였기 때문에 '더 많은 단편들이 알려지면'이라는 단서가 작동할 수 있었다.

하지만 그런 주장은 크레이머(S. N. Kramer)의 1944년 논문, "길가메시 서사시와 그 수메르 자료들"에 의해 크게 도전을 받는다.[23] 이 논문에서 크레이머의 주된 관심은 수메르 단편들과 길가메시 서사시의 관계이다. 그는 수메르 단편들의 내용을 아카드 서사시와 비교하며 후자가 전자를 자료(source)로 사용하였지만 서사시의 기본적 플롯과 주제는 아카드 시인의 독창적인 기여라고 결론 내린다. 그는 수메르 단편들이 별도의 수메르 서사시를 형성했는지의 문제도 제기한다. 하지만 이 문제에 대한 크레이머의 대답은 다소 피상적이다. 수메르 서사시의 부재에 대해 그가 제시한 근거도 그다지 설득력

화들의 동일한 구성은 아닐 것이라 말하면서, 심지어 수메르 서사에 담긴 일화들이 아카드 사람들로부터 배운 것일 가능성도 제안한다. 예를 들어, 길가메시가 삼나무 숲에서 괴물을 만나는 일화는 그 기원이 수메르일 수 없다고 주장한다. 즉 수메르 서사시의 저자는 그것을 구성하는 일화들의 일부를 셈족(아무루 혹은 아카드)에게서 빌어왔다는 것이다. Jastrow, *An Old Babylonian Version of the Gilgamesh Epic on the Basis of Recently Discovered Texts*, p.14.

19 Samuel N. Kramer, "The Epic of Gilgameš and Its Sumerian Sources", *Journal of the American Oriental Society* 64 (1944), p.12.

20 S. Langdon, "The Sumerian Epic of Gilgamish", *The Journal of the Royal Asiatic Society of Great Britain and Ireland* 4 (1932), p.912.

21 Langdon, "The Sumerian Epic of Gilgamish", p.912.

22 Langdon, "The Sumerian Epic of Gilgamish", p.912.

23 Kramer, "The Epic of Gilgameš and Its Sumerian Sources", pp.7–23.

이 없다. 다음은 크레이머의 말이다.²⁴

> Is there a Sumerian original of the Babylonian Epic of Gilgameš as a whole? Obviously not. **The Sumerian poems vary considerably in length, and consist of individual, disconnected tales.** The plot sequence of the Babylonian epic by means of which the several episodes are so modified and connected as to form a reasonably integrated unit, is clearly a Babylonian innovation and achievement. (볼드체 부분은 필자의 강조)

크레이머의 말을 우리말로 번역하지 않고 영문으로 그대로 인용한 이유는 그것이 논문 전체에서 크레이머가 수메르 서사시의 부재에 대한 근거로 제시한 유일한 문장이기 때문이다. 크레이머는 "길가메시의 바빌론 서사시의 수메르어 원전이 존재하는가?"라고 질문하고 "그런 것 같지 않다"(obviously not)고 대답한다. 그 이유(위 인용에서 볼드체 처리된 부분)는 수메르 단편들의 길이가 일정하지 않고, 단편의 내용들도 개별적이고 서로와 연관이 약하다는 것이다. 자신이 제시한 이유가 궁색하다고 여겼는지 크레이머는 이어지는 문장에서 논문 전체의 주제를 반복한다. 즉 다양한 일화들을 하나의 유기체로 통합시키는 서사의 플롯은 아카드 시인의 독창적 업적임을 강조한다. 1958년, 마투스(L. Matouš)의 논문이²⁵ 나오지 않았더라면 크레이머의 주장이 학계의 표준이 되지는 못했을 것이다. 길가메시 서사시의 형성 역사에 대한 중요한 연구서를 출판한 티게이(J. Tigay)도 크레이머의 주장에 대해 "이런 주장은 그 자체로 결정적이지는 않다. 왜냐하면 수메르 단편들의 길이가 일정하지 않다는 것은 그들이 서로 무관하다는 증거가 될 수 없으며, 그 단편들의 내용이 개별적이라고 주장하려면 좀더 구체적인 증거가 있어야 한다"고 평가한다.²⁶

---

24 Kramer, "The Epic of Gilgameš and Its Sumerian Sources", p.18.

25 L. Matouš, "Les Rapports Entre La Version Sumérienne et La Version Akkadienne de l'épopée de Gilgameš", pp.83–94.

26 Jeffery H. Tigay, "Was There an Integrated Gilgamesh Epic in the Old Babylonian Period?", Maria de Jong Ellis(ed.), *Essays on the Ancient Near east in Memory of Jacob Joel Finkelstein*

마투스는 1958년 7차 국제 아시리아 학회(Recontre Assyriologique Internationale)에서 발표한 논문에서 길가메시 수메르 단편들이 서로 무관한 독립적 작품임을 증명하는 구체적 증거 두 가지를 제시한다. 첫째, 그는 수메르 '문학 목록'(literary catalogue)을 인용한다. 이 문서가 학교 도서관의 특정 구역에 보관된 책들 목록인지 아니면 학교 교과 과정에 관한 것인지 논쟁이 있지만 그 목록에 '머릿글 타이틀'(incipits)으로 열거된 작품들은 어떤 작품의 일부가 아닌 독립적인 작품으로 존재했다는 주장이다.[27] 마투스는 논문에서 '문학 목록'에 인용된 수메르 단편으로 〈빌가메시와 엔키두 그리고 지하세계(BEN)〉, 〈빌가메시와 아가(BA)〉 그리고 〈빌가메시와 후와와(BH)〉를 지적했지만, 그후 추가로 〈빌가메시와 하늘 황소(BBH)〉도 '문학 목록'에 수록되었음이 밝혀졌다.[28] 다음은 수메르 '문학 목록'들에 실린 수메르 단편들을 정리한 것이다. 아래 표에 따르면 〈빌

표 1. 문학 목록 속 수메르 단편들[29]

	Nippur1	Ur1	Ur2	Louvre[30]
BEN	7(혹은 20)[31]		(29)	7(혹은 14)
BHa	10	14	9	10
BHb	14	16	10	38
BBH	11		11	37
BA	12		12	
DB				

(Hamden: Archon Books, 1977), p.27.

27　Matouš, "Les Rapports Entre La Version Sumérienne et La Version Akkadienne de l'épopée de Gilgameš", p.88.

28　Jeremy Black et al., *The Literature of Ancient Sumer* (Oxford: Oxford University Press, 2004), p.302, 11행 참조.

29　가도티가 정리한 표를 다소 수정한 것이다. Cf. Gadotti, "The Sumerian Gilgameš Cycle", p.106.

30　루브르 토판(AO 5393)은 서기관 간기에 "우르의 왕 기밀신에 대한 찬양시"(A hymn in honor of Gimil(sic!)-Sin, king of Ur)라는 제목으로 소개되지만 그 내용은 다른 도서관 문학 토판들과 거의 일치한다. 네 칼럼 토판으로 모두 68개의 책 제목이 담겨있으며, 그 중 43개가 다른 문학 목록 토판에도 수록되어 있다. 이 문학 목록에 등재된 것 중 별도의 토판으로 현전하는 작품은 28개이다. Cf. Kramer, "The Oldest Literary Catalogue", p.12.

31　숫자는 목록에서 몇 번째에 등재되었는지를 나타낸다. BEN의 첫 구절이 적어도 세 개의 다른 수메르 문학과 일치하기 때문에 순서를 확정할 수 없다.

가메시의 죽음(DB)〉를 제외하고 나머지 네 편의 수메르 단편들이 수메르 문학 목록에 수록되어 있으며, 마투스의 논리에 따르면, 적어도 네 편의 단편들은 독립적으로 유통된 작품이다.[32]

마투스가 제시한 두번째 증거는 송영적 결말과 신화적 서론이다.[33] 예를 들어, BEN은 본격적 서사의 시작에 앞서 신화를 서술한다. 안(An), 엔릴(Enlil), 에레스키갈(Ereshkigal)이 각각 하늘과 땅, 지하세계를 자신의 통치 영역으로 나누는 장면, 엔키(Enki)가 자신의 거처 압수(Apsu)로 내려가다 폭풍을 만난 장면이 나온 후, 길가메시에 얽힌 서사가 시작된다. 그런 신화적 서론을 가진 BEN는 길가메시에 대한 송영(zà-mí-zu dùg-ga-àm "당신의 찬양은 달콤합니다")으로 끝난다.[34] 특정 작품이 송영으로 끝난다면 다른 작품으로 이어지지 않는다는 뜻이고 특정 작품이 신화적 서론으로 시작한다면 다른 작품이 그것을 선행하지 않는다는 의미일 것이다. 마투스의 견해에 〈빌가메시와 엔키두 그리고 지하세계〉는 보다 큰 서사의 일부가 아니라 독립적인 작품이다.

후대의 학자들이 마투스의 논문을 크레이머의 주장에 실질적 증거를 제공한 것으로 평가하지만, 역설적이게도 마투스 논문의 핵심 주장은 "몇몇의 노래들로 구성된 긴 서사 시리즈"(une longe série épique en plusieurs chants)가 수메르어로 존재했다는 것이다.[35] 마투스의 재구성에 따르면 그 '수메르 서사시'는 길가메시가 삼나무 숲으로 여행하여 후와와를 죽이는 일화로 시작되어 인안나의 하늘 황소 일화로 이어지고 엔키두의 죽음으로 마무리되는 연속물(cycle)이다.[36] 즉 마투스는 수메르 단편 중 일부만(BH, BBH,

---

[32] 마투스가 인용한 문학 목록에 대한 비평본과 번역을 보려면 다음의 논문과 책을 참조하라: Samuel N. Kramer, "The Oldest Literary Catalogue: A Sumerian List of Literary Compositions Complied about 2000 B.C.", *Bulletin of the American Schools of Oriental Research* 88 (1942), 10-19. Jeremy Black et al., *The Literature of Ancient Sumer*, pp.301-304.

[33] Matouš, "Les Rapports Entre La Version Sumérienne et La Version Akkadienne de l'épopée de Gilgameš", p.87.

[34] Matouš, "Les Rapports Entre La Version Sumérienne et La Version Akkadienne de l'épopée de Gilgameš", p.88.

[35] Matouš, "Les Rapports Entre La Version Sumérienne et La Version Akkadienne de l'épopée de Gilgameš", p.90.

[36] Matouš, "Les Rapports Entre La Version Sumérienne et La Version Akkadienne de l'épopée de Gilgameš", p.93. 이와 관련해 마투스는 랭돈의 글을 호의적으로 인용한다(p.84). 하지만 마투스가 수

BEN)이 서사시의 일부이고 나머지 일부는 독립적 작품임을 주장한다.[37] 수메르 단편들을 이처럼 두 그룹으로 나누기 위해 제시한 기준이 앞서 논의한 것들이다. 하지만 수메르어로 된 서사시가 존재하지 않았다고 주장하기 원하는 학자들은 마투스가 특정 수메르 단편들이 독립적임을 증명하기 위해 활용한 기준들을 조금 다른 용도로 사용한다. 즉 수메르 서사시가 없었음을 주장하기 위한 증거로 사용한다. 이것이 가능했던 이유는 마투스가 논문을 출판한 이후 중요한 사본들이 추가로 발견되어 수메르 단편들에 대한 이해가 높아지면서, 마투스의 기준이 확대 적용될 수 있었기 때문이다. 즉 수메르 단편의 일부가 아니라 5편 모두가 송영으로 끝남이 밝혀졌고, 〈빌가메시의 죽음〉을 제외한 모든 수메르 단편들이 문학 목록에서 확인되었다.[38] 이것은 수메르 서사시의 존재에 대한 긍정 증거(예를 들어, 고바빌론 Pensylvania 토판의 서기관 간기, 표준 토판들의 서시관 간기와 같은 증거)의 물리적 부재와 함께, 수메르 시대에 길가메시에 관한 단편들만 존재했다는 주장에 힘을 실어 주었다. 그 후 티게이(J. Tigay), 조지(A. George)와 같은 중요한 메소포타미아학 학자들(Assyriologists)이 크레이머의 주장을 받아들이면서,[39] 현재는 대다수 학자들이 길가메시 서사시에 상응하는 수메르 버전은 없다는 의견을 가지고 있다.

하지만 1990년대 메투란에서 출토된 문헌들이 빌가메시 단편들에 대한 이해를 크게 증진시켰고, 2000년대에 수메르어와 메소포타미아 문학 이론에 대한 연구도 정교화되었다.[40] 이때문에 수메르 서사시의 유무에 대한 질문을 다시 한번 제기할 필요가 생

메르 단편 〈빌가메시 엔키두 그리고 지하세계〉의 신화적 서론을 근거로 그 단편이 독립적 작품일 것이라고 말한 다음(p.87) 그가 재구성한 수메르 서사의 마지막 부분이 〈빌가메시 엔키두 그리고 지하세계〉인 것은 모순처럼 보인다.

37 마투스가 이런 주장을 할 수 있었던 이유는 그에게 알려진 수메르 사본들의 상황과 연관되어 있다. 하지만 마투스가 독립적 작품에 대한 근거로 제시한 기준들을 그후 추가로 발견된 사본들에 일관되게 적용하면 '수메르어 서사시'가 존재했다는 마투스의 결론은 유지하기 힘들다. 후대의 학자들은 마투스의 논문에서 결론은 거부했지만, 그가 독립적인 단편과 서사시의 일부를 구성한 단편을 나눌 때 사용한 준거들은 여전히 유효한 것으로 인정한다.

38 Tigay, *The Evolution of the Gilgamesh Epic*, p.27.

39 이들이 기존의 논의에 새로운 증거를 제시하지는 않았다. 다만 크레이머의 결론을 마투스의 논증과 함께 받아들인다.

40 A. George, "The Epic of Gilgamesh: Thoughts on Genre and Meaning", J. Azize(ed.), *Gilgamesh and the World of Assyria. Proceedings of the Conference Held at Mandelbaum House,*

겨났다.[41] 수메르 서사시의 존재에 대해 긍정적으로 대답한 학자들이 적지만 존재해 왔다. 이미 언급한 마투스 이외에, 빙(J. D. Bing), 팔켄슈타인(A. Falkenstein), 그리고 가장 최근에 가도티(A. Gadotti)가 수메르어로 된 중편 서사시의 존재를 주장했다.[42] 그러면 지금부터 수메르 서사시의 존재에 대한 다양한 직접, 간접 증거들을 살펴보자.

2. 긍정 입장

1) 수메르 증거

아카드어로 된 길가메시 서사시에 비견될 수 있는 서사시가 수메르 시대에 존재하지 않았다는 주장의 근거는 크게 세 가지다. 첫째는 현전하는 수메르 단편들 모두가 송영(doxology)으로 끝난다는 사실이다.[43] 많은 학자들이 본문 끝에 쓰인 송영을 그 본문이

---

the University of Sydney (Leuven, 2004), pp.37–67; Andrew George, *The Babylonian Gilgamesh Epic: Introduction, Critical Edition, and Cuneiform Texts* (Oxford: Oxford University Press, 2003); T. Holm, "Literature", D. M. Snell(ed.), *A Companion to the Ancient Near East* (Oxford: Blackwell, 2005), pp.253–65; P. Michalowski, "Carminative Magic. Towards an Understanding of Sumerian Poetics", *Zeitschrift Für Assyriologie Und Vorderasiatische Archäologie* 71 (1981), pp.1–18; P. Michalowski, "Maybe Epic: The Origins and Reception of Sumerian Heroic Poetry", D. Donstan(ed.), *Epic and History* (Malden, MA: Blackwell, 2010), pp.7–25; P. Michalowski, "Sumerian Literature: An Overview", Jack M. Sasson(ed.), *Civilizations of Ancient Near East* (Peabody, MA.: Hendrickson Publishers, 1995), pp.2279–91; N. C. Veldhuis, *Religion, Literature and Scholarship: The Sumerian Composition "Nanše and the Birds"* (Leiden: Brill, 2004).

41 A. Gadotti, *Gilgamesh, Enkidu and the Netherworld and the Sumerian Gilgamesh Cycle*, p.98.

42 Matouš, "Les Rapports Entre La Version Sumérienne et La Version Akkadienne de l'épopée de Gilgameš," pp.83–94; J. D. Bing, "On the Sumerian Epic of Gilgamesh," *Ancient Near Eastern Studies* 7 (1975): pp.1–11; A. Falkenstein, "Gilgameš. A. Nach Sumerischen Texten," in *Reallexikon Der Assyriologie*, ed. Erich Ebeling, vol. 3 (Berlin: Water de Gruyter, 1957), pp.357–64; Gadotti, *Gilgamesh, Enkidu and the Netherworld and the Sumerian Gilgamesh Cycle*.

43 수메르 단편 본문의 끝에 나오는 송영의 내용을 보려면 다음의 글을 참조하라: George, *The Babylonian Gilgamesh Epic: Introduction, Critical Edition, and Cuneiform Texts*, pp.8-15. 수메르

종료되었다는 표지로 파악한다. 필자의 판단에는 이 주장은 엄밀성이 떨어진다. 송영적 결말이 의미하는 바를 이해하기 위해서는 수메르 문학의 창작과 전승에서 서전과 구전의 상호 작용—다시 말해 서전이 구전을 배경으로 한다는 사실—을 고려해야 한다. 대부분의 수메르 학자들은 수메르 서사가 공연의 환경에서 창작되었다는 데에 동의한다.[44] 블랙(J. Black)은 서전 본문에 들어 있는 구전적 요소를 몇 가지로 정리하는데 그 중에 하나가 송영적 결말이다. 블랙에 따르면 송영은 두 가지 종류로 나뉜다. 하나가 송영의 대상이 '글쓰기의 신' 니사바(Nisaba)인 서기적 송영(scribal doxology)이다: ᵈNisaba zà-mí "니사바를 찬양하라." 이 서기적 송영은 공연의 일부로 낭송되지 않는다. 반면 송영의 대상이 신이나 서사의 주인공인 경우가 있다. 이 종교적 송영은[45] 공연의 일부로 가수가 그 말을 함으로써 공연의 끝을 알린다. 길가메시 수메르 단편들은 전부 '신/길가메시 + zà-mí'의 기본 형식을 가진다.[46] 이것은 빌가메시 단편의 송영적 결말이 공연 행위의 끝을 알려줄 뿐, 반드시 공연된 서사의 고립적 성격을 보여주는 것이 아님을 시사한다.

이것을 확증시켜 주는 실질적 증거가 있다. 보통 서전에서 토판 간의 연속 관계를 표현하는 방식이 선행 토판의 끝 문장으로 다음 토판의 첫 문장을 삼는 것이다. 〈빌가메시와 엔키두 그리고 지하세계(BEN)〉의 메투란 버전은 불에 타 죽은 사람의 운명—그는

단편의 송영들에 대한 유형적 분석은 다음의 논문을 참고하라. Black, "Some Structural Features of Sumerian Narrative Poetry", Marianna E. Vogelzang(ed.), *Mesopotamian Epic Literature: Oral or Aural?* (Lewiston: The Edwin Mellen Press, 1992), p.74.

44 이런 주장에 대한 예외는 루비오(Gonzalo Rubio)이다. 그는 수메르 문학의 기원을 수메르 실용문서였던 '목록'(list)에서 찾는다. 하지만 그가 구전의 존재 자체를 부정하는 것은 아니다. G. Rubio, "The Inventions of Sumerian: Literature and the Artifacts of Identity," G. Rubio(ed.), *Problems of Canonicity and Identity Formation in Ancient Egypt and Mesopotamia* (Copenhagen: Univeristy of Copenhagen, 2016), pp.231 - 58; G. Rubio, "Early Sumerian Literature: Enumerating the Whole", in *De La Tablilla a La Inteligencia Artificial: Homenaje al Prof. Jesús-Luis Cunchillos En Su 65 Aniversario*, ed. A. G. Blanco (Zaragoza: Zaragoza, n.d.), pp.197 - 210.

45 블랙(J. Black)은 '종교적 송영'이라는 말은 사용하지 않지만 이야기의 주인공이나 주인공을 도운 신에 대한 경건한 찬양이라는 점에서 '서기적 송영'과 대조되는 말로 사용할 수 있을 것이다.

46 〈빌가메시와 후와와〉 버전 a의 닙푸르 사본에서는 종교적 송영과 서기적 송영이 함께 사용된다. George, *The Babylonian Gilgamesh Epic: Introduction, Critical Edition, and Cuneiform Texts*, p.10. 닙푸르 이외의 지역 전통에서는 후와와 엔키두에 대한 송영도 증거된다.

영혼은 연기처럼 사라질 것임—에 절망한 빌가메시가 "산 자의 땅"(kur lú til-la-še)으로 여행을 결심하는 구절로 끝나는데, 동일한 구절이 수메르 단편 〈빌가메시와 후와와(BH)〉의 시작 부분에서 반복된다.

En-e kur lú til-la-še ĝeštug-ga-ni na-an-gub
주께서 그의 마음을 산 자들의 땅으로 향하게 했다.[47]

가도티(A. Gadotti)는 이런 기법을 "catch-line"이라 부르고 BEN이 BH와 연결된 서사를 구성하는 증거라고 주장한다. 가도티에 따르면 지하세계 즉 "돌아올 수 없는 땅"(kur nu-gi₄-a, 지하세계의 다른 이름)에 대한 엔키두의 묘사에 절망한 빌가메시(BEN)가 "산 자의 땅"(kur lú til-la-še)으로 생각을 돌리는 것(BH)은 좋은 서사적 전환으로 보인다.[48] 앞서 우리는 다른 빌가메시 단편들처럼 BEN의 우르 토판도 송영으로 끝남을 지적했다. 하지만 캐치라인 수사법(修辭法)는 송영으로 끝나는 BEN이 다른 단편들과 고립되어 존재하는 것이 아님을 암시한다. 송영적 결말은 그저 구술 공연이 종결되었음을 의미할 뿐이다.

둘째, 수메르 문학 목록(Literary catalogue)에 등재되었다는 사실이 반드시 그것이 독립적, 고립적 단편임을 증명하지는 않는다(contra Matouš and Tigay).[49] 수메르 문학 목록이 작성된 배경을 살펴보자. 우르 3왕조 시대에 이미 다양한 장르의 문학 작품들—서사, 신화, 신전 찬양, 왕실 찬양, 애가, 잠언 등—이 창작되었다. 비록 이 문학 작품들은 좀 더 후대인 고바빌로니아 시대에 필사된 토판으로 전해지지만 상당수가 3천년기에 이미 창작되고 문서화 되었을 것으로 추정된다.[50] 고바빌로니아 시대에는 신전 도서관과 학교에서

---

47 George, *The Babylonian Gilgamesh Epic: Introduction, Critical Edition, and Cuneiform Texts*, p.770, 음역과 번역은 조지의 것을 참조했음.

48 Gadotti, *Gilgamesh, Enkidu and the Netherworld and the Sumerian Gilgamesh Cycle*, p.104.

49 티게이(J. Tigay)는 다음과 같이 말한다. "〈빌가메시와 후와와〉 버전 A와 〈빌가메시와 엔키두 그리고 지하세계〉는 수메르 문학 목록에서 별도의 작품으로 등재되어 있다. 이런 사실들은 수메르 단편들이 독립적 단편들로 시작되었음을 보여준다." Tigay, "Was there an Integrated Gilgamesh Epic in the Old Babylonian Period?", p.216.

50 B. Alster, "Interaction of Oral and Written Poetry in Early Mesopotamian Literature", Mar-

다양한 장르의 수메르 문학 작품이 다양한 크기, 모양의 토판에 필사되고 전승되었다. 당시에 이 수메르 토판들을 관리하는 서기관들은 참조나 정리를 위해 소장 문학 작품들의 목록을 작성했다.[51] 바로 이것이 소위 수메르 "문학 목록"(Literary Catalogue)이다. 표 2에 따르면 닙푸르와 우르의 학교 도서관에서 발견되었다. 학자들은 이 목록의 목적에 대해 엇갈린 견해를 보인다. 일부는 그것이 학교 교육의 커리큘럼이었다고 주장한다.[52] 특히 다양한 목록들 사이에 처음 10개의 항목은 매우 일정한데 델네로(P. Delnero)는 박사 학위 논문에서 그것을 데카드(The Decad)로 부른다.[53] 마지막 열 번째 책이 〈빌가메시와 후와와〉이다. 고바빌론 학교에서 이 토판의 사본들이 가장 많이 발견된 것이 우연이 아니다. 다른 학자들은 교육 과정이 아니라 도서관의 문서 바구니(오늘날 '책장')나 특정 구역에 보관된 문서들을 열거한 것이라 주장한다. 샤르펭(Charpin)은 우르에서 발견된 문학 목록(Ur1)이 두 개의 문서 바구니에 담긴 책들의 목록이라고 주장한다.[54] 후에 델네로도 그의 박사 논문 주장을 뒤집고, 닙푸르와 루브르 버전의 문학 목록이 도서관 인벤토리(inventory) 목록에 불과하다고 주장했다.[55] 만약 후자의 주장이 옳다면 수메르

---

ianna Vogelzang(ed.), *Mesopotamian Epic Literature: Oral or Aural* (Lewiston: The Edwin Mellen Press, 1992), p.60; Gadotti, *Gilgamesh, Enkidu and the Netherworld and the Sumerian Gilgamesh Cycle*, p.98; Samuel N. Kramer, "The Oldest Literary Catalogue: A Sumerian List of Literary Compositions Complied about 2000 B.C.", *Bulletin of the American Schools of Oriental Research* 88 (1942), p.11; J. Sanmartín, *Gilgameš Rey de Uruk* (Itorial: Trotta, 2018), p.325.

51 Kramer, "The Oldest Literary Catalogue: A Sumerian List of Literary Compositions Complied about 2000 B.C.", pp.10 – 12.

52 Black et al., *The Literature of Ancient Sumer*, p.301.

53 문학 문서로 구성된 '데카드(the Decad)'는 고바빌론 시대 서시관 학교의 고급 과정의 커리큘럼이다. 여기에 포함된 문학 작품들은 다음과 같다: '슐기 찬양시' A, '리피트-이쉬타르 찬양시' A, '호미의 노래', '인안나의 등극' B, '엔릴 찬양', '케쉬 신전 찬양', '엔키의 니브루 여행', '인안나와 에비흐', '눈갈 찬양' A, 길가메시와 후와와 A. 이에 대한 자세한 설명은 델네로의 학위 논문 제 4장을 참조하라: P. Delnero, "Variation in Sumerian Literary Comositions: A Case Study Based on the Decad" (Ph.D Dissertation: The University of Pennsylvania, 2006).

54 D. Charpin, *Le Clergé d'Ur Au Siècle d'Hammurabi (XIXe-XVIIIe Siècle AV. J. -C)* (Paris: Droz, 1986); Gadotti, *Gilgamesh, Enkidu and the Netherworld and the Sumerian Gilgamesh Cycle*, p.107에서 재인용.

55 P. Delnero, "Sumerian Literary Catalogues and the Scribal Curriculum", *Zeitschrift Für As-*

문학 목록은 고바빌론 시대 서기관의 책 수납에 대한 관행을 보여주는 것이지, 그것 자체가 길가메시에 관한 중편 혹은 장편 서사가 존재했는지 여부는 말해주지 않는다.[56]

문학 목록에 별도의 작품으로 등재되었다고 반드시 별도의 서사는 아님을 보여주는 보다 실질적 증거는 루갈반다 서사시다. 루갈반다와 관련된 수메르 단편 두 개가 문학 목록에 별도 항목으로 기재 되어 있다: 우르의 문학 목록(Ur2)에서 〈루갈반다와 동굴〉는 37행에, 〈루갈반다와 안주 새〉는 39행에 등재되어 있다. 또한 루브르 버전(AO5393)에서는 각각 22행과 23행에 등재되어 있다. 그렇다고 이 두 이야기가 내용면에서 연속적인 하나의 중편 서사라는 사실을 부정하는 사람은 많지 않다. 따라서 고바빌론 시대의 문학 목록에 빌가메시 단편들이 별도로 등재되었다는 사실에 근거해 그것들이 서로 독립적인 글이며 그들을 묶는 종합적 서사가 (구전이든 서전이든) 존재하지 않았다고 주장할 수 없다.[57] 더구나 이 문학 목록에서 길가메시의 수메르 단편들은 서로 몰려 기재되어 있음에 유의할 필요가 있다. 표2에 따르면 닙푸르와 우르의 문학 목록에서 BHa, BHb, BBH, BA가 10-14행에 밀집해 있다. 배열 순서가 서사의 순서는 아니지만 문학 목록에서 주제가 비슷한 작품들이 모여 있는 것은 분명해 보인다.[58] 길가메시 수메르 단편들이 서로 군집해 있는 것은 그들을 하나의 주제로 묶은 서사의 존재를 암시한다.

세째, 수메르 단편들 뒤에 수메르 서사시가 없다고 주장하는 학자들의 마지막 보루는 어떤 수메르 토판에도 그것들이 길가메시 서사 "시리즈"에 속함을 나타내는 서기관 간기가 없다는 것이다. 길가메시 서사시 고바빌론 토판이나 표준 토판들의 서시관 간기에는 해당 토판들이 하나의 시리즈에 속한다는 증거가 있다(ÉŠ.GÁR, 혹은 DUB x-Kam).[59] 따라서 수메르 단편의 간기에 그런 정보가 표기되어 있지 않다는 것은 수메르 단편들이 시리즈로 존재하지 않았음을 의미한다고 주장한다.[60] 하지만 증거의 부재에 의한 논증

---

syriologie Und Vorderasiatische Archäologie 100 (2010), pp.32 – 55.

56 Gadotti, *Gilgamesh, Enkidu and the Netherworld and the Sumerian Gilgamesh Cycle*, p.107.

57 A. Gadotti, "Gilgameš, Enku and the Netherworld and the Sumerian Gilgameš Cycle" (Ph.D. Dissertation: The Johns Hopkins University, 2005), pp.170 – 71.

58 Gadotti, *Gilgamesh, Enkidu and the Netherworld and the Sumerian Gilgamesh Cycle*, p.171; Black et al., *The Literature of Ancient Sumer*, p.301.

59 앞서 "들어가는 말"의 논의를 참조하라.

60 어느 학자도 이렇게 노골적으로 표현하지는 않는다. 왜냐하면 언제나 어떤 것의 '부재'를 증거로

은 증명의 부담을 상대에게 넘기는 것이기 때문에 언제나 설득력이 약하다. 새로운 발견에 의해 언제든지 무너질 수 있기 때문이다. 더구나 길가메시 수메르 서사시가 구술 공연의 형태로만 존재했을 가능성을 고려하면 증거의 부재는 그것이 없었다는 증거가 될 수 없다.[61]

수메르 단편들을 묶는 종합적 서사의 존재를 암시해 주는 정황적 증거들이 하나 더 있다. 그것은 〈빌가메시의 죽음〉의 메투란 사본에 언급된 길가메시의 업적 목록을 들 수 있다. 길가메시의 운명을 의제로 한 신들의 회의에서 길가메시의 생애 업적이 다음과 같이 나열된다.

52 inim-ba ḫar-ra-an di-id-bi-a a-na àm-me-a-bi

53 ⁱˢerin ĝiš dili kur-bi ga-an-e-dè

54 ᵈḫu-wa-wa tir-bi-ta saĝ ĝiš ra-ra-za

55 na-rú-a u_4-ul-lá-šè me-gub-gub-bu-uš me-da- u_4-šè

56 é diĝir-re-e-ne ki ĝar-ĝar-ra-a-ba

57 zi-u4-sù-ta ì -aš ki-bi-a saĝ im-ma-ni-ti

58 me ki-en-gi-ra-ke4 ki u dba-ḫa-la-me-eš x xx

59 á-áĝ-gá bu-lu-ṭa kalam-ma-aš im-ta-a-ni

60 šu-luḫ ka-luḫ x x si mu-un-si-sá-e[62]

제시하는 주장은 그것을 논의의 암묵적 전제로 삼기 때문이다. 증명의 부담을 그것의 존재를 주장하는 사람에게 지우는 전략이다.

61 플레밍(Daniel E. Fleming)과 밀스테인(Sara J. Milstein)의 연구가 그런 점에서 시사하는 바가 크다. 그들은 고바빌론 시대 아카드어로 길가메시에 관해 쓰여진 단일 칼럼의 "발췌 토판"들을 연구한다. 이 학생 연습 토판과 함께 여섯 칼럼으로 된 도서관 토판들도 발견되어서, 학자들은 이 "발췌 토판"들은 도서관 토판에서 가져온 본문이라 추정했다. 하지만 플레밍과 밀스테인은 그 발췌 토판들이 서사시 이전 단계의 (길가메시의 삼나무 숲 여행에 관한) 아카드 단편의 발췌문들이라고 주장한다. 이 주장이 옳다면 고바빌론 시대에는 아카드어로 된 길가메시 단편과 길가메시 서사시가 공존하였던 것이다. 그렇다면 우르 3왕조 시대에 수메르 단편들과 수메르 서사시가 공존했을 가능성을 배제하는 것은 옳지 않다. Daniel E Fleming and Sara J. Milstein, *The Buried Foundation of the Gilgamesh Epic: The Akkadian Huwawa Narrative* (Leiden: Brill, 2010).

62 A. Cavigneaux and F. N. H. Al-Rawi, *Gilgameš et La Mort Textes de Tell Haddad VI Avec*

52 이 사안: 모든 길을 전부 가본 것.

53 그 삼나무 그 독특한 나무를 산에서 가져온 것.

54 후와와를 그의 숲에서 죽인 것

55 미래를 위해 영원히(?) 석비를 세운 것

56 신들의 집들을 세운 것

57 지우수드라를 그의 집으로 찾아간 것

58 영원히 잊혀진 수메르의 메를 그 땅에 가져온 일

59 계명과 의례들

60 손 정결례과 입 정결례를 확립한 것.**63**

현전하는 수메르 단편들에 반영된 업적들과 신들의 회의에서 선포된 길가메시의 업적들을 비교하면 어긋나는 부분이 있다. 이 업적 목록에는 언급되었으나 수메르 단편에는 반영되지 않는 것이 있는가 하면, 수메르 단편에는 언급되었지만 이 목록에는 빠진 업적들도 있다. 예를 들어 〈빌가메시와 아가〉에 언급된 길가메시의 업적―키쉬 왕 아가를 무찌른 것―은 이 업적 목록에는 없다. 수메르 단편 〈빌가메시와 하늘 황소〉에 언급된 내용―길가메시가 하늘 황소를 죽인 일―도 신들이 선포한 길가메시의 업적에는 들어있지 않다. 〈빌가메시와 엔키두 그리고 지하세계〉에서 길가메시가 괴물들을 몰아내고 인안나의 보좌와 침대에 사용될 나무를 베어 준 일도 언급되어 있지 않다. 반면 업적 목록에 언급된 "신들의 집을 세운 것"(56행)과**64** 수메르의 메(me)를 확립 시킨 일(58행), 그리고 지우수드라(Ziusudra)를 찾아간 일 등은 수메르 단편들에 언급되지 않는 내용들이다. 가도티(A. Gadotti)는 이런 차이가 길가메시에 대한 수메르 서사시의 존재를 암시한다고 주장한다. 현전하는 수메르 단편들의 내용을 일부 포함하고 또한 토판으로 문자화되지 않은 일화들도 일부 포함한 수메르 서사시가 존재했을 수 있다는 주장이다.**65** 그

Un Appendice Sur Les Textes Funéraires Sumériens (Groningen: Stys Publication, 2000), p.27.

63 N. C. Veldhuis, "Review Article: The Solution of the Dream: A New Interpretation of Bilgames' Death", *Journal of Cuneiform Studies* 53 (2001). 141, Veldhuis의 번역을 약간 수정한 것.

64 "신들의 집을 세운 것"이 〈빌가메시와 후와와〉의 버전 b, 20행에 암시되었을 수는 있다.

65 Gadotti, *Gilgamesh, Enkidu and the Netherworld and the Sumerian Gilgamesh Cycle*,

리고 그 서사시는 후대의 아카드 서사시가 철저히 인간주의적 관심을 나타낸 것과 달리 인간과 신들의 관계 혹은 수메르 통치자의 이상적 모습 등과 같은 주제를 표현했을 가능성이 있다.

2) 아카드 증거

지금까지 우리는 수메르어로 된 길가메시 서사시의 증거를 수메르 단편들 안에서 찾았다. 하지만 그 증거는 길가메시 서사시의 표준 버전에서도 발견된다. 이것이 가능한 이유는 메소포타미아의 '저작' 관행(Rewriting) 때문이다. 현대 저작권 개념과 달리 고대 메소포타미아 작가들은 옛 스토리를 자유롭게 활용했다. 좀 더 정확히 말하면, 옛 스토리를 그대로 인용하고 주변에 새로운 내용을 덧붙이는 방식으로 창작했다.[66] 즉 옛 스토리의 어휘, 모티브, 장면을 새로운 문맥에 위치시킴으로 그것에 새로운 의미를 부여한다. 하지만 옛 어휘나 모티브가 그대로 사용되기 때문에 그것은 언제나 옛 기억에 대한 형상(memory figures)으로[67] 작용한다. 제라드 주네트(Gérard Genette)의 팔림프세스트(Palimpsest) 비유를 빌리자면, 길가메시 수메르 서사시를 지우고 그 위에 아카드 서사시를 적었는데, 잘 들여다 보면 그 아래 있는 옛 서사시의 흔적들이 보인다.[68] 이런 의

---

pp.104-5.

66 메소포타미아의 저작 개념에 대해서는 다음의 논문들을 참고하라. 특히 Sövegjártó의 논문은 구술 창작에서 메소포타미아의 '간본문적' 저작 행위의 기원을 찾는다. 그리고 Schniedewind는 구약 성서의 저작에 대해서도 비슷한 관찰을 한다. B. R. Foster, "On Authorship in Akkadian Literature", Annali dell'Istituto Orientale di Napoli 51 (1991), pp.17-32; B. R. Foster, "Authorship in Cuneiform Literature", I. Berensmeyer(ed.), The Cambridge handbook of Literary Authorship (Cambridge: Cambridge University Press, 2019), pp.13-26; S. Sövegjártó, "Originators in the Old Babylonian Sumerian literary tradition", Hungarian Assyriological Review 3 (2022), pp.25-47; William M. Schniedewind, Who Really Wrote the Bible: The Story of the Scribes (Princeton: Princeton University Press, 2024).

67 J. Assmann, Cultural Memory and Early Civilization: Writing, Remembrance, And Political Imagination (Cambridge: Cambridge University Press, 2007), 기억 형상에 대한 설명은 24-25쪽 참조.

68 Gerard Genette, Palimpsests: Literature in the Second Degree (Lincoln: University of Nebraska Press, 1997).

미에서 길가메시 서사시의 표준 버전에서 옛 수메르 서사시의 흔적들을 찾는 빙(J. D. Bing)의 노력은 다시 주목할 필요가 있다.[69] 빙의 논문은 크레이머(1944년)와[70] 마투스(1958년)의[71] 논문 이후 길가메시 서사시의 수메르 버전에 대한 회의가 학계를 지배했을 때(1975년) 발표되었다. 따라서 학자들은 그의 견해를 진지하게 받아들이지 않았다. 길가메시 서사시에 대한 가장 방대하고 중요한 저작의 주인공 조지(A. George)도 빙의 주장을 각주 하나에 소개하고 그것을 한갓 근거 없는 추측(speculation)이라고 비판할 뿐이다. 조지의 비판은 크게 두 가지다. 하나는 세속 권력과 종교 권력의 갈등이 고수메르 시대에만 국한된 것이 아니라 메소포타미아 역사 전체에 나타난다는 것이고, 다른 하나는 빙의 증거들이 수메르 단편들이 아닌 아카드 서사시에서 가져왔다는 비판이다.[72] 하지만 이 두 비판 모두 정당하지 못하다. 우리는 방금 고대의 저작 개념에 근거해 아카드 서사시에 수메르 서사시의 흔적들이 들어 있을 수 있음을 살폈다. 또한 빙의 논지는 세속 권력(왕)과 종교 권력(사제) 사이의 갈등이 아니라 우룩의 엔-통치자자 세속적 의무를 추가로 지게 되면서 생긴 두 역할 사이의 갈등이다.[73] 이것은 수메르 시대 고유의 정치적 문제이다. 필자의 견해로는 빙의 논문이 주목받지 못한 것은 그의 결론이 실증의 범위를 넘어서기 때문만이 아니라 수메르 서사시에 대한 학자들의 합의를 위배했기 때문이다. 하지만 그가 제시한 논증 자체는 주목할 가치가 있으며, 이미 앞서 제시된 증거들과 함께 수메르 서사시의 존재에 대한 긍정적인 증거로 활용 가능하다.

빙은 길가메시 서사시의 표준 버전에서 문맥상 부자연스러운 요소들에 주목하고 그곳에서 수메르 서사시의 흔적을 간파한다. 빙이 지적한 요소들은 모두 수메르 통치자의 이상적 역할과 관련된 것들이다. 빙의 논의를 이해하기 위해 먼저 우룩의 통치자 엔(en)의 역할이 3천년기 수메르 왕정 시대에 어떻게 변화했는지 살펴보자.

---

[69] Bing, "On the Sumerian Epic of Gilgamesh", pp.1–11.

[70] Kramer, "The Epic of Gilgameš and Its Sumerian Sources", pp.7–23.

[71] Matouš, "Les Rapports Entre La Version Sumérienne et La Version Akkadienne de l'épopée de Gilgameš", pp.83–94.

[72] George, *The Babylonian Gilgamesh Epic: Introduction, Critical Edition, and Cuneiform Texts*, 16, p.footnote 44.

[73] Katz, *Gilgamesh and Akka*, 28–30.

우룩의 엔-통치자는 본래 인안나 신전의 경제 행정의 수장이었다. 기원전 4천년기 우룩의 신전은 도시의 경제 재분배의 기관(redistribution center)으로 기능했으며, 신전에 공납된 재화의 일부는 신전 유지에 또 다른 일부는 필요에 따라 우룩 시민에게 다시 환원되었다.[74] 신전 경제를 책임지던 엔에게 가장 중요한 것은 에안나(Eanna) 신전의 여신과의 관계이다. 그는 인안나(Inanna) 여신과 신성 혼인 의식을 거행함으로 신전 책임자로서의 정당성과 역할 수행의 동력을 얻게 된다. 이런 엔의 역할을 단적으로 보여주는 유물이 '우룩 꽃병'(기원전 3300년, **그림 1**)이다. 약 1미터 높이의 이 유물 표면에는 삼층의 양각 부조가 새겨져 있다. 맨 아래층에는 보리 이삭들 위로 염소와 양들이 나열해 있는데, 이것은 당시 핵심 경제인 농업을 의미한다.[75] 두번째 층에는 벌거벗은 제사장

그림 1. 우룩 꽃병(BC 3300년)

---

74 마르크 반 드 미에룹, 「고대 근동 역사」 (서울: CLC, 2020), 56쪽, 원제는 Marc van de Mieroop, *A History of the Ancient Near East* (Malden: Blackwell, 2007).

75 박성진은 4천년기 우룩 경제에서 농업이 차지하는 비중을 너무 크게 생각하는 것에 대해 비판한다. 당시 수메르 남부 지역은 늪지대여서 농업과 함께 어업이나 무역 등이 경제에 기여하는 비중도 높았을 것이라 생각한다. 박성진, "문명의 조건: 기원전 4천년기 서아시아의 우룩 팽창 현상", 「고대문명 형

들이 에안나 신전으로 공물을 나르고 있다. 그리고 첫번째 층의 중앙에는 인안나 여신이 그녀의 상징인 두 개의 문기둥 앞에 서 있다. 그 두 문기둥은 신전 입구를 상징한다. 그녀는 신전에 바쳐진 공물들을 받고 있다. 한편, 왼쪽에 화려한 옷을 입고 인안나와 비슷한 높이로 서 있는 인물이 엔-통치자이다.[76] 이 장면은 단순히 엔이 인안나의 신전에 공물을 바친다는 것 이상의 의미가 있다. 이 장면은 신성 결혼식을 연상시킨다. 수메르 신화 〈엔릴과 수드〉에 따르면 신랑 엔릴은 신부 수드의 집으로 가축과 곡식을 보낸다. 신부가 선물을 받는 것은 곧 결혼을 의미한다.[77] 신랑과 신부의 구애 행위도 신부의 집 앞에서 이루어진다(〈엔릴과 수드〉 17-26행 참조). 엔이 문 앞에 서 있는 인안나에게 선물을 보내는 것은 그 둘의 혼인 관계를 상징한다. 이처럼 우룩의 엔-통치자는 인안나의 남편으로 신전과 도시의 풍요를 책임지는 자였다.

그후 3000년기 초기 왕정 시대가 되면 엔-통치자의 역할이 세속적 기능 즉 외교와 국방으로 확장된다. 엔은 군사적 리더 루갈로서 역할(lugal-ú-tum)도 수행하게 된다.[78]

성의 물질적, 정신적 토대」 (단국대 고대문명연구소 제2회 학술대회 자료집), 9-46쪽.

76 인안나 여신의 뒤에 신전 내부의 모습을 형상화한 장면이 나온다. 그 장면은 쐐기 문자 EN(??)을 형상화한 것이다. 인안나 뒤의 두 기둥도 쐐기 문자 INANNA(??)를 형상화 한 것이다. 미술이 문자처럼 사용된 가장 오래된 예이다. Z. Bahrani, *Mesopotamia: Ancient Art and Architecture* (New York: Thames&Hudson, 2022), p.48. 바흐라니(Z. Bahrani)에 따르면 이 우룩 꽃병의 부조는 수행적 이미지(performative image)이다. 즉 부조는 어떤 장면을 묘사하는 것을 너머 그 장면이 현실이 되도록 만드는 마술적 힘을 지닌다.

77 Black et al., *The Literature of Ancient Sumer*, pp.106 – 11.

78 수메르 신화 〈인안나와 엔키〉에서 수메르 문명의 주요 원리들이 메(me)로 나열되는데, 가장 먼저 언급되는 것이 엔이다. '루갈'은 네번째 '메'로 언급된다. 이것은 수메르 세계관에서 엔과 루갈이 차지하는 상대적 중요도를 암시한다. 엔이 본래 신전 관리자에서 출발해 군사적 역할까지 수행했다면, 루갈은 국가의 특별한 필요에 의해 임시적으로 임명된 군사적 리더였을 가능성이 있다. 루갈이 어떻게 생겨나는지를 보여주는 가장 좋은 예는 〈에누마 엘리쉬〉이다. 신들이 티아맛의 공격에 직면했을 때 그들은 마르둑을 루갈로 임명하여 그가 티아맛과 전투하도록 만든다. 처음에 임시직이었던 루갈이 영구직이 되었던 때는 초기 왕정 시대 후반이었을 것이다. 왜냐하면 이 때에 도시 간 분쟁이 심해져(예, 라가시와 움마의 영토 분쟁) 군사적 리더십이 매우 중요했기 때문이다. 그리고 영구직이 된 루갈은 군사적 역할에 머물지 않고 행정과 경제에 대한 권한도 가지기 시작했을 것이다. 이 때에 우룩(en)과 라가시(ensi)를 제외한 도시 국가들의 수장은 루갈로 불렸다. 그리고 아카드 왕 사르곤이 수메르 지역을 통일하면서 루갈 전성 시대가 도래한다. 아카드 제국의 붕괴 후 다시 찾아온 수메르 시대는 이상적 통치자의 역할에

수메르 단편 〈빌가메시와 아가〉는 길가메시의 군사적 역할을 강조한다. 길가메시는 키쉬의 왕 아가의 억압적 통치를 끝내고 우룩의 영토를 넘어 수메르 전체에 대한 패권을 가져온다. 이것은 그가 닙푸르의 사원을 봉헌했다는 툼말 비석에 의해 확인된다: "두 번째로 툼말이 폐허가 되었다. 길가메시는 엔릴의 집 누문부라(Numunburra)를 건설했다 (11-12행)."[79] 수메르 전체에 대한 정치적 패권을 주장하는 도시 왕들은 수메르의 종교 수도였던 닙푸르에 석비를 봉헌함으로 그 정당성을 인정 받으려 했다.[80] 툼말 비문은 우룩의 엔-통치자였던 길가메시도 예외가 아님을 보여준다. 3천년기 고수메르 시대에 확장된 역할을 수행해야 하는 우룩의 통치자들은 신전 관리자로서의 역할과 군사적 지도자로서의 역할의 균형에 집중했을 것이다. 이것은 수메르 단편들에도 나타난다. 〈빌가메시와 후와와〉와 〈빌가메시와 하늘 황소〉에서 빌가메시는 전사의 이미지와 경건한 자의 이미지를 모두 보여준다. 길가메시 서사시에서 길가메시가 철저히 신을 모독하는 전사로 그려지는 것과 대조적이다. 길가메시를 비롯한 우룩의 왕들을 이상적 왕으로 여긴 신수메르의 왕들의 경우, 신전 관리자로서의 역할과 군사 영웅으로서 역할 사이에 대한 고민이 특히 컸을 것이다.[81] 길가메시 서사시의 수메르 버전이 존재했다면, 빙에 따르면, 그것은 분명히 3천년기 수메르 왕들의 관심을 반영했을 것이다. 즉 수메르 서사시는 엔과 루갈의 역할을 한 사람이[82] 수행하면서 생기는 문제를 다른다.[83]

빙은 길가메시 서사시 표준 버전에서 몇 가지 어색한 구절과 모티브들에 주목하면

대한 고민이 무척 컸을 것이다. 이런 사회적 고민이 우르 3왕조의 왕들이 이상적으로 여긴 길가메시의 수메르 서사에 표현되지는 않았을까? 엔과 루갈에 대한 설명은 Katz, *Gilgamesh and Akka*, pp.28-30에 의존하고 있다.

79 Samuel N. Kramer, "Gilgamesh: Some New Sumerian Data," P. Garelli(ed.), *Gilgameš et Sa Légende* (Paris: Librairie C. Klincksieck, 1960), p.61.

80 T. Jacobsen, "Early Political Development in Mesopotamia", *ZA* 52 (1957), pp.103-4.

81 슐기는 통치 중 여러 개혁을 단행하는데, 군사적 영웅 나람신처럼 스스로 신으로 등극한 동시에 발라(bala) 제도를 도입하여 경제 행정가로서의 면모도 보이려 했다.

82 아카드 전통에서는 루갈과 엔의 역할을 다른 사람이 수행한다. 최초의 아카드 왕 사르곤은 자신의 딸을 우르의 엔으로 임명하였다. 즉 아카드 왕들도 제의에 중요한 역할을 했지만 신전을 관리하고 운영하는 일은 사제가 담당했다.

83 Bing, "On the Sumerian Epic of Gilgamesh", p.10.

서 그것들이 엔의 전통적 역할과 새로 확장된 역할 사이의 갈등을 반영한다고 주장한다. 그렇다면 이런 수메르적 주제를 보여주는 힌트들은 무엇인가? 먼저, 토판 I에서 "우룩의 목자"로 소개되는 길가메시가 성적 욕구를 억제하지 못하는 억압적 왕으로 그려지는 대목이다.[84]

Šū rēʾûmma ša Uruk supūri / ūl umaššar Gilgameš mārta ana ummīša
그는 양우리 우룩의 목자이다. / 딸들을 어머니에게 놓아주지 않는다. (토판 I:71-72)

함무라비 법전 결문에 목자적 왕에 대한 아카드 정의가 나온다: anākuma rēʾûm mušallimum ša ḫaṭṭašu išarat "목자는 바로 나다. 나는 평화를 가져오고 내 통치는 정의롭다." 아카드인들에게 목자적 왕은 평화롭고 정의로운 왕이라는 점에서 위에 인용된 구절은 분명 모순적이다. 왕의 목자적 역할과 우룩의 모든 딸들에 대한 왕의 권리가 무슨 연관이 있을까? 빙에 따르면 수메르 전통에서 목자적 왕의 의미는 신전 경제 관리자다. "목자"가 가축을 공급하는 것처럼, 왕의 역할 중 하나도 신전에 공납을 책임지는 것이다. 그리고 그 통치자는 인안나와의 혼인을 통해 풍요로운 통치의 동력을 얻는다. 빙에 따르면, 길가메시가 우룩의 모든 여자와 잠자리를 하는 것은 바로 그 신성 결혼식에 대한 흔적이다.[85] 이런 관점에서 우룩의 목자 길가메시가 "딸들을 어머니에게 놓아주지 않는 것"은 엔-통치자로서 본분을 충실히 수행하기 위한 것이라는 해석이 가능하다.[86] 이처럼 빙은 일견 모순적으로 보이는 구절에서 수메르 통치자의 이상을 발견한다.[87]

그 다음에 빙이 제시하는 증거 본문들은 "문"과 연관된 단어 혹은 모티브와 연관되어 있다. 먼저 "문"과 연관된 아카드어 '시푸'(sippu)가 문맥적으로 불필요한 상황에 사용된 두 장면을 살펴보자. 한번은 '시푸'가 길가메시와 엔키두의 씨름 장면에서, 다른 한 번은 인안나가 길가메시에게 청혼하는 장면에서 사용된다.

---

84 Bing, "On the Sumerian Epic of Gilgamesh", p.4.

85 Bing, "On the Sumerian Epic of Gilgamesh", p.4.

86 Bing, "On the Sumerian Epic of Gilgamesh", p.4.

87 우룩이 우르 3왕조 시대에 수메르의 종교 혹은 수메르 전체를 대표하는 상징이 되었다. 이에 대한 자세한 설명은 다음의 논문을 참고하라. Berlin, "Ethnopoetry and the Enmerkar Epic", *Journal of the American Oriental Society* 103 (1983), pp.17-24.

ᵈen-ki-dù ina KÁ É e-mu-ti ip-te-rik šē̆pīšu

ᵈGiš-gím-maš a-na šu-ru-bi ul i-nam-din

iṣ-ṣab-tu-ma ina KÁ É e-mu-ti

ina sūqi it-te-eg-ru-ú ri-bit ma-a-tu

Sip-pu ir?-ú-bu iga-ra i-UD-uš

엔키두가 그의 발로 결혼 집 문을 막아섰다.

길가메시가 들어가지 못하게 했다.

그들은 결혼 집 입구에서 서로 부여잡았다

길에서 땅의 대로에서 씨름했다.

문설주가 (부서졌다?) 벽이 (무너졌다?)

(토판 II: 111-115행)**88**

이 다음 부분의 토판이 훼손되었고, 115행의 동사들의 의미가 확실하지 않아, 그곳에 언급된 '시푸'의 의미를 단정하기는 어렵다. 보통은 '시푸'를 문설주(door jams)로 번역하고,**89** 문설주의 부서짐을 씨름의 격렬함을 나타내는 표현으로 이해하지만, 같은 목적이 보다 일반적인 어휘인 '바부'(bābu "성문")으로 달성되었을 수도 있음을 생각하면, 왜 문설주를 의미하는 '시푸'라는 특정한 어휘를 사용했는지에 의문을 가질 수 있다.**90** 빙은 '시푸'의 파괴가 가지는 중요성을 이해하기 위해서는 이상적 왕에 대한 수메르 사회의 고민을 염두에 두어야 한다고 주장한다. 이를 위해 빙은 '시푸'를 인안나 혹은 인안나 신전의 상징으로 이해한다.**91** 빙에 따르면 '시푸'는 건물 문 양쪽에 설치된 기둥 모양의 조형물로 우룩 꽃병에서 확인한 바처럼 인안나의 상징으로 사용될 뿐 아니라, 인안나를 표기하는 쐐기문자의 원형(??)이다.**92** 길가메시가 엔키두와 씨름하는 과정에서

---

88 음역과 번역은 조지의 비평본을 참조하였다: George, *The Babylonian Gilgamesh Epic*, pp.562-563.

89 George, The Epic of Gilgamesh, p.16.

90 115행에서 '이가루(igāru)'("벽")가 '시푸'의 대구어로 등장한다. 하지만 이가루 "벽"과 보다 자연스러운 대구어는 바부(bābu) "문"이다. CAD b. p.18 참조.

91 Bing, "On the Sumerian Epic of Gilgamesh", pp.5-6.

92 Bing, "On the Sumerian Epic of Gilgamesh", pp.5-6; Z. Bahrani, *Mesopotamia: Ancient*

인안나의 상징물이 부서졌다는 것은 길가메시와 인안나의 관계의 파탄을 암시한다. 씨름으로 문기둥이 무너진 직후 길가메시와 엔키두는 절친이 되는데, 그 때 엔키두가 길가메시를 루갈(=아카드어 샤룸 šarrum) 즉 '왕'로 재정의한 것은 의미심장하다. 시푸가 부서지면서 길가메시는 루갈로서 역할을 수행하기 시작한다.

> ul-lu e-li mu-ti re-eš-ka
> Šar-ru-tam ša ni-ši i-ši-im-kum ᵈEn-lil
> 너의 머리가 용사들 위에 높이 들렸다.
> 엔릴께서 너에게 사람들 위의 왕권을 부여하셨다.
> (Pennsylvania 238-239행)[93]

이제 길가메시는 인안나 신전을 떠나 먼 곳에 가서 그의 이름을 드높이려 한다. 그는 루갈로서 먼 나라에 있는 삼나무 숲으로 가서 엄청난 업적을 이룬다. 이것은 단순한 벌목 원정이 아님을 보여주는 증거는 빌가메시 단편 BH와 길가메시 서사시 모두에서 벌목의 과정이 적과의 싸움으로 치환된다는 것이다. 즉 삼나무 숲으로의 원정은 엔의 군사적 업적을 암시한다. 원정의 목적이 명시적으로 후와와를 죽이는 것은 아니었던 수메르 단편과 달리, 아카드 서사시에서 길가메시는 처음부터 삼나무 숲의 괴물을 죽이는 것을 처음부터 여행 목적으로 선언했다. 더구나 그 괴물이 신(ᵈḫum-ba-ba)이라는 사실은 아카드 서사시에서 루갈의 군사적 업적이 극단적 형태로 표현되고 있음을 보여준다. 이처럼 길가메시 서사시에서는 우룩의 엔-통치자의 두 역할 사이에 균형이 완전히 붕괴되었다. 루갈의 직무를 지나치게 수행하다가 신전 관리자로서 직무는 소홀하게 되었다. 이것을 보여주는 것이 인안나의 청혼을 거부하면서 시작되는 '하늘 황소' 일화(토판 VI)이다. 그리고 주목할 사실은 길가메시에게 청혼하는 인안나의 말 속에서 아카드어 '시푸'가 다시 사용된다는 것이다.

Art and Architecture (New York: Thames&Hudson, 2022), p.48.

[93] 음역과 번역은 조지의 비평본을 참고했다: George, The Babylonian Gilgamesh Epic, pp.180-181.

A-na É-ni i-na e-re-bi-ka / **sip-pu** a-rat-tu-ú li-na-áš-ši-qu GÌR^{min}-ka

그대가 우리의 집에 들어올 때 / **문설주와** 보좌가 그대의 발에 키스할 것이오.

(토판 VI:14-15행)

시푸가 인안나의 엠블럼임을 상기할 때 그것이 청혼의 문맥에 다시 사용된 의미를 이해할 수 있다. 길가메시와 인안나의 관계가 파괴되는 문맥에 처음 사용된 '시푸'가 그 관계가 회복될 수 있는 문맥에 다시 사용된 것은 우연이 아니다. 수메르 세계에서 인안나와 엔-통치자의 혼인은 매우 중요한 일이다. 엔-통치자 역할을 제대로 수행하기 위해 그가 인안나와 부부가 되는 것은 매우 중요하다. 하지만 아카드 버전에서 길가메쉬는 인안나를 성욕 많고 변덕스러운 여신으로 비하하면서 그녀와의 결혼을 거부한다. 우리는 이 부분에 대한 수메르 단편 〈빌가메시와 하늘 황소〉의 내용을 이미 살펴보았다. 수메르 단편 속 빌가메시도 인안나의 남편이 되어 기파루에 머무는 삶을 거부했다. 하지만 그가 인안나와 관계를 완전 부정한 것은 아니다. 그는 인안나 신전을 위한 공납을 계속 바치겠다고 약속한다. 아카드의 길가메시와 달리, 수메르의 빌가메시는 청혼하는 여신을 조롱하지 않는다. 기원전 14세기 것으로 추정되는 히타이트 사본은 이 문제에 관해 아카드 서사시보다 수메르 단편에 더 가까운 본문을 증거한다. 히타이트 버전에 따르면 길가메시가 후와와를 무찌른 후 바로 우룩으로 돌아가지 않고 인안나를 찾아간다. 앞서 신전 문기둥이 부서진 것에 화가 나 있는 인안나를 달래기 위해서이다. 흥미롭게도 히타이트 버전에서 길가메시와 인안나는 보다 친근한 관계로 그려진다. 길가메시는 신전의 재건축을 돕고 공물을 계속 제공할 것이라고 말한다.[94] 이것은 신전에 공납을 제공하겠지만 인안나의 남편으로 신전 안에 머무는 것을 거부한 수메르의 빌가메시를 연상시킨다.

수메르 서사시의 흔적으로 빙이 제시하는 마지막 증거에서 시푸("문기둥")라는 단어는 사용되지 않지만 "문"과 관련된 모티브는 여전히 지배적이다. 엔키두가 자신의 죽게 될 것임을 알게 된 후 그를 죽음에 이르게 한 다양한 주체들을 저주한다(토판 VII). 흥미롭게도 엔키두가 가장 먼저 저주한 것은 문(^{giš}daltu)이다. 빙은 아카드 저자가 엔키두가

---

94 G. Beckman, *The Hittite Gilgamesh* (Atlanta: Lockwood Press, 2019), pp.33 – 52; Bing, "On the Sumerian Epic of Gilgamesh", p.7.

문을 의인화하여 저주하는 이유를 몰랐을 것이라 말하면서, 문을 인안나의 상징으로 이해할 때 그 저주가 제대로 이해된다고 주장한다: "오 문(인안나여)! 이것이 너의 의도임을 알았더라면, 너의 아름다움이 재앙을 가져올 것을 알았더라면, 내가 도끼를 들어, 너를 모두 부수었을 텐데……"(토판 VII:47-49).[95]

이상의 논의처럼 빙은 길가메시 아카드 버전에서 수메르 버전의 흔적을 찾으려 했다. 그는 결론에서 다음과 같은 취지로 말한다: '위에서 제시된 증거들에 근거해 길가메시 서사시의 구전 역사에 대해 추론(speculation)할 수 있다. 구전 수메르 서사시는 사제적/경제 행정적 역할(엔)과 군사적 역할(루갈)이 한 통치자에 의해서 수행될 때 생기는 문제점들을 다룬다. 그 구전 서사시는 우르 3왕조에 처음으로 문자화 되었을 것이다. 우르 3왕조의 시조 우르남무(Ur-ᵈNammu)는 우룩 출신의 왕으로, 그의 아들 슐기도 초기 왕정 시대의 우룩의 왕들과 친족 관계를 주장했다. 우룩 전승들이 이 시대에 문자화 된 것은 놀랄 일이 아니다. 하지만 우르 3왕조 시대에는 수메르 버전을 관통하는 문학적 모티브가 초기 왕정 시대만큼 중요한 주제가 아니었기에, 수메르 단편들은 수메르 서사시의 통일적 주제로 연결될 필요는 없게 된다. 따라서 우르 3왕조 때에 문자화된 수메르 단편들은 독립적인 일화의 성격을 가지게 되고, 그렇게 공연 되었을 것이다. 그리고 이런 일화들이 아카드어로 번역되었을 때[96] 고바빌론 시인은 당대의 문화적 경험을 반영하는 모티브들을 사용해 수메르 일화들을 하나의 통일성 있는 서사시로 묶었다. 길가메시 서사시에 반영된 자연(엔키두)와 도시 문명(길가메시)의 상호작용은 고바빌론 시대의 나라들이 경험한 현실 즉 전통적 수메르 도시민들과 아모리 유목 이민자들이 함

---

[95] 인용은 빙(Bing)의 의역이다. "O 'Inanna,' had I known that this was [thy purpose], and that [thy beauty] would bring on this disaster, I would have lifted an ax and shattered thee all." Bing, "On the Sumerian Epic of Gilgamesh," p.9.

[96] 수메르 단편들이 아카드어로 번역되었다는 통찰은 후에 플레밍과 밀스테인(Fleming and Milstein)의 연구의 영감이 된다. 그들은 수메르 단편들을 참고로 고바빌론의 시인이 길가메시 서사시를 창작했다는 학자들의 합의에 수정을 가하는 연구를 출판했다. 그들의 주장에 따르면, 수메르 단편들에서 길가메시 서사시 고바빌론 판으로 넘어가기 전에 아카드 단편들이 존재했다. 즉 길가메시 서사시의 작가가 수메르 단편을 자료로 삼은 것이 아니라 아카드어로 된 길가메시 단편들을 참고했다고 주장한다. 그리고 〈빌가메시와 후와와〉를 그 사례로 연구한다. Daniel E Fleming and Sara J. Milstein, *The Buried Foundation of the Gilgamesh Epic: The Akkadian Huwawa Narrative* (Leiden: Brill, 2010).

께 어울려 사는 현실을 반영한다. 길가메시 서사시의 아카드 버전에서 자연 속 삶과 도시 생활의 장점과 단점들이 논의 된 것은 바로 이런 이유이다.'[97]

수메르 시대 길가메시 서사시의 형성과 전승에 관한 그의 주장은 그가 말한 대로 추론(speculation)에 불과하다. 하지만 흥미로운 것은 그가 수메르 서사시와 아카드 서사시가 모두 당시 사회적 문제에 반응한 기억 역사임을 주장한다는 것이다. 즉 각 서사시들은 역사적 길가메시에 대해 말해주는 것이 아니라 그 이야기를 소비하던 시대의 문제를 반영한다. 빙의 결론적 추론보다 길가메시 서사시의 표준 버전에 대한 그의 문학적 분석은 학문적으로 좀더 고려의 가치가 있다. 표준 버전에 대한 그의 관찰들은 길가메시의 수메르 단편들의 내부적 증거들과 함께 수메르 시대에 단편들을 통합하는 하나의 서사가 존재했음을 암시한다. 길가메시의 서사시의 수메르 버전을 구성했을 내용들을 확정하기는 힘들지만, 현전하는 수메르 단편 토판들과 상호작용한 서사시가 존재했을 가능성은 충분해 보인다.

III. 나가는 말

지금까지 우리는 수메르어로 된 길가메시 서사시의 존재 가능성에 대해 분석했다. 비록 수메르 서사시에 대한 직접적인 증거는 없으며, 다수의 학자들도 수메르 서사시의 존재에 대해 회의적이지만, 위에서 살펴본 다양한 내적 정황 증거들(II-2)은 우룩 3시대에 수메르 서사시가 적어도 구전의 형태로 존재했을 가능성을 시사한다. 수메르 문학의 기원이 구전인지는 논쟁의 여지가 있지만, 수메르 서전이 구전과의 상호작용을 통해 전승되었음을 확실하기 때문에[98] 길가메시 수메르 단편들에 대해서도 그것과 상호 작용하

---

97 이것은 빙의 결론 문단을 가독성을 위해 의역 편집한 것이다. 원문의 출처는 다음을 보라: Bing, "On the Sumerian Epic of Gilgamesh", p.10.

98 B. Alster, "Interaction of Oral and Written Poetry in Early Mesopotamian Literature", Marianna Vogelzang(ed.), *Mesopotamian Epic Literature: Oral or Aural* (Lewiston: The Edwin Mellen

는 구전의 존재를 상정하는 것이 합리적이다. 길가메시의 단편들이 다양한 버전으로 존재한다는 것이 그 증거일 수 있다.[99] 이런 결론에 근거해 다음과 같은 추가적 추론도 가능하다. 완벽히 인간중심적 세계관을 그린 아카드어 서사시와 달리 수메르어로 된 서사시에 그려진 길가메시는 수메르 전통적 종교에 충실하면서 영웅적 행위를 수행했을 것이다. 아카드의 시인이 길가메시 서사시의 수메르 버전을 어떻게 완전 인간중심주의적 서사로 구성하게 되었는지는 별도의 연구를 필요로 하는 문제이다.[100]

Press, 1992), pp.23-29.

[99] 길가메시에 관한 수메르 단편들의 다양한 지역 버전을 정리한 미칼로우스키의 표를 참조하라. Michalowski, "Maybe Epic: The Origins and Reception of Sumerian Heroic Poetry," D. Konstan(ed.), *Epic and History* (Malden, MA: Blackwell, 2010), p.18.

[100] 이 글은 김구원, 「수메르어로 된 길가메시 서사시는 존재했을까」, 『구약논단』 93 (2024), pp. 52-91을 수정 보완한 것이다.

참고자료

박성진, "문명의 조건: 기원전 4천년기 서아시아의 우룩 팽창 현상" 「고대문명 형성의 물질적, 정신적 토대」(단국대 고대문명연구소 제2회 학술대회 자료집), 9-46.

마르크 반 드 미에룹, 「고대 근동 역사」 (김구원/강후구 옮김), (서울: CLC, 2021). 원제 Marc van de Mieroop, *A History of the Ancient Near East* (Malden: Blackwell, 2007).

Alster, B. "Interaction of Oral and Written Poetry in Early Mesopotamian Literature." M. Vogelzang(ed.), *Mesopotamian Epic Literature: Oral or Aural* (Lewiston: The Edwin Mellen Press, 1992), 23 – 29.

Assmann, J. *Cultural Memory and Early Civilization: Writing, Remembrance, And Political Imagination* (Cambridge: Cambridge University Press, 2007).

Bahrani, Z. *Mesopotamia: Ancient Art and Architecture* (New York: Thames&Hudson, 2022).

Beckman, G. *The Hittite Gilgamesh* (Atlanta: Lockwood Press, 2019).

Berlin, Adele. "Ethnopoetry and the Enmerkar Epics", *Journal of the American Oriental Society* 103 (1983), 17 – 24.

Bing, J. D. "On the Sumerian Epic of Gilgamesh", *Ancient Near Eastern Studies* 7 (1975), 1 – 11.

Black, J. "Some Structural Features of Sumerian Narrative Poetry." Marianna E. Vogelzang(ed.), *Mesopotamian Epic Literature: Oral or Aural?* (Lewiston: The Edwin Mellen Press, 1992), 71 – 102.

Black, Jeremy, Graham Cunningham, Eleanor Robson, and Gábor Zólyomi. *The Literature of Ancient Sumer* (Oxford: Oxford University Press, 2004).

Cavigneaux, A., and F. N. H. Al-Rawi. *Gilgameš et La Mort Textes de Tell Haddad VI Avec Un Appendice Sur Les Textes Funéraires Sumériens* (Groningen: Stys Publication, 2000).

Charpin, D. *Le Clergé d'Ur Au Siècle d'Hammurabi (XIXe-XVIIIe Siècle AV. J. -C)* (Paris: Droz, 1986).

Delnero, P. "Sumerian Literary Catalogues and the Scribal Curriculum", *Zeitschrift Für Assyriologie Und Vorderasiatische Archäologie* 100 (2010), 32 – 55.

Delnero, P. "Variation in Sumerian Literary Comositions: A Case Study Based on the Decad" (Ph.D. Dissertation: The University of Pennsylvania, 2006).

Dossin, G. "Enkidou Dans l'Épopée de Gilgameš", *Bulletin de l'Académie Royale de Belgique, Cesse Des Lettres* 42 (1956), 580-593.

Fleming, Daniel E. and Sara J. Milstein, *The Buried Foundation of the Gilgamesh Epic: The Akkadian Huwawa Narrative* (Leiden: Brill, 2010).

Falkenstein, A. "Gilgameš. A. Nach Sumerischen Texten", Erich Ebeling(ed.), *Reallexikon Der Assyriologie* (Berlin: Water de Gruyter, 1957), 3:357 – 64.

Gadotti, A. "Gilgameš, Enku and the Netherworld and the Sumerian Gilgameš Cycle" (Ph.D. Dissertation: The Johns Hopkins University, 2005).

Gadotti, A. *Gilgamesh, Enkidu and the Netherworld and the Sumerian Gilgamesh Cycle* (Berlin: De Gruyter, 2014).

Genette, Gerard. *Palimpsests: Literature in the Second Degree* (Lincoln: University of Nebraska Press, 1997).

George, A. "The Epic of Gilgamesh: Thoughts on Genre and Meaning", J. Azize(ed.), *Gilgamesh and the World of Assyria. Proceedings of the Conference Held at Mandelbaum House, the University of Sydney*, (Leuven, 2004), 37-67.

George, Andrew. *The Babylonian Gilgamesh Epic: Introduction, Critical Edition, and Cuneiform Texts.* (Oxford: Oxford University Press, 2003).

George, Andrew. *The Epic of Gilgamesh* (UK: Penguin, 2020).

Holm, T. "Literature", D. M. Snell(ed.), *A Companion to the Ancient Near East* (Oxford: Blackwell, 2005), 253 – 265.

Jacobsen, Thorkild. "Early Political Development in Mesopotamia," *Zeitschrift Für Assyriologie Und Vorderasiatische Archäologie* 52 (1957), 91 – 140.

Jastrow, M. *An Old Babylonian Version of the Gilgamesh Epic on the Basis of Recently Discovered Texts* (New Haven: Yale University Press, 1920).

Katz, Dina. *Gilgamesh and Akka* (Groningen: Styx Publications, 1993).

Kramer, Samuel N. "Gilgamesh: Some New Sumerian Data." P. Garelli(ed.), *Gilgameš et Sa Légende* (Paris: Librairie C. Klincksieck, 1960), 59-68.

Kramer, Samuel N. "The Epic of Gilgameš and Its Sumerian Sources", *Journal of the American Oriental Society* 64 (1944), 7 – 23.

Kramer, Samuel N. "The Oldest Literary Catalogue: A Sumerian List of Literary Compositions Complied about 2000 B.C.", *Bulletin of the American Schools of Oriental Research* 88 (1942), 10 – 19.

Langdon, S. "The Sumerian Epic of Gilgamish", *The Journal of the Royal Asiatic Society of Great Britain and Ireland* 4 (1932), 911 – 48.

Matouš, L. "Les Rapports Entre La Version Sumérienne et La Version Akkadienne de l'épopée de Gilgameš," P. Garelli(ed.), *Gilgameš et Sa Légende* (Paris: Librairie C. Klincksieck, 1958), 83-94.

Michalowski, P. "Carminative Magic. Towards an Understanding of Sumerian Poetics", *Zeitschrift Für Assyriologie Und Vorderasiatische Archäologie* 71 (1981), 1 – 18.

Michalowski, P. "Charisma and Control: On Continuity and Change in Early Mesopotamian Bureaucratic Systems", M. Gibson(ed.), *The Origination of Power: Aspects of Bureaucracy in the Ancient Near East* (Chicago: University of Chicago Press, 1987), 45-57.

Michalowski, P. "Maybe Epic: The Origins and Reception of Sumerian Heroic Poetry", D. Konstan(ed.), *Epic and History* (Malden, MA: Blackwell, 2010), 7-25.

Michalowski, P. "Sumerian Literature: An Overview", Jack M. Sasson(ed.), *Civilizations of Ancient Near East* (Peabody, MA.: Hendrickson Publishers, 1995), 2279-91.

Gonzalo Rubio, "Reading Sumerian Names, II: Gilgameš", *Journal of Cuneiform Studies* 64 (2012), 3-16.

Sanmartín, J. *Gilgameš Rey de Uruk* (Itorial: Trotta, 2018).

Tigay, Jeffrey H. *The Evolution of the Gilgamesh Epic* (Wauconda: Bolchazy-Carducci Publishers, 2002).

Tigay, Jeffrey H. "Was There an Integrated Gilgamesh Epic in the Old Babylonian Period?", Maria de Jong Ellis(ed.), *Essays on the Ancient Near East in Memory of Jacob Joel Finkelstein* (Hamden: Archon Books, 1977), 215-218.

Veldhuis, N. C. *Religion, Literature and Scholarship: The Sumerian Composition "Nanše and the Birds."* (Leiden: Brill, 2004).

Veldhuis, N. C. "Review Article: The Solution of the Dream: A New Interpretation of Bilgames' Death", *Journal of Cuneiform Studies* 53 (2001), 133-48.

목차

I. 들어가는 말

II. 수메르 문학 속 길가메시

III. 길가메시에 대한 수메르 단편들

IV. 나가는 말

제6장
길가메시 서사시의 수메르 자료들

김구원(전주대 신학과)

I. 들어가는 말

고대 메소포타미아의 문학 작품들 가운데 길가메시 서사시는 그 형성 역사를 가장 잘 확인할 수 있는 작품이다. 우리에게 익숙한 줄거리는 표준 바빌로니아어(Standard Babylonian)로 불리는 인공적 문예 언어로 작성된 기원전 7세기 판본의 것이다.[1] 이 판본에 담긴 길가메시 이야기는 후기 버전(Late version) 혹은 표준 버전(Standard version)으로 불리며, 모두 12개의 토판 총 3,000여 행에 달하는 분량이다.[2] 물론, 발견 당시 많이

---

[1] 앤드류 조지에 따르면 이 표준 버전이 처음 확정된 때는 기원전 2천년기 후반이다. 중바빌로니아 카슈 시대에 아카드 문학들의 표준 판본들이 만들어졌는데, 길가메시 서사시도 그중 하나였다. 길가메시 서사시의 표준 판본의 편집에 기여한 학자는 신-리케-운닌니(Sîn-lēqi-unninni, '신이 내 기도를 받으신다')로 13세기에서 11세기 사이에 살았던 인물로 추정된다. 그가 퇴마사(^{lú}MAŠ.MAŠ)로 불리다는 점과 기원전 1천년기 우룩의 유명한 서기관 가문에서 그를 조상으로 여겼다는 사실 외에는 그에 대해 알려진 바가 없다. Andrew George, *The Babylonian Gilgamesh Epic: Introduction, Critical Edition, and Cuneiform Texts* (Oxford: Oxford University Press, 2003), pp.3-70.

[2] 많은 학자들이 제12토판을 이야기의 후기(addition)로 간주한다. 서사시의 자연스러운 일부가 아니라고 생각한다. 하지만 제12토판이 수메르 단편 〈빌가메시와 지하세계〉의 발췌 번역이며, 나머지 토판들을 지배하는 인본주의적 주제와 배치되는 점은 있지만, 그것을 고대인들이 이야기의 후기로 폄하했다는 증거는 부족하다. 오히려 팔켄슈타인(A. Falkenstein)에 따르면 12토판은 죽은 다음의 세상에

훼손되어서 현전(現傳)하는 것은 그것의 약 60%인 1,600행에 불과하지만 고대 메소포타미아의 다양한 시대에 다양한 지역에서 다양한 언어들로 필사된 사본들이 추가적으로 발견됨에 따라 이야기의 큰 틀은 거의 완벽하게 복원할 수 있었다. 수메르어, 아카드어, 히타이트어, 후르어로 된 길가메시 사본들이 이집트를 제외한 고대 근동 전역 즉 메소포타미아, 시리아, 팔레스타인, 아나톨리아, 이란 지역에서 발견되었다. 가장 늦은 사본과 가장 이른 사본 사이의 간격도 무려 1900년에 달한다.[3] 이것은 길가메시 이야기가 시대와 지역을 막론하고 고대 근동인들에게 얼마나 많은 사랑을 받았는지 보여주는 듯하다.[4]

길가메시 서사시의 표준 버전은 오랜 본문 형성 역사를 가진다.[5] 그것의 가장 원시적 형태는 고바빌론 시대까지 거슬러 올라간다. 길가메시 서사시의 고바빌론 버전의 존재는 20세기 초에 알려지게 되었다. 1914년에 펜실베니아 대학(University of Pennsylva-

---

대한 비밀을 담고 있어 고대 메소포타미아인들에 의해 보존 가치가 있는 것으로 여겨졌다: A. Falkenstein, "Gilgameš. A. Nach sumerischen Texten," in Erich Ebeling ed., *Reallexikon der Assyriologie* (Berlin: Water de Gruyter, 1957), p.363.

3 George, *The Babylonian Gilgamesh Epic: Introduction, Critical Edition, and Cuneiform Texts*, p.4.

4 길가메시 이야기가 고대 근동 사회에 얼마나 영향을 끼쳤는지에 대한 논쟁이 있다. 그 이야기가 오랜 세월에 걸쳐 다양한 지역에서 필사되었다는 사실 자체는 그것의 영향력에 대한 정황적 증거를 제공하지만, 직접적 증거는 거의 없기 때문이다. 이 때문에 코백스(Kovacs)를 포함한 일부 학자들은 길가메시 서사시가 쐐기문자를 아는 서기관 계층에서만 회자되었고 일반 문화에는 영향력이 없었다고 주장한다. 그 증거로 어떤 왕도 그가 "길가메시"처럼 용감하거나 지혜롭다고 고백하지 않는다는 점, 어떤 편지에서도 우정의 전형으로 길가메시와 엔키두의 예가 인용되지 않는다는 점을 든다: Maureen G. Kovacs, *The Epic of Gilgamesh* (Standford, Standford University Press, 1989), p.17. 반면 크레이머(Samuel N. Kramer)와 같은 학자들은 옌센(Peter Jensen)의 책(*Das Gilgamesch-Epos in der Weltliteratur*, 1906)을 인용하며, 길가메시 서사시의 사회적 영향력에 대한 증거는 부족하지만, 그것이 근동 뿐 아니라 그리스를 너머 그 외의 지역까지 영향을 미쳤을 가능성을 제기한다: Samuel N. Kramer, "The Epic of Gilgaesh and its Sumerian sources: A Study in literary evolution," *Journal of American Oriental Society* 6 (1944), p.7.

5 고바빌론 버전에서 표준 버전까지의 본문 형성의 역사에 대한 개괄을 보려면 다음의 책을 참조하라: George, *The Babylonian Gilgamesh Epic: Introduction, Critical Edition, and Cuneiform Texts*, pp.3-70.

nia)과 예일 대학(Yale University)이 거의 동시에 6개 칼럼으로 된 고바빌론 시대의 토판 OB II과 OB III을 각각 구입하였다.[6] 비교적 보전 상태가 좋은 펜실베니아 대학 토판 (OB II 혹은 P로 표기됨)은 엔키두의 도래에 대한 길가메시의 꿈, 창기 삼핫에 의한 엔키두의 문명화, 엔키두와 길가메시의 만남 등의 내용을 담고 있고, 예일 대학 토판(OB III 혹은 Y)은 길가메시가 엔키두와 더불어 삼나무 숲으로 여행하기 직전까지의 일화들을 담고 있다. 표준 버전과 고바빌론 버전을 비교한 앤드류 조지(Andrew George)에 따르면 전자는 전형 장면에 대한 풍성한 반복을 통해 그리고 새로운 내용의 첨가를 통해 후자를 확장 개정하였지만, 기본적 주제와 플롯에 있어서는 변함이 없고, 심지어 그 둘이 겹치는 부분에서는 거의 행 단위로 어휘와 어순에 있어 일치를 보인다.[7] 표준 버전이 12개의 토판에 걸친 장편 서사시라면 고바빌론 버전은 4-5개의 토판에 담긴 중편 서사시라 할 수 있다.

그렇다면 길가메시 서사시의 고바빌론 버전은 어떻게 저작되었을까? 길가메시 수메르 사본들이 알려지기 전부터 학자들은 길가메시 서사시의 기원이 수메르 시대까지 거슬러 올라간다고 생각했다. 그 근거는 길가메시 서사시의 두 주인공의 이름 "길가메시"와 "엔키두"가 수메르어 이름이라는 것과[8] 그 이야기에 등장하는 주요 신들이 수메르 만신전의 신들이라는 사실이다.[9] 1920-30년대에 길가메시 수메르 단편들을 담은

---

[6] A. Heidel, *The Gilgamesh Epic and Old Testament Parallels* (Chicago: University of Chicago Press, 1946), p.1.

[7] Andrew George, *The Epic of Gilgamesh* (UK: Penguin, 2020), p.xxv.

[8] 길가메시 이름에 대한 논의는 George, *The Babylonian Gilgamesh Epic: Introduction, Critical Edition, and Cuneiform Texts*, pp.71-90을 참조하고, 엔키두의 이름에 대한 논의는 G. Dossin, "Enkidou dans l'Épopée de Gilgameš," *Bulletin de l'Academie royale de Belgique, Classe des letteres, Series* 5, 42 (1956), pp.580-593을 참조하라.

[9] Samuel N. Kramer, "The Epic of Gilgameš and Its Sumerian Sources," *Journal of the American Oriental Society* 64 (1944), p.11. 길가메시의 부모인 루갈반다(Luganbanda)와 닌순(Nunsun)의 이름도 수메르어이다. 엔키두를 창조한 여신 아루루(Aruru)는 수메르 여신 닌마흐/닌후르사그/닌투이며, 하늘 황소를 내어준 안(An)은 수메르의 천신(天神)이다. 엔키두의 죽음을 선포한 신도 수메르 만신전의 최고신 엔릴(Enlil)이며, 홍수 이야기에서 핵심역할을 하는 신도 모두 수메르 신들이다. 아카드 시인은 일부 수메르 신들의 경우 아카드 이름(샤마쉬, 이쉬타르, 에아 등)을 사용하기도 하지만 길가메시 서사시에 반영된 신학이 수메르 만신전의 것임은 부정할 수 없다.

사본들이 알려지고 특히 사무엘 크레이머(Samuel N. Kramer)의 노력으로 1940년대 중반까지 수메르어 사본들에 대한 이해가 증진되면서[10] 학자들은 길가메시 서사시의 아카드 버전들—고바빌론 버전과 그 이후 버전들—이 수메르 단편들에 근거하고 있다고 확신하게 되었다. 예를 들어 표준 버전의 제12토판이 〈길가메시 엔키두 그리고 지하세계〉로 불리는 수메르 단편의 문자적 번역임이 확인되었고, 제11토판의 홍수 이야기도 본래는 길가메시 서사시와 무관한 수메르의 〈홍수 이야기〉에서 영향 받았음은 이제 주지의 사실이다. 본 논문의 목적은 길가메시에 대한 수메르 단편들을 길가메시 서사시와 비교적 관점에서 검토하는 것이다. 이 작업은 가장 오래된 길가메시 전승들이 가지는 내재적 가치뿐 아니라 메소포타미아 문학 창작의 과정도 드러낸다는 점에서 의의를 가진다. 길가메시에 관한 수메르 단편들을 길가메시 서사시와 비교하기 전에 먼저 수메르 문학 속 길가메시 이야기의 위치를 살펴보자.

---

[10] 20세기 초에 이미 길가메시에 관한 수메르 사본들이 알려지고 일부 출판되었다. 표준 버전의 제12토판의 원전(Vortext)으로 알려진 수메르 단편 〈길가메시와 지하세계〉가 1909년에 출판되었다. 1913년에는 〈길가메시와 하늘 황소〉 일화가 알려졌다. 1914년, 푀벨(A. Poebel)이 〈수메르 홍수이야기〉와 〈길가메시와 하늘 황소〉 단편을 발표했고, 같은 해, 랭돈(S. Langdon)이 수메르와 후와와 이야기를 번역해 내었다. 그리고 1917년에는 〈길가메시와 아가〉가 랭돈에 의해 출판되었으며, 1920-30년대에 더많은 수메르 편사본들이 알려지게 되었다. 하지만 이 수메르 사본들에 대한 이해를 결정적으로 증신시킨 것은 1940년대에 크레이머가 수행한 연구들이었다. 최근에 텔 하다드(고대의 메투란)에서 발견된 수메르 사본들이 길가메시 수메르 단편 연구에 있어 또 하나의 변곡점을 제공했지만, 여전히 이 사본들에 대한 이해는 온전하지 않다. Cf. Joaquín Sanmartín, *Gilgameš rey de Uruk* (Itorial: Trotta, 2018), p.357.

II. 수메르 문학 속 길가메시[11]

수메르 왕정 시대는 기원전 2900년부터 2350년가지 지속된 고수메르 시대(혹은 초기 왕정 시대[ED])와 기원전 2112년에서 2004년에 걸친 신수메르 시대(혹은 우르3왕조 시대)로 나뉜다.[12] 고수메르 시대에는 도시 국가들의 협력과 경쟁에 근거한 다원적 질서가 지배한 반면, 신수메르 시대는 우르를 중심으로 한 강력한 중앙집권적 통치가 이루어졌다. 현전하는 가장 오래된 수메르 문학 작품들은 고수메르 시대까지 거슬러 올라간다. 1963년 아부-살라빅(Abu-Salabikh, 고대의 케쉬?)에서 출토된 문서들의 연대는 대략 기원전 2600-2500년 사이로 추정된다.[13] 이 문서들 가운데 가장 큰 비중을 차지하는 장르는 찬양, 잠언, 서사 문학 등의 문학 작품들로, 이 중 〈슈루팍의 교훈〉과 〈케쉬 신전 찬양〉은 매우 유명하다. 아부 살라빅 문서의 발견은 그 전까지의 학자들의 합의—즉 수메르의 '글쓰기 전통'은 제3천년기 말에 즉 신수메르 시대에 가서야 나타났다는 합의—를 뒤집었다. 학자들은 1902년에 발굴된 파라(Fara, 고대의 슈루팍) 문서들에 근거해[14] 고수메르 시대의 쐐기 문헌들이 거의 배타적으로 계약서나 영수증 등 실용 문서를 제작하거나 그런 기록을 담당한 서기관을 위한 어휘집만을 만들었다고 생각했다. 보다 후대의 학자들은 파라

---

[11] 본 단락은 역사적 길가메시가 아니라 문학 속 길가메시, 즉 수메르 사회의 기억 역사 속 길가메시에 대한 것이다. 이를 위해 문학의 형성과 전승 과정이라는 큰 배경 아래서 길가메시가 어떻게 묘사되었는지를 살필 것이다. 따라서 툼말(Tummal) 석비, 아남(Anam) 비문, 수메르 왕명록 등의 사료는 논외로 한다. 역사적 길가메시에 관해서는 다음의 논문을 참고하라: W. G. Lambert, "Gilgameš in Religious, Historical and Omen Texts and the Historicity of Gilgameš," in P. Garelli ed., *Gilgameš et Sa Légende* (Paris: Librairie C. Klincksieck, 1950), pp.39–56.

[12] 이 논문에서 사용된 고대 메소포타미아의 역사적 연대는 미에룹의 책을 참고한 것이다: 마르크 반드 미에룹 지음, 김구원 강후구 옮김, 『고대 근동 역사』(서울: 기독교문서선교회, 2020).

[13] R. D. Biggs, *Inscriptions from Tell Abū Ṣalābīkh* (Chicago: Oriental Institute Press, 1974), p.25. 아부-살라빅 문서에 라가쉬 왕들의 이름이 언급되지 않은 것으로 보아 우르난쉐(ca. 2500) 이전의 것으로 보는 학자들이 많다.

[14] 파라 문서는 아부 살라빅 문서와 동시대의 것이다. 이 두 문서들은 동일한 서기 관행을 따라 문서를 제작했다. 문자의 구성, 연서 관행(ligature), 토판 칼럼 속 라인 형태, 문헌의 장르, 서기관 간기 형식 등이 동일하다. Ibid., p.24.

문서에도 문학 작품이 있음을 밝혀냈지만, 20세기 전반까지만 해도 그 문서들의 독해가 용이하지 않아 그것이 '문학'인지 인지하지 못했다. 아부-살라빅 문서의 발견으로 수메르 문학의 연대가 약 700년 정도 앞당겨 진 것이다.

고수메르 시대의 서사 문학들은 9개 정도 알려졌다.[15] 이 중 길가메시와 연관 있는 것으로 주장된 것은 서사 전통에서 길가메시의 부모로 알려진 루갈반다와 닌순(Lugalbanda and Ninsun)의 이야기다.[16] 빙(J. D. Bing)은 루갈반다와 닌순이 나눈 청혼 대화를 길가메쉬와 이쉬타르가 나눈 청혼 대화(토판 VI)와 비교하며, 루갈반다와 닌순 이야기가 길가메시의 탄생 이야기로 의도되었을 것이라고 주장한다.[17] 하지만 앤드류 조지(A. George)는 그 이야기에 길가메시의 이름이 등장하지 않는다는 점을 들어 그 가능성에 회의를 표명한다.[18] 그럼에도 불구하고 루갈반다(Lugalbanda)에 관한 이야기가 기원전 2600년 경에 만들어졌다는 사실은 이 때부터 우룩 제1왕조(기원전 ca. 2800)의 왕들이 서사의 주인공으로 등장하기 시작했음을 시사한다. 더구나 이때 이미 길가메시의 아버지인 루갈반다가 신으로 간주되었다. 〈루갈반다와 닌순〉에서 그의 이름 앞에 신명을 가리키는 결정사(??)가 사용될 뿐 아니라, 아부-살라빅에서 발견된 신명록에 그의 이름이 등재되어 있으며, zà-mí 찬양시에서 그의 아내 여신 닌순과 이름이 나란히 언급된다.[19]

---

15   블랙은 다음의 논문 '보충 1'에서 고수메르 시대의 서사 문학 작품들을 다음과 같이 나열한다: 1. Enlil and his son Iškur, 2. Enki and Sud, 3. Enlil and Ninhursaga, 4. Ama-ušum-gal, Friend of Enlil, 5. Ašnan and her Seven Sons, 6. Lugalbanda and Ninsun, 7. AO 4153, 8. IAS 392-7, 9. IAS 329. J. Black, "Some Structural Features of Sumerian Narrative Poetry," in Marianna E. Vogelzang ed., *Mesopotamian Epic Literature: Oral or Aural?* (Lewiston: The Edwin Mellen Press, 1992), appendix 1.

16   이 이야기의 비평본은 다음의 논문을 참고하라. Thorkild Jacobsen, "Lugalbandan and Ninsuna," *Journal of Cuneiform Studies* 41 (1989), pp.69 - 86.

17   J. D. Bing, "Gilgamesh and Lugalbanda in the Far Period," *Ancient Near Eastern Studies* 9 (1977), pp.1 - 4.

1. **18**   George, *The Babylonian Gilgamesh Epic: Introduction, Critical Edition, and Cuneiform Texts*, p.5.

19   〈루갈반다와 닌순〉에서 그의 이름 앞에 신명을 가리키는 결정사가 사용될 뿐 아니라, 아부 살라빅에서 발견된 신명록에 이름이 등재되어 있으며, zà-mí 찬양시에서 그의 아내 여신 닌순과 이름이 나란히 언급된다. Cf. J. D. Bing, "Gilgamesh and Lugalbanda in the Far Period," *Ancient Near Eastern*

초기 왕정 시대 후반기(ED II-III)의 도시 국가 왕실에서 구술 가수들(minstrels)이 우룩의 영웅 왕들에 대한 노래를 지어 불렀고 노래의 일부는 이때부터 문자화되기 시작했던 것으로 판단된다. 아부-살라빅 문서와 동시대적인 파라 신명록에 길가메시의 이름이 신(神)을 가리키는 결정사와 함께 등재된 점(ᵈgiš.bil.pab.ga.mes)을 고려할 때,²⁰ 루갈반다의 아들 길가메시를 주인공으로 한 서사 토판이 이 시대의 고고학 성층에서 나오는 것은 시간 문제일 수 있다.²¹

고수메르 시대에는 도시 왕실이 서사 문학을 장려했다면, 신수메르 시대(BC 2112-2004)에는 제국의 왕실이 서사 문학을 장려했다. 고수메르 시대에 서사문학이 광범위한 지역 다양한 도시들(넙푸르, 파라, 아부 살라빅, 기르수, 마리, 에블라)에서 발견된 반면, 우르 3왕조 때에는 제한된 지역에서만 문학 문헌들이 발견된 것은 이를 방증한다.²² 서사 문

Studies 9 (1977), p.2.

20 A. Deimel, *Schultexte Aus Fara* (Leipzig: J. C. Hinrichs'sche Buchhandlung, 1923), p.*11. VA 12760의 뒷면(reverse) 세번째 칼럼 25-26행, 두 줄에 걸쳐 표기되어 있다. 이 이름의 앞부분 giš.bil.pab은 복합 문자(compound sign)으로 pa-bilga로 읽으며, 그 뜻은 "조상"이다. 뒷부분 mes는 "영웅"을 의미하여, pa-bilga-mes는 "조상이 영웅이다"를 의미한다. 파라시대 이후로는 pa가 떨어져 나가, 길가메시의 이름이 빌가메시가 된다. 수메르 빌가메시의 표준적 철자법은 ᵈBìl.ga.mes 혹은 ᵈGiš.bíl.ga.mes이다. 서사시의 고바빌론 버전(OB II, III)에서는 길가메시는 ᵈGiš로 표기되고, 표준 버전에서는 ᵈGiš.gín.maš로 표기된다. 이런 철자법을 '길가메시'로 읽는 근거는 BM 54595 후편 4행(ᵈgiš.gín.maš = ᵈgi-il-ga-meš)이다. 길가메시에 대한 다양한 철자법의 변천에 대해서는 다음을 참조하라: George, *The Babylonian Gilgamesh Epic: Introduction, Critical Edition, and Cuneiform Texts*, chapter 2. 빌가메시가 길가메시의 수메르 발음이라는 주장에 대한 반박을 보려면 다음의 논문을 참조하라: Gonzalo Rubio, "Reading Sumerian Names, II: Gilgameš," *Jouranl of Cuneiform Studies* 6 (2012), pp.3-16.

21 이와 관련하여 흥미로운 자료는 Schøyen의 소장 자료에서 발견된다. 현재 홈페이지(https://www.schoyencollection.com)에서는 삭제되었지만 조지의 증언에 따르면 과거 Schøyen Collection 의 카달로그 제작자가 "빌가메시와 하늘 황소"라 명명한 문서가 있었다. 이 문서는 고수메르와 동시대의 에블라 성층에서 발견된 것으로 gu₄ an "하늘 황소"라는 말로 시작한다. 카탈로그의 설명에 따르면 그 문서는 "길가메시가 죽은 후 불과 100년 후에 작성된 것으로 지금까지 알려진 어떤 길가메시 토판보다 600년이상 오래된 것이다. 그리고 길가메시 서사시에 편입된 길가메시와 하늘 황소 이야기를 담고 있는 듯하다." 하지만 조지는 이런 설명에 회의적이다. George, *The Babylonian Gilgamesh Epic: Introduction, Critical Edition, and Cuneiform Texts*, p.6.

22 Ibid., p.5.

학도 신수메르 시대에 크게 발전하게 된다. 길가메시에 관한 단편이 처음 증거된 때도 바로 우르 3왕조 시대이다.[23] 학자들에 따르면 적어도 우르 3왕조 시대의 토판 세 점이 길가메시와 연관되어 있다.[24] 현재 그중 하나에 대해서만 비평본이 출판되었다.[25] 그 토판은 길가메시가 인안나의 하늘 황소를 무찌르는 내용을 담고 있다. 아직 출판되지 않는 토판 중 하나에는 길가메시가 남녀 무리와 함께 춤을 추다가 갑자기 춤을 멈추고 낯선 이성과 성관계를 하는 장면이 그려져 있다고 한다.[26] 이것은 길가메시 서사시 표준 버전의 도입부에 묘사되는 길가메시의 폭정과 연결될 수 있다.[27] 우르 3왕조 때의 이 세 토판을 제외하면 길가메시의 수메르 토판들은 모두 고바빌론 시대(대략 기원전 1800년)에 제작된 것들이다. 하지만 그 내용이 그때 처음 창작된 것이 아니라, 적어도 우르 3왕조 시대에는 문서로 존재했을 것이다. 물론 고수메르 시대에 루갈반다의 이야기가 문자화된 것으로 볼 때 길가메시 이야기도 그때 문자화되기 시작했을 가능성은 있지만[28] 길가메시에 대한 이야기가 본격적으로 생성되고 문자화된 것은 우르 3왕조 때라는 것이 학자들의 지배적 견해이다.

우르 3왕조의 왕들은 700~900년 전 우룩 1왕조의 영웅 왕들과 가족 관계에 있음을 주장했다. 이런 이념적 선언의 배후에는 우르 3왕조의 창시자 우르남무(Ur-ᵈNammu, BC 2112-2094)가 동시대 우룩 3왕조의 왕 우투헤갈(Utu-Ḫegal, BC 2119-2112)의 친동생이었

---

23 P. Michalowski, "Maybe Epic: The Origins and Reception of Sumerian Heroic Poetry," in D. Konstan ed., *Epic and History* (Malden: Blackwell, 2010), p.20; Maureen G. Kovacs, *The Epic of Gilgamesh* (Standford: Standford University Press, 1989), p.xxii.

24 George, *The Babylonian Gilgamesh Epic: Introduction, Critical Edition, and Cuneiform Texts*, p.7.

25 Antoine Cavigneux and Farouk N. H. Al-Rawi, "Gilgameš et Taureau de Ciel (ŠUL-MÈ-KAM) (Textes de Tell Haddad IV)," *Revue d'Assyriologie et D'Archéologie Orientale* 87 (1993), pp.92–126.

26 조지가 아직 출판되지 않는 루비오(Gonzlo Rubio)가 연구 중인 토판에 근거해 설명한 내용이다. George, *The Babylonian Gilgamesh Epic: Introduction, Critical Edition, and Cuneiform Texts*, p.7.

27 Ibid.

28 Jeffrey Tigay, *The Evolution of the Gilgamesh Epic* (Wauconda:Bolchazy-Carducci Publishers, 2002), p.241.

다는 사실과 후자(後者)가 구티(Gutium) 야만인으로부터 수메르를 해방시킨 역사에 있다.[29] 우투헤갈이 자신의 비문에서 수메르 해방을 길가메시의 도움 때문인 것으로 해석한 것처럼[30] 우르 3왕조의 왕들도 고수메르 시대 후반부터 신으로 숭배되던 길가메시를 그들의 수호신으로 이해하였다.[31] 또한 자신이 루갈반다와 닌순의 아들이라 주장한 우투헤갈처럼 우르 3왕조의 우르남무와 슐기(Shulgi, BC 2094-2046)도 루갈반다와 닌순을 그들의 부모로 주장한다.[32] 한 걸음 더 나아가 우르 3왕조의 왕들은 길가메시를 단순한 수호신이 아닌 그들의 "형제이자 친구"(šeš-ku-li-ni)로 묘사한다.[33] 이 모든 것은 아카드 제국의 붕괴 후 수메르의 재건을 꿈꾼 야심가들에게 '우룩의 왕'이 단순히 한 도시국가의 수장이 아닌 수메르 정신을 대표하는 '기억 형상'(memory figure)이 되었다는 사실과 연결된다.[34] 수메르 정신의 화신인 우룩의 신왕(神王)들과 친족 관계를 주장함으로써 우르 3왕조의 왕들은 자신들의 정치적 위상—즉 우르 한 도시의 왕이 아니라 수메르 전체의 왕으로 위상—을 강화하려 했다.[35] 길가메시가 단순히 왕실의 수호신의 역할을 넘어 지하세계의 통치자로 이해된 때도 우르 3왕조 시대부터이다. 우르남무의 비문에서 길가메시는 지하세계의 통치자로, 그리고 왕실의 조상 숭배 의례에서 공물을 받는 주체가 된

---

29 Lambert, "Gilgameš in Religious, Historical and Omen Texts and the Historicity of Gilgameš," p.46. 김구원 역, 『고대 근동 역사』, p.122.

30 Fr. Thoreau-Dangin, "La Fin de La Domination Gutienne," *Revue d'assyriologie et d Archéologie Orientale* 9 (1912), p.41. 제3칼럼 1-3행을 보라: ᵈGIŠ-BIL-ga-mes / dumu ᵈNin-sun-na-ge / maškim-šú ma-an-sum "Gilgames, le fils de Nin-sun m'a été donné pour protecteur."

31 Lambert, "Gilgameš in Religious, Historical and Omen Texts and the Historicity of Gilgameš," p.47.

32 Adele Berlin, "Ethnopoetry and the Enmerkar Epics," *Journal of the American Oriental Society* 103 (1983), p.18.

33 J. Klein, "Šulgi and Gilgameš: Two Brother-Peers (Šulgi O)," in *Cuneiform Studies in Honor of Samuel Noah Kramer*, ed. K. Bergerhof (Neukirchen-Vluyn: Neukirchener Verlag, 1976), pp.271, 275.

34 Berlin, "Ethnopoetry and the Enmerkar Epics," p.17.

35 슐기가 즉위 20년이 되기 전 스스로를 신의 반열에 올린 것도 이를 방증한다. 김구원 역, 『고대 근동 역사』, p.132.

다.³⁶ 티게이는 왕실 조상 숭배 의례 때 길가메시 이야기들이 활용되었다고 주장하기도 한다.³⁷

우르 3왕조 시대에 길가메시 이야기들이 많이 제작, 기록된 배경에는 지금까지 살펴 본 정치 상황 이외에, 신수메르의 계몽 군주로 평가되는 슐기의 문학예술 장려 정책이 있다. 신수메르 시대에 문자가 처음 발명된 것도, 이야기가 처음 창작된 것도, 그 이야기가 처음 문자화 된 것도 아니지만, 슐기 시대에는 문학 활동이 도시 정부가 아닌 '제국' 정부의 지원 아래 행해졌다. 당시 이상적 군주상은 뛰어난 신체적 능력을 소유한 전사일 뿐 아니라³⁸ 글을 아는 지식인이었다.³⁹ 슐기는 왕실 찬양시에서 그가 과거 학교(e.dub.ba)에 다닐 때 각종 학문을 섭렵했으며, 가장 유능한 서기관 후보생이었다고 주장한다.⁴⁰ 또한 그는 왕도 우르와 성도(聖都) 닙푸르에 특별한 도서관을 건립하여 서

---

36 A. Shaffer, "Sumerian Sources of Tablet XII of the Epic of Gilgameš" (The University of Pennsylvania, 1963), 9. ᵈGilgameš-lugal-kur-ra-ke4 sipa-Ur-dnammu-ke4 é-gal-la-na giš im-ma-ab-tag-ge "길가메시, 지하 세계의 왕에게 목자 우르남무가 그의 궁에서 (공물을) 바친다." 우르남무의 봉헌 비문(1.1.47 Rim Number)에서 길가메시가 엔네기(En.dím.gig.ki)의 신으로 묘사되는데 프레인(Douglas Frayne)에 따르면, 엔네기는 아카드의 쿠타(Kutha)와 같이 지하세계 신이 거하는 도시이다. 즉 "엔네기의 길가메시"라는 표현은 길가메시가 쿠타의 신 네르갈(Nergal)과 같은 존재임을 암시하는 것이다. Cf. D. Frayne, *Ur III Period* (Buffalo: University of Toronto Press, 1997), p.25.

37 Tigay, *The Evolution of the Gilgamesh Epic*, p.36.

38 이 점에 있어 슐기는 아카드의 왕 나람신(Naram-Sin, BC 2254-2218)을 모델로 삼았다. 그는 나람신처럼 "네 방향/모서리의 왕"(lugal-an-ub-da-limmu2-ba)로 불렸고, 나람신처럼 스스로 신이 되었다. Cf. Edmond Sollberger, "Sur la Chronologie des Rois d'Ur," *Archiv für Orientforschung* 17 (1954), pp.17-18.

39 George, *The Epic of Gilgamesh*, p.xvii.

40 김구원 역, 『고대 근동 역사』, p.125, 문서 4.2를 참조할 것: "나 귀족 슐기는…어렸을 때 학교에서 수메르와 아카드 토판으로 서기의 기술을 익혔다. 귀족 가운데 나처럼 토판에 글을 쓸 수 있는 사람이 없었다…나는 뺄셈, 덧셈, 대수학, 회계도 훌륭하게 해냈다. 공평한 여신 나니브갈, 여신 니사바는 나에게 많은 지식과 지혜를 주셨다. 나는 하나도 소홀히 하지 않는 경험 많은 서기관이다." Cf. George, *The Epic of Gilgamesh*, xvii; Samuel N. Kramer, *Sumerians: Their History, Culture, and Character* (Chicago: University of Chicago Press, 1963), 69. 신아시리아의 왕 앗수르바니팔(BC 669-631)도 스스로를 문식성이 있는 왕이라 자랑한다. 문학의 신 나부(Nabu)가 그에게 모든 학문을 섭렵할 수 있는 지혜를 부여했으며, 문학, 점술, 수학 등을 익혔다고 주장한다. 그리고 자신이 학생이었던 시절 연습했던 노트(school text)를 보관했던 것으로 알려진다. 그가 세운 도서관에는 길가메시 서사시의 표준

기관들과 구술 시인들이 수메르 문학의 표준판을 참고할 수 있게 하였다. 또한 자신을 위한 찬양시(royal hymns)와 기타 다른 문학 작품들의 창작도 장려하고, 그것들이 후대에 영원히 보존되도록 하였다.[41] 다음의 슐기 찬양시 B, 314-315행은 이를 잘 보여준다.

É-dub-ba-a da-rí ḫúr nu-kúr-ru-dam / KI-umún da-rí ḫúr nu-šilig-ga-dà
'토판의 집'에서 영원히 그것들이 변치 않을 것이며 / '지식의 땅'에서 그것들이 영원히 기능을 멈추지 않을 것이다.[42]

이것은 길가메시 이야기가 우르 3왕조 때에 '기억 형상'이 되었을 가능성을 시사한다. 그렇다면, 길가메시에 관한 문화적 기억들이 우르 3왕조 때 활발히 창작되고 전사된 것을 쉽게 추정할 수 있다. 이것은 길가메시에 관한 이야기가 고수메르 시대에는 아직까지 한 점도 발견되지 않은 반면, 신수메르 시대에는 최대 세 점이 현전한다는 고고학적 현실과도 잘 일치한다. 또한 고바빌론 시대의 길가메시 수메르 토판들이 우르 3왕조 시대의 것들의 전사에 불과하다는 학자들의 주장과도 결을 같이 한다. 미컬롭스키(P. Michalowski)에 따르면 우르 3왕조 시대의 학교에서 길가메시 이야기가 교과 과정의 일부였다.[43]

그렇다면 수메르 왕실에서 문학이 생성되고 전승되는 과정은 어떠했을까? 이 질문을 통해, 수메르 문학이 어떤 과정을 통해 어떤 사회적 문맥(Sitz im Leben)에서 창작되고 전승되었는지를 간단하게라도 정리하는 것이 길가메시 수메르 단편들과 그 배후의 길가메시 수메르 서사시의 존재를 이해하는데 도움을 줄 것이다.

앞서 우리는 아부-살라빅에서 출토된 문헌들을 통해 고수메르 시대에 이미 다양한

토판이 여러 세트로 소장되어 있었다. Cf. Irving Finkel, *The Ark Before Noah: Decoding the Story of Flood* (New York: Doubleday, 2014), chapter 3.

41 George, *The Epic of Gilgamesh*, p.xvii.

42 음역과 번역은 카스텔리노의 비평본을 참고했다: G. R. Castellino, *Two Šulgi Hymns (BC)* (Rome: Istituto di studi del vicino oriente, 1872), p.62.

43 P. Michalowski, "Charisma and Control: On Continuity and Change in Early Mesopotamian Bureaucratic Systems," in M. Gibson ed., *The Origination of Power: Aspects of Bureaucracy in the Ancient Near East* (Chicago: University of Chicago Press, 1987), p.54.

장르의 문학들이 창작되었음을 확인하였다. 문학의 창작과 전승을 이해하기 위해서는 이 초기 왕정 시대의 수메르 문서가 구술을 온전히 반영하기보다는 이미 본문을 잘 아는 사람들을 위한 '기억 보조 장치'(mnemonic devices)로 기능했음에 주목할 필요가 있다.[44] 대표적인 예가 아부 살라빅에서 출토된 찬양시 UD.BAL.NUN이다.[45] 학자들은 이 문서의 문자가 암호에 가까워 이미 내용을 알고 있는 사람만 문서를 이해할 수 있었을 것으로 추정한다. 알스터(B. Alster)는 한 걸음 더 나아가 그런 난해한 본문을 저술한 동기를 서기관들의 지적 과시욕에서 찾는다.[46]

이것은 수메르 사회에서 문자의 사용이 바로 문학의 창작으로 바로 이어지지는 않았음을 암시한다. 문학의 창작은 구술의 형태로 이루어졌고, 문자는 구술 문화의 배경에서 문학 창작과 전승의 도구가 된다. 다시 말해 수메르 시대에는 구전과 서전이 상호 작용(intertextuality)을 통해 개정, 발전, 표준화, 전승되었다. 미구엘 시빌(Miguel Civil)은 구전과 서전의 상호 작용에 대한 증거로 수메르의 단편 "길가메시와 아가"를 제시한다.

"길가메시와 아가"을 읽으면서 얻는 인상은 토판에 적힌 내용에 국한된 낭송은 매우 짧고 재미없는 공연이 되었을 것이라는 것이다. 즉 토판에 기록된 내용이 "길가메시와 아가" 이야기의 전부가 아닐 가능성이 높다. 아무리 극적으로 읽어도 토판을 낭송하는 것은 몇 분이면 끝난다. 따라서 다음의 가설을 이야기할 수 있다. 수메르 서사 문헌은 대중 공연을 위해 낭송될 구전 이야기의 축약된 형태이다.[47]

예를 들어, "길가메시와 아가"의 첫 두 행은 키쉬의 왕 아가의 전령이 우룩 시민들에게 메시지를 전달해 왔음을 암시하지만, 그 내용이 무엇인지 밝히지 않은 채 그 메시지

---

[44] B. Alster, "Interaction of Oral and Written Poetry in Early Mesopotamian Literature," in Marianna Vogelzang ed., *Mesopotamian Epic Literature: Oral or Aural* (Lewiston: The Edwin Mellen Press, 1992), p.25.

[45] UD.BAL.NUN은 해당 문서 안에 반복되는 어구인데, 정확한 의미는 미상(未詳)이다. 이 문서에 사용된 문자들은 신수메르 시대의 문자들과 다른 구성을 보인다. 예를 들어 표준 철자법에서 NAM으로 사용되는 ?? 대신 ??(NÁM)를 사용한다. 이 문서의 마지막에 오는 u4 éš-gal-nun al-dù "위대하고 고귀한 신전이 건설된 날"에 비추어, 이 문서들이 신전 제의에 사용된 찬양이라 추정할 뿐이다. Biggs, *Inscriptions from Tell Abū Ṣalābīkh*, p.32.

[46] Alster, "Interaction of Oral and Written Poetry in Early Mesopotamian Literature," p.25.

[47] M. Civil, "Reading Gilgameš," *Aula Orientalis* 17 (1999), p.188.

에 대한 우룩 시민들의 반응으로 바로 건너 뛴다. 시빌은 "길가메시와 아가"를 읽었던 옛 수메르 사람들이 우리가 모르는 문서 밖의 정보를 공유하고 있었을 것이라고 추정한다.[48] 지혜를 가르치는 스승이 학생과 대화를 통해 지혜를 개정 증보하여 전승하는 것처럼,[49] 서사 문학도 공연자와 청자, 공연자와 서기관의 상호 작용을 통해 그 내용을 창작, 개정, 전승하게 된다. 물론 모든 수메르 문학 장르들이 구술에서 기원하는 것은 아니다.[50] 하지만 서사 문학의 형성 과정에서 구전이 매우 중요한 역할을 한 것은 분명해 보인다.[51] 블랙(J. Black)은 수메르 서사 문헌의 세 가지 구성 기술─이야기의 배경을 '먼 과거'에 두는 도입부, 이야기 마지막의 송영, 그리고 액자구조적 반복─을 관찰한 후 그것들이 수메르 서사 문헌의 구술 기원을 보여준다고 주장한다.[52] 루갈반다 서사를 분석한 알스터(B. Alster)는 형식적 요소보다 내용─여덟 번째 아들이 강한 형들을 꾀로 이기고 왕이 되는 모티프, 루갈반다의 초능력이 유지되기 위해서는 초능력의 비밀을 누설해서는 안된다는 모티프 등─에 초점을 맞추어 서사에 선행하는 구전 전통의 존재를 증명한다.[53] 그는 루갈반다 이야기가 본래 민중들 사이에 공연된 이야기였는데 후에 왕실에서 정치적 목적을 위해 문자화했다고 주장한다. 이 때문에 학자들은 서기관들이 구술 공연자가 불려준 내용을 받아 적

---

48 Civil, "Reading Gilgameš," p.180.

49 Alster, "Interaction of Oral and Written Poetry in Early Mesopotamian Literature," p.55.

50 대표적인 예가 슐기가 서기관 학교를 세운 후 자신의 영광화를 위해 저술을 지시한 "왕궁 찬양시(royal hymns)"이다. 이것은 처음부터 문자로 저술되었을 가능성이 크다. 슐기 찬양시들의 현전하는 사본은 이신-라르사 시대(BC ca 1900)의 것이지만, 슐기 시대의 원본과 그 사본 사이의 전승 관계에서 구전이 끼어들 틈은 많아 보이지 않는다. Alster, "Interaction of Oral and Written Poetry in Early Mesopotamian Literature," p.60; Civil, "Reading Gilgameš," p.189.

51 루비오(Gonzalo Rubio)는 수메르 문학의 기원을 '목록'(list)에서 찾는다. 그는 실용적 목적을 위해 만들어지기 시작한 목록 문헌들이 어떻게 문학으로까지 발전하게 되었는지를 추적한다. 그리고 수메르 문학에서 '문학성'의 본질을 상호본문성(intertextuality)로 정의한다. 즉 수메르 문학에서는 글들이 장르로 나뉘는 것이 아니라 다양한 장르의 글이 혼재되어 있다. 하지만 루비오가 구전의 존재를 부정하는 것은 아니다. G. Rubio, "Early Sumerian Literature: Enumerating the Whole," in A. G. Blanco ed., *De la Tablilla a la Inteligencia Artificial: Homenaje al Prof. Jesús Cunchillos en su 65 aniversario*, (Zaragoza, 2003), pp.197-211.

52 Black, "Some Structural Features of Sumerian Narrative Poetry," pp.72-102.

53 Alster, "Interaction of Oral and Written Poetry in Early Mesopotamian Literature," pp.23-29.

였거나, 혹은 공연에 대한 기억으로부터 토판을 작성했을 것이라 추정한다. 동일한 길가메시 단편이라도 다양한 버전으로 존재하는 것은 구술 공연의 상황과 관계 있어 보인다. 다음의 슐기 찬양시는 이런 수메르 문학의 창작과 전승 과정에 대한 정황적 증거를 제시하는 듯 하다.

> "그(구술 가수)가 옛 것에 주의를 기울이도록, 소홀히 하지 않도록 하라. 공연함에 있어 어떤 곳도 소홀히 되지 않도록, 그가 노래 예술에 전심하게 하라. 서기관은 대기하여 그의 손으로 노래를 포착하라. 가수는 대기하여 노래를 서기관에게 말하라. 그래서 노래들이 '토판의 집'에 영원히 있게 하라."(Šulgi B: 272-331)[54]

그렇다면 수메르 서사 문학이 창작, 전승되는 사회적 자리는 무엇이었을까? 지금까지 제안된 대답은 크게 세 가지다. 첫째는 재미 혹은 유흥이 서사 창작과 전승의 동기가 될 수 있다. 둘째는 제례 제사의 문맥에서 서사가 기능할 수 있다. 물론 이 때 서사는 신화적 서사일 것이다. 셋째, 기억 문화의 창달이다. 신수메르 왕들이 주도적으로 우룩의 영웅 왕들(루갈반다와 길가메시)과의 혈연을 주장하고 그들에 대한 서사를 기록으로 남겼다. 수메르 민족 의식이나 이상적 통치에 대한 기억 형상으로 서사 문학을 이용했을 가능성이 있다.

III. 길가메시에 대한 수메르 단편들

앞서 언급한 우르 3왕조 시대의 토판 세 점을 제외하면, 길가메시에 대한 수메르 단편들은 전부 고바빌론 시대(BC ca 1800)의 서기관 학교들에서 제작된 것이다. 이 사본들이 우르 3왕조 시대의 원본과 크게 다르지 않다는 사실은 우르 3시대부터 고바빌론 시대까

---

[54] 블랙의 번역이다. Black, "Some Structural Features of Sumerian Narrative Poetry," p.100. 수메르어 원문을 보려면 다음의 링크를 참고하라: https://etcsl.orinst.ox.ac.uk/cgi-bin/etcsl.cgi?text=c.2.4.2.02&charenc=gcirc#. 2024년 5월 25일 접근.

지 사본들이 모두 존재하는 다른 문학 작품들의 경우를 살피면 분명해 진다. 예를 들어, 〈케쉬 신전 찬양〉의 경우 1960년대 아부-살라빅 사본이 발견되기 전에는 고바빌론 시대의 사본이 가장 오래된 것이었다. 그보다 800년 앞선 아부-살라빅 사본과 비교했을 때, 학자들은 그 둘 사이에 이문(textual variants)이 거의 없음을 밝혀냈다. 이것은 〈케쉬 신전 찬양〉의 고바빌론 버전이 고바빌론 서기관의 창작이 아니라 이전 수메르 문헌에 대한 충실한 필사임을 보여준다.[55] 같은 이야기를 길가메시 수메르 사본에 대해서 말할 수 있을 것이다.

지금까지 확인된 길가메시에 관한 수메르 단편은 모두 다섯 점이다.: 〈빌가메시와[56] 후와와(BH)〉, 〈빌가메시와 하늘 황소(BBH)〉, 〈빌가메시와 엔키두 그리고 지하세계(BEN)〉, 〈빌가메시의 죽음(DB)〉, 그리고 〈빌가메시와 아가(BA)〉. 길가메시 서사시의 표준 버전에서 가장 먼저 출판된 우타나피슈티(ᵈUD.ZI)의 홍수 이야기(토판 XI)에[57] 상응하는 수메르 〈홍수 이야기〉가 존재하지만, 이것은 본래 길가메시와 무관한 천지창조와 원시 인류 신화의 일부로 저작된 것임으로 본 논문에서는 다루지 않기로 한다.[58] 다음의 표는 길가메시에 관한 수메르 단편들이 발견된 서기관 학교들의 위치와 그곳에서 발견된 사본의 숫자를 정리한 것이다. 닙푸르(Nippur)에서 출토된 사본들이 압도적으로 많고, 그외 우르(Ur)와 메투란(Meturan, 現 Tell Hadad)에서 출토된 사본들이 빌가메시 단편들의 본문을 확정하는데 매우 중요하다.

---

55 Biggs, *Inscriptions from Tell Abū Ṣalābīkh*, p.15.

56 길가메시에 대한 표준적 수메르 철자법은 빌가메시(ᵈbil.ga.mes)임으로 앞으로는 길가메시에 관한 수메르 단편 속 주인공은 빌가메시로 부르도록 하겠다. 각주 27을 참조하라.

57 영국박물관의 학예사였던 조지 스미스(George Smith)는 1872년 12월 3일에 영국의 성서고고학회에서 "The Chaldean Account of the Deluge"라는 제목의 논문을 발표하였다. 이 논문에서 길가메시 서사시의 홍수 이야기를 번역하고 설명하여 유럽 전역에 쐐기문자 연구 열풍을 일으켰다. Cf. 김구원 외, 『이집트에서 중국까지: 고대 문명 연구의 다양한 궤적』(서울: 진인진, 2024), pp.125-126.

58 수메르 홍수 토판은 다른 빌가메시 단편들과 달리, 닙푸르에서 출토된 단일 사본으로 증거된다: CBS 10673. 이 토판의 하부 1/3만이 보전되어 있다. 서기관 간기가 남아 있지 않아 토판에 사용된 수메르어 서체와 문법으로만 그 연대를 추정할 뿐인데, 일반적으로 고바빌론 말기의 것으로 추정한다. 이 수메르 홍수 토판만큼 오래된 아카드어로 된 아트라하시스 이야기도 존재한다. 이 두 이야기는 홍수 이야기를 천지 창조, 원시 인류 역사의 일부로서 서술한다는 점에서 서로 영향 관계에 있는 것으로 추정한다. Cf. W. G. Lambert and A. R. Millard, *Atra-Ḫasīs: The Babylonian Story of the Flood* (Oxford: Oxford University Press, 1969).

표 1. 빌가메시 단편들의 사본 분포[59]

	닙푸르	우르	키쉬	수사	우룩	이신	십파르	메투란	출처미상
BHa	72	7	2	1	1	1			7
BHb	2				1				1
BBH	16							3	1
BEN	48	13			1	1	1	2	1
DB	6							11	
BA	15								1

빌가메시 단편들과 아카드어로 된 길가메시 서사시의 관계는 다양하다. 빌가메시 단편들 중 〈빌가메시와 엔키두 그리고 지하세계〉는 길가메시 서사시의 제12토판과 동일하다. 다시 말하면 제12토판은 그 수메르 단편에 대한 발췌 번역이다.[60] 〈빌가메시와 후와와〉는 서사시 표준 버전의 제3-5토판의 내용과 연결되어 있으며, 〈빌가메시와 하늘 황소〉는 서사시 표준 버전의 제6토판의 내용과 연결되어 있지만, 표준 버전이 수메르 단편들의 번역이나 기계적 재사용은 아니다. 일화의 큰 줄거리는 유지되지만 세부 사항에서는 많은 차이를 보인다. 한편, 〈빌가메시의 죽음〉과 〈빌가메시와 아가〉에 상응하는 일화들은 길가메시 서사시에서 발견되지 않는다. 그 수메르 단편들에 포함된 전형적 모티프가 서사시 표준 버전의 다른 문맥에서 재활용될 뿐이다. 지금부터는 빌가메시 단편들과 길가메시 서사시와의 관계를 좀더 자세히 살펴보자.

---

[59] 이 표는 미컬롭스키가 만든 것을 조금 수정한 것이다. Michalowski, "Maybe Epic: The Origins and Reception of Sumerian Heroic Poetry," p.18.

[60] 표준 버전의 제12토판은 〈빌가메시와 엔키두 그리고 지하세계〉의 후반부에 해당한다. 제12토판은 그 수메르 단편 172-303행에 대한 발췌 번역에 불과하다. 하지만 이 둘 사이의 미세한 차이도 발견된다. 예를 들어, 길가메시가 지하세계에서 갇힌 엔키두를 구하기 위해 신들에게 탄원하는 장면에서, 수메르 버전은 길가메시가 찾아간 신으로 엔릴과 엔키만을 언급한다. 반면, 아카드 서사시에서는 월신 신(Sîn)에 대한 기도가 첨가된다. 그러나 이것이 표준 버전이 수메르 단편에 대한 기계적 번역이라는 인상을 상쇄하지는 못한다.

1. 〈빌가메시 엔키두 그리고 지하세계〉[61]

〈빌가메시 엔키두 그리고 지하세계〉(이하 BEN)는 〈빌가메시와 후와와(BH)〉 다음으로 고바빌론 서기관들의 인기를 얻었던 작품이다. 표 1이 보여주는 것처럼 현전하는 사본들의 수가 두번째로 많다.[62] 이 빌가메시 단편의 일부(172-303행)가 길가메시 서사시 표준 버전의 제12토판을 구성한다. 서사시 제12토판은 장난감들을 잃어버린 길가메시가 통곡하는 장면에서 시작해 지하세계에서 올라온 엔키두와 지하세계 사람들의 운명에 대해 대화하는 장면으로 끝난다. 수메르 단편의 전반부, 즉 안, 엔릴, 엔키의 우주 분할, 폭풍으로 뽑힌 버드나무(ḫuluppu)에 관한 일화, 빌가메시와 인안나의 조력(助力) 관계 등이 모두 생략된다. 이것은 수메르 〈홍수 이야기〉 혹은 〈아트라하시스〉에서 천지 창조에 관한 전반부가 생략되고 홍수 사건만 길가메시 서사시에 활용된 것을 연상시킨다. BEN의 긴 결말[63] 즉 빌가메시가 우룩으로 돌아와 조상 제례를 다시 확립한 일도 길가메시 서사시에는 생략된다.

    빌가메시 단편들에는 동일한 내용이 이야기의 다른 문맥에서 여러 번 반복되거나, 여러 이야기들에 공통적으로 등장하는 모티프와 전형 장면(type-scene)이 자주 사용되는데, 학자들에 따르면 이것은 수메르 문학의 구술적 특징이다.[64] 이런 점에서 BEN도

---

[61] 다섯 편의 수메르 단편들 중 길가메시 서사시에 자료로 사용된 첫 세 편에 대한 요약은 지면 관계상 생략한다. 조지의 *The Epic of Gilgamesh* (Penguin)가 우리말로 번역되어 있는데, 이 책의 2부에 수메르 단편들이 모두 수록되어 있다. 우리말 번역은 영어에서 옮긴 중역일 뿐 아니라 우리말 번역 조차 정확하지 않은 부분이 많아서 이 논문에서는 사용하지 않았다. 하지만 수메르 단편들의 줄거리를 파악하는 데에는 크게 무리가 없을 것으로 보이기 때문에 여기에 소개한다. 앤드류 조지 편역, 공경희 옮김, 『인류 최초의 신화: 길가메시 서사시』(서울: 현대 지성, 2021).

[62] 표 1에 실린 사본들의 수는 학자들마다 조금씩 다를 수 있다. 편사본들의 관계에 대한 판단이 다를 수 있기 때문이다. 예를 들어, BM 54325와 BM 54900은 물리적으로 분리되어 있기때문에 두 개의 사본이라 말할 수 있지만, 그 두 편사본이 본래 하나였다가 갈라진 것이라 판단되면 하나의 사본으로 간주될 수 있다. 이 때문에 미컬롭스키는 〈빌가메시와 엔키두, 그리고 지하세계〉의 사본들의 수를 70여개로 판단하지만, 이 사본들을 정밀하게 연구한 조지는 30여개로 파악한다. BEN 사본의 구체적 현황을 확인하려면 조지의 책을 참조하라: George, *The Babylonian Gilgamesh Epic: Introduction, Critical Edition, and Cuneiform Texts*, pp.977-986. 조지는 박물관별로 나누어 사본들의 현황을 보고한다.

[63] 우르와 메투란에서 발견된 사본은 닙푸르 사본보다 긴 결말을 가진다.

[64] Jonathan L. Ready, *Orality, Textuality, and the Homeric Epics: An Interdisciplinary Study*

예외가 아니다. 예를 들어 인난나가 자신의 버드나무에 온갖 괴물들이 둥지를 틀자, 그것들을 제거하기 위해 우투와 길가메시에게 차례로 도움을 요청하게 되는데, 그때마다 인안나는 앞서 이미 서술된 신화적 서론과 폭풍으로 뿌리째 뽑힌 버드나무를 자기 신전에 심은 사실, 그 나무에 괴물들이 깃들어 활용할 수 없는 상황 등을 그대로 반복한다.[65] 한편, 길가메시가 버드나무에서 괴물들을 쫓아내는 장면은 일정한 모티프가 연속되는 전형 장면(type-scene)으로 구성된다.[66] 그 전형 장면의 주제는 '나무 베기'로 명명할 수 있을 것이다. '나무 베기' 전형 장면은 무기/도구 준비, 나무를 지키는 괴물과 전투, 나무 베어 묶기 등의 연속된 모티프들로 구성된다. 실제로 길가메시가 버드나무 한 그루를 자르는 장면(136-149행)은 〈길가메시와 후와와〉 단편에서 길가메시가 후와와를 무찌르고 다량의 삼나무를 베어오는 장면을 연상시킨다.[67]

수메르 단편 BEN과 길가메시 서사시의 관계는 '원작-번역'의 관계로 다 설명되지 않는다. BEN은 길가메시 서사시의 저자에게 작품의 핵심적인 영감을 제공했다. 그것은

---

of Oral Texts, Dictated Texts, and Wild Texts (Oxford: Oxford Univeristy Press, 2019); Black, "Some Structural Features of Sumerian Narrative Poetry," pp.71 – 102.

[65] 1970-80년대 유행한 "김수한무 거북이와 두루미" 코미디의 웃음 포인트는 쓸데 없이 긴 이름을 이야기의 전개상 반복해야 하는 상황에 있었다. 〈길가메시와 엔키두 그리고 지하세계〉에서 인안나가 버드나무를 얻게 된 경우를 설명할 때마다 똑같은 이야기가 반복되는 것이 유머로 의도되었다고 볼 이유는 없지만 수메르 서사 문학에는 분명 유머의 요소가 있다. Cf. Alster, "Interaction of Oral and Written Poetry in Early Mesopotamian Literature," p.32.

[66] '전형 장면'(type-scene)의 개념과 그 연구 역사를 보려면 다음의 글을 참고하라: Koowon Kim, *Incubation as a type-scene in the Aqhatu, Kirta, and Hanna Stories: A Form Critical and Narratological Study of KTU* 1.14 *I*-1.15 *III*, 1.17 *I-II, and* 1 *Samuel* 1:1-2:11 (Leiden: Brill, 2012), pp.10-26.

[67] '무기/도구 준비'(136-139행): "그는 50마나의 벨트를 허리에 싸매었다. 30마나가 그에게는 30세켈 같았다. 그의 청동 도끼는 원정을 위한 것, 7달란트, 7마나 무게의 도끼를 그의 손에 들었다." '나무 괴물과 전투'(140-144행): "그는 뿌리에 살던 주문에 홀리지 않는 뱀을 쳤다. 가지에 Imdugud 새는 새끼를 데리고 산으로 들어갔다. 줄기에 있던 처녀 귀신도 자기 집을 버리고 광야에 피난처를 구했다. '나무 묶어 옮기기'(145-140)행: "나무에 관해서, 그는 뿌리를 뽑아내고, 가지를 부러뜨렸다. 그를 따라 왔던 도시 시민들이 가지를 잘라내고 그것을 묶었다. 그는 거룩한 인안나의 보좌를 위해 나무를 주었다. 그녀의 인안나의 침대를 위해 그것을 주었다." Shaffer, "Sumerian Sources of Tablet XII of the Epic of Gilgameš," pp.63-65, 105.

빌가메시와 엔키두의 관계를 종에서 친구로 격상시킨 일이다. 다른 수메르 단편들에서는 엔키두가 일관되게 빌가메시의 종으로 등장하며 그의 서사적 역할도 부수적이다. 하지만 BEN에서 그런 둘의 관계에 변화가 시작된다. 이것을 가장 잘 보여주는 본문은 엔키두가 빌가메시의 장남감들을[68] 회수하기 위해 지하세계로 내려갔다가 돌아오지 못하게 되자, 빌가메시가 엔키두를 위해 애곡하는 대목이다.

> Šubur šà.ga.a.mu tab.ba gi.na.a.mu ad.gi₄.gi₄.a.amu kura.ra im.ma.an.dab₅
> 나의 총애하는 종, 나의 믿을만한 친구, 나를 조언한 사람, 그를 지하세계가 구류했다(메투란 사본, 앞면, 22행).[69]

여기서 빌가메시는 엔키두를 친구(tab.ba)로 부를 뿐 아니라 그를 위해 신들에게 청원한다. 신들에게 청원하는 대목에서도 동일한 내용의 애가를 반복한다. 태양신의 도움으로 엔키두의 영혼(si.si.ig.ni.ta)과 재회했을 때, 빌가메시는 그를 끌어안고 입맞춘다(244행). 빌가메시와 엔키두 사이에 한층 강화된 감정적 유대가 엿보인다. 도쌩(G. Dossin)에 따르면 길가메시 서사시의 시인이 엔키두를 길가메시의 종이 아닌 친구로 설정한 것은 서사시의 통일성에 핵심적 메커니즘이 되었다. 엔키두의 죽음을 통해 길가메시가 각성하는 일이 길가메시 서사시의 핵심 구성임을 고려하면 BEN에서 격상된 빌가메시와 엔키두의 유대 관계가 얼마나 중요한 것인지 짐작할 수 있다. 그 둘이 절친이 아니라 주종 관계였다면 서사시의 플롯은 설득력을 잃었을 것이다.[70]

빌가메시가 새 장남감을 가지고 노는 장면(151-165행)도 서사시에서 길가메시가 우룩 시민들을 폭정으로 괴롭히는 장면(제1토판)을 연상시킨다. BEN에서 빌가메시는 하루 종일 우룩의 연약한 남자들의 등에 업혀 장남감(giš ellag=pukku '공')을 쫓아 다닌다. 목

---

[68] 인안나가 길가메시에게 선물한 장남감은 giš ELLAG과 giš E.KID.MA인데, 이 장남감들의 성격이 무엇인지는 분명하지 않다. 후자는 막대(mēkku)인 것이 분명한데, 둥근 모양의 물건과 관계 있는 전자가 공인지, 북인지, 굴렁쇠인지 분명하지 않다.

[69] 음역과 번역은 조지의 비평본을 참조했다: George, *The Babylonian Gilgamesh Epic: Introduction, Critical Edition, and Cuneiform Texts*, p.756.

[70] G. Dossin, "Enkidou Dans l'Épopée de Gilgameš," *Bulletin de l'Académie Royale de Belgique, Cesse Des Lettres* 42 (1956), pp.580-93; Tigay, *The Evolution of the Gilgamesh Epic*, p.29.

과 허리의 고통을 호소하는 남자들의 원성에도 불구하고 빌가메시의 놀이는 끝날 줄 모른다. 여자들도 음식을 날라 그 게임 진행을 지원해야 했다. 빌가메시의 놀이는 해가 져야 끝났지만 다음날 동이 트면 어김없이 다시 시작된다. 그리고 빌가메시의 이런 '갑질'은 여자들이 울면서 항의할 때 강제 종료된다. 빌가메시가 그들을 불쌍히 여긴 것이 아니라, 장난감이 지하세계로 떨어져 놀이를 지속할 수 없었던 것이다. 서사시에서 길가메시의 폭정은 BEN처럼 명확한 놀이의 문맥은 아니지만 그것이 '공'(pukku)와 연관되었다는 것은 분명하다: ina pukku tebû rū'ūšu "그의 동료들이 그의 공(?) 곁에 서 있다"(제1토판 66행).**71** 이 구절 다음에 길가메시의 폭정이 언급된다(토판 I:67-72행). 그리고 길가메시의 폭정에 대한 신들의 대응은 여자들의 불평에 의해 시작된다(토판 I: 73-74행). 또한, 빌가메시 단편 BEN과 서사시 표준 버전 모두에서 길가메시의 폭정에 대한 여인들의 불평은 길가메시와 엔키두의 특별 관계의 기점이 된다. 이것은 수메르 단편에 사용된 모티프가 서사시의 표준 버전의 다른 문맥에서 재활용될 수 있음을 보여준다.

BEN의 결말은 사본에 따라 조금 다르다. 그중 우르 사본의 긴 결말은 문화적 기억과 관련해 매우 흥미롭다. 닙푸르 사본은 길가메시가 불에 타 죽은 사람들의 운명에 대해 묻고 엔키두가 이 질문에 대답하면서 마무리된다. 하지만 우르에서 발견된 사본에서는 그 둘의 대화가 그후에도 계속 이어져 수메르 민족들과 길가메시의 부모의 운명에 대한 주제로 넘어간다. 엔키두의 보고에 따르면, 수메르 사람들은 아모리 유목민의 세에 밀려 후손들의 관제 생수가 공급되는 장소로부터 배제되어 오염된 물을 마시고 있다. 빌가메시의 부모도 마찬가지 이유로 오염된 물을 먹고 있다.

'너는 아버지와 어머니의 한숨의 장소에서 기르수 시민을 보았느냐?' '나는 그를 보았습니다.' '그는 어떻게 지내느냐?' '그곳에 기르수 시민 한 명에 천 명의 아모리 사람들이 있습니다. 그는 손으로 그들을 밀어낼 수 없습니다. 그는 가슴으로 그들을 밀어낼 수 없습니다. 지하세계의 꼭대기에서 드려지는 관제 성소에 아모리 사람들이 먼저 자리를 잡고 있습니다.'

---

71 조지의 음역과 번역을 참고한 것이다. George, *The Babylonian Gilgamesh Epic: Introduction, Critical Edition, and Cuneiform Texts*, pp.543-545.

'너는 수메르와 아카드 사람들을 보았느냐?' '나는 그들을 보았습니다' '그들이 어떻게 지내느냐?' '그들은 학살의 장소에서 오염된 물을 마십니다.'

'너는 내 아버지와 어머니를 보았느냐?' '나는 그들을 보았습니다.' '그들이 어떻게 지내느냐?' '그 둘은 학살의 장소에서 오염된 물을 마시고 있습니다.'[72]

가도티(A. Gadotti)에 따르면 기르수의 시민, 수메르와 아카드 사람들에 대한 언급은 우르 3왕조 말의 정치적 상황을 반영한다.[73] 당시 아모리인들의 침략적 이민에 우르 3왕조는 국가 멸망의 위기를 겪었다. 슈신(Shu-Sin) 왕은 제위 4년에 아모리인들의 침략과 이민을 막는 벽(bàd Mar-tu)을 세웠을 정도다.[74] 결국 우르 3왕조가 멸망한 후 그 지역은 아모리 왕조들에 의해 다스려지게 된다. 흥미로운 것은 수메르와 아모리인 간의 갈등을 언급하는 사본이 우르에서만 출토되었다는 것이다. 비록 그 우르 사본이 고바빌론 시대의 것이지만 그 내용은 우르 3왕조 시대에 저작된 것이라면, 우리는 아모리 족속의 대량 이민에 삶의 터전을 빼앗긴 수메르 사람들이 빌가메시에 대한 문화적 기억을 통해 반(anti)현재적 이상을 창출하려 했다고 추정할 수 있다.

2. 〈빌가메시와 후와와〉

표 1에 따르면 수메르 단편 〈빌가메시와 후와와〉(이하 BH)는 고바빌론의 서기관들에게 가장 큰 인기를 누렸다. 닙푸르, 우르, 이신, 수사, 십파르에서 무려 90여개의 사본이 발

---

72 이 번역은 조지의 것이다. 번역과 수메르 원전을 보려면 다음을 참조하라. George, *The Babylonian Gilgamesh Epic: Introduction, Critical Edition, and Cuneiform Texts*, p.777.

73 Gadotti, *Gilgamesh, Enkidu and the Netherworld and the Sumerian Gilgamesh Cycle*, p.535.

74 이것은 슈신(Shu-Sin)의 비문과 연명에서 동시에 증거된다. 문맥이 확실하지 않는 편사본에 따르면 그 벽은 "26 중복 시간"이 되도록 의도되었다. 학자들은 이것을 약 300킬로미터의 길이로 해석한다. John Hayes, *A Manual of Sumerian Grammar and Texts* (Malibu: Undena Publication, 1990), p.258.

견되었고, 그 사본들은 적어도 두 개의 다른 버전의 본문(BHa와 BHb)을 증거한다.[75] 전자가 후자보다 분량이 길며, 고바빌론 서기관들에 의해 압도적으로 선호되었다. 하지만 이 두 버전들 사이의 차이는[76] BH와 그것을 자료로 삼은 길가메시 서사시 사이의 차이에 비해 무시할 만한 것이다. 학자들은 서사시 시인/작가가 길가메시와 엔키두가 삼나무 숲에서 훔바바(^{ḫ}um-ba-ba)를 물리치는 에피소드(OB III, SB III, IV, V)를 구성할 때 수메르 단편 BH를 자료로 사용했다는데 합의한다. 하지만 BEN와 달리, BH는 그와 상응하는 서사시 부분과 행 단위로 일치하지는 않는다: 큰 줄거리만을 공유한다. 즉 길가메시가 불멸의 명성을 얻기 위해 엔키두와 함께 삼나무 숲에 사는 괴물을 물리치는 모험을 했다는 내용만을 공유한다. 이야기의 분량과 세부 사항은 매우 다르다. BH와 그에 상응하는 서사시 부분의 차이들 중 몇 가지를 언급하면 다음과 같다.

첫째, 주인공이 여행하는 동기가 다르다. 서사시에서 길가메시가 엔키두와 함께 삼나무 숲으로 원정하는 이유는 절친 엔키두가 도시 생활에 적응하지 못했기 때문이다.[77] 반면 수메르 단편 BH에서는 죽음에 대한 두려움 때문이다. 빌가메시는 태양 신 우투에게 삼나무 숲에 원정하려는 이유를 길게 설명한다. 먼저 우룩 도시 안에서 목격되는 죽음의 고통을 언급한다: uru^{ki}-mà lú ba-ug$_6$ šà ba-síg "내 도시에서 사람이 죽는다. 마

---

[75] 이 두 버전의 관계에 대한 논의를 보려면 다음의 책을 참조하라: Daniel E. Fleming and Sara J. Milstein, *The Buried Foundation of the Gilgamesh Epic: The Akkadian Huwawa Narrative* (Leiden: Brill, 2010).

[76] BHa와 BHb의 가장 큰 차이는 이야기의 플롯에 있다. 첫째, 삼나무 숲으로의 원정의 동기가 BHa에서는 나중에 태양 신에게 탄원하는 과정에서 드러나지만, BHb에서는 이야기의 처음에 언급된다. 둘째, 빌가메시가 후와와의 공격으로 인한 기절에서 깨어난 후의 상황이다. 버전 a에서 빌가메시는 두려워하는 엔키두를 설득하여 위대한 여정을 계속할 것을 설득한다. 이 때 빌가메쉬는 세겹 줄은 끊어지지 않는다는 속담을 인용하며 빌가메시와 엔키두가 힘을 합치면 충분히 후와와를 이길 수 있다고 말한다. 하지만 버전 b에서는 빌가메시가 자신의 능력을 의심하여 수호신 엔키의 도움을 구한다. 엔키의 꾀를 받아 후와와를 속이는 전략을 취한다.

[77] 토판의 해당 부분의 보존 상태가 좋지 않아 그 문맥을 온전히 파악할 수는 없지만 길가메시가 후와와가 사는 삼나무 숲으로의 여행을 제안하기 직전의 상황은 엔키두가 한숨 지으며 우는 장면이다: 예일 토판 71-90행을 보라. George, *The Babylonian Gilgamesh Epic: Introduction, Critical Edition, and Cuneiform Texts*, pp.197-198.

음이 아프다"(23행).⁷⁸ 그리고 자신도 같은 운명을 피할 수 없을 것이므로 이름을 남기기 위해 삼나무 숲으로 원정을 간다고 이야기 한다. 이 때 이름을 남긴다는 의미는 명문을 담은 석비를 세운다는 뜻이다.

(27) ù ĝá-e ur₅-gim nam-ba-ag-e ur₅-še hé-me-a (30) múrgu guruš-e ti-la saĝ-til-bi-šè (31) kur-ra ga-an-ku₄ mu-ĝu₁₀ ga-àm-ĝar (32) ki-mu-gub-bu-ba-àm mu-ĝu₁₀ ga-bí-ib-gub (33) ki mu nu-gub-bu-ba-àm mu-diĝir-ri-e-ne ga-bí-ib-gub

(27) 나도 그렇게 될 것이다. 정말 그럴 것이다. (30) 누구도 생명의 끝을 피할 수 없으니 (31) 나는 산에 들어가 내 이름을 세울 것이다. (32) 이름들이 세워지는 곳에서 나는 내 이름을 세울 것이다. (33) 이름들에 세워지지 않는 곳에서 나는 내 신들의 이름을 세울 것이다.⁷⁹

서사시에도 불멸의 이름을 남기는 것이 여행의 동기로 언급되지만 그것은 길가메시의 제안에 두려움은 느낀 엔키두를 회유하는 문맥(OB III 148행)과 길가메시의 모험에 반대하는 장로들을 설득하는 문맥에서 등장한다(OB III 188행). 또한, 티게이에 따르면, 빌가메시 단편 BH에서 "내 이름"을 세운다는 말이 자신과 신들을 위한 석비를 세운다는 의미를 가지지만(GE 32-33행 참조), 길가메시 서사시에서는 인간의 영웅적 업적을 뜻한다.⁸⁰ 다시 말해 서사시에서 길가메시의 삼나무 숲 원정은 신에 대한 휘브리스(hubris)를 그 특징으로 하지만, 수메르 단편 속 빌가메시는 신들에 대한 존중을 잃지 않는다. 이것은 빌가메시 단편 BH와 길가메시 서사시의 두번째 차이와 연관 있다.

둘째, 여행을 하는 주인공의 목적이 다르다. BH에서 빌가메시는 삼나무 숲에서 나무를 베는 것을 그 목적으로 한다. 이것은 신전 공양으로 연결된다: "나는 그 독특한 삼

---

78 Samuel N. Kramer, "Gilgamesh and the Land of the Living," pp.8–9.

79 수메르어 본문과 번역은 Edzard의 비평본을 참고했다: Dietz O. Edzard, "Gilgameš und Huwawa A. II. Teil," *Zeitschrift für Assyriologie und Vorderasiatische Archäologie* 80 (1991), pp.177-179. Cf. Kramer, "Gilgamesh and the Land of the Living," pp.10–11.

80 Tigay, *The Evolution of the Gilgamesh Epic*, p.79, 각주 22.

나무의 산에 오를 것이다. 그 아래에 내 신을 위한 신전을 지을 것이고, 그 가지들을 소유할 것이다. 나는 영광으로 옷 입은 문으로 들어갈 것이다(BHb 19-21행)." 그 숲을 지키는 괴물을 무찌르는 것은 빌가메시에게 있어, 일종의 사후 대책(afterthought)이다. 엔키두가 그 괴물에 대해 말해 주기 전에 빌가메시는 괴물의 존재를 몰랐다. 반면, 서사시에서 원정의 목표는 처음부터 괴물 훔바바를 죽이는 일이었다. 이는 서사시에서 길가메시 원정의 목표 자체가 인간의 명성을 떨치는 일이었기 때문이다. 신을 이기는 것보다 더 위대한 인간의 업적이 있을까? 서사시 속 길가메시는 자신의 이름을 위해 신을 죽이는 것을 불사한다. BH에서도 삼나무 숲을 지키는 신 후와와가 죽임을 당하지만 그를 죽인 것은 빌가메시가 아니라 엔키두였다. 오히려 빌가메시는 생포된 후와와를 놓아 주려 했다.

셋째, 삼나무 숲의 괴물을 무찌르는 방식도 다르다. 서사시에 묘사된 전투 장면에서는 길가메시와 엔키두의 협동 공격이 강조된다. 길가메시가 괴물을 칼로 찔렀을 때 엔키두가 괴물의 심장과 내장을 적출한다. 반면 BH에서 엔키두의 역할은 조력자에 불과하다. 엔키두는 빌가메시의 종(arad-da-ni)으로 불린다. 나아가 엔키두는 여러 조력자들 중 하나였다. 엔키두 이외에 중무장한 50명의 우룩 남자들이 빌가메시와 동행한다. 한편 빌가메시는 전능한 전사도 아니다. 빌가메시 일행이 삼나무 숲에 도착하자, 후와와가 '아우라'(ní-ta-ni '공포') 공격을 감행한다. 그 때 빌가메시는 한동안 쓰러져 일어나지도 못한다.[81] 어렵게 깨어난 빌가메시가 후와와를 생포한 것도 서사시와 달리 전투가 아니라 외교적 술수를 통해서이다. BH의 버전 a에 따르면, 깨어난 빌가메시가, 닌순과 루갈반다에게 맹세하는 형식을 통해, 후와와의 거처까지 여행을 계속하겠다는 의지를 밝히지만,[82] 실제 후와와와 대면했을 때에는 그에게 결혼 동맹을 제안한다. 그의 누나

---

[81] 길가메시가 후와와의 공격에 기절하고 엔키두가 그를 다시 깨우는 과정을 그리는 대목(73-85행)은 죽었다가 다시 살아나는 부활 모티프를 연상시킨다. 다시 깨어난 길가메시는 적을 향해 돌진하려는 성난 황소의 모습으로 그려진다: "그는 황소처럼 위대한 땅 위에 [네 발로] 섰다. 목을 땅에 숙이고 큰 소리를 낸다(67-68행)."

[82] 기절 상태에서 깨어난 빌가메시가 여행을 계속하겠다고 밝히는 대목은 〈빌가메시의 죽음〉의 다른 문맥에서 반복된다. 빌가메시가 잠에서 깬 후 꿈에 대해 진술하기 전에 "나를 낳으신 어머니, 닌순 여신과 내 아버지 순결한 루갈반다의 생명을 걸고 맹세한다…내가 나를 낳으신 어머니, 닌순의 무릎 위에서 두려움에 사로잡힌 양 행동할 것인가?"(133-135행). 즉 전투의 의지를 밝히는 대목이 다양한 문맥에서

와 여동생인 엔메바라게시(Enmebaragesi)와 페슈투르(Peshtur)를 각각 아내와 첩으로 제안하는 대신 후와와의 '아우라-공포'(ní)를 벗어 달라 요구한다.[83] BH의 버전 b 속 빌가메시는 두려움이 더 많다. 기절했다가 깨어난 빌가메시는 싸울 의지를 상실한다. 엔키의 도움이 없었다면 빌가메시는 삼나무를 벨 엄두를 내지 못했을 것이다. BH b의 결말이 훼손되었지만, 일부 학자들은 빌가메시가 생포한 후와와를 죽이지 않았을 가능성을 제기한다. 신에 대한 인간의 오만을 주제로 한 서사시와 대조적으로 빌가메시 단편 BH는 인간과 신과의 조화로운 관계를 부각시키는 듯 하다. 그리고 이것은 수메르 사회의 전통 가치와 잘 일치하는 것이었다.

BEN의 예처럼, 빌가메시 단편 BH도 그것이 저작되고 전승된 수메르 문화를 반영한다. 수메르 사회에서 이상적인 왕은 엔(EN)으로 불린 우룩의 통치자이다. 4천년기에 우룩의 엔은 신전 관리자였지만 3천년기에는 엔이 신전 관리자를 넘어 군사 외교적 역할도 감당하게 된다. 이상적은 엔-통치자는 이 두 가지 역할의 균형을 잘 맞춘다. 이런 의미에서 빌가메시 단편 BH는 고수메르 시대의 이상적 통치자의 모습을 그리는 듯 하다. 즉 BH 속 빌가메시는 먼 나라로 원정하여 위대한 군사적 업적을 이루는 동시에 경건한 신전 관리자의 역할도 소홀히 하지 않는다. 빌가메시는 벌목한 삼나무를 신전에 공양한다. BH에서 삼나무 숲이 "산 자의 땅"(kur lú.ti.la.ak)으로 불린 것도 이와 연관된다. 서사시에서 삼나무 숲은 명시적으로 수메르의 먼 서쪽 지방 레바논 지방에 있는 것으로 그려진다.[84] 반면 BH의 삼나무 숲은 수메르 동쪽 지역 특히 딜문 지역으로 이해될 수 있다. 수메르 〈홍수 이야기〉에 따르면 영생을 얻은 지우수드라가 삼나무로 유명한

활용된 전형 장면이기 때문에 그것의 문자적 의미를 너무 강조해서는 안된다. BH에서 빌가메시가 후와와와 전투하지 않는 것은 이를 잘 보여준다.

83 후와와의 '아우라'는 그의 공격무기인 동시에 방어 장비이다. 계속해서 문명의 이기들("고운 물가루와 물병, 신발, 보석들 등)을 혼인 선물로 주면서 빌가메시는 후와와의 '아우라-공포'를 계속 벗겨낸다. 후와와가 길가메시에게 '아우라'를 주었다는 진술 이후에 곧바로 우룩의 시민들이 나무를 자르고 묶어 산 기슭에 내렸다는 진술이 이어지는 것으로 보아, 후와와를 무장해제 시키는 장면은 길가메시 일행이 숲에서 좋은 삼나무들을 베어 내는 일에 대한 은유일 가능성이 있다.

84 Matouš, "Les Rapports Entre La Version Sumérienne et La Version Akkadienne de l'épopée de Gilgameš," p.96; Lambert, "Gilgameš in Religious, Historical and Omen Texts and the Historicity of Gilgameš," p.46; Tigay, *The Evolution of the Gilgamesh Epic*, p.34.

딜문에 정착하는데, BH의 "산 자(lú til.la.ak)"는 홍수에서 살아남은 지우수드라(Ziusudra)를 가리키는 암호이다.[85] 빌가메시가 홍수에 살아남은 지우수드라를 방문했다는 뜻은 그가 그로부터 옛 질서에 대한 지혜를 얻었다는 것이다.[86] 그렇다면 서사시에서 삼나무 숲이 레바논에 있는 것으로 설정된 사실이 의미하는 바가 무엇일까? 레바논은 아카드 왕들(사르곤과 나람신)이 원정한 지역이다. 그들의 레바논 원정은 위대함을 추구하는 통치의 상징적 사건으로 그 왕들에게 신 같은 명성을 안겨 주었다. 실제로 나람신(Naram-Sin)은 살아있는 동안 스스로를 신으로 선포했다. 하지만 이것은 수메르의 전통적 통치의 개념과 배치된다. 이상적 통치자의 개념을 둘러싼 수메르 사회의 고민이 수메르 단편 BH에서 엿보인다.

3. 〈빌가메시와 하늘 황소〉

〈빌가메시와 하늘 황소〉(이하 BBH)에 대한 우리의 이해는 현재 잠정적이다. 이 상황은 현전하는 사본의 상태 때문이다. 닙푸르에서 출토된 사본(Ni 13230)이 우르 제3왕조 시대의 것(현전하는 가장 오래된 길가메시 수메르 사본)으로 추정되지만 이 사본의 보존 상태가 좋지 않다. 1980년대 초에 텔 하다드(Tell Hadad, 고대 메투란)에서 발견된 메투란 사본(H144)도 본래 4열 본문을 포함했지만 지금은 절반 정도가 훼손되어 약 140행 정도가 남아 있다. 그럼에도 불구하고 메투란 사본은 BBH에 대한 우리의 이해를 크게 증진시켰다는 점에서 중요하다.[87]

    BBH는 길가메시 서사시의 표준 버전 제6토판의 내용에 해당한다. 아카드 시인이

---

85 Kramer, "The Epic of Gilgameš and Its Sumerian Sources," pp.13–14; Andrew George, *The Babylonian Gilgamesh Epic: Introduction, Critical Edition, and Cuneiform Texts*, p.16.

86 빌가메시가 지우수드라를 방문했다는 전승은 〈빌가메시의 죽음〉에도 등장한다. 신들은 빌가메시의 생전 업적을 나열 할 때, 지우수드라를 방문한 사실을 언급한다. 지우수드라는 〈슈루팍의 교훈〉의 주인공이다. 또한 서사시 표준 토판의 서문에서 길가메시의 '지혜'가 찬양되는 점도 참고하라.

87 카비노와 알라위(Cavigneaux and Al-Rawi)가 1993년에 BBH에 대한 비평본을 출판하였다: Cavigneaux, A., and F. N. H. Al-Rawi. "Gilgameš et Taureau de ciel (ŠUL-MÉ-KAM) (Textes de tell Haddad IV)." *Revue d'assyriologie et d'archéologie orientale* 87 (1993), pp.97-126.

제6토판의 내용을 구성할 때 이 수메르 단편을 자료로 사용했을 것이다.[88] BH의 경우처럼, 길가메시 서사시에 BBH의 전체적인 줄거리는 유지되지만 세부적 내용에 있어 그 둘은 큰 차이를 보인다. 첫째, 인안나 여신이 길가메시에 매료당한 이유가 다르다. 서사시에서는 영웅 길가메시가 궁에서 목욕하면서 내뿜은 육체미가 인안나에게 욕정을 일으킨다(토판 VI: 1-6행). 반면 BBH에서는 빌가메시가 신전에서 열심히 일하는 모습을 보고 인안나가 욕정을 느낀다(BBH 7-18행). 둘째, 인안나가 길가메시에게 약속한 청혼 선물의 내용이 다르다. 서사시에서는 왕의 위엄을 증진시키는 품목—황금과 청금석으로 된 전차, 사자와 노새, 백향목으로 된 궁전, 다산—이 인안나의 청혼 선물로 언급된다(토판 VI: 10-21행). 반면 BBH에서는 인안나는 다음과 같이 청혼한다.

(24) é-an-na-mu di-ku$_5$-dè šu nu-ri-bar-re (25) gi$_6$-pàr gú-mu kaš bar-re šu nu-ri-bar-re (26) é-an-na an-na ki-ág di-ku$_5$-dè šu nu-ri-bar-re (27) ^{d}giš.bíl-ga-mes za-e… / gá-e….[89]

(24) 너는 에안나 신전에서 재판하게 될 것이다. 나는 너를 놓아 주지 않겠다. (25) 너는 거룩한 기파루에서 판결을 내릴 것이다. 나는 너를 놓아 주지 않겠다. (26) 너는 안의 사랑스런 에안나에서 재판하게 될 것이다. 나는 너를 놓아주지 않겠다. (27) 오 길길가메시여 너는 그것(신전)의 주인 되어라. 나는 그것의 여주인이 될 것이다.

위 인용에서 분명한 것은 인안나가 빌가메시에게 궁전(E.GAL)이 아닌 신전의 기파루(Giparu, 신전 관리자가 거하면서 업무를 보는 공간)에서 우룩을 통치하라고 제안하고 있다. 27행에 대한 조지(A. George)의 새로운 번역이 옳다면 인안나는 남편과의 관계를 신전

---

88 길가메시 고바빌론 버전에는 〈빌가메시와 하늘 황소〉 일화가 등장하지 않는다. 이 주장의 근거를 설명하고 논문들을 제시할 것.

89 카비노와 알라위의 비평본에서 가져왔다: Cavigneaux and Al-Rawi, "Gilgameš et Taureau de ciel (ŠUL-MÉ-KAM) (Textes de tell Haddad IV)," p.105. 이 부분에 대한 비평본 저자들의 이해와 최근 메투란 사본과 딜바트(Dilbat) 사본을 추가적으로 검토한 조지의 해석이 다르다. 필자는 조지의 보다 최신의 연구를 채택하였다. 단 조지는 27행에 대한 수메르 원문은 제공하지 않고 있다. George, *The Epic of Gilgamesh*, p.125.

중심으로 정의한다.⁹⁰ 우룩의 엔-통치자가 신성결혼식 때 인안나 여신의 남편의 역할을 하였음을 고려하면, 인안나의 제안은 길가메시가 엔-통치자의 전통적 역할에 충실할 것을 촉구하는 것 같다. "내가 너를 놓아 주지 않겠다"(šu nu-ri-bar-re)는 구절의 반복은 엔-통치자가 점점 신전 밖 궁전에서 더 많은 시간을 보내는 세태 변화에 대한 경고일 수 있다. 한편, 길가메시 서사시에서 상응하는 부분(토판 VI: 9행)은 인안나의 청혼이 공적인 관계보다는 개인적 관계에 대한 것임을 암시한다. 인안나가 길가메시에게 한 말은 고대 근동의 결혼 계약 문서에 흔히 나타나는 관용어구이다.

Atta lū mutīma anāku lū aššatka
너는 나의 남편이 되고, 나는 너의 아내가 될 것이다!

길가메시 서사시에서는 우룩의 엔-통치자의 직위 수행적 갈등, 즉 종교적 역할과 세속적 역할 사이에 균형 문제가 나타나지 않는다. 수메르 왕과 관련된 사회적 담론을 인안나의 청혼 이야기에 반영하는 것은 BBH 뿐이다. 이를 더 확실히 보여주는 것은 인안나의 청혼에 대한 빌가메시의 반응이다. 빌가메시는 인안나가 청혼한 사실을 곧바로 어머니 닌순에게 알린다. 그리고 닌순의 조언을 받아 다음과 같이 대답한다.

오 여주인 인안나시여 내 길을 막아서는 안됩니다. 산에서 야생 황소를 잡아 당신의 우리를 채우겠습니다. 산에서 양들을 잡아 당신의 목장을 채우겠습니다. 은, 홍보석, 청금석 등을 가죽 가방에 가득 담아 당신의 집을 채우겠습니다(Sk 196, 칼럼 1: 11-14행)

인안나의 요구에 대한 길가메시의 대답은 엔-통치자의 종교적 의무와 세속적 의무의 균형을 잘 보여준다. 먼저 그는 "내 길"을 막지 말라면서 인안나의 청혼을 거절한다. 다시 말해 신전 기파루 밖으로 나가지 못하게 하는 인안나의 요구("내가 너를 놓아 주지 않

---

90 카비노와 알라위는 부정어 nu가 행전체를 부정하는 것처럼 인용 부분을 번역한다: 24. *Je ne te laisserai pas dire la justice dans mon Eanna*! 25. *Dans mon précieux Gipar je ne te laisserai pas prononcer de verdict*! 26. *Dans l'Eanna aimé de Ciel (An) je ne te laisserai pas dire la justice*! 27. *Gilgameš, toi⋯, moi⋯*. Cavigneaux and Al-Rawi, "Gilgameš et Taureau de ciel (ŠUL-MÉ-KAM) (Textes de tell Haddad IV)," pp.122-123.

겠다")를 거부하고 기파루 밖에서 영웅적 의무를 이행할 것임을 천명한 것이다. 한편, 인안나의 청혼을 거부한 빌가메시가 신전 공양의 의무를 소홀히 하는 것은 아니다. 그는 기파루 밖에서 여러 곳을 두루 다니며 모은 재화로 신전 창고를 채울 것이라 약속한다. 이런 빌가메시의 대답은 서사시에서 두드러진 인안나에 대한 모욕(토판 VI:32-79행)과 거리가 멀다.

이와 관련하여 주목할 또 하나의 차이점이 있다. 길가메시 서사시에서 하늘 황소를 무찌른 후 길가메시의 절친 엔키두는 황소의 앞다리를 떼어 이쉬타르 여신에게 던진다. 그리고 '내가 너를 잡는다면 너에게도 이처럼 했을텐데"라며 모욕한다. 엔키두가 길가메시와 뜻을 같이 하는 친구이며, 길가메시가 인안나를 모욕한 전례를 생각하면, 엔키두의 그런 행위에 길가메시도 동의했다고 추정할 수 있다.[91] 한편, 수메르 단편 BBH에서 빌가메시는 하늘 황소를 죽인 후 하늘 황소의 뿔에 기름을 채워 인안나에게 공물로 드린다.[92] 우룩을 파괴하는 하늘 황소를 죽이는 영웅적 빌가메시와 인안나에게 공물을 바치는 경건한 빌가메시가 절묘한 조화를 이룬다. 특정 어휘의 사용에 저자의 의도가 담긴 것이라면 수메르 단편 BBH에 빌가메시를 지칭하는 호칭으로 엔-통치자(en)과 군사적 리더(lugal)가 각각 5번과 4번 사용된다는 것도 매우 흥미롭다.[93]

4. 〈빌가메시의 죽음〉

〈빌가메시의 죽음〉(이하 DB)은 길가메시 서사시에 나오지 않는 일화이기 때문에 줄거리를 요약한 후 그 내용을 분석해 보자. DB는 병들어 누워있는 주인공에 대한 애가로 시작한다(메투란 1-19행). 그 때 그는 꿈을 꾼다. 꿈속에서 누딤무드—엔키의 다른 이름—가

---

[91] 길가메시가 공물을 드린 루갈반다는 안(An)이나 인안나와 같이 도시 신전을 가진 신이 아니라, 먼 나라의 숲을 배경으로 활동한 영웅 신이다.

[92] BBH 130-132행은 길가메시가 하늘 황소의 어깨를 잘라 인안나를 향해 던지는 장면이 등장한다. 흥미로운 사실은 이 행위의 주어로 "빌가메시"나 "엔-통치자"가 아닌 아닌 "왕"(lugal-e)가 사용된다(130행). 인안나에 대한 분노가 왕으로서의 분노임을 보여준다.

[93] 카비노와 알라위의 비평본 수메르 원문에서 필자가 직접 계수한 결과이다.

길가메시의 눈을 열어 신들의 회의를 보게 한다. 그 회의의 의제는 길가메시의 운명이다. 이를 위해 신들은 그의 행적을 회고한다(메투란 52-61행). 이 때 언급된 길가메시의 행적은 크게 두 가지다. 첫째는 삼나무 숲의 모험과 관련한 내용이다. 즉 먼 거리를 이동, 삼나무 숲에 사는 후와와를 죽이고, 그곳의 좋은 삼나무를 벌목한 일, 그리고 미래에 남을 석비를 세우고, 신전을 건설한 일이다.[94] 둘째는 지우수드라를 방문하여 오래 전에 잊혀진 수메르의 제례들, 관습들을 다시 회복시킨 업적이다. 현전하는 빌가메시 단편들 가운데 지우수드라와 관련된 단편이 하나도 없음에도 불구하고 DB 속 그의 '업적 목록'에 빌가메시가 지우수드라를 방문했다는 내용이 들어 있는 것은 주목할 만하다. 이와 반대로, 빌가메시 단편에서 소개되지만 그의 업적 목록에는 누락된 것도 있다. 그것은 길가메시가 하늘 황소를 죽였다는 내용이다.[95] 여하튼, 다시 줄거리로 돌아오면, 신들은 길가메시의 영웅적 업적을 회고한 후에도 빌가메시의 운명을 정하기 어려워한다. 그 이유는 그가 여신 닌순의 아들이었기 때문이다(메투란 79행). 이 때 엔키가 홍수 사건을 언급한다.[96] 엔키에 따르면, 지우수드라가 홍수에서 살아남았을 때 신들은 그에게 영생을 주는 한편 그 이외 다른 인간들은 절대로 영생을 가질 수 없다고 맹세하였다(메투란 76-77행). 엔키의 이야기를 들은 신들은 닌순의 아들 빌가메시도 다른 인간들처럼 죽은 후 지하세계로 내려가야 한다고 판결한다. 단 지하세계에서 빌가메시는 닌기스지다(Ningiszida)와 두무지처럼 죽은 사람들을 심판하는 통치자가 될 것이다.[97] 꿈에서 깬 빌가메시는 꿈에 대한 해석을 구하지만, 익명의 꿈 해석자는 왕이라도 죽음을 피할 수 없으니 지하세계에서 누리게 될 지위에 만족할 것을 조언한다. 이후의 줄거리는 빌가메시의 무덤 건설로 이동한다. 엔키가 무덤의 도안을 계시해 준다. 빌가메시의 아들

---

94 56행에 언급된 é dingir-re-e-ne ki gar-gar-ra-a-ba "신들을 위한 신전들을 건설했다"는 내용은 어떤 수메르 단편에도 언급되지 않은 업적이다.

95 수메르 단편 〈빌가메시와 하늘 황소〉의 존재가 이 질문을 더 흥미롭게 한다. 길가메시가 인안나의 합법적인 청혼을 거부하고 신들이 내린 합법적인 벌을 받지 않는 것은 신들의 눈에는 '업적'으로 여겨지지 않았던 것일까?

96 엔키가 들려주는 홍수 사건은 BEN의 시작과 같은 문구로 시작한다: "그 날에, 그 먼 날에, 그 밤에 그 먼 밤에, 그 해에 그 먼 해에…" 즉 새로운 이야기의 시작을 알리는 이 문구가 반드시 그 문구로 시작하는 이야기가 독립적인 이야기임을 뜻하지는 않는다.

97 여기서 메투란 토판이 훼손되고 그 이후는 닙푸르 토판에 의존한 것이다.

우르루갈(Urlugal)은[98] 그 계시에 따라 무덤을 건설한다. 엔키가 보여준 도안의 핵심은 빌가메시의 무덤이 누구도 모른 곳에 건설되는 일이다. 이를 위해 노동자들은 유프라테스 강물의 흐름을 일시적으로 다른 곳으로 돌려 강바닥이 드러나게 한 후 그곳에 석조 무덤을 건설한다. 그리고 그 안에 지하세계 신들을 위한 선물과 함께 왕의 하렘과 수행원들을 순장한다. 빌가메시의 시신을 안치하고 입구를 막은 후 다시 강물을 원래 흐름으로 돌리니, 무덤은 아무도 찾을 수 없게 되었다. 그때 우룩의 백성들이 길가메시 왕을 위해 통곡했다. 닙푸르 사본은 길가메시를 칭송하는 송영으로 끝나는 반면, 메투르 사본은 지하세계의 통치자 에레스키갈에 대한 찬양으로 끝난다.

BEN, BH, BBH와 달라, DB는 후대의 서사시에 자료로 사용되지 않는다. 즉 길가메시가 죽어 매장되는 장면이 길가메시 서사시 표준 버전에는 등장하지 않는다. 그렇지만 학자들은 이 수메르 단편이 길가메시 서사시를 관통하는 주제를 암시한다고 여긴다. 특히 표준 버전의 제9-11토판이 DB의 주제에 영향을 받은 듯 하다. DB에서 신들이 죽음은 왕이라도 피할 수 없는 인간의 운명이라 말했듯이, 서사시 속 길가메시도 불멸의 여행에서 만나는 세 인물—여관 주인 시두리, 뱃사공 우르샤나비, 그리고 홍수 생존자 우트나피슈팀—에게서 동일한 메시지를 듣게 된다. 서사시에서 죽음을 받아들인 길가메시가 우룩의 성벽 건설을 통해 유사 불멸을 추구했다면,[99] DB에서 빌가메시는 성대하고 도굴되지 않을 무덤의 건설과 장례식을 통해 유사 불멸을 추구한다. 수메르 사람들에게 죽음이 불가피한 것이라면 차선은 성대한 장례식일 것이다. DB에 따르면, 우룩의 백성들은 빌가메시의 무덤이 완성되자 그를 위한 성대한 장례식을 거행한다. 또 주목할 사실은 빌가메시의 무덤 건설과 장례식을 성공적으로 주도한 인물이 그의 아들 우르루갈이라는 사실이다. 어쩌면 고대 수메르인들에게 영생 다음으로 좋은 것이 그의 기억을 이어갈 후손이었을지 모른다. 이것은 메투란 사본의 결말에서도 강조된다.

(M299) alan-bi u₄-ul-a-ta ba-dím-dím (M300) é diĝir-re-e-ne zag-šè ĝar-ĝar-ra

(M301) mu-bi du₁₁-ga nam-ba-e-da-ḫa-la-me-eš

---

98   조지(George)는 Urlugal을 빌가메시의 아들이 아닌 빌가메시의 '개'로 번역한다. George, *The Epic of Gilgamesh*, p.205.

99   길가메시 서사시의 우룩 성벽에 대한 찬가로 시작하고 끝난다. 길가메시가 우룩 성벽을 건설했다는 사실은 후대의 왕 아남(Anam)의 비문에 증거되어 있다.

(M299) 그(사람)의 장례 신상이 옛부터 제작되어 (M300) 신들의 집, 성소에 안치되었다.

(M301) 그의 이름이 불려져 결코 잊혀지지 않으리!**100**

신전에 봉헌 신상을 놓으면 살아 있는 후손이 죽음 조상들을 기억하며 기도하게 된다. 사람이 죽더라도 살아 남은 후손들의 기도 속에 존재함을 설명한다.

DB에서 사용된 몇몇 모티프가 길가메시 서사시의 시인/작가에 의해 창조적으로 재활용된다. 먼저, 엔키두가 빌가메시의 친구로 지나가듯 언급된다. 이 수메르 단편에서 엔키두는 어떤 서사적 역할도 없다. 다만 빌가메시가 지하세계에 갔을 때 얻게 될 여러 위안(?)들 중 하나로 친구 엔키두와의 재회가 언급된다. 여기서 빌가메시와 엔키두의 관계가 BEN에서처럼 서사적으로 중요한 것은 아님에도 불구하고, 그것은 그 둘을 주종 관계로 설정한 다른 수메르 단편들과 인상적인 대조를 이룬다.

둘째, 빛의 축제(Itu ne.me.bar) 중 벌어지는 씨름 모티프도 서사시에서 재활용된다. "영혼들의 축제(Ezen gidim-ma-ke₄)"로도 불리는 이것은 장례 의식의 일부이다. DB에 따르면 일년에 한 번 태양이 지하세계를 비추는데, 그 때 후손들이 조상의 신상이 모셔진 사당의 문 주변에 반원의 형태로 모여 씨름 시합을 벌인다. 이 축제의 주관자는 빌가메시이다. 빌가메시 덕분에 모든 지하 영혼들이 그날 빛을 보게 된다(N4-11). 이 운동 행사가 서사시에서 길가메시와 엔키두가 씨름하는 장면을 연상시키는 것은 분명하다. 더욱이, 서사시에서 씨름 모티프는 길가메시와 엔키두가 절친이 되는 문예적 장치에 불과하지만 DB에서는 빌가메시가 지하세계에서 누리게 될 전무후무한 특권을 부각시킨다. 신이 된 인간의 예가 지우수드라에 국한된 것처럼 인간 세계의 왕이었다가 지하세계의 통치자가 된 것도 길가메시가 유일하다.**101** 빛의 축제에 대한 내용을 담은 닙푸르 사본이 빌가메시에 대한 찬양으로 끝난다는 사실은 그와 잘 조화된다. 더구나, 닙푸르 전통에서 빌가메시는 매우 특별한 왕이기 때문이다. 닙푸르의 톰말 비문에 따르면 빌가메시는 닙푸르의 신전을 복원한 왕으로 기억된다.**102** 한편 빛의 축제에 대한 내용이 생

---

100 카비노와 알라위의 비평본에 수록된 음역과 번역을 참조하였다. Cavigneaux and Al-Rawi, "Gilgameš et Taureau de ciel (ŠUL-MÉ-KAM) (Textes de tell Haddad IV)," p.36.

101 George, *The Epic of Gilgamesh*, p.159. 니느웨 사본 iv:17 참조.

102 Samuel N. Kramer, "Gilgamesh: Some New Sumerian Data," in P. Garelli ed., *Gilgameš et Sa Légende* (Paris, 1960), pp.59-68.

략된 메투르 사본에는 빌가메시 대신, 지하세계의 신 에레스키갈에 대한 찬양이 마지막 (M 305행)에 등장한다. 이런 에레스키갈에 대한 송영은 죽음에 대한 수메르 사회의 보편적 대안—조상의 기억을 유지시키는 장례 의식—을 상기시킨다. DB의 사본 간의 이런 차이는 수메르의 서사들이 지역의 특수한 정치적 상황을 반영하고 있음을 보여준다.

5. 〈빌가메시와 아가〉

고수메르의 역사를 배경으로 하는 〈빌가메시와 아가〉(이하 BA)는 우룩이 키쉬로부터 지역의 패권을 빼앗아 온 경위를 설명한다. BA도 DB처럼 서사시의 내용으로 활용되지 않기 때문에 그 줄거리를 요약한 후 그 내용을 분석하자. 이야기는 수메르의 맹주 키쉬의 왕 아가가 우룩에 사절단을 보내어 항복을 요구하는 장면으로 시작한다. 빌가메시는 장로들의 회의와 젊은이들(guruš)의 회의를 차례로 소집하여 조언을 구한다. 항복하지 말고 전쟁하자는 빌가메시의 제안을 장로들이 거부한 반면, 젊은이들은 받아들인다. 젊은이들은 빌가메시의 무용을 찬양하고 그가 승리할 것이라 말해 준다. 용기를 얻은 빌가메시는 그의 종(árad-da-ni) 엔키두에게 전쟁 준비를 명령한다.[103] 하지만 키쉬의 왕 아가의 군대가 막상 우룩을 포위하자 우룩시민들의 사기가 떨어지는데, 빌가메시는 일대일 대표전으로 이 상황을 타개하기로 결정하고 자원병을 구한다. 그 때 근위병 중 하나인 비르후르투라(Birhurturra 의미 불상)가 자원하지만 성문을 나서자마자 사로잡혀 키쉬 군대의 진영으로 끌려가 매를 맞는다. 이 때부터 서사의 중심이 비르후르투라와[104] 키쉬의 왕 아가 사이의 상호 작용에 맞추어진다. 성벽에 "우룩의 관원"(zabar.dàb Urim^{ki}.ma.ke$_4$) 하나가 모습을 드러냈을 때 그 모습을 본 키쉬의 왕 아가가 비르후르투라에게 그가 빌가메시인지 묻는다. 그 때 비르후르투라는 예언자처럼 '그가 만약 빌가메시였다면 아가 왕은 패배하고 생포 당할 것이라'고 말한다. 이 예언이 끝나기 무섭게 비르후르

---

103 엔키두는 길가메시의 종으로 등장하며 서사적 역할이 매우 미약하다. 오히려 비르후르투르가 엔키두보다 더 핵심적 역할을 감당한다. 이 때문에 많은 학자들이 길가메시 서사시에서 설정된 길가메시와 엔키두 사이의 우정이 서사시 시인의 창작의 산물이라 주장한다.
104 비르후루투라는 "왕의 최고 남자"(lú.sag.lugal.a.ni)로 언급된다(50행). 이것은 그의 서사적 중요성을 암시한다.

투라는 다시 매를 맞는다. 그후 빌가메시가 우룩의 성벽에 올랐을 때 그 모습을 본 아가 왕이 다시 그가 빌가메시인지 묻는다. 비르후르투라가 그렇다고 대답하자마자 그의 예언대로 키쉬 군대는 전멸하고 아가 왕은 생포된다. 하지만 빌가메시는 아가를 죽이지 않고 그의 땅 키쉬로 돌려 보낸다. 100-106행의 내용에 따르면, 빌가메시가 도망자 신세였던 시절에 키쉬의 왕 아가가 그를 품어 주었던 듯 하다.[105] 이 결말이 다소 난해하게 느껴지는 이유는 아가 왕이 도망자 길가메시를 도왔다는 내용의 이야기가 어떤 수메르 사본에도 전해지지 않기 때문이다.[106] 일부 학자들은 "엔메바라게시"를 〈빌가메시와 후와와〉에 등장하는 동명 이인 즉 길가메시의 누이로 이해하여 키쉬의 왕 아가와 길가메시를 친척 관계로 규정한다.[107] 만약 이 주장이 옳다면 아가가 도망자 시절의 빌가메시를 도왔을 뿐 아니라 빌가메시가 생포된 아가를 풀어 준 이유를 설명할 수 있을 것이다.

BA는 지금까지 살핀 수메르 단편들 중 가장 짧은 115행으로 구성된다. 출처가 불분명한 사본을 제외하면 15개의 사본 모두가 닙푸르에 학교에서 제작되었다(표 1 참조). 다른 빌가메시 단편과 달리 BA에는 신이 등장하지 않는다. 오직 인간과 인간의 상호작용만이 묘사되어 있다. 또한 명시적으로 고수메르 시대의 사건을 배경으로 한다. 익명의 우룩 왕이 엔메바라게시의 아들 키쉬로부터 지역의 패권을 빼앗아 온 역사를 담고 있다. 수메르 왕명록은 그런 역사를 다음과 같이 표현한다.

"엔메바라게시의 아들 아가가 625년을 다스렸다……키쉬가 무기로 공격당했고, 그 왕

---

[105] "오, 아가여, 그대는 숨을 주었소. 아가여 그대는 생명을 주었소. 아가여, 그대는 도망다니던 사람을 품에 안았소. 아가여, 떠돌이 새를 곡식으로 만족시켰소"(104-106행). George, *The Epic of Gilgamesh*, p.104.

[106] 길가메시가 우룩의 왕이 되기 전 도망자였다는 것은 영웅 서사의 전형이 된다. 이와 관련해 길가메시의 아버지가 누구인지에 대한 전통들이 다양하다는 사실을 상기할 필요가 있다. 수메르 서사 전통에서는 일찍이 길가메시의 부친이 루갈반다라는 우룩의 영웅 왕이었다는 것이 굳어졌지만, 수메르 왕명록에서는 길가메시의 부친이 "쿨라브의 대사제, 릴라 귀신(líl.lá en.ku.ab.ba.ke₄)"로 소개된다. 특히 후자는 길가메시가 우룩의 왕이 되기 전 평민의 신분이었을 가능성을 제기한다. 평민이 영웅적 업적을 통해 왕이 되는 줄거리는 고대 근동의 서사 문학(e.g. 고대 시리아의 이드리미, 고대 이스라엘의 다윗)에서 자주 발견된다.

[107] Dina Katz, *Gilgamesh and Akka*(Groningen, 1993), p.9.

권이 에안나(우룩의 신전)로 옮겨졌다"(〈수메르 왕명록〉 ii 37-45).[108]

BA는 키쉬의 왕 아가에게 억압받던 시절을 끝내고 우룩에 영광을 가져다준 우룩의 왕을 빌가메시로 특정한다. 〈수메르 왕명록〉이나 BA가 모두 고수메르 시대로부터 800년 이후의 문서라는 점에서 수메르인의 문화적 기억에 불과하지만 그것들이 공유하는 내용에는 역사적 진실이 담겨 있을 가능성도 있다. 더구나 키쉬의 왕 엔메바라게시는 현재 바드다드 박물관에 소장된 카파예(Khafaje) 비문에서 그 이름이 확인되어,[109] 고수메르 왕들 중 사료로 고증된 최초의 왕이라 할 수 있다. 이처럼 BA는 다른 수메르 단편들과 달리 빌가메시 왕에 대한 역사적 사료로 인식됨에도 불구하고 그 안에 다양한 서사적 요소들이 발견된다.[110]

BA에 나타난 서사적 요소로는 비르후르투라를 중심으로 한 '예언-성취'의 이야기 구조를 들 수 있다. 사건들을 시간과 논리적 관계로 묶는 것이 서사라 한다면, 그 관계가 예언과 성취의 틀로 묶일 때 서사적 재미는 극대화된다. 또한 비르후르투라의 인물 묘사에 익살이 사용된다. 우룩이 포위되었을 때 빌가메시가 적장과 일대일로 싸울 장수를 모집한다. 그 때 비르후르투라가 위엄있게 자원했지만 그는 성문을 나가자마자 생포되어 아가의 진영에 끌려가 매를 맞는다. 그 두 순간의 장면 변화가 너무 급격하여 웃음을 자아낸다. 또한 예언자처럼 아가의 패배를 선포한 비르후르투르가 아가의 왕에게 다시 매를 맞는다. 물론 유머라는 감각이 주관적이기 때문에 고대 문헌에서 유머를 읽어내는 일은 언제나 논쟁적이다. 하지만 유머가 보통 '역설'적 상황에서 발생한다는 점에서 비르후르투라는 인물에서 유머를 읽는 것이 불가능하지 않을 것이다.

---

108 T. Jacobsen, *The Sumerian King List*(Chicago, 1939), p.85.

109 Katz, *Gilgamesh and Akka*, 28; W. G. Lambert, "Gilgameš in Religious, Historical and Omen Texts and the Historicity of Gilgameš," in *Gilgameš et Sa Légende*, ed. P. Garelli(Paris, 1950), p.49.

110 〈빌가메시와 아가〉의 내용과 달리 슐기의 찬양시(royal hymns) 2에는 아가의 아버지 엔메바라게시에 대한 길가메시의 승리가 언급되어 있다. 전자의 역사성을 강조하는 학자들은 슐기가 아가보다 더 유명한 엔메바라게시를 길가메시가 무찔렀다고 언급함으로써 길가메시의 업적을 더 돋보이게 했다고 주장하지만, 〈빌가메시와 아가〉는 주인공들이 바뀌더라도 크게 상관없는 전형적인 내용을 담고 있다고도 말할 수 있다. Cf. Tigay, *The Evolution of the Epic of Gilgamesh*, p.26.

BA에 사용된 또 하나의 서사적 요소가 있다. 그것은 속담의 사용이다. 키쉬의 왕 아가가 우룩에게 항복을 요구할 때 사용한 수사와 항복하지 말자고 촉구하는 빌가메시에게 우룩의 청년들이 응답한 수사가 모두 속담이다. 더욱이 그 속담은 수메르어 속담집에도 등장하는 것들이다. 즉 BA 저자는 일종의 문헌 간의 상호 인용(intertextuality)을 시도하고 있다. 상호 인용할 때 필연적으로 인용된 본문에 의미적 변화가 발생한다. 일반적 의미를 가진 속담이 서사의 특정한 상황에 적용되면서 발생하는 필연적 변화이다.

Túl til-le-da túl-kalamma til-til-le-da

Túl-níg-bàn-da-kalama til-til-le-da

Túl-bùru-da éš-lá til-til-le-da

우물을 끝내는 것. 땅의 모든 우물을 끝내는 것.

땅의 모든 얕은 우물을 끝내는 것

인양 밧줄로 깊은 모든 우물을 끝내는 것 (11-13행)[111]

위 인용은 아가 왕의 사신들이 우룩에 전달한 메시지이다.[112] BA는 키쉬의 왕의 메시지를 구성할 때 수메르 속담집에 나오는 내용을 인용한 것이다.[113] 인용된 속담은 '목록'의 형식을 가진다. 명사화된 동사들(nominalized verbs)의 나열이다. 위 인용은 본래 속담의 성격상 여러 상황에 적용 가능한 광범위한 의미를 가졌을 것이다. 하지만 그것

---

111 수메르어 음역과 번역은 카츠의 비평본을 참고했다: Katz, *Gilgamesh and Akka*, pp.40-41.

112 BA의 저자는 그것을 빌가메시가 장로들의 회의에서 하는 연설의 일부로 처음 언급한다. 이런 지연적 수사는 이야기의 긴장을 높여준다. 일부 학자들은 〈빌가메시와 아가〉의 시작 부분에서 전령이 언급되지만 전령의 메시지가 언급되지 않는다는 점을 들어 〈빌가메시와 아가〉가 이야기의 처음이 아니라 선행하는 이야기를 가진다고 추정한다(Civil, "Reading Gilgameš," p.180 참조). 하지만 전령이 우룩에 왔음을 서술하지만 그 메시지를 말하지 않는 것은 독자들의 관심을 잡기 위한 수사이다. 그리고 독자들은 빌가메시의 입을 통해 키쉬의 왕 아가의 메시지를 듣게 된다. 빌가메시는 인용처럼 아가의 메시지를 전한 후 "키쉬의 집에 항복하지 말자, 전쟁하자"라고 제안한다.

113 이것은 〈빌가메시와 아가〉 비평본의 저자 카츠의 말을 그대로 받은 것이다. 카츠는 이렇게 서술한다. "The main components of these lines are attested in two other texts; one of them, a proverb or saying……." Katz, *Gilgamesh and Akka*, p.4. 하지만 그것의 문헌 번호나 그 문헌이 출판된 논문이나 책을 각주로 표기하지 않았다.

이 〈빌가메시와 아가〉 이야기에 재활용되었을 때, 즉 그것이 특정한 서사 문맥을 부여받았을 때, 특정한 의미가 발생할 수 있다. BA의 비평본의 저자 카츠(Katz)는 "우물을 끝내는 것"을 물 긷는 행위, 나아가 강제 노역에 대한 환유로 이해한다.[114] 다시 말해, 아가 왕은 우룩의 시민들이 그를 위해 (우물이 바닥날 때까지) 물을 긷는 노예가 되어야 한다는 메시지를 전한 것이다. 이처럼 키쉬 왕의 노예가 되라는 요구를 길가메시와 우룩의 청년들이 거절한다. 특히 후자는 속담을 인용하며 키쉬 왕 아가의 요구를 거절한다. 속담에 속담으로 응수한 것이다.

Gub-gub-bu-dè tuš -tuš-ù-dè
Dumu-lugal-la da ri -e-dè
ḫáš -anše dab₅ -dab₅-bé-e-dè
서 있기, 앉아 있기
왕의 아들을 호위 하기
당나귀의 뒷다리를 잡기 (25-27행)[115]

인용된 것은 수메르 속담집에 수록된 속담이다.[116] 이 속담의 본래 의미는 알기 어렵지만 〈빌가메시와 아가〉의 서사 문맥에서 새롭게 획득된 의미에 대해서는 논의할 수 있다. 카츠(D. Katz)는 서는 것과 앉는 것이 의회(이 경우, 젊은이들의 회합)에 참석한 사람들의 행위를 가리킨다고 주장한다. 그것은 젊은이들의 민주적 자치를 가리킨다는 것으

---

114 학자들은 다양한 의견을 제안한다. Shaffer는 키쉬의 왕이 우룩의 진흙을 필요로 했다고 주장한다. 하지만 우룩의 진흙을 배로 키쉬까지 옮기려 했다는 주장은 설득력이 떨어진다. Katz는 우물에 대한 언급이 관개 시설 건설에 관한 것이라 주장한다. 하지만 왜 우룩에 키쉬의 왕이 관개 시설을 건축하려 했을까? Civil은 키쉬의 왕 아가의 명령 뒤에 메소포타미아의 물길이 변한 역사적 상황이 있다고 주장한다. 우룩의 시민들은 우물을 팜으로써 물부족을 해소하려 했지만 키쉬의 왕이 그 우물을 없애겠다고 협박했다는 것이다.

115 수메르어 음역과 번역은 카츠의 비평본을 참고했다: Katz, *Gilgamesh and Akka*, pp.40-41.

116 3 N-T 387. Cf. Cooper, 1981, 234. R.S. Falkowitz, *The Sumerian Rhetoric Collections*, Philadelphia 1980, p.145. 메소포타미아 서사에 사용된 속담들에 대한 논문으로 W. W. Hallo in HSS 37 (Studies Moran) (1990): 203-217을 참조. Katz, *Gilgamesh and Akka*, p.5, 각주 15, 재인용.

로 키쉬의 왕의 노예로 일하는 것과 반대되는 것이다. 카츠에 따르면, 아가가 자신의 권위로 우룩 시민을 노예로 만들려 했지만, 젊은이들은 우룩의 자치권을 외래 왕의 명령보다 앞세우고, 빌가메시를 우룩의 군사적 지도자(lugal)로 임명했다.[117] 하지만, 조지(A. George)는 조금 다른 해석을 제안한다: "서 있기, 앉아 있기, 왕의 아들 호위 하기"가 하나의 개념이다. 여기서 왕의 아들은 엔메바라게시의 아들로 소개된 아가를 가리킨다. 즉 25-26행은 아가를 섬기는 일을 나타낸다. 그리고 27행은 그것을 "당나귀의 뒷다리를 잡는 일"에 비유한다. 이런 분석에 다르면 다음의 해석이 가능하다: 외국 왕의 변덕스런 명령에 굴복하는 것은 당나귀의 뒷다리를 잡으려는 것처럼 고통스럽고 종잡을 수 없는 경험이 될 것이다.[118]

BA에서 길가메시가 우룩의 장로들과 젊은이들에게 차례로 조언을 구하는 모티프는 길가메시 서사시에서 재활용된다. 후와와를 죽이기 위한 모험을 결정한 후 길가메시는 우룩의 장로들(Yale 토판 176-187행)과 젊은이들(표준 토판 II: 258-271행)에게 차례로 조언을 구한다. 하지만 서사시에서는 두 그룹이 서로 상반된 조언을 주는 것은 아니다. 오히려 그 두 그룹이 함께 길가메시의 여행이 무모한 것임을 경고하고 엔키두와 동행을 조건으로 그 여행을 허락한다. 이처럼 서사시 저자는 수메르 단편에 사용된 모티프를 새로운 서사 문맥에 맞게 변형해 사용한다. 서사가 속담을 원용하는 예와 마찬가지로 이것도 상호본문성(intertextuality)의 개념으로 이해할 수 있다. 이 상호본문성은 문학 작품 간의 영향 관계 뿐 아니라 수메르 문학에 존재했던 '표현의 공동 저수지'의 개념으로도 설명 가능하다. 수메르 단편과 아카드 서사시에 공통으로 등장하는 전형 장면의 경

---

117 Katz, *Gilgamesh and Akka*, p.5.

118 George, *The Epic of Gilgamesh*, p.100. 길가메시에 관한 다른 수메르 단편들에도 속담이 사용되었다. 예를 들어 〈빌가메시와 후와와〉에서 빌가메시는 두려워하는 엔키두에게 "삼겹줄은 쉽게 끊어지지 않는다"는 속담을 인용했고(107행), 후와와를 풀어주려는 길가메시에게 엔키두는 "잡힌 새는 자기 집으로 가고, 잡힌 군인은 자기 엄마의 품으로 돌아가지만, (너는 너를 낳은 어머니의 도시로 돌아가지 못할 것이다)(173-175행)"라고 말한다. 역시 〈빌가메시와 후와와〉에서 인간 죽음의 필연성을 설명하기 위해서 다음의 속담이 사용된다: "가장 높은 것이라도 하늘에 닿을 순 없고, 가장 넓은 것이라도 땅을 덮을 수는 없다"(28-29행). 이것은 수메르 속담집에 수록된 것이다. Kramer, *Sumerian Literary Texts from Nippur*, p.128 ii 2-3. 이 경우 속담의 일반적인 의미는 매우 분명하다. 하늘과 땅보다 높고 넓은 것은 없다는 의미일 것이다. 하지만 그것이 인간 죽음의 필연성과 어떻게 연결되는지는 그다지 분명하지는 않다.

우 한쪽이 다른 쪽에 영향을 주었다고 말하기보다 수메르 문학에 존재했던 공동의 표현 형식들을 저자들이 자신의 작품에 자유롭게 활용했다고 생각할 수 있다. 서사와 속담 사이의 상호 원용의 경우, 일반적으로 서사 문학의 저자가 속담을 인용했다고 생각하지만, 서사 문학의 구절이 속담집에 들어갔을 가능성도 배제할 수는 없다.

IV. 나가는 말

지금까지 우리는 수메르 문화 속 길가메시 단편들의 위치를 살펴 보고, 후자를 길가메시 서사시와의 비교적 관점에서 살펴보았다. 길가메시에 대한 수메르 단편들은 대부분 고바빌론 시대의 학교 문서로 전해지지만, 그것의 최초 문서화는 우르 3왕조의 시대일 가능성이 높다. 이것은 수메르 단편들에 수메르 사회의 관심들이 반영되었음을 의미한다. 구전에 대한 직접적 증거는 없지만 수메르 단편들의 문체 분석을 통해 우리는 그것들이 구전과의 상호 작용 가운데 창작 전승되었음을 이해했고, 수메르 단편들과 후대의 서사시 사이의 다양한 관계를 살펴보았다. 〈빌가메시 엔키두 그리고 지하세계(BEN)〉는 그 후반부가 아카드어로 번역되어 길가메시 서사시의 제12토판에 그대로 사용되었다. 일견 이 둘의 관계가 기계적 번역의 관계로 보이지만, 앞서 논증한 것처럼, 서사시의 저자는 BEN에 제시된 길가메시와 엔키두의 우정을 서사시 전체에 아우르는 핵심 개념으로 발전시켰다. 〈빌가메시와 후와와〉와 〈빌가메시와 하늘 황소〉의 경우, 그것들과 길가메시 서사시와의 관계는 느슨하다. 수메르 단편의 기본적 플롯이 서사시의 3-5토판, 6토판에서 확인되지만, 그 수메르 '자료'들은 세부 사항에 있어 길가메시 서사시와 크게 다름을 확인하였다. 주목할 만한 것은, 완벽히 인간 중심적 세계관을 그린 후대의 서사시와 달리 수메르 단편에 그려진 길가메시는 수메르 전통적 종교에 충실하면서 영웅적 행위를 수행한다는 것이다. 〈빌가메시의 죽음〉과 〈빌가메시와 아가〉에 반영된 일화는 길가메시 서사시에서 전혀 발견되지 않는다. 하지만 길가메시 서사시의 저자가 그 수메르 단편들을 좀더 미시적 차원에서 활용한 증거들은 확인할 수 있었다. 길가메시에 대한 수메르 단편들은 지역에 따라 조금씩 다른 구성을 보이는데, 이것은 수메르 단편들이 길가메시에 대한 수메르 사회의 '문화적 기억'을 담고 있음을 보여준다. 수메르 문학의 기원이 구전인지는 논쟁의 여지가 있지만, 수메르 서전이 구전과의 상호작용을 통해 전승되었음을 확실하다. 길가메시 수메르 단편들에 대해서도 그것과 상호 작용하는 구전의 존재를 상정하는 것이 합리적이다. 하지만, 수메르 단편들을 아우르는 보다 긴 플롯의 수메르판 길가메시 서사시가 존재하는지 여부는 별도의 연구를 필요로 한다.[119][120]

---

[119] 필자의 논문 「수메르어로 된 길가메시 서사시가 존재했을까?」 『구약논단』 93 (2024), pp.52-91을 참조하라.

[120] 이 글은 김구원, 「길가메시 서사시의 수메르 자료들」, 『서양고대사연구』 70 (2024), pp. 1-54를 수정 보완한 것이다.

참고자료

김구원 외, 『이집트에서 중국까지: 고대문명 연구의 다양한 궤적』, 서울: 진인진, 2024.

Alster, B. "Interaction of Oral and Written Poetry in Early Mesopotamian Literature." In *Mesopotamian Epic Literature: Oral or Aural*, edited by Marianna Vogelzang, pp.23–29. Lewiston: The Edwin Mellen Press, 1992.

Assmann, J. *Cultural Memory and Early Civilization: Writing, Remembrance, And Political Imagination*. Cambridge: Cambridge University Press, 2007.

Bahrani, Z. *Mesopotamia: Ancient Art and Architecture*. New York: Thames&Hudson, 2022.

Beckman, G. *The Hittite Gilgamesh*. Atlanta: Lockwood Press, 2019.

Berlin, Adele. "Ethnopoetry and the Enmerkar Epics." *Journal of the American Oriental Society* 103 (1983), pp.17–24.

Biggs, R. D. *Inscriptions from Tell Abū Ṣalābīkh*. Chicago: Oriental Institute Publication, 1974.

Bing, J. D. "Gilgamesh and Lugalbanda in the Far Period." *Ancient Near Eastern Studies* 9 (1977), pp.1–4.

Bing, J. D. "On the Sumerian Epic of Gilgamesh." *Ancient Near Eastern Studies* 7 (1975), pp.1–11.

Black, J. "Some Structural Features of Sumerian Narrative Poetry." In *Mesopotamian Epic Literature: Oral or Aural?*, edited by Marianna E. Vogelzang, pp.71–102. Lewiston: The Edwin Mellen Press, 1992.

Black, Jeremy, Graham Cunningham, Eleanor Robson, and Gábor Zólyomi. *The Literature of Ancient Sumer*. Oxford: Oxford University Press, 2004.

Cavigneaux, A., and F. N. H. Al-Rawi. "Gilgameš et Taureau de ciel (ŠUL-MÉ-KAM) (Textes de tell Haddad IV)." *Revue d'assyriologie et d'archéologie orientale* 87 (1993), pp.97-126.

Cavigneaux, A., and F. N. H. Al-Rawi. *Gilgameš et La Mort Textes de Tell Haddad VI Avec Un Appendice Sur Les Textes Funéraires Sumériens*. Groningen: Stys Publication, 2000.

Cavigneux, Antoine, and Farouk N. H. Al-Rawi. "Gilgameš et Taureau de Ciel (ŠUL-MÈ-KAM) (Textes de Tell Haddad IV)." *Revue d'Assyriologie et D'Archéologie Orientale* 87, no. 126 (1993), pp.98–126.

Charpin, D. *Le Clergé d'Ur Au Siècle d'Hammurabi (XIXe-XVIIIe Siècle AV. J. -C)*. Paris: Droz, 1986.

Civil, M. "Reading Gilgameš." *Aula Orientalis* 17 (1999), pp.179–89.

Deimel, A. *Schultexte Aus Fara*. Leipzig: J. C. Hinrichs'sche Buchhandlung, 1923.

Delnero, P. "Sumerian Literary Catalogues and the Scribal Curriculum." *Zeitschrift Für Assyriologie Und Vorderasiatische Archäologie* 100 (2010), pp.32–55.

Delnero, P. "Variation in Sumerian Literary Comositions: A Case Study Based on the Decad," The

University of Pennsylvania, 2006.

Dossin, G. "Enkidou Dans l'Épopée de Gilgameš." *Bulletin de l'Académie Royale de Belgique, Cesse Des Lettres* 42 (1956).

Fleming, Daniel E. and Sara J. Milstein, *The Buried Foundation of the Gilgamesh Epic: The Akkadian Huwawa Narrative*. Leiden: Brill, 2010.

Falkenstein, A. "Gilgameš. A. Nach Sumerischen Texten." In *Reallexikon Der Assyriologie*, edited by Erich Ebeling, 3:357–64. Berlin: Water de Gruyter, 1957.

Gadotti, A. "Gilgameš, Enku and the Netherworld and the Sumerian Gilgameš Cycle." The Johns Hopkins University, 2005.

Gadotti, A. *Gilgamesh, Enkidu and the Netherworld and the Sumerian Gilgamesh Cycle*. Berlin: De Gruyter, 2014.

Genette, Gerard. *Palimpsests: Literature in the Second Degree*. Lincoln: University of Nebraska Press, 1997.

George, A. "The Epic of Gilgamesh: Thoughts on Genre and Meaning." In *Gilgamesh and the World of Assyria. Proceedings of the Conference Held at Mandelbaum House, the University of Sydney*, edited by J. Azize, 37–67. Leuven, 2004.

George, Andrew. *The Babylonian Gilgamesh Epic: Introduction, Critical Edition, and Cuneiform Texts*. Oxford: Oxford University Press, 2003.

George, Andrew. *The Epic of Gilgamesh*. UK: Penguin, 2020.

Heidel, A. *The Gilgamesh Epic and Old Testament Parallels*. Chiago: The University of Chicago Press, 1946.

Holm, T. "Literature." In *A Companion to the Ancient Near East*, edited by D. M. Snell, 253–65. Oxford: Blackwell, 2005.

Jacobsen, Thorkild. "Early Political Development in Mesopotamia." *ZA* 52 (1957), pp.91–140.

Jacobsen, Thorkild. "Lugalbandan and Ninsuna." *Journal of Cuneiform Studies* 41 (1989), pp.69–86.

Jacobsen, Thorkild. *The Sumerian King List*. Chicago, IL: The University of Chicago Press, 1939.

Jastrow, M. *An Old Babylonian Version of the Gilgamesh Epic on the Basis of Recently Discovered Texts*. New Haven: Yale University Press, 1920.

Jensen, P. *Das Gilgamesch-Epos in der Weltliteratur*. Strasbourg, 1906.

Katz, Dina. *Gilgamesh and Akka*. Groningen: Styx Publications, 1993.

Koowon Kim, *Incubation as a Type-Scene in the Aqatu, Kirta, and Hanna Stories*. Leiden: Brill, 2012.

Klein, J. "Šulgi and Gilgameš: Two Brother-Peers (Šulgi O)." In *Cuneiform Studies in Honor of Samuel Noah Kramer*, edited by K. Bergerhof, 271–92. Neukirchen-Vluyn: Neukirchener Verlag, 1976.

Kovacs, Maureen G. *The Epic of Gilgamesh*. Standford: Stanford University Press, 1989.

Kramer, Samuel N. "Gilgamesh: Some New Sumerian Data." In *Gilgameš et Sa Légende*, edited by P. Garelli, 59 – 68. Paris: Librairie C. Klincksieck, 1960.

Kramer, Samuel N. "The Epic of Gilgameš and Its Sumerian Sources." *Journal of the American Oriental Society* 64 (1944), pp.7 – 23.

Kramer, Samuel N. "The Oldest Literary Catalogue: A Sumerian List of Literary Compositions Complied about 2000 B.C." *Bulletin of the American Schools of Oriental Research* 88(1942), pp.10 – 19.

Lambert, W. G. "Gilgameš in Religious, Historical and Omen Texts and the Historicity of Gilgameš." In *Gilgameš et Sa Légende*, edited by P. Garelli, 39 – 56. Paris: Librairie C. Klincksieck, 1950.

Lambert, W. G. and A. R. Millard, *Atra-Ḫasīs: The Babylonian Story of the Flood*. Oxford: The Clarendon Press, 1969.

Langdon, S. "The Sumerian Epic of Gilgamish." *The Journal of the Royal Asiatic Society of Great Britain and Ireland* 4 (1932), pp.911 – 48.

Matouš, L. "Les Rapports Entre La Version Sumérienne et La Version Akkadienne de l'épopée de Gilgameš." In *Gilgameš et Sa Légende*, edited by P. Garelli, 83 – 94. Paris: Librairie C. Klincksieck, 1958.

Michalowski, P. "Carminative Magic. Towards an Understanding of Sumerian Poetics." *Zeitschrift Für Assyriologie Und Vorderasiatische Archäologie* 71 (1981), pp.1 – 18.

Michalowski, P. "Charisma and Control: On Continuity and Change in Early Mesopotamian Bureaucratic Systems." In *The Origination of Power: Aspects of Bureaucracy in the Ancient Near East*, edited by M. Gibson, 45 – 57. Chicago: University of Chicago Press, 1987.

Michalowski, P. "Maybe Epic: The Origins and Reception of Sumerian Heroic Poetry." In *Epic and History*, edited by D. Konstan, 7 – 25. Malden, MA: Blackwell, 2010.

Michalowski, P. "Sumerian Literature: An Overview." In *Civilizations of Ancient Near East*, edited by Jack M. Sasson, 2279 – 91. Peabody, MA.: Hendrickson Publishers, 1995.

Marc van de Mieroop, *A History of Ancient Near East*. New York: Blackwell, 2004, 김구원 역, 『고대 근동 역사』, CLC, 2021.

Ready, Jonathan L. *Orality, Textuality, and the Homeric Epics: An Interdisciplinary Study of Oral Texts, Dictated Texts, and Wild Texts*. Oxford: Oxford University Press, 2019.

Gonzalo Rubio, "Reading Sumerian Names, II: Gilgameš," *Journal of Cuneiform Studies* 64 (2012), pp.3-16.

Sanmartín, J. *Gilgameš Rey de Uruk*. Itorial: Trotta, 2018.

Shaffer, A. "Sumerian Sources of Tablet XII of the Epic of Gilgameš." The University of Pennsylvania, 1963.

Thoreau-Dangin, Fr. "La Fin de La Domination Gutienne." *Revue d'assyriologie et d Archéologie Orientale* 9 (1912), pp.111 – 20.

Tigay, Jeffrey H. *The Evolution of the Gilgamesh Epic*. Wauconda: Bolchazy-Carducci Publishers, 2002.

igay, Jeffrey H. "Was There an Integrated Gilgamesh Epic in the Old Babylonian Period?" In *Essays on the Ancient Near East in Memory of Jacob Joel Finkelstein*, edited by Maria de Jong Ellis, pp.215 – 18. Hamden: Archon Books, 1977.

Veldhuis, N. C. *Religion, Literature and Scholarship: The Sumerian Composition "Nanše and the Birds."* Leiden: Brill, 2004.

Veldhuis, N. C. "Review Article: The Solution of the Dream: A New Interpretation of Bilgames' Death." *Journal of Cuneiform Studies* 53 (2001), pp.133 – 48.

목차

Ⅰ. 고대 서아시아 지혜문학을 분류한 예

Ⅱ. 지혜문학을 새롭게 분류하기

Ⅲ. 주인과 종의 대화

제7장
고대 서아시아 지혜문학의 분류법: 〈주인과 종의 대화〉를 중심으로

윤성덕(연세대 한국기독교문화연구소)

〈주인과 종의 대화〉라는 작품은 라이즈너(G. Reisner)가 고대 서아시아 시를 연구하면서 처음으로 학계에 소개했고, 에벨링(Erich Ebelling)과 윌리암스(Ronald J. Williams)가 같은 작품의 다른 판본도 있음을 확인하였다.[1] 특히 윌리암스가 이 작품의 성격을 지혜문학이라고 규정했고, 랭던(Stephen Langdon)이 바빌리 지혜문학에 관한 책자를 발간하고 이 작품을 포함시키면서 대표적인 지혜문학 작품으로 인식되기 시작했다.[2] 그런데 초기 학자들은 이 작품의 이름을 〈회의주의적 대화(Dialogue of Pessimism)〉라고 불렀다. 고대 서아시아 저자들이 문학작품에 특정한 제목을 붙이지 않았음에도 불구하고 서양 학자들이 이런 이름을 사용한 이유는 이 작품의 줄거리를 이끌어 가는 '종'이 세상 모든 일에 관해 이럴 수도 있고 저럴 수도 있다고 대답하는가 하면 이 세상에서 가치 있는 일은 죽음 뿐이라고 말하기 때문이다. 이런 글을 보고 서양 학자들은 히브리 성서에 나오는 〈전도서(코헬렛)〉를 떠올렸을 것이다. 그래서 작품의 주제를 다소 심각하게 해석하여 이런

---

[1] G. Reisner, *Sumerisch-babylonische Hymnen nach Thontafeln griechischer Zeit* (W. Spemann, 1896), no. VI, p.143 (바빌리 판본); E. Ebelling, *Keilschrifttexte aus Assur religiösen Inhalts*, 1917, p.96 (앗슈르 판본 a); idem, "Quellen zur Kenntniss der Babylonischen Relgion," *Mitteilungen der Vorderasiatische Gesellschaft* 23/2 (1919), pp.50-70 (앗슈르 판본 e와 c); Ronald J. Williams, "Notes on Some Akkadian Wisdom Texts," *Journal of Cuneiform Studies* 6 (1952), pp.1-7, esp.1-2 (앗슈르 판본 d).

[2] S. Langdon, *Babylonian Wisdom* (London: Luzac & Co.), 1923, pp.67-81.

이름을 붙인 것으로 보인다.

　그러나 문학적 성격에 초점을 맞추고 논의하던 학자들 중 뵐(F. M. Th. Böhl)은 이 작품을 비관적인 주제를 다루는 바빌리 풍자시(Babylonian Saturnalia)라고 불렀다.[3] 또 스파이저(E. A. Speiser)는 통속적 희가극(burlesque) 또는 소극(farce)이라고 해석했는데, 비관주의는 전체 주제의 일부일 뿐이며 문단이 체계적이지 않고 심각한 토론이 아니기 때문이라고 설명했다.[4] 램버트(W. G. Lambert)도 이 작품에 나오는 신성모독적 표현이 심각하지 않고 고대 서아시아 문학전통에서 심각하게 비관주의를 표현하는 경우는 없으며 각 문단마다 열정과 낙심이 뒤바뀌는 상황은 '드라마'를 이끌어 가기 위해서라고 주장했다. 그리고 심각한 논문이나 풍자 이외에도 쉽게 감정적인 상태가 변하는 인물의 이야기로 해석할 수도 있다고 말했다.[5]

　작품의 성격을 놓고 이렇게 다양한 해석과 논의가 가능한 이유는 문장이 너무 짧고 문맥이 줄거리를 따라 흐르지 않기 때문이지만, 고대 서아시아 문학작품들 중 '지혜 문학'이라는 범주에 넣은 글들을 적절한 기준에 따라 체계적으로 분류하지 않았기 때문이기도 하다. 사실 학자들은 이미 오래 전부터 '지혜 문학'을 특정한 문학양식을 부르는 이름으로 볼 수 없다는 의견을 피력해 왔다. 그러나 아직까지 이 범주 안에 드는 작품들을 적절히 읽고 분류할 기준을 마련하지 못한 상태이다. 본 논문은 고대 서아시아에서 전통적으로 '지혜 문학'이라고 간주된 문학작품들을 분류한 연구 전통을 비교 분석하고, '지식 사회학' 연구를 참조하여 새로운 분류법을 제안하고자 한다.[6] 그리고 이 분류법에 따라 작품들을 분류할 때 어떤 이점이 있는지 논하고 〈주인과 종의 대화〉라는 작품을 통해 그 실례를 들고자 한다.

3　F. M. Th. Böhl, *Christus und die Religionen der Erde* II, ed. F. König, 1951, pp.493-494.

4　E. A. Speiser, "The Case of the Obliging Servant," *Journal of Cuneiform Studies* 8 (1954), pp.98-105.

5　W. G. Lambert, *Babylonian Wisdom Literature* (Winona Lake, IN: Eisenbrauns, 1960, reprinted 1996), pp.139-141.

6　본 연구에서 참고하고 있는 지식 사회학 연구는 제II장과 각주 22번을 보라.

I. 고대 서아시아 지혜 문학을 분류한 예

먼저 '지혜 문학'이라는 말을 쓸 때 '지혜'가 무엇을 가리키는지 정확히 정의하기 어렵다. 고대 서아시아 지혜문학 중에는 철학적 주제에 관해 논하는 글도 있지만 일상생활과 관련된 지혜를 중요하게 생각하고, 지성적으로 인생의 의미를 추구하기도 하지만 관습적인 해답을 속담이나 격언 형태로 제시하기 때문이다. 위에서 언급했던 램버트는 이 용어가 편의에 따라 성서의 기준을 그대로 적용하여 사용한 부적절한 명칭(misnomer)이라고 말한 바 있고,[7] 많은 학자들이 이 문제점에 공감하고 문학양식으로 '지혜'를 사용하는 것을 반대하였다.[8] 그러나 '지혜'라는 문학양식이 현대 학자들의 편의를 위해 발명한 것이라 하더라도 고대 저자들이 일련의 작품들을 같은 토판에 필사하거나 목록을 만들기도 했기 때문에 특정한 문학적 범주로 사용할 수 있다는 학자도 나타났다.[9]

문제가 되는 현상을 확인하기 위해서 고대 서아시아 지혜 문학을 분류하여 출판한 자료들을 조사해 보고, 〈주인과 종의 대화〉가 어떤 범주에 포함되었는지 살펴보자. 먼저 성서와 관련된 고대 근동 기록자료들을 모아서 출간한 프릿차드(James B. Pritchard)의 분류 기준은 내용과 구조에 기반하였다.[10] 그는 '교훈적 지혜 문학(Didactic and Wisdom Literature)'이라는 제목 아래 우화와 교훈적인 이야기, 속담과 교훈, 인생과 세계 질서에 대한 관찰, 신탁과 예언이라는 하위 범주를 두고 작품들을 분류하여 실었다. 그 중에서 〈주인과 종의 대화〉는 인생과 세계 질서에 대한 관찰이라는 범주 밑에 악카드어 작품으

---

7 Lambert, *Babylonian Wisdom Literature*, 1.

8 Giorgio Buccellati, "Wisdom and not: The Case of Mesopotamia," *Journal of the American Oriental Society* 101/1 (1981), p.35; Niek Veldhuis, "Sumerian Literature," *Cultural Repertoires: Structure, Function and Dynamics*, ed. Gillis J. Dorleijn and H.L.J. Vanstiphout (Leuven: Peeters, 2003), p.29; Herman L.J. Vanstiphout, "The Use(s) of Genre in Mesopotamian Literature: An Afterthought," *Archiv Orientální* 67 (1999), pp.703-717.

9 Yoram Cohen, *Wisdom from the Late Bronze Age* (Atlanta, GA: Society of Biblical Literature, 2013), pp.3-77.

10 James B. Pritchard ed., *Ancient Near Eastern Texts, Relating to the Old Testament with Supplement*, 3rd ed. (Princeton: Princeton University Press, 1955, 1969).

로 〈지혜의 왕을 찬양하리라〉와 〈바빌리 신정론〉과 함께 수록하였다.

비슷한 목표로 시작했지만 할로(William W. Hallo)의 모음집은 독특한 분류법을 사용하였는데, 고대 근동의 기록 자료들을 고전적인 작품들(Canonical Compositions), 기념비 명문들(Monumental Inscriptions), 그리고 기록 보관소의 문서들(Archival Documents)로 나누었다.[11] 할로는 고전적인 작품들 중 신과 왕이 아닌 일반인의 '개인 관심사(Individual Focus)'라는 범주를 두고 그 밑으로 슈메르어 속담들, 교훈들, 우화들, 고통을 받는 의인, 논쟁, 학교 대화문을 배치하였고, 악카드어로 쓴 고통을 받는 의인, 대화문, 해학적인 작품들을 실었다. 그러나 가장 유의해야 할 것은 할로가 '지혜문학'이라는 말을 사용하지 않는다는 것이다. 프릿차드의 분류와 비슷해 보이지만 작품들을 그 구조에 따라 조금 더 자세히 분류한 것을 볼 수 있다. 예를 들어 〈주인과 종의 대화〉는 악카드어 대화문으로 분류하였으며, 〈지혜의 왕을 찬양하리라〉나 〈바빌리 신정론〉과 다른 성격의 작품으로 이해하였다.

고대 서아시아 연구자들에게 가장 기초적이고 정확한 정보를 제공하는 '레알렉시콘'이라는 백과사전이 있는데(Reallexikon der Assyriologie und Vorderasiatischen Archäologie), '문학'이라는 표제어 밑에 문학양식에 관한 논의가 수록되어 있다.[12] 엣자드(D.O. Edzard)와 룁릭(W. Röllig)은 이 항목을 슈메르어 문학과 악카드어 문학으로 나누어 집필하였는데, 슈메르어 문학 밑으로 논쟁과 학교 관련 문서, 이야기체 교육용 문서, 역사, 지혜문학(우화, 수수께끼, 속담), 그리고 풍자하는 글을 따로 설명하였고, 악카드어 문학에 대해 대화, 지혜문학(이야기, 교훈, 교훈하는 찬양시, 속담, 우화), 익살과 풍자와 정치적 글들이 분류되어 있다. 그러니까 전통적인 '지혜문학'이라는 용어를 계속해서 사용하면서 논쟁이나 대화 그리고 풍자 관련 작품들을 따로 구별하여 분류한 것이다. 〈주인과 종의 대화〉는 악카드어 지혜문학 중 교훈이라는 범주 밑에 포함시켰다.

벨두스(Niek Veldhuis)는 슈메르 문학의 성격과 분류에 관한 글을 쓰면서 새롭고 간

---

[11] William W. Hallo ed., *Context of Scripture*, 3 vols. (Leiden and Boston: Brill, 2003).

[12] D.O. Edzard and W. Röllig, "Literatur," *Reallexikon der Assyriologie and vorderasiatische Archäologie*, ed. Erich Ebeling and Bruno Meissner (Berlin, New York: de Gruyter, 1987-1990), pp.35-66.

단한 분류법을 제안한다.[13] 그는 신과 인간 영웅들의 모험을 그린 이야기(narrative texts)와 신과 왕과 신전을 노래하는 찬양시(hymnic texts) 그리고 지식과 언어 유희와 경쟁적 분위기를 전제한 '전형적인 본문들(paradigmatic texts)' 세 가지로 슈메르 문학을 분류하였는데, 지혜문학이라는 전통적인 용어 대신 모범을 제시하는 '전형적 본문'을 새 용어로 쓴 것이다. 또한 전형적 본문 밑에 논쟁문(disputations)과 에둡바 문학(Edubba literature '학교 문학') 그리고 속담과 교훈(proverbs and instructions)을 하위 범주로 포함시켰다. 전반적으로 본문의 사회적 기능에 중점을 둔 분류법이라 평가할 수 있는데, 악카드어로 기록한 〈주인과 종의 대화〉는 이 연구의 대상이 아니지만 분류체제에 따르면 논쟁과 대화에 들어갈 것이다.

슈메르어 문학작품을 번역하여 출판한 블랙(Jeremy Black)과 다른 학자들의 또 다른 모음집을 보면 문학양식이나 지리적 시대적 기준에 따라 작품을 분류하는 것이 불가능하다고 보고 오직 내용을 기준으로 작품들을 판단했다.[14] 그래서 '자연계의 질서(the Natural Order)'라는 제목 밑에 논쟁 시들을 넣었고, '서기들과 학습(Scribes and Learning)'이라는 제목 밑에 속담과 교훈을 포함시켰으며, 그 외에 '서기 교육과정 10작품(the Decad, a Scribal Curriculum)'으로 묶어 놓은 작품들도 있다. 역시 〈주인과 종의 대화〉는 연구대상이 아니지만, 자연계의 질서 밑에 있는 논쟁시로 분류할 수 있을 것이다. 그러나 또 다른 측면에서 내용만 놓고 보자면 서기들과 학습이라는 범주 아래 둘 수도 있을 것이다.

포스터(Benjamin R. Foster)는 고대 서아시아 문서들 중 악카드어로 쓴 문학작품만 선별하여 그 번역을 제공하면서 시대에 따른 분류를 시도하였다.[15] 그가 고대(the Archaic Period)로 분류한 시대에는 지혜문학 작품이 없었고, 고전 시대(Classical Period, 기원전 1850-1500)에 오면 '인간의 삶(the Human Condition)'이라는 범주 밑에 두 작품을 실었

---

13   Niek Veldhuis, "Sumerian Literature," *Cultural Repertoires: Structure, Function and Dynamics*, ed. Gillis J. Dorleijn and H.L.J. Vanstiphout (Leuven: Peeters, 2003), 29-44.

14   Jeremy Black, Graham Cunningham, Eleanor Robson, Gábor Zólyomi eds., *The Literature of Ancient Sumer* (NY: Oxford University Press), 2004.

15   Benjamin R. Foster, *Before the Muses: An Anthology of Akkadian Literature* (Bethesda, MD: CDL Press, 2005).

다. 다음으로 성숙한 시대(the Mature Period, 기원전 1500-1000)에 '지혜와 경험(Wisdom and Experience)'이라는 범주를 두고 고통받는 의인과 속담 및 교훈들을 실었고, 후대 (the Late Period, 기원전 1000-100년)에 대화와 논쟁(Dialogues and Debates)라는 범주를 두고 〈바빌리 신정론〉과 〈주인과 종의 대화〉 등의 작품을 수록하였다. 같은 시기에 '민담과 해학(Folktale, Humor)'이라는 범주도 실었다. 포스터는 시대별 구분법을 사용하는 바람에 각 작품의 내용이나 구조를 자세히 나누지 않았고, 유사한 성격의 작품을 다른 이름 밑에 분류하기도 하였다. 심지어 속담이나 교훈을 고통받은 의인을 다룬 작품과 같은 범주에 넣기도 했다. 시대별로 둔 하위 범주들도 어떤 경우에는 내용을 어떤 경우에는 구조를 강조하였으며, '지혜'라는 말도 사용하였다. 〈주인과 종의 대화〉는 후대의 대화와 논쟁 범주에 포함되었다.

근래에 들어 학계의 대형 출판사들이 주제에 따라 안내서를 발간하기 시작했고 그 중 윌리 블랙웰에서 지혜문학 안내서가 발간되었는데 싸멧(Nili Samet)이 메소포타미아의 지혜를 맡아 저술하였다.[16] 그녀는 속담과 교훈과 경고(Proverbs, Instructions, and Admonitions), 허무함에 관한 문학(Vanity Literature), 고생하는 의인에 관한 글(Pious Sufferer Compositions), 사색적인 찬양시(Perceptive Hymns), 그리고 그 외 다양한 작품들(수수께끼, 우화, 민담 등)이 있다고 썼다. 내용과 구조를 모두 고려한 전통적인 분류법에 가깝지만, 사색적인 찬양시처럼 특정 문학양식을 기초로 파생된 또 다른 문학양식에 주목한 점이 특이하다. 〈주인과 종의 대화〉는 허무함에 관한 문학으로 분류하였으며, 내용에 큰 비중을 둔 것으로 볼 수 있다.

옥스퍼드에서 나온 안내서에는 메소포타미아 지혜 문학이라는 제목으로 코헨(Yoram Cohen)과 바써만(Nathan Wasserman)이 개론적인 글을 썼다. 그들은 속담과 교훈 (Proverbs and Instructions), 허무함에 관한 작품(Vanity Theme Works), 실존적인 작품(Existential Works), 논쟁 시(Disputation Poems), 풍자와 해학(Satire and Parody)이라는 범주들을 사용했다.[17] 지혜문학을 체계적으로 분류할 수 없음을 인정하며 당시 사회 안에서

---

16 Nili Samet, "Mesopotamian Wisdom," *The Wiley Blackwell Companion to Wisdom Literature*, ed. Samuel L. Adams and Matthew Goff (Hoboken, NJ: Wiley, 2020), pp.328-348.

17 Yoram Cohen and Nathan Wasserman, "Mesopotamian Wisdom Literature," *The Oxford Handbook of Wisdom and the Bible*, ed. Will Kynes(New York, NY: Oxford University Press,

이 작품들이 맡았던 역할 그리고 자주 등장하는 주제어(인간의 운명과 실존적 질문)를 중심으로 분류하겠다고 했으나, 전통적인 분류법과 유사한 결과를 낳았다. 〈주인과 종의 대화〉는 풍자와 해학 범주 밑에 들었다.

    학자들의 분류법을 한 걸음 떨어져서 살펴보면 짧은 속담과 교훈 모음집들을 하나로, 논쟁과 대화를 하나로, 그리고 인생의 허무함과 정의 문제를 다루는 작품들을 하나로 분류하는 경향을 볼 수 있다. 그러나 자세히 살펴보면 내용이나 구조를 강조하면서 각자의 판단에 따라 경계지점에 있는 작품들은 서로 다르게 분류하였다. 연구 목적에 따라 기준을 다르게 정하고 작품도 다르게 분류하는 것이 문제일 수는 없지만, 한 울타리 안에 묶어 놓은 작품들이 각양각색의 특징을 가지고 서로 다른 방식으로 다른 주제를 논의한다면 분류하는 의의가 있을지 의심이 생긴다. 더 나아가 분류가 분명하지 않을 때 각 작품의 성격을 규정하기 어려워지며, 처음에 제기한 문제처럼 특정한 작품이 심각한 허무주의를 표방하는지 아니면 풍자적인 시를 읊고 있는지 결론을 내릴 수 없게 된다. 지금까지 논의한 바를 〈주인과 종의 대화〉를 중심으로 다음과 같이 정리할 수 있다.

연구 및 출판	〈주인과 종의 대화〉	판단 기준
ANET 1969	교훈적 지혜 문학 〉 인생과 세계 질서에 대한 관찰	내용과 구조
RIA 1990	악카드어 지혜 문학 〉 교훈	내용과 구조
COS 2003	개인 관심사 〉 악카드어 대화문	기능/내용과 구조
벨두스 2003	(전형적인 본문 〉 논쟁문)	기능과 구조
블랙 등 2004	(자연계의 질서 〉 논쟁시)	내용
싸멧 2020	허무함에 관한 문학	내용과 구조
코헨과 바써만 2021	풍자와 해학	기능과 내용

    〈주인과 종의 대화〉는 구조에 따라 대화문으로 분류된 적이 있지만 학자들 대부분이 내용에 따라 분류하였다. 그리고 싸멧은 허무함에 관한 문학으로 코헨과 바써만은 풍자와 해학으로 평가하면서 글 머리에서 제기한 문제가 최근까지 지속되고 있음을 목격할 수 있다.

2021), pp.121–140.

II. 지혜 문학을 새롭게 분류하기

이런 문제를 해결하기 위해서 몇몇 학자들은 고대 서아시아 사회에서 지혜 문학과 관련된 자료를 수집하고 편집하던 서기들과 그들이 교육을 받던 학교에 주목해야 한다고 제안하였다. 예를 들어 데닝-볼(Sara J. Denning-Bolle)은 메소포타미아의 지혜 문학이 서기 전통과 서기 학교에서 태어났기 때문에 사회학적인 관점에서 접근해야 한다고 말했다.[18] 물론 기억할 만한 이야기를 사람들의 입에서 입으로 전하던 단계가 있었으리라 추정할 수 있지만 고대 서아시아 문명권에서는 이 전통을 기록하는데 심혈을 기울였다. 그리고 이 기록은 학교에서 교육하는 행위와 밀접하게 관련되었으며, 이 때 다양한 문학적 기법들을 동원한 대화가 교육방법으로 사용되었다. 그러므로 지혜 문학은 어떤 저자나 지식인 한 사람이 노력하여 얻는 성과가 아니라 특정한 집단의 교육과 훈련이라는 배경 속에서 파악해야 한다는 것이다.

불리웨(Paul-Alain Beaulieu)는 이러한 서기 사회와 전통을 역사적 순서에 따라 재구성하여 설명하였다.[19] 슈메르 시대 말기부터 이씬-라르싸 시대를 거쳐 '에둡바'라는 학교가 메소포타미아 지역에서 활동했으며, 속담이나 우화, 논쟁, 대화 등의 문서를 교육자료로 사용했다. 또 신과 인생을 향한 비판적인 관점은 기원전 2000년 이후에 처음 발생하였으나 주로 기원전 1000년 이후에 절정에 이르렀고 독립적인 신정론 전통으로 발전하였다. 기원전 7세기 이후 신바빌리 시대에 들어서면 전통적인 지혜문학보다 점술이나 의술에 관련된 고도의 기술서적들이 각광을 받았고 서기들의 학교도 신전을 중심으로 운영하는 경우가 많았다. 이렇게 보면 수사학이나 필기체계를 익히기 위한 교육자료와 실제적 지식을 배우는 안내서가 지혜문학의 공식적인 기능을 감당했고, 신과 인생에 대한 비판적인 시각은 학문을 닦는 사람들이 자연스럽게 얻게 되는 일종의 부산물이었을 가능성이 높다.

---

18 Sara J. Denning-Bolle, "Wisdom and Dialogue in the Ancient Near East," *Numen* XXXIV/2 (1987), p.218.

19 Paul-Alain Beaulieu, "The Social and Intellectual Setting of Babylonian *Wisdom Literature*," *Wisdom Literature in Mesopotamia and Israel*, Richard J. Clifford ed., JBL Symposium Series 36 (Atlanta: Society of Biblical Literature, 2007), pp.3-19.

위에서 지혜 문학을 사회적 기능에 따라 분류하고자 했던 벨두스는 비슷한 논조를 조금 다른 시각에서 소개한다.[20] 그는 '지식과 지식 전통' 그리고 '지식의 역사'라는 용어를 사용하는데, 어떤 사람들이 특정한 사회 문제를 헤쳐 나가기 위해 사용했던 생활의 도구이며, 그 지식의 타당성과 유효성은 사회 구조와 상황에 의해 결정된다고 규정하였다. 그리고 고바빌리 시대 서기들과 후기 바빌리 시대 서기들이 다른 전통을 발전시켰음을 지적하고, 또 지리적으로 멀리 떨어진 핫투샤의 서기들이 또 다른 전통을 형성하였음을 예로 들어 보여주었다.

이렇게 전통적으로 '지혜 문학'이라는 이름으로 해석하던 문학작품들을 서기와 서기학교라는 사회적 문화적 배경 속에서 파악하고 지혜보다 '지식'이라는 용어로 접근한다면, 위에서 언급한 지혜문학에 관한 불분명한 문제들을 다른 시각에서 조명할 가능성이 생긴다. 이러한 관점에서 지식 형성사를 연구하는 '지식 사회학'이라는 분야가 있는데, 대표적인 예로 버크(Peter Burke)는 지식을 실제 생활에서 사용하기 위해 가공된 정보라고 정의하였고, 다양한 성격의 지식을 모으고 분류하는 집합체의 탄생에 관해 논의했다.[21] 그리고 이런 고도의 지식은 전문가와 그들의 기록을 통해 전문화 되고 사회 안에서 권력의 성격을 지니게 된다는 점도 지적했다. 특히 그는 지식의 수집과 활용 과정에 대해 4단계를 거친다고 설명했는데, 저장하고 보존하는 것을 목적으로 하는 수집 단계, 비교하고 검증하고 분류하고 해석하는 분석 단계, 대중 확산의 통로를 이용한 확산 단계, 그리고 업무를 지시하고 의사 소통을 하는 사용 단계라고 하였다. 버크의 연구는 고대 문명을 대상으로 하지 않았지만, 지식을 수집하고 분석한 뒤 실생활에 적용한다는 이론적인 틀을 차용할 수 있을 것이라고 판단되며, 더 나아가 각 단계가 목표로 하고 있는 점이 다르기 때문에 이를 문학작품 해석에 적용할 수도 있으리라 기대하게 된다.

지금까지 논의한 지혜문학 전통에 관한 연구들과 그 문학적 성격에 대한 연구방법 논의에 사회학적 연구결과를 적용한다면, 고대 서아시아 세계 안에서 쐐기문자를 배워서 사용하던 서기들은 사회 안에서 구전으로 사용되던 각종 정보를 수집하여 글로 기록

---

20 Niek Veldhuis, "Intellectual History and Assyriology," *Journal of Ancient Near Eastern History* 1/1 (2014), pp.5-20, https://doi.org/10.1515/janeh-2013-1116 (2024년 2월 2일 접속).

21 피터 버크, 『지식은 어떻게 탄생하고 진화하는가: 인류와 함께 발전해온 지식의 역사 이야기』 (서울: 생각의 날개, 2017).

하였고, 이런 작업을 하면서 사회 안에서 필요한 영역에 따라 분류하고 서로 비교하며 분석하는 단계를 거쳤을 것으로 추정할 수 있다. 그래서 수집 단계와 분석 단계에 해당하는 문서들을 생산했을 것으로 기대할 수 있고, 그 주제가 사색적 윤리적 종교적 영역에 그치지 않고 일상생활과 관련된 기술적인 정보까지 다루고 있다는 사실도 설명할 수 있다. 버크가 근현대 사회를 대상으로 상정한 확산 단계는 지식이 대중에게 확산되는 통로를 전제하는데, 고대 사회에서 이런 통로가 있었는지 확실히 알 수 없어서 확산 작업을 했는지 여부는 확인하기 어렵다(기록 자료와 함께 대화와 구전 전통이 중요한 역할을 했을 것이다). 고대사 연구는 고고학 유물을 기초로 하기 때문에 확산보다 전문화 현상이 더 두드러지게 나타난다. 그러나 마지막 사용 단계는 분명히 확인할 수 있으며, 특히 고대 서아시아 문명이 후기로 넘어가며 당시 사회가 요구했던 기능을 독점적으로 시행했던 지식인들이 있었고 이들이 업무를 적절하게 수행하고 서로 의사소통을 하기 위해 노력했던 점도 기록자료로 확인할 수 있다.

다만 고대 서아시아 세계가 우리에게 남긴 문명의 흔적들은 아직 충분히 발견되거나 해석되지 못한 상태이기 때문에 버크가 제시한 4단계를 따로 확인하기는 어려운 상황이다. 그래서 연구할 수 있는 작품들을 기초로 '수집과 분류 단계'와 '비판적 사용 단계' 둘로 나누기로 한다. 이 단계들은 연대기적 순서나 진화론적 변화를 상징하지 않으며 분류를 위한 이론적이고 개념적인 묘사일 뿐이다. 그리고 이런 분류 범주는 실제 생활에서 발생하는 여러 가지 필요에 대응하기 위해 또는 저자의 개성을 반영하기 위해 조금 더 다채로운 모습으로 변형되기 때문에 이론적인 틀에 맞는 '기초 작품'과 '변형 작품'으로 입체적인 접근이 필요하다.

먼저 '수집과 분류 단계'는 이론적으로 둘로 구분할 수 있지만 발견된 기록자료가 제한적이어서 하나로 묶어서 파악해야 할 것으로 보인다. 이 단계에 속한 대표적인 지혜문학 작품들로 '속담과 교훈 모음집'을 들 수 있다. 문서의 형태 자체가 모음집이므로 저장과 보존이 목적이라고 볼 수 있고, 모음집이 지혜로운 삶을 위한 조언 뿐만 아니라 일상생활과 관련된 실제적인 지혜와 윤리적 훈계와 종교적 조언까지 포함하고 있어서, 이 기록을 생산한 저자는 이런 자료를 주제별로 독립시킬 필요를 느끼지 않았던 것으로 보인다. 그러나 '낱말 목록'은 일종의 모음집이면서도 주제별로 독립된 목록을 대표한다. 슈메르어 어휘 목록 또는 슈메르어와 악카드어 이중언어 목록들을 보면 사람의 직업이나 물품의 이름들을 주제별로 따로 떼어 정리한 것을 볼 수 있다. 그러므로 이미 분류를 거치고 서기들이 편리하게 사용할 수 있도록 가공된 지식이라고 부를 수 있다.

수집과 분류 단계에 생산된 지식이 또 다른 형태로 변형되어 나타난 것을 '대화나 논쟁' 작품으로 볼 수 있다. 문학적 형식으로 보면 양자가 같은 주제를 놓고 대화하거나 논쟁하지만, 내용을 살펴보면 직접적인 정보의 교류가 목적이 아니었던 것으로 보이는데, 대화를 바탕으로 제삼의 결론이 도출되지 않았던 것에서 이를 확인할 수 있다. 그 이유는 이 대화나 논쟁이 아직 수집과 분류 단계에 생산된 지식에 최소한의 이야기 틀을 입힌 결과물이기 때문이다. 그러므로 토론을 하면서 서로를 인정하지 않고 결론이 나오지 않는다고 비판하는 것은 무의미하다.

다음 사용 단계로 넘어가면 수집하고 분류한 지식을 체계적으로 소화하여 비판적인 관점이 발생했음을 목격할 수 있다. 수집 분류 단계의 지혜문학은 외부 세계를 관찰하여 현명한 판단을 내릴 수 있는 방법을 찾아내고 그 결과를 권위 있는 사람의 이미지에 덧입혀서 제공했다면, 비판적으로 지식을 사용하는 단계에 이르면 서로 상반되는 지식 세계의 모순과 한계를 발견하고 종교적으로 그리고 세속적으로 문제를 제기한다. 물론 고대 서아시아에서 완벽하게 세속적인 사고를 하는 것은 불가능했다. 그러므로 작품의 주제가 직접적으로 '신들의 세계 운영'을 문제 삼는지(신정론) 아니면 전반적인 '인생의 허무함'을 가리키는지 여부로 즉 내용적인 기준으로 두 가지로 나눌 수 있을 뿐이다.

사용 단계에 해당하는 후대 쐐기문자 문화의 특징으로 전문적인 안내서와 주석서를 고려하지 않을 수 없다. 어떤 서기들이 글자를 읽고 쓸 수 있는 능력을 배우는 목적이 각종 점술이나 종교 의식이나 의료 행위와 관련이 있다면, 이런 집단 구성원들이 업무를 제대로 수행하기 위해 서로 의사소통을 하거나 지식을 전달할 목적으로 생산한 안내서나 주석서가 지혜문학의 마지막 영역으로 간주되어야 하기 때문이다. 이런 작품들은 일반인이 쉽게 접근할 수 없는 슈메르어를 쓰거나 의고체 글자와 표현방식을 사용하여 사용 단계의 특징 중 '독점'이라는 성격을 잘 드러내고 있기도 하다.

고대 서아시아 지식의 역사를 분류하기 위한 이론적인 틀을 도표로 그리면 다음과 같다. 가로축에 있는 '수집과 분류' 및 '비판적 사용'이라는 항목은 위에서 논의한 지식 형성의 역사적 단계를 반영한다. 세로축에는 각 단계의 가장 기본적인 목적을 추구하는 작품이라는 뜻으로 '기초 작품'이라는 항목과 이를 전제하고 새로운 문학적 틀을 적용한다든가 아니면 아예 다른 문학양식에 속하는 작품 안에 지혜문학을 인용하는 '변형 작품'이라는 항목을 넣었다.

	수집과 분류		비판적 사용	
기초 작품	〈속담 모음집〉 저장과 보존이 목적	〈낱말 목록〉 비교와 검증이 목적	〈비판적 논문〉 세속적 또는 종교적 주제	〈안내서, 주석서〉 의사소통이 목적; 독점적 지식
변형 작품	〈대화와 논쟁〉		–	

위에서 언급한 바와 같이 지식 형성사의 '단계'는 연대기적 순서나 진화론적 변화를 반영하려는 뜻이 아니지만, 시간이 흐름에 따라 고대 서아시아 지혜문학 작품들의 생산 빈도가 달라진 것은 사실이다. 고바빌리 시대와 카슈 시대까지는 수집과 분류 단계에 속하는 각종 모음집이나 논쟁시들이 다수 창작된 데 비하여, 신앗슈르 시대에는 이런 작품들의 수가 줄고 오히려 비판적 사용 단계에 속한 작품이 각광을 받았다. 전문적인 직업인들의 안내서나 주석서는 오랜 전통을 계승한 것이기는 하지만 신바빌리 시대에 와서 본격적인 교육과 전수의 대상이 되었다.

III. 주인과 종의 대화

이제 위에서 논의한 분류법에 따라 〈주인과 종의 대화〉라는 작품을 분석해 보자. 이 작품은 부유하지만 변덕스러운 주인과 언변이 좋은 종이 나누는 대화를 별 설명 없이 간결한 문체로 기록하고 있는데, 주인과 종의 말은 대부분 공식처럼 정해진 문장을 통해 문학적 틀로 반복되고 주제는 계속 다른 것으로 바뀌는 형식이다.[22] 다시 말해서 간단

---

[22] 〈주인과 종의 대화〉는 앗슈르(Aššur, 영어로 Assur 또는 Ashur)에서 발견된 필사본 네 점(VAT 9933; A1+2; K 10523; K 13830)과 바빌리(Bābili, 영어로 Babylon)에서 발견한 필사본 한 점이(VAT 657) 있다. 앗슈르와 바빌리 사본 사이에는 내용이나 기록 순서에 있어서 차이점들이 발견되기 때문에 조금 다른 전통이 병존했던 것으로 추정되는데, 기록시기는 상대적으로 늦어서 기원전 1000년 이후일 것으로 추정한다. 내용 중에 "강철 검"이라는 말도 나오고(52행) 그 외 다른 언어학적 특징들 때문이다. 이 작품은 이미 우리말로 소개된 적이 있으나(제임스 프리처드 편집, 『고대근동문학선집』 [서울: CLC, 2016], 668-671), 원래 파이퍼(Robert H. Pfeiffer)가 영어로 번역한 것을 우리말로 중역한 것이다. 필

하고 반복되는 틀 속에 여러 가지 정보를 모아 놓은 변형된 '모음집' 형태라고 볼 수 있다. 그러므로 수록한 정보를 수집하고 보존하는 것이 첫번째 목적이고, 규칙적인 틀을 통해 비교하는 작업까지 진행했으나 본격적으로 비판적인 사용 단계에 이르지 않은 상태라고 정의할 수 있다.

먼저 주인공들이 대화하면서 다루는 소주제들은 다음과 같다.

- 왕궁에 들어가기(1-9행)
- 식사하기(10-16행)[23]
- 들판으로 나가기(17-28행)[24]
- 집 짓기/고소하기(29-38행)[25]
- 부정직하게 축재하기(39-45행)
- 사랑하기(46-52행)[26]
- 신에게 제물을 바치기(53-61행)[27]
- 대출업에 종사하기(62-69행)[28]
- 자선을 베풀기(70-78행)

자가 램버트(Lambert, *BWL*, 1960)와 싸멧(Nili Samet, "The Babylonian Dialogue between a Master and his Slave-A New Literary Analysis," *Shnaton*: *An Annual for Biblical and Near Eastern Studies* 18 [2008], pp.99-130)의 연구를 기초로 사역한 원고는 「바빌리 사람들의 지혜: 어떤 주인과 종의 대화」, 『한국고대근동학회 노트』 제1호, 2023, 49-62쪽에 발표하였다.

[23] 이 문단에 태양 신 샤마쉬가 손을 씻는 행위를 기뻐한다는 말이 나오는데, 문장이 짧으므로 속담 모음집의 일부처럼 보이기도 하고 제의문서를 인용하는 것일 수도 있다.

[24] 이 문단에는 속담이 분명한 문장들이 4개 나오고 그 반대 논리도 개진된다.

[25] 앗슈르 판본이 훼손되어 남아있는 본문의 문맥을 파악하기 어렵다. 이 문단에 해당하는 바빌리 판본을 보면(1'-6'행) 주제가 '고소하기'임을 좀 더 분명히 확인할 수 있다.

[26] 이 문단 51행을 보면 비슷한 뜻의 낱말 3개가 연달아 나오는데, 비슷한 낱말 모음집을 참고하였을 가능성을 보여준다.

[27] 신에게 제물을 바치는 것이 바람직하다는 관례적인 의견과 함께 제물을 바치지 않으면 신들이 인간 뒤를 "개처럼" 따라다닌다는 문장이 등장한다(60-61행). 별다른 논의나 설명 없이 문장 하나만 언급되어 있으므로, 이 문단은 제도권 종교에 대한 심각한 비판이 아니라 조롱 조의 풍자를 인용했을 뿐이다.

[28] 훼손된 부분은 바빌리 판본 29'-34'행을 참조하여 이해할 수 있다.

· 죽음(79-86행)

주인이 관심을 가졌던 주제들은 식사를 하거나 여인을 사랑하거나 이런 저런 직업에 종사하는 등 일상적인 문제로부터 신에게 제물을 바치거나 자선을 베푸는 종교적 윤리적 행위까지 망라하고 결국 죽음에 관해 논의하기에 이른다. 다시 말해서 특정한 영역에 한정된 정보만 걸러서 수집하기 보다는 다양한 영역에 속한 정보를 폭넓게 나열하고 있다. 그러므로 구체적인 환경에서 실제적인 용도를 염두에 두고 분류하고 가공한 지식이 아니며, 오히려 수집하여 보존하기 위해 또는 교육을 목적으로 만든 목록에 가깝다고 볼 수 있다.

이런 주제들이 일정한 이야기 틀 속에 담겨 있는데, 첫째 문단을 보면 다음과 같은 틀이 드러난다.

· 주인이 명령: 주인이 왕궁에 출입하기로 결정을 내리고 종의 동의를 구함(1-2행)
· 종이 대답: 종이 주인의 결정에 동의하며 지혜로운 말로 응원(3-4행)
· 주인이 변심: 주인이 마음을 바꾸고 결정을 취소(5행)
· 종이 대답: 종이 주인의 새 결정에 동의하며 관리가 되면 감수해야 할 의무를 지적하며 응원(6-9행)

주인은 소주제를 정하여 제시하고 종이 이와 관련된 지혜로운 속담이나 이야기로 대답을 하는 형식인데, 일종의 놀이나 시합과 비슷한 분위기이다. 주인이 정한 규칙은 자기의 결정이 무엇이든 계속해서 항상 동의하며[29] 긍정적인 논리를 찾아서 지지해야 한다는 것이고, 종은 자의인지 타의인지 이 놀이에 참가하겠다고 약속한다.

첫째 문단에서 주인이 관리가 되어 왕궁에 출입하며 영광을 누리고 싶은 꿈을 토로하는데, 종은 이 계획을 지지하는 지혜로운 말과 이 계획에 반대하는 지혜로운 말을 모

---

29 이 동사는 *magāru*의 Gtn 명령형이며(*mitaggar 〉 mitangur*) 방향격 어미(am)와 인칭어미(ni)가 붙었다. 이 동사를 이런 형태로 사용하는 일은 별로 없기 때문에 그 용례가 포함하는 문학적인 기능을 판단하기 어렵다. 그러나 분명한 것은 반복적으로 계속되는 행위를 강조하고 있어서 특별한 줄거리 없이 주인과 종의 말이 대화로 이어지는 틀을 구성하고 있다는 것이다. 싸멧은 주인이 자기 명령에 따르라고 요구하면서 동시에 해석의 기회를 주고 있기 때문에 이 낱말 자체가 세상 일의 '양면성'을 드러내는 도구가 된다고 설명했다(Samet 2008: 125-126).

두 알고 있다. 다시 말해서 지혜로운 종은 관리의 인생에 관한 긍정적인 면과 부정적인 면을 모두 알고 있고, 필요에 따라 그의 지식의 보고에서 어떤 것이든 목적에 맞게 꺼내어 사용할 수 있다. 그렇다면 종은 '수집과 분류 단계'가 끝나고 자유롭게 사용할 수 있는 지식을 보유하고 있는 셈인데, 체계적인 학습의 결과 세상 일의 양면성을 모두 파악하게 되었다는 것이다. 그렇다면 이미 '비판적 사용 단계'로 넘어간 것으로 보아야 하지 않을까?

간단하게 말해서 내용 면에서 비판적 사용 단계로 접어들었다고 볼 수 있지만 문학적 형식은 아직 수집과 분류 단계에 머물고 있다. 충분히 비판적 사용 단계로 넘어간 작품들을 보면 신들의 세상 운영 방식이나 인생의 의미에 의문을 제기하며 다양한 관점에서 매우 상세한 논의를 펴고 있어서, 외형적으로는 대화나 논쟁의 구조를 가지지만 논의의 강도가 논문에 더 가깝다고 말할 수 있다. 그러나 〈주인과 종의 대화〉는 비판적 관점을 보이면서도 짧은 속담이나 격언을 인용하는 정도에서 그치기 때문에 아직 위에서 제시한 분류법의 비판적 사용 단계에 접어들었다고 볼 수 없다. 그러므로 수집과 분류 단계에 속한 변형된 작품으로 분류한다.

이 작품이 지식을 수집하여 분류하는 작업을 거쳤다는 또 다른 증거가 있다. 〈주인과 종의 대화〉에는 다양한 주제에 관한 짧고 날카로운 속담이나 격언들이 여럿 등장하는데, 같거나 유사한 문장이 다른 문학작품에도 나온다는 것이다. 이런 현상은 스파이저가 처음으로 발견하고 그린스펀과 후로비츠 같은 학자들이 논의했는데 싸멧이 이를 종합하여 정리했다.[30] 싸멧이 정리한 바에 따르면 〈주인과 종의 대화〉 안에 정확한 인용이나 거의 비슷한 문장이라고 확인할 수 있는 예 9개가 있고, 이런 문장들은 〈슈메르어 속담 모음집〉과 〈지혜로운 조언(Counsels of Wisdom)〉 그리고 〈샤마쉬 찬양시〉에서 병행구를 찾을 수 있다. 문장 전체는 아니지만 비슷한 표현을 사용한 예도 6개가 있고, 〈길가메쉬 서사시〉와 다른 기도문과도 겹치는 부분이 있다. 그러니까 주제를 정하는 주인과 달리 종은 이미 수집되어 있는 모음집들을 숙지하고 있고 그 내용을 자유롭게 인용

---

30 F.E. Greenspahn, "A Mesopotamian Proverb and its Biblical Reverberations," *JAOS* 114 (1994), pp.33-38; V.A. Hurowitz, "An Allusion to the Šamaš Hymn in The Dialogue of Pessimism," R.J. Clifford ed., *Wisdom Literature in Mesopotamia and Israel*, ed. R. J. Clifford (Atlanta, GA: Society of Biblical Literature, 2007), pp.33-36; Samet, "The Babylonian Dialogue," (2008), 113-125.

하고 있는 셈이다.

    이런 현상들을 종합해 볼 때 〈주인과 종의 대화〉는 수집과 분류 단계에 속한 작품이지만, 비교와 검증이 끝나서 비판적인 이해를 얻은 상태에서 최소한의 이야기 틀을 적용한 변형된 작품이라고 규정할 수 있다. 그러므로 이 작품에 '회의주의'에 가까운 주장을 하는 문장들이 이성적이고 논리적인 사고활동을 보여주지만, 이 주제를 중심으로 독립적인 문학양식을 창작하기 이전 단계 즉 풍자적 작품에 속한다고 말해야 할 것이다.[31]

---

[31] 이 글은 윤성덕, 「고대 서아시아 지혜문학의 분류법: 〈주인과 종의 대화〉를 중심으로」, 『서양고대사연구』 69 (2024), pp. 7-32을 수정 보완한 것이다.

참고자료

피터 버크, 『지식은 어떻게 탄생하고 진화하는가: 인류와 함께 발전해온 지식의 역사 이야기』 (서울: 생각의 날개, 2017).

윤성덕, 「바빌리 사람들의 지혜: 어떤 주인과 종의 대화」, 『한국고대근동학회 노트』 제1호 (2023), 49-62쪽.

로버트 파이퍼, 「삶에 대한 관조: 주인과 종의 비관적인 대화」, 제임스 프리쳐드 편집, 『고대근동문학선집』 (서울: CLC, 2016), 668-671쪽.

Beaulieu, Paul-Alain, "The Social and Intellectual Setting of Babylonian *Wisdom Literature*," *Wisdom Literature in Mesopotamia and Israel*, Richard J. Clifford ed., JBL Symposium Series 36, Atlanta: Society of Biblical Literature, 2007, pp.3-19.

Black, Jeremy, Graham Cunningham, Eleanor Robson, Gábor Zólyomi eds., *The Literature of Ancient Sumer*. NY: Oxford University Press, 2004.

Böhl, F.M.Th., "Die Religion der Babylonier und Assyrer," F. König et al. eds, *Christus und die Religionen der Erde* II, Wien, 1951, pp.493-494.

Bottéro, J., *Mesopotamia: Writing, Reasoning, and the Gods*, Z. Bahrani and M. van de Mieroop tans., Chicago, 1992, pp.251-267.

Buccellati, Giorgio, "Wisdom and not: The case of Mesopotamia," *Journal of the American Oriental Society* 101/1 (1981), pp.35-47.

Cohen, Yoram, *Wisdom from the Late Bronze Age*, Atlanta, GA: Society of Biblical Literature, 2013, pp.3-77.

Cohen, Yoram and Nathan Wasserman, "Mesopotamian Wisdom Literature," *The Oxford Handbook of Wisdom and the Bible*, ed. Will Kynes, New York, NY: Oxford University Press, 2021, pp.121-140.

Dauches, Samuel, "The Babylonian Dialogue of Pessimism: The Folly of Hunting," *The Journal of the Royal Asiatic Society of Great Britain and Ireland*, 1928/3 (Jul., 1928), pp.615-618.

Denning-Bolle, Sara J., "Wisdom and Dialogue in the Ancient Near East," *Numen* XXXIV/2 (1987), pp.214-234.

Ebeling, E., *Keilschrifttexte aus Assur religiösen Inhalts*, Vol. 4, Leipzig: Hinrichs, 1917.

Ebeling, E., "Quellen zur Kenntniss der Babylonischen Relgion," *Mitteilungen der Vorderasiatische Gesellschaft* 23/2 (1919), pp.50-70.

Edzard, D.O. and W. Röllig, "Literatur," *Reallexikon der Assyriologie und vorderasiatische Archäologie*, ed. Erich Ebeling and Bruno Meissner, Berlin, New York: de Gruyter, 1987-1990, pp.35-66.

Foster, Benjamin R., *Before the Muses: An Anthology of Akkadian Literature*, Bethesda, MD:

CDL Press, 2005.

Greenspahn, F.E., "A Mesopotamian Proverb and its Biblical Reverberations," *JAOS* 114 (1994), pp.33-38

Hallo, William W. ed., *Context of Scripture*, 3 vols., Leiden and Boston: Brill, 2003.

Hurowitz, V.A., "An Allusion to the Šamaš Hymn in The Dialogue of Pessimism," R.J. Clifford (ed.), *Wisdom Literature in Mesopotamia and Israel*, Atlanta, 2007, pp.33-36.

Jacobsen, T., "The Negation of all Values: A Dialogue of Pessimism," H. Frankfort et al., *Before Philosophy: The Intellectual Adventure of Ancient Man: An Essay on Speculative Thought in the Ancient Near East*, Harmondsworth, Middlesex, 1946, pp.231-233.

Lambert, W.G., *Babylonian Wisdom Literature*, Oxford, 1960, pp.139-149.

Lambert, W.G., "Lulal/Lātarāk," *Reallexicon d'Assyriologie* VII, 1990, pp.163-164.

Langdon, S.H., "The Babylonian Dialogue of Pessimism," *Babyloniaca* 7 (1923), pp.195-209.

Langdon, S., *Babylonian Wisdom*, London: Luzac & Co., 1923.

Pritchard, James B. ed., *Ancient Near Eastern Texts, Relating to the Old Testament with Supplement*, 3rd ed., Princeton: Princeton University Press, 1955, 1969.

Reisner, G., *Sumerisch-babylonische Hymnen nach Thontafeln griechischer Zeit*, W. Spemann, 1896

Römer, W.H.Ph. and W. von Soden, *Weisheitstexte, Mythen und Epen: Weisheitstexte* I (TUAT 3, 1), Gütersloh, 1990, pp.158-163.

Samet, Nili, "The Babylonian Dialogue between a Master and his Slave-A New Literary Analysis," *Shnaton: An Annual for Biblical and Near Eastern Studies* 18 (2008), pp.99-130. (in Hebrew)

Samet, Nili, "Mesopotamian Wisdom," *The Wiley Blackwell Companion to Wisdom Literature*, ed. Samuel L. Adams and Matthew Goff, Hoboken, NJ: Wiley, 2020, pp.328-348.

Speiser, E.A., "The Case of the Obliging Servant," *Journal of Cuneiform Studies* 8 (1954), pp.98-105.

Vanstiphout, Herman L.J., "The Use(s) of Genre in Mesopotamian Literature: An Afterthought," *Archiv Orientální* 67 (1999), pp.703-717.

Veldhuis, Niek, "Sumerian Literature," *Cultural Repertoires: Structure, Function and Dynamics*, ed. Gillis J. Dorleijn and H.L.J. Vanstiphout, Leuven: Peeters, 2003, pp.29-44.

Veldhuis, Niek, "Intellectual History and Assyriology," *Journal of Ancient Near Eastern History* 1/1 (2014), pp.5-20.

Williams, Ronald J., "Notes on Some Akkadian Wisdom Texts," *Journal of Cuneiform Studies* 6 (1952), pp.1-7.

목차

I. 서문

II. 본문
    1. 고대 근동 법률 전통의 내부적인 영향
    2. 고대 근동 법률 전통의 외부적인 영향

III. 결문

제8장
고대 근동 법률 전통의 내부적 영향과 외부적 영향
-고대 바빌론 시대와 신바빌론 시대를 중심으로-

김아리(단국대 고대문명연구소)

I. 서문

고대 근동은 좁게는 현재의 이라크와 시리아, 넓게는 레바논과 아나톨리아 이집트까지도 포함하는 지금은 중동이라 불리는 지역을 지칭한다. 이 시기는 여러 다른 이름으로 불려졌는데 고대 근동 혹은 메소포타미아 문명이 대표적인 용어였다. 이 용어로 지칭되는 문명은 역사상 가장 먼저 문자를 발명하고 꽃 피웠다. 더불어 고대 문명 중에서 가장 오래 보존이 되는 토판이라는 매체를 통해서 자신들의 기록을 남겼다. 때문에 우리는 그들이 남긴 명확하고 정교한 문명의 흔적을 지금까지도 상당히 자세히 알 수 있다. 고대 근동의 역사는 문자의 발명을 기준으로 본다면 기원전 3500년경을 그 시작으로 간주할 수 있다. 그리고 그 끝을 학자들은 마케도니아의 알렉산더 대왕이 바빌론을 정복하고 자신이 가지고 온 헬레니즘 문화를[1] 고대 근동의 지역에 뿌리내리기 시작하는 기

---

1   헬레니즘 문화가 고대 근동에 들어왔다고 고대 근동의 문화가 완전히 없어진 것은 아니었다. 고대 근동의 문헌들은 지속적으로 학자들 사이에서 생산이 되기도 하고 필사가 되기도 하였다. 그리고 그 문헌들은 신바빌론 시대나 그 이전 시대의 고대 근동의 정신세계를 동일하게 반영하고 있었음을 확인 할 수 있다. 하지만 이 시기에 이전 시기와는 다른 문헌적 변화가 일어난다. 예를 들어서 부동산 계약서와 동산 계약서의 형식은 원래 분리되어 있었는데 이 시기에 하나의 형태로 합쳐지게 된다. 다음 논문은 이

원전 331년으로 잡는다.[2] 이 기간 동안에 고대 근동의 법률 전통은 역사 초기 시대로 간주되는 수메르 시대부터 마지막 단계에 해당한다고 볼 수 있는 신바빌론 시대와 페르시아 지배 시기까지 면면히 이어져 내려왔다.

이 때 고대 근동의 터전에는 수 많은 왕조가 자신의 종적을 남겼다. 이 왕조들은 시기에 따라서 그 이전 왕조들과 공통적인 문화와 이질적인 문화의 두 가지 면모를 동시에 가지고 있었다. 법률 분야에서 그들이 남긴 전통의 흔적들은 법전 혹은 재판장에서 실제로 사용되는 법률문서[3]들 그리고 사람들이 미래의 분쟁을 해결하기 위해서 남겨놓은 문헌적 증거나 계약서 사본들을 통해서 우리에게 전해졌다. 이러한 문헌들은 당시의 법률 관행들이 어떠한 형식으로 만들어졌고 법률체계는 어떠한 형식으로 이루어졌으며 사람들을 그 영향력 안에서 어떻게 살아갔는지에 대해서 보여준다.

본 논문은 법전의 전통과 다수 존재하는 법률 문헌들을 통해서 당시 사법 체계의 형태를 가늠하여 보고, 이러한 사법 체계가 고대 근동 사회 내부에서는 어떠한 방식으로 작용하고 영향을 미쳤는지 살펴보려고 한다. 나아가 고대 근동의 주변 지역인 가나안과 이스라엘 법률 전통에 끼친 영향까지 고찰할 것이다. 하지만 이 의미있는 작업은 고대 근동의 모든 역사 시대를 기준으로 하기에는 너무나 방대하기에, 본고에서는 함무라비 법전으로 유명한 고대 바빌론 시대와 그 이후 천년 뒤에 바벨탑, 공중정원으로 역사에 알려진 신바빌론 시대를 중심으로 비교 연구를 진행하도록 하겠다.

러한 계약서의 변화에 대해서 언급하고 있다. Démare-Lafont, Sophie, "La culture juridique grecque et la pratique contractuelle mésopotamienne", *Transferts culturels et droits dans le monde grec et hellénistique*, (Paris, 2012), pp 227-240.

2 고대 근동 개론서의 마지막도 그러한 이유에서 일반적으로 페르시아 지배 시기이다. 다음의 책들은 한국에서 소개된 가장 일반적인 고대 근동의 개론서이다. 마크 반 드 미에로프 지음, 김구원 옮김, 『고대 근동 역사 B.C. 3000년경- B.C 323년』, (서울: CLC, 2002). 조르주 루 지음, 김유기 옮김, 『메소포타미아의 역사』 1, (서울: 한국문화사, 2013).

3 신바빌론 시대에 법률문헌과 행정문헌에 전체적 조망에 대한 연구는 다음의 연구서를 참고할 것. Jursa, Michael, *Neo-Babylonian Legal and Administrative Documents Typology, Contents and Archives, Guides to the Mesopotamian Textual Record Volume* 1, (Munster: Ugarit-Verlag, 2005).

II. 본문

1. 고대 근동의 법률 전통의 내부적 영향[4]

고대 근동의 법률 전통을 알 수 있는 문헌은 다양하다. 시대마다 남겨진 법전이 다른데 그 중 가장 많이 알려진 것이 함무라비 법전[5]이다. 함무라비 법전이 처음 세상에 나왔을 때 전 세계가 놀라워했고 특히 유럽에서는 이 법전에 대한 사람들의 관심의 열기가 대단했다. 그 절정은 수사(Susa)[6]에서 프랑스 고고학 팀에 의해서 발굴이 된 함무라비 법전이 프랑스 파리로 옮겨져 루브르 박물관에 전시되었을 때였다.[7] 이렇게 주목을 받았던 이유 중에 하나는 함무라비 법전이 당시 발견된 가장 오래된 법전이었다는데 있었다. 하지만 얼마 후에 함무라비 법전 보다도 더 오래된 수메르 시대의 법전들이 나왔고 함무라비 법전은 자신이 가지고 있던 가장 영광스러운 호칭을 넘겨주어야 했다. 하지만 지금까지도 함무라비 법전은 고대 근동 법전의 전통 안에서 가장 중요한 자리를 차지하고 있다. 이는 함무라비 법전이 고대 근동의 법전 중에 거의 유일하게 전체적인 형태로 남아있는 유물이기 때문이다. 그래서 고대 근동의 법전 전통 연구에서 파편화되어서 남아있는 다른 법전들보다 전문이 많은 부분 온전한 형태로 남아있는 함무라비 법전은 연구에 중요한 원천이다.

---

[4] 좀 더 정확하게는 실제적으로 내부와 외부에서 법률 전통이 어떻게 기능적으로 작동하였는가에 대한 것이지만 여기서 제목으로 풀어쓰기에는 지면상 어려움이 있어서 어구를 짧게 적었다.

[5] 현재까지 한국에서는 함무라비 법전의 전문이 두 번 연구서의 형식으로 소개되었다. 이 두 연구서는 훌륭한 연구 결과로 법학자의 입장에서 쓰여졌다. 한상수, 『함무라비 법전: 인류 법문화의 원형』, (강원도: 인제대학교 출판부, 2008). 윤일구, 『고대법의 기원 함무라비 법전』, (서울: 한국할술정보, 2015).

[6] 현대 쿠르지스탄(Khuzistan) 지역의 남-동쪽에 위치하여 있는 도시의 이름이다. 기원전 4 천년 초에 만들어졌고 기원후 8 세기 경에 버려졌는데 가장 번성한 때는 기원전 2 천년기에서 제 1 천년기이다. 좀 더 자세한 사항은 다음의 연구 기사문을 참고할 것. Villard, Pierre, "Suse", *Dictionnaire de la Civilization Mesopotamienne*, (Paris : Bouquins, 2000), pp.806-810.

[7] 함무라비 법전이 발굴되어 옮겨지는 좀 더 자세한 이야기와 당시의 사진을 다음 연구서에서 찾아볼 수 있다. André-Salvini, Béatrice, *Le Code de Hammurabi*, (Paris : Louvre édition, Collection Solo, 2016).

함무라비 법전은 서문과 본문 결문으로 구성되어 있는데 서문에서는 왕이 신적인 권위에 기반하여 이 법전을 만들었다는 것을 천명하고 본문에서는 본격적으로 사람들이 지켜야할 조항을 소개하였다. 조항들은 총 282조항으로 구성되어 있었다. 그리고 결문에서는 문헌을 훼손하는 사람을 향한 저주[8]와 이 문헌이 왜 만들어졌는지에 대한 설명이 들어가 있다. 이런 함무라비 법전은 단지 하나가 아니라 여러 개가 제작되어서 고대 근동 전역으로 보내졌던 것으로 학자들은 추정하고 있는데 그 이유 중에 하나가 함무라비 법전이 발견되었을 때 또 다른 기념물의 파편 조각이 발견되었기 때문이었다.

함무라비 법전의 성격에 대해서는 학자마다 그 의견이 갈린다. 오토(E. Otto)[9]에 의하면 다양한 함무라비 법전에 대한 견해는 크게 3가지로 나누어 이야기 될 수 있다. 첫 번째는 함무라비 법전이 처음에 유럽에 소개되었을 때에 제기된 견해였다. 당시 사람들은 프랑스에 나폴레옹이 만들었던 법전과 같이 기존에 존재하던 모든 법률을 대체하는 법률로서 함무라비가 함무라비 법전을 만들었다고 주장했다.[10] 하지만 이 견해는 현재까지 진행된 고대 바빌론 시대와 신바빌론 시대의 법률 관행에 대한 연구에 의해서 반박되었다. 왜냐하면 지방의 법률은 중앙의 법률과 별개로 움직였기 때문이었다.[11] 두 번째로 이야기할 수 있는 것이 이 작품이 기념비적인 작품이라는 주장이다. 함무라

---

8 저주 문구는 저주 문구의 내용과 그 길이에 비례하여 저주의 강약이 결정된다고 생각했다. 저주 문구는 다양한 시대에 다양한 방식으로 사용되었고 때에 따라서는 법률 문헌에서 사용되기도 하였다. 그리고 거짓 선서의 결과와 연결되어 사용되기도 하였다. Lafont, Sophie, *Jurer et maudire : pratiques politiques et usqges juridiques du serment dans le Proche-Orient ancien*, *Méditerranées, Revue de l'association Méditerranées Publiée avec le concours de la Fondation Singer-Polignac*, 10-11, (Paris : L'Harmattan), 1997.

9 Otto, Eckart, "Law of Hammurabi", Strawn, Brent, A. (ed.), *The Oxford Encyclopedia of the Bible and Law*, (Oxford, Oxford University Press, 2015) p.501.

10 Jean-Vincent Scheil의 주장이다. 그는 신부였고 처음으로 함무라비 법전의 해독을 해낸 유명한 학자이기도 했다. Scheil, Jean-Vincent, *Code des lois de Hammurabi (Droit Privé), roi de Babylone, vers l'an 2000 av. J.-C.*, Mémoires de la Délégation en Perse, 2e série. Band 4, (Paris : Leroux, 1902).

11 고대 바빌론 시대의 관행 연구는 다음 연구논문을 참고할 것. Alkadny, Mohamad, G. "Bureaucracy : Weber's or Hammurabi's Ideal or Ancient?", *Public Administration Quarterly* 26, (2003), pp.317-345.

비 법전은 전문 본문 결문이라는 구조를 가지고 있고 가장 윗부분에는 정의의 신인 샤마쉬 신[12]과 함무라비 왕이 앉아서 있는 부조가 존재한다. 게다가 석비는 검은색 현무암으로 만들어진 석비로 고대 근동에서는 흔하게 구할 수 있는 재료가 아니다. 더군다나 모두가 읽는 자리가 아니라 신전에 세워졌었다. 이러한 이유에서 함무라비 법전이 기념비적 작품으로 여겨졌다. 이를 주장한 대표적인 학자가 바로 핑켈슈타인이(Finkelstein,1961)[13]었다. 세 번째는 몇몇 학자와 필자의 주장인데 비록 이 법전이 기념물적인 형태를 띄고 있기는 하지만 함무라비 법전은 근본적으로 실용적인 목적에서 법정에서 사용될 의도로 만들어진 작품이라는 것이다. 첫 번째 근거로 법전의 조항들이 터무니없는 내용을 담고 있는 것이 아니라 실제적으로 적용이 된 판례들을 근거하여 만들어진 것이라는 점이다. 그걸 단적으로 보여주는 것이 제21조항이다.

제21조항: šumma awīlum bītam ipluš[14] ina pāni pilšim šuāti idukkūšuma iḫallallūšu[15], 만약 아윌룸 남성이 집에 구멍을 뚫으면 사람들은 그를 그 구멍 앞에

---

[12] 샤마쉬 신은 태양신으로 "정의의 신"으로 여겨졌다. 태양신을 주신으로 여기는 대표적인 도시로는 시파르가 있고 거기에 태양신을 위해서 바쳐진 에바바르(EBABBAR)라는 신전이 있었다. 지금 루브르 박물관에 있는 함무라비 법전의 경우 수사(Susa)에서 발굴이 되었지만 사실상 함무라비 시대에는 에바바르 신전에 놓여있었던 것으로 학자들은 추정을 한다.

[13] Finkelstein, Jacob, J., "Ammisaduqa's Edict and Babylonian Law Codes", *Journal of Cuneiform Studies* 15, (1961), pp.91-104.

[14] 고대 근동 대부분의 건물들은 말린 벽돌로 만들어졌다. 자연환경에서 나무를 구하기가 쉽지 않고 석재 또한 드물었다. 이에 비해서 흔한 진흙은 가장 좋은 건물을 만들 수 있는 재료였다. 이러한 말린 벽돌은 불로 건조 시키면 세라믹과 같이 단단해지는데 이는 많은 비용이 들었다. 왜냐하면 나무는 희귀재여서 비쌌기 때문이다. 이러한 이유에서 부자집 바닥이나 공공건축물들의 중요 부위들을 제외한 건축물들의 대부분은 말린 벽돌로 되어 있었다. 때문에 도구로 구멍을 뚫어서 건축물을 훼손하는 방식으로 범죄가 일어나는 일이 가능했다. 이는 고대 바빌론 시대 뿐만이 아니라 신바빌론 시대에도 동일했는데 자연적 조건이 변하지 않았기 때문이다. 신바빌론 시대에 한 문헌은 감옥에서 수감자가 가위로 건물을 훼손하여 탈옥을 시도한 내용을 담고 있는데 이는 당시에 공공건물에 해당하는 감옥 역시도 말린 벽돌로 만들어졌던 것을 확인할 수 있다. 이 탈옥에 대한 서사는 다음 연구서에서 찾아 볼 수 있다. Kleber, Kathrine, and Frahm, Eckart, "A Not-so-Great Escape: Crime and Punishment according to a Document from Neo-Babylonian", *JCS* 58, (2006), pp.109-122.

[15] ḫalālu, G-stem, 메달리다.

서 죽일 것이고 그를 매달 것이다.

이 조항은 집을 훼손하면서 침입한 강도를 어떻게 처리할 것인가에 대한 내용을 다루는데 이 판결과 동일한 내용의 판결을 함무라비 왕이 내린 것이 편지글[16]에서 발견이 되었다. 때문에 함무라비 법전의 조항이 판례에 근거한 것이라는 주장이 타당성을 얻었다. 더불어 함무라비 법전에서는 한 사안에 대한 언급이 있다면 그 유사한 상황을 가정하여 어떻게 처벌할 것인가를 다음 조항들이 이야기하는 부분이 대부분이다. 예를 들어 아윌룸 남성의 구타사건에 대한 조항 이후에 다른 신분의 남성들에 구타 사건에는 어떠한 방식으로 처벌할 것인가에 대한 내용이 나오는 것을 들 수 있다. 이러한 조항들의 묶음이 수 차례 발견이 되는데 이러한 관행 역시도 고대 바빌론 시대에 문헌을 통해서 실제로 왕이 판결을 내릴 때 이루어진 부가적인 법률 전통임을 확인할 수 있었다. 이 과정이 실제로 일어났음을 보여주는 토판이 있다. 삼수-일루나 왕 시대에 토판에는 왕이 자신이 내린 판결문을 기반으로 유사한 상황에서 어떻게 할 것인지를 3인칭으로 선포하는 장면이 나온다. 당시 왕이 나디툼 여사제에 대한 판결을 내려야 하는 상황에서 작성된 이 문헌은 판결에 기반하여 왕이 법전을 만드는데 필요한 이론화 작업을 직접하였음을 보여준다.[17] 때문에 함무라비 법전의 내용은 실제적 효력이 있는 법률 문헌으로서 존재하는 것이었다. 더불어 함무라비 법전은 결문에서 법전이 자기와 관련된 사건의 결과를 알고 싶어하는 사람에게 정보를 제공하기 위해서 만들어진 것이라고 천명하고 있다. 함무라비 법전의 결문에 나타난 함무라비 법전의 목적이 당시의 사법제도 체계에 대한 왕의 법이 어떠한 의미를 가지는지를 잘 보여준다.

고대 바빌론 시대를 연구한 알카드리(M. G. Alkadry)의 견해에 따르면 고대 바빌론 시대의 일반적인 지방의 법률은 지방에서 발현이 되었지만 함무라비 왕은 자신이 원하는 경우에 자신의 법률을 지방 행정에 적용할 수 있었다고 이야기했다.[18] 신바빌론 시

---

[16] 이 편지글은 다음의 연구 논문에 번역이 소개되어 있다. Charpin, Dominique, "Lettres et procès paléo-babyloniens", *Rendre la Justice en Mésopotamie*, (2000), p.85.

[17] Janssen, Caroline, "Samsu-iluna and the hungry *naditums*", *Northern Akkad Project Reports*, (1991), pp.3-39.

[18] Alkadry, Mohamad G., "Bureaucracy: Weber's or Hammurabi's? Ideal or Ancient?", *Public*

대의 법률 관행 연구의 결과 역시도 마찬가지의 결론을 우리에게 알려준다. 가장 극명하게 이 사실을 보여주는 대목은 바로 수 많은 문헌을 남긴 우룩의 에안나 신전[19]의 문서들에서 찾아 볼 수 있다. 이 문헌들은 당시 이쉬타르 여신[20]에게 봉헌된 신전의 거대한 행정체계는 대부분 신전 행정에서 오래 전부터 이미 전통적으로 규정한 법칙에 의해서 운영되고 있었음을 보여준다. 하지만 아주 간혹 왕의 법률이 이렇게 기존의 관행을 무력화하고 적용이 되는 경우가 있었는데 이 경우를 살펴보면 왕의 법칙 적용에 어떠한 규칙이 있었다기 보다는 왕의 의지에 의한 상황적 선택이었을 가능성이 높은 경우들이 대부분이었다.[21] 이러한 신바빌론 시대의 예시들은 고대 바빌론 시대의 법률 적용의 예시와 그대로 닮아 있어서 고대 바빌론 시대부터 신 바빌론 시대에 이르는 천 년간의 간격에도 불구하고 법률 적용의 전통은 변하지 않았음을 보여준다. 이러한 당시의 법률 관행은 반대로도 적용이 되었는데 일반 지방에 살던 사람들이 자신의 법정 공방에 지방

Administration Quarterly 26, (2002-2003), p.327.

19 에안나 신전은 사랑의 여신인 인난나/이쉬타르 여신에게 봉헌된 신전이었다. 대부분의 동 시대의 신전들이 그러하듯이 3 중 구조로 되어 있었고 다수의 사람들을 신전 노예로 거느리고 있었다. 수 많은 법률 문헌 그리고 행정 문헌을 남겼기에 당시 이 신전이 존재하던 우룩에 사는 사람들이 어떠한 방식으로 신전과 관계를 맺고 살아갔었는지에 대해서 알 수 있다. 우룩의 에안나 신전은 시파르의 에바바르(Ebabbar) 신전과 함께 신바빌론 시대에 거대기관 즉 공적 기관 중에 하나인 신전의 내부 관행을 보여주는 수 많은 문헌을 남겼다는 점에서 학술적 의미가 크다.

20 수메르 시대에는 인난나 아카드 시대에는 이쉬타르라고 불리던 이 여신은 앗시리아 시대에는 물리쑤(Mullissu)라고 불렸다. 이 여신의 신전은 에안나 신전이었고 이 여신은 사랑의 여신이었다. 다양한 신화에 등장하는 이 여신의 성격은 사랑의 여신이나 질투와 화가 많은 여신으로 묘사되기도 한다. 헤로도토스의 역사에서는 물리슈 여신의 신전의 관행에 대한 이야기가 나온다. 바빌론 여인들이 인생에 한 번은 물리슈 여신의 신전에 가서 몸을 팔아야 했다고 책은 전하나 바빌론의 당시 문서들은 이러한 관행에 대한 어떠한 언급도 하고 있지 않다. 이에 1980년대에 아산테(J. Assante)는 이건 존재하지 않았던 관행이라고 이야기했으나 고대 바빌론 시대의 연구자인 샤르팡(D. Charpin)은 자신의 연구서에서 고대 근동의 신전은 신성의 성격에 따라서 특화되어 있었기 때문에 사랑의 여신인 이쉬타르/물리슈의 신전에서 성창이 있었을 수도 있다고 언급하였다. 아산테와 샤르팡의 연구 논문과 연구서는 다음과 같다. Assante, Julia, A. "The kar-kid/*harimtu*, prostitute or single woman", *Ugarit-forschungen Band* 30, Munster, (1989), pp.5-96. Charpin, D., *La vie meconnu du temple mesopotamiens* (Paris: Belle Lettres, 2017).

21 KIM, Ari, *Administrative et Judiciaires des grands organismes institutionnels en Babylonie, du VIIe au Ve siecle av. J.-C.*, (2019), pp.453-458.

의 법이 아닌 중앙의 법이 적용되기를 원했다면 그는 중앙에 가서 심판을 받을 수 있었다. 이는 신바빌론 시대에 그리고 그 후 페르시아 지배 시기[22]에 법률 문헌이나 혹은 문학 문헌에서 잘 나타나 있는 관행이다. 하지만 비록 이러한 관행이 존재하였다고 하더라도 자신의 사적 이득을 위해서 마구 사용하면 심하게 처벌 받을 수 있어서 사람들은 함부로 사용할 수는 없었던 것으로 보인다.[23] 함무라비 법전의 내용은 왕이 제정한 왕의 법령이고 이러한 법령의 내용을 담은 법전이 함무라비 치세 말년에 제국의 각지에 퍼졌다는 것이다. 이런 현상은 왕이 왕의 법령을 알아서 만약 자신의 법적 사건에 왕의 법령에 기반 한 법률이 적용되기를 원하는 사람이 있으면 그들이 왕에게 자신의 사안을 왕의 법률로 판결되기를 신청할 수 있도록 도움을 주기를 원했던 왕의 의도 때문이었다는 것이 필자의 견해이다. 함무라비 법전을 기념물로 보는 학자들이 내세우는 주장 중에 하나가 이 석비가 신전에 세워졌다는 점이다. 하지만 신전은 과거 신전이 세워졌던 도시의 모든 행정의 중심지였고 또한 법정의 역할도 담당하였다. 법률사건에 필요한 선서가 신전에서 이루어졌고 많은 신전 문헌들은 신전 사람들의 사건 뿐만이 아니라 주변에 사는 사람들의 사건까지도 신전에서 처리했다는 사실을 알려준다.[24] 때문에 법전이

---

[22] 페르시아 왕 고레스가 신 바빌론의 마지막 왕인 나보니두스를 이기고 신 바빌론 왕조를 멸망시켰다. 그리고 신 바빌론 제국의 영토는 페르시아에 복속되었는데 고대 근동을 연구하는 학자들은 페르시아 지배 시기의 바빌로니아를 고대 근동의 역사 안에 포함 시킨다. 비록 이 시기에 고대 근동 지역은 자신과 이질적인 언어를 사용하는 페르시아인에게 지배 받았지만 바빌로니아 지역은 자신의 고유한 문화와 경제 사회 전통을 그대로 이어갔으며 이 시기의 지배 엘리트의 정체성 역시 변화가 없었다. 그리고 사법 체계와 그 정신 역시도 변화가 없었다. 아래에서 요청하여 위의 지배층이 자신들의 법률을 지역의 법률 위에 적용하는 관행은 페르시아 지배 시기에도 동일하게 존재했다. 이러한 관행의 대표적인 예를 다음 연구 논문에서 찾아 볼 수 있다. 다음의 논문에서 지방의 사람이 페르시아의 중앙 법의 적용을 받기 위해 바빌론으로 가서 판결을 받는 내용이 나온다. Jursa, Michael, Paszkowiak, Joana and Waerzeggers, Calorine, "Three Court Records", *AfO* 50 (2003/2004), pp.255-268.

[23] "정의의 왕 느부갓네살"이라는 신바빌론 시대에 문학 문헌이 있다. 이 문학 문헌은 법률 사건들을 다루는데 그 중에 한 이야기가 왕에게 다시 재판을 나쁜 의도로 요구한 경우였다. 결국 재판을 새롭게 요구한 사람은 사형에 처해졌다. 이는 당시 재심을 함부로 요구할 수 없었음을 알려준다. 물론 이 문헌은 문학 문헌이어서 법률이나 행정 문헌과는 좀 다른 성격을 가지지만 문학 역시 현실을 어느 정도는 반영한다는 사실을 생각해 보면 주목할 만하다. 좀 더 자세한 내용은 다음 연구논문을 참고할 것. Lambert, Wilfred G. "Nebuchadnezzar king of justice", *Iraq* 27, (1965), pp.1-11.

[24] 선서가 신전에서 행해진 이유는 선서가 신의 이름으로 그의 권위 아래에서 이루어진 행위였기 때

신전에 세워져 있었다는 사실은 이것이 기념물이어서라고 해석할 수도 있지만 신전 당시 사회적 기능을 생각해 보았을 때 법률사건에 참고로 하기 위해서 세워졌을 가능성을 완전히 배제할 수 없다.

가장 본문의 내용이 완전한 형태로 보존되어 있다는 함무라비 법전이라고 하더라도 조항의 내용이 사람들 생활의 전 분야를 다 포괄하여 규정하지는 않는다. 일부 삶의 부분들은 세세하게 규정되어 있지만 다른 부분들은 전혀 언급이 없는 부분도 존재한다. 그러면 왕의 법률이 이 정도의 규정만을 가지고 있었을까? 하는 질문을 던져볼 수 있다. 아마도 법전의 형태로 만들어진 282 조항[25] 이외에도 왕이 판결한 판결문을 모아둔 왕의 문서고가 존재하였을 것이고 그 문서고는 법전에 언급한 경우 이외에도 앞으로 존재할 유사한 사건들을 판단하기 위해서 기준이 될만한 판결문들이 모여있었을 것으로 추정된다.[26] 이러한 법률 사건들의 판단 기준이 되는 문헌들을 수집하는 관행은 왕궁 뿐만이 아니라 신전에서도 역시 동일하게 존재하였을 것이다. 두 곳 모두 판결이 이루어지는 곳이었기 때문이다.

이러한 고대 근동의 법률 전통을 짧게 요약하면 고대 근동의 법률은 중앙에서 작용

문이었다. 이러한 이유에서 선서를 어기면 벌을 받는다고 사람들은 생각을 했는데 선서를 해야하는 상황에서 거짓 증언을 하는 것을 두려워하여 자신에게 불리한 판결이 내려질 것을 알고 있음에도 불구하고 선서를 하는 것을 거부하는 사례가 신바빌론 시대에 법률 문헌에 있다. 그 내용은 다음 연구 논문을 참고할 것. Sandowicz, Malgorzata, "Fear the Oath! Stepping back from oath taking in first millennium B. C. Babylonia", *Palamedes* 6 (2011), pp.17-36. 신전의 다양한 기능에 대한 설명은 다음의 연구서에서 찾아볼 수 있고 법정에 대한 연구 역시 그 안에 언급되어 있다. Charpin, Dominique, *la vie meconnu du temples mésopotamiens* (Paris : Belle Lettres, 2017).

25 대부분에 학자들이 조항의 수를 282 조항이라고 하지만 이는 완벽하게 확언할 수는 없다. 함무라비 법전의 조항들은 숫자가 매겨지지 않은 상태로 존재하고 조항의 일부분은 함무라비 법전을 엘람으로 전리품 삼아서 가지고 갔던 엘람왕이 자신의 이름을 세길 목적으로 법전의 전면의 아랫부분을 훼손하여서 일부분이 지워져 있는 상태이다. 한상수, 『함무라비 법전 -인류 법문화의 원형-』, 인제대학교 출판부, 2008, 57쪽.

26 Jursa, Michael, Paszkowiak, Joana and Waerzeggers, Caroline, "Three Court Records", *AfO* 50 (2003/2004), pp.255-268. 이 논문에 처음 부분에 소개된 법률문헌(BM25098)에서 판사들은 왕가의 법률에 따라서 판결을 내렸고 왕가 판결의 예시들을 알기 위해서 무언가를 살펴보았다는 이야기가 나오는데 여기서 그들의 행동을 묘사하는 동사로 "열었다"라는 표현을 사용하였다. 이는 책자처럼 왕가의 판결들이 모여져 있는 무언가가 존재했음을 증명한다.

하는 왕의 법률과 각각의 도시에서 개별적으로 작용하는 지방의 법률로 나누어져 있었다.[27] 왕의 법률은 왕의 의지에 의하여 지방법률이 적용되는 곳에 대신하여 적용될 수 있었다. 그리고 함무라비 법전과 같은 몇몇의 왕들이 남긴 법전은 이러한 왕이 남긴 왕의 사법권을 상징하는 판결 혹은 법률 중에서 정수 만을 뽑아 만든 것이라고 간주할 수 있다. 그리고 이러한 중앙의 법률과 지방의 법률의 관계는 위에서 아래로 만이 아니라 아래에서 위로 요청에 의해서 위의 법률이 적용이 되는 경우도 있었다. 아마도 함무라비 법전이 널리 전파된 이유는 아래에서 위로의 요청을 쉽게 하기 위함이 아니었을까 한다. 그리고 이게 고대 근동의 법률 전통이 내부적으로 영향을 미치는 방식이었다.

2. 고대 근동 법률 전통의 외부적 영향

앞서 이야기한 바와 같이 아주 역사 초기부터 고대 근동에는 법률 문헌들이 존재하였다. 그리고 이러한 법률 문헌들은 고대 근동 내부에서는 자체의 권력 구조의 흐름에 따라 또는 약자를 보호하는 전통에 따라서 그 사회에 영향을 발휘하였다. 하지만 고대 근동 법률 문헌의 영향력은 비단 고대 근동 지역의 중심지였던 지금의 이라크 그리고 시리아 지역에서만 머무르는 것이 아니었다. 지금의 이스라엘과 레바논이 있는 지역에도 고대 근동의 중앙에 있던 법률 전통이 영향을 발휘하였다. 사실 부가적으로 언급하자면 법률 전통 뿐만이 아니라 문학 전통 그 외에 물질문명 역시도 영향을 미쳤는데 이에 대해서는 요람 코헨(Yoram Cohen)이 작성한 "Cuneiform Writing in Bronze Age Canaan"에서 잘 드러난다. 이 연구 결과에 따르면 메기도(Megiddo)에서 길가메쉬 서사

---

[27] 지방의 중심은 신전이었다. 신전에서는 자신에 속한 지역에 필요한 사회적 서비스를 제공하였는데 그 중에 하나가 계량형이었다. 신전에 근처에 살던 사람들은 계량이 필요한 경우에 신전에서 제시하는 계량을 사용하고 문서에 자신이 사용한 계량이 어느 신전의 것이었는지를 적어넣었다. 신바빌론 시대에도 제국에 시대임에도 불구하고 이렇게 다양한 계량형이 존재했다는 것을 문서를 통해서 확인할 수 있는데 이는 중앙정부가 통제에 그리 관심을 가지지 않았음을 보여준 동시에 지방의 자치가 고대 근동의 일종의 특징임을 알 수 있다. 당시 신전에서 제시했던 계량형에 대한 좀 더 자세한 논의는 고대 근동의 각각의 신전의 특화된 기능에 대해서 연구한 다음의 연구서를 참고할 것. Charpin, Dominique, *la vie meconnu du temples mésopotamiens* (Paris : Belle Lettres, 2017).

시[28]가 발견이 되었고 또한 고대 근동의 중심지에서나 자주 행해지던 양 내장점을 치는 데 사용되던 진흙으로 만든 간 모형도 발견하였다.[29] 이는 고대 근동 중심 지역의 많은 문화적인 요소들이 이미 가나안 지역에 소개되어 있었다는 것을 보여준다. 그리고 앞서 언급한 바와 같이 법률 문헌 역시도 이러한 문화적 요소 중에 하나로 가나안 땅에 소개되어 있었다. 고대 근동 법전의 파편 조각인 HAZOR 18이 가나안에서 발견 되었다는 사실이 이를 반증한다. 이 파편을 재건하여 본 학자들은 그 내용이 고용된 노예에게 신체적인 상해가 발생하였을 경우 어떻게 변상하는지에 대한 것을 다루고 있다고 이야기하였다. 그리고 이 작품을 학자들의 학문적인 연구의 결과로 보았다. 이러한 조항을 언급 하는 고대 근동의 법전으로는 우르-남무, 리피트-이쉬타르, 에슈눈나 그리고 함무라비 법전이 있었다.[30]

여기서 또 다른 주목 점은 바로 성서법에 대한 고대 근동법의 영향이다. 위에서 언급한 바와 같이 가나안 땅에 이미 고대 근동 법률의 전통이 들어와 있는 것처럼 성서

---

28 길가메쉬 서사시는 인류 최초의 서사시로 고대 근동에서 발견이 된 사람들에게 가장 각광을 받는 서사시이다. 길가메쉬 서사시의 이야기는 불멸성을 찾는 한 인간에 대한 이야기이다. 사람이 사람으로 존재하는 한 누구나 한번 쯤은 던질 수 있는 유한한 인간 존재에 대한 탐구를 주제로 삼고 있기에 지금까지도 내용상으로도 현대인에게 시사점이 있다. 고대 근동 역사 내내 길가메쉬 서사시는 많은 이들에게 읽혀졌고 그 판본 역시 다양했다. 카시트 시대에 대부분의 문헌이 그러하듯이 길가메쉬 서사시는 정형화된 형태가 되었다. 가장 최근에 길가메쉬 서사시 토판을 모아서 조지(A. George)가 방대한 연구서 2권을 발표하였다. George, Andrew. R. *The Babylonian Gilgamesh Epic*, *Introduction*, *Critical Edition and Cuneiform Texts Volume I, II*, (Oxford: Oxford University Press, 2003).

29 Cohen, Yoram, "Cuneiform Writing in Bronze Age Canaan", *The Social Archaeology of the Levant*, (Cambridge: Cambridge University Press, 2018), p.249. 고대 근동의 점술은 대표적으로 신의 의지를 알 수 있는 매개체였다. 이스라엘 사람들이 직접적으로 신의 의지를 들을 수 있는 선지자의 말을 선호하였다면 고대 근동 중심지에서는 간접적으로 신의 의지를 알 수 있는 점술을 선호하였다. 왕권의 권위는 신권에 의지하여 존재하였고 때문에 세상에 다양한 방식으로 존재하는 신이 남겨놓은 신호들을 인식하는 것이 중요했다. 신앗시리아 시대에 왕의 도서관에서는 그러한 이유에서 자신과 자신을 보필하는 관료들을 위한 수 많은 점술책이 존재했다. 점술 연구에 대한 좀 더 자세한 사항은 다음의 연구서를 참고할 것. 강승일, 『이스라엘과 고대근동의 점술』, 고대 근동 시리즈 15, (서울 : 기독교 문서 선교회, CLC, 2015).

30 Cohen, Yoram, "Cuneiform Writing in Bronze Age Canaan", *The Social Archaeology of the Levant*, (Cambridge: Cambridge University Press, 2018), pp.249-250.

법에도 고대 근동법의 영향이 남아있다. 우선 첫 번째로 이를 확인 할 수 있는 것이 성서법의 법률 조항의 형태이다. 성서법의 법률 조항의 형태는 크게 두 가지로 나누어서 볼 수 있다.[31] 첫 번째는 명령형의 형태로 이는 어떠한 조건조항 없이 적혀진 법률로 그저 반드시 지켜야 하는 조항들이다. 십계명의 조항들이 바로 이러한 예이다. 두 번째로 이야기할 수 있는 것들이 바로 고대 근동 지역 중앙에서 존재하던 법률 문헌들의 영향을 받아서 만들어진 조건절을 포함하는 조항들이다. 이 조항들은 선행절에 어떠한 상황이 성립되어야 한다는 조건들을 제시하고 그 조건들이 성립하면 내려지는 처벌을 명시하고 있다. 이는 전형적인 고대 근동의 법률 전통의 형태인데 고대 근동의 법률 조항들은 두 개의 상이한 법률 작성 원칙을 가지고 있던 성서법과는 달리 단일한 체계로 언제나 조건절과 결과절로 이루어져 있었다. 이 형태를 보고 장 보테로(Jean Bottéro)는 고대 근동의 지식 세계관을 설명했다. 고대 근동의 사람들은 기본적으로 세상을 관찰하여 그 관찰한 사실을 기반으로 세상을 이해하고 특정한 지식 전통에 의거한 결론을 내렸다. 이를 가장 단적으로 볼 수 있는 것이 바로 점술 문헌이다. 점술 문헌은 다양한 점술의 근원이 되는 자연현상이나 혹은 동물의 태생적 특징이나 내부적(내장점) 특징을 기반으로 세상의 일들을 예견했다. 이는 일상적이지 않은 자연현상과 그 외의 일부 현상들이 신들이 인간들에게 보내는 신호라고 여겼기 때문이었다. 왕의 모든 권한은 신에게서 위임받아 그 힘이 발현되는 것이었고 이러한 그들의 세계관은 함무라비 법전의 서문에도 아주 잘 드러나 있다. 이러한 정보들은 천편일률적으로 조건절과 그 조건이 충족되면 어떠한 결과가 나오는지를 이야기한다. 그런데 이는 함무라비 법전에서 법률조항이 쓰여 진 방식과 정확하게 일치한다. 즉 함무라비 법전이 대표하는 고대 근동의 법률 전통은 고대 근동의 사람들이 세상을 바라보고 거기서 어떠한 세상에 대한 이해를 얻는 전형적인 방식과 동일했다. 마치 현대에 과학이 대부분 모든 세상을 바라보는 틀을 제시하는 것과 유사하다고 할 수 있다.[32] 성서에서 이러한 고대 근동 중심 지역에서나 볼 수

---

31 중간에 대화체 형태나 혹은 판결문의 형태를 띄는 부분도 역시 존재하나 이는 아주 작은 부분에 불과하다.

32 이에 대해서 장 보테로가 자신의 연구서에서 언급을 했다. 그의 좀 더 발달 된 함무라비 법전과 고대 근동의 과학에 대한 논의는 다음 사항을 참고할 것. Bottéro, Jean, *Mesopotamia Writing, Reasoning and the Gods*, (Chicago: University of Chicago Press, 1992), pp.156-184.

있는 지식체계와 유사한 방식의 법률 조항이 존재한다는 사실은 고대 근동의 영향력을 보여준다고 할 수 있다. 더불어 몇몇 조항들은 고대 근동의 법률과 상당한 유사성을 가지고 있기 때문에 형태 뿐만이 아니라 그 구체적인 내용에 있어서도 성서의 법이 영향을 받았다는 사실을 부인할 수 없다. 성서 법과 함무라비 법의 연구를 진행한 라이트(D. P. Wright)는 성서법이 고대 근동의 법률에 영향을 받은 것은 신앗시리아 시대에 유배된 이후라고 주장하였다.[33] 하지만 이미 그 이전에 코헨의 연구에서 보았듯이 가나안 지역에서는 고대 근동의 법전들이 학자들 사이에서 유통되고 있었고[34] 성서가 작성된 것은 페르시아 지배 시기 정도로 사람들은 생각을 하고 있으나 성서를 구성하는 많은 설화들은 성서가 작성된 연도보다 훨씬 더 오래된 기원을 가진다고 증언한다.[35] 즉, 성서가 문헌으로 기록된 것은 아주 후대의 일이지만 담겨져 있는 서사의 기원은 문서화 되기 아주 이전까지 거슬러 올라간다. 이러한 사실을 기반으로 성서의 오경에서 찾아 볼 수 있는 성서법들 역시도 신앗시리아 시대에 영향을 받았을 수 있다. 그러나 가나안에 이미 고대 근동의 법률 전통이 이전부터 알려져 있었던 사실을 생각해 보면[36] 성서법에 영향을 준 고대 근동의 법률 전통은 이미 아주 오래전부터 이스라엘과 유다 사람들의 삶에 영향을 미치고 있었을 가능성이 있다.

  그럼 그 영향력이 어떠한 성격이었을 지에 대해서 여기서 한번 생각을 해보고자 한다. 그 영향력이 절대적이었을까? 아니면 선별적이었을까? 필자는 그 영향력은 선별적이었다라고 생각한다. 우선 가장 잘 보존된 함무라비 법전에 대해서 이야기해 보도록

---

33 Wright, David P., *Inventing God's Law, How the Covenant Code of the Bible Used and Revised the Laws of Hammurabi*, (Oxford : Oxford University Press, 2012), p.3.

34 Cohen, Yoram, "Cuneiform Writing in Bronze Age Canaan", *The Social Archaeology of the Levant*, (Cambridge: Cambridge University Press, 2018), p.249.

35 대표적인 예로 족장 시대의 이야기들을 들 수 있다. 야곱과 그의 삼촌 라반의 이야기는 기원전 2천년 기에 마리에서 나온 문서에서 발견되는 고대 근동의 결혼 관행과 아주 많은 유사점을 보여준다. 이러한 당시 관행과의 유사점은 비단 야곱의 노동 계약서 뿐만이 아니라 그의 결혼 생활에서 찾아 볼 수 있다. 부인이 자신의 여자 노예를 남편에게 첩으로 주는 관행은 동일하게 기원전 2 천년기 문헌에서 찾아 볼 수 있기 때문이다. Van Seters, John, "Jacob's Marriages and Ancient Near East Customs: A Reexamination", The Harvard Theological Review 62, 4, (1969), pp.372-395.

36 Cohen, Yoram, "Cuneiform Writing in Bronze Age Canaan", The Social Archaeology of the Levant, 2018, pp.245-264.

하자. 함무라비 법전은 성서법과 조항적으로 비교를 해 보면 현격한 차이점을 하나 보인다. 이는 제의에 관한 법률과 제사장에 관한 법률 그리고 금기와 관련된 법률이 성서법에서는 나타나는데 함무라비 법전에서는 나타나지 않는 점이다. 이러한 사실은 고대 근동에서 법전을 제작하는 주체와 성서에서 성서법을 적은 주체가 다르다는데 그 의의가 있다. 고대 근동 법전의 주체는 왕이었고 이는 아무리 신적인 권위에 그의 힘이 서 있다고 하더라도 그가 사제와 같은 정도의 종교적 인물은 아니었다. 이로서 왕이 주체가 되어 만든 법전에 종교 관련 직접적 조항들이 빠져 있었다는 사실이 설명된다. 이와 달리 성서법 작성의 주체였던 이들은 제사장들이었고 고대 근동의 법전과 달리 성서법에서는 종교와 관련된 제의법, 제사장의 조건을 나열하는 법 그리고 금기법[37]이 같이 들어가 있다. 고대 근동의 다른 문헌들은 고대 근동의 전통 안에도 성서법에서 발견되는 것과 같은 제의에 관한 다양한 규칙과 법률 그리고 금기들이 존재했음을 보여주지만 이러한 규칙이나 금기들이 법전의 내부 앞에 들어가지 않고 종교의 규칙들로 따로 존재했었다. 이러한 사실들은 성서법의 저자들이 자신의 법전을 만들 때 만약 그것이 신앗시리아 시대에 이루어진 일이라면 선별적으로 그저 고대 근동의 법률 문헌들을 차용했을 가능성이 높음을 시사한다. 그리고 더불어 고대 근동의 정치권력에 의해서 의도적으로 그들의 법률을 강압적 방식으로 성서법에 영향을 주지는 않았을 것이라는 가설에 타

---

37 성서의 금기법 뿐만이 아니라 이슬람의 금기법에 대한 연구를 다음에서 찾아 볼 수 있다. 최창모, 최영철, 이원삼, 김종도 지음, 『유대교와 이슬람, 금기에서 법으로』, (서울: 한울 아카데미, 2008). 성서법이 어떻게 형성되었는가에 대해서는 다양한 학자들의 견해가 존재한다. 오경안에서 성서의 법으로 불리는 부분은 크게 5 가지가 있다. 계약법(Covenant Code: 출 20:22- 23:19), 십계명 (Decalogue: 출 20: 2-17 ; 신 5: 6-21), 제의적 십계명(Ritual Decalogue : 출 34: 14-26), 신명기법 (Deuteronomic Law: 신 12-26장), 성결법(Holiness Code : 레 17-25장), 제사에 관한 규정(Priestly Procedures: 레 1-7; 11-16장) 모세 오경에 대한 평가는 바빌론 유수 때 집성되어 페르시아 시기에 재정비되었다고 이야기한다. 문헌의 비평은 이보다 더 상세히 연대를 이야기하는데 전체적인 출애굽기의 저작보다 34:14-26 절에 나오는 제의법에 대해서 이 장을 포함하고 있는 출애굽기 32-34 장이 출애굽기의 다른 자료들 보다 더 오래 되었을 가능성이 있다는 견해가 존재하고 출애굽기 관련 주해서를 쓴 뉴섬(J. Newsome)은 이를 완전히 부정하지는 않았다. 즉 5개의 법들의 형성사는 상당히 복잡한 학술적 논쟁의 대상이다. 지면 관계상 모든 성서법의 형성사의 논의들을 이 논문에서 다루는 것은 불가능할 것으로 보인다. 가장 좋은 것은 각각의 최근 주해서를 참고하는 것이며 십계명과 신명기 법전의 형성사에 대해서는 다음 연구서를 참고하면 좋다. 신명기 법의 형성사에 관한 논의를 잘 설명해 놓았다. 주원준, 『신명기 - 거룩한 독서를 위한 구약성경 주해 5-』, 한님성서연구원, 2005, pp.15-26.

당성을 부여한다. 이 가설은 당시에 신앗시리아 시대와 유사한 유배 정책을 사용하였던 신바빌론 시대에 유대인들의 생활상을 살펴보면 좀 더 타당성을 가진다. 신바빌론 시대의 왕들은 그 이전에 존재했던 신앗시리아 시대의 왕들과 마찬가지로 자신이 정복한 사람들 중에 일부를 자신의 나라로 데리고 와서 노동력으로 사용하였다. 그리고 이러한 사건이 성서와 역사에 바빌론 유수라는 이름으로 기록되어 있다. 당시 유배를 간 유다인들은 다양한 방식의 삶을 영위하였다. 몇몇은 왕을 위해서 일을 하면서 고귀한 지위를 얻었고 그 중에는 왕을 위해 상업을 하는 특별한 지위인 왕의 상인이 되는 유대인들도 있었다.[38] 하지만 비천한 신분으로 떨어지면 왕궁의 노예나 혹은 신전의 노예 아니면 전쟁의 전리품으로 사적 노예가 되었다. 또 다른 삶의 양식은 새로 개척된 마을의 주민이 되는 것이었다. 이 마을들은 이전에 존재하지 않았던 것이 유배로 인해서 생겨난 것으로 학자들은 여기고 있는데 근본적인 이유는 바로 마을의 이름이 "유대인의 마을"이기 때문이다. 즉 유대인들이 모여 살기 시작하면서 존재하지 않았던 마을이 생겨나고 이름이 명명된 것으로 짐작할 수 있다.[39] 그리고 이들은 자신들만의 일종의 법적인 자치가 어느 정도는 허용되었던 것으로 보인다. 이는 유배되었던 유대인 뿐만 아니라 동시대에 유배되었던 이집트인들의 공동체 역시도 동일했다. 즉 외국인으로 구성된 유배 공동체는 비록 유배되었다는 열악한 사회적 지위를 가지고 있었으나 사법적으로 일정 정도는 자신들만의 자율권을 가지고 있었다.[40] 이는 이들이 지키는 규칙의 일부분을 그들이 정할 수 있었다는 가정을 낳게 한다. 비록 앗시리아 시대 이전에 만들어졌을 것으로 추정되지만 만약 성서법이 라이트(D. P. Wright)의 주장대로 그 시대의 산물이라고 하

---

[38] 왕의 상인 이외에도 일반 상인 중에 장거리 상인과 단거리 상인이 있었다. 고대 바빌론 시대에 장거리 무역을 하던 상인들이 집단으로 거주하는 거주지가 발굴이 되었는데 거주지의 아랫바닥은 구운 벽돌로 되어 있었다. 고대 근동에 나무는 아주 귀한 것이어서 나무를 사용하여 만들어야 하는 구운 벽돌은 비싼 물질이었다. 즉 당시 상인들은 상당한 부유층이었다. 발굴지의 이름은 "AH Site"로 명명되었다.

[39] 이 마을에서 나온 문헌들은 안타깝게도 대부분 경제 문헌이기 때문에 정확하게 전체적으로 이 마을의 삶을 알 수 있지는 않지만 적어도 나온 문헌을 기반으로 살펴보았을 때 유대인 마을에서 삶을 영위하는 사람들은 일반 사람들이 살아가는 것과 동일하게 삶을 영위하였다. 이 마을에서 나온 문헌에 대한 연구는 다음의 연구서를 참고할 것. Laurie E. Pearce and Wunsch, Cornelia, *Documents of Judean Exiles and West Semites in Babylonia in the Collection of Dabid Sofer*, CUSAS 28, (2014).

[40] Ari KIM, *Administrative et Judiciaires des grands organismes institutionnels en Babylonie, du VIIe au Ve siecle av. J.-C.*, (CDL Press, 2019), pp.430-435.

더라도 혹은 그 보다 더 후기의 시기인 페르시아 시대로 보는 학자들의 견해를 따르더라도 결과는 마찬가지이다.[41] 페르시아 지배 시기에 바빌로니아는 신바빌론 시대의 전통을 그대로 계승하여 사람들의 삶에 차이가 별로 없었기 때문이었다. 성서법의 표기 방식은 당시에 그들을 유배했던 고대 근동 제국이 자신의 법률을 전적으로 그들에게 주입하여 사용하도록 강요하지 않았다는 사실을 알려준다. 왜냐하면 성서법은 앞서 언급했던 바와 같이 일부분은 고대 근동 법률의 전형적인 방식으로 작성되었지만 일부분은 그와 아주 상반된 명령형의 형식으로 작성되었다. 때문에 만약 성서법이 실제적으로 적용된 법률적 효력을 지니고 있었다면 제국주의 시대에 고대 근동의 제국들은 자신의 복속민들의 법률에 강압적으로 자신의 법률을 전적으로 적용할 것을 주장하지 않았다는 결론을 내릴 수 있고 이는 신바빌론 시대에 유배 공동체가 남긴 법률 문헌에서 나온 증거들과 일치한다.

III. 결문

고대 근동의 법률 전통은 법전과 다양한 법률문헌 그리고 실생활에서 사용된 계약서 등 많은 문서적인 증거에 의해서 그 역사가 아주 오래 되었음에도 불구하고 상당히 잘 알려져 있다. 본 논문에서는 위에서 언급한 사료들에 기반하여 고대 근동의 법률 전통이 그 중심지라 할 수 있는 시리아-이라크 지역 내부에서 어떠한 형식으로 존재했었고 작용하였는지를 알아보고, 이 중심 지역의 고대 근동의 법률 전통이 외곽지역으로 대표될 수 있는 시로-팔레스타인 지역의 사람들에게는 어떠한 형식으로 영향을 미쳤는지에 대해서 알아 보았다.

첫 번째 장에서 고대 근동의 법률 전통이 자신의 내부에서 어떠한 방식으로 존재하였고 상호 작용하였는지 분석했다. 고대 근동 권력의 중심은 왕이었고 왕은 권력의 중

---

41   Wright, David P., *Inventing God's Law, How the Covenant Code of the Bible Used and Revised the Laws of Hammurabi*, (Oxford : Oxford University Press), 2012, p.3.

심인 동시에 사법권의 최고의 자리를 가진 자신의 국민들을 인도하는 목자로 인식되고 있었다. 왕은 자신만의 법률을 만들었는데 이는 왕이 내린 판결에 기반했다. 왕은 이 판결을 기반으로 그 판결과 유사한 상황에 적용될 법률 역시도 만들었는데 이러한 경우 법률은 제3인칭으로 선포되었다. 이러한 왕의 법률 중에서 가장 잘 남아있는 유물이 바로 함무라비 법전이다.

하지만 이러한 왕의 법률은 일반적으로 지역에는 적용되지는 않았다. 지방은 자신만의 전통 안에서 자체적으로 운영되었고, 이는 지방 행정의 중심지 역할을 했던 신전의 문서고에서 나오는 법률 문헌들을 통해 입증된다. 그러나 때에 따라서 왕의 의지에 기반하여 왕의 법률이 신전의 법률을 대체하는 현상을 찾아 볼 수 있다. 이는 왕이 자신의 법률을 지방에 도입할 힘이 없어서 그렇게 왕의 법률이 지방에 일관적으로 적용되지 않은 것이 아니라 실제로 왕이 그러한 필요성을 느끼지 못하였기에 아마도 효율성 측면에서 지방의 자치를 허용했음을 암시한다. 이러한 특징은 긴 고대 근동의 역사 안에서 오랫동안 이어져 왔는데 적어도 문헌적 정보들을 기반으로 할 때 고대 바빌론 시대도 신바빌론 시기도 앞서 언급한 법률 전통의 형태를 가지고 국가가 운영이 되었다.

상기에서 언급한 고대 근동의 법률 전통은 고대 근동의 문화 전반이 주변 지역에 영향을 미쳤던 것과 동일하게 주변 지역에 영향을 미쳤다. 그 영향의 성격을 파악하기에 가장 좋은 지역은 지금의 시로-팔레스타인 지역이다. 성서에서는 가나안과 이스라엘 유다로 대표되는 이 땅들에 고대 근동 중심부의 법률 전통이 영향을 미쳤다. 우선 앞서 언급한 연구성과를 살펴보면 가나안 지역에서 활동하던 학자들이 남긴 문헌들에 따르면 가나안의 학자들은 이미 고대 근동의 문학에 대한 지식 만큼이나 고대 근동 지역의 법률 전통에 대해 알고 있었다는 사실을 확인할 수 있다. 더불어 후대에 기록되기는 하였지만 아마도 필자[42]의 견해로는 그 이전 시기에 이미 존재하였을 것으로 여겨지는 오경에서 발견되는 성서법들은 고대 근동의 법률 전통이 성서법에 지대한 영향을 끼쳤음을 보여준다. 먼저 법률 조항의 형태적인 면에서 성서법은 명령형 형태와 조건절로 이루어진 형태를 가진 조항들로 구성되어 있다. 조건절과 결과절로 이루어진 형태가 바로 고대 근동의 법률이 영향을 미친 영역이다. 또 다른 하나 특징적인 점은 성서의 법률이

---

42 구분을 위하여 본 논문의 저자는 필자로 다른 작품의 저자는 저자로 표기하였다.

적힌 시기를 라이트는 후대인 신 앗시리아 시기로[43] 보았는데, 만약 이 가설이 맞아서 신앗시리아 시기에 성서법이 형태가 잡히어 문서화 되었다면, 이는 신앗시리아 제국이 자신의 법률을 전적으로 자신에게 복속된 복속민에게 강요하지는 않았음을, 그래서 복속민이 선택적으로 이 법률들을 자신들에게 적절하게 적용하였음을 알려준다.

위의 결론들은 내부적으로나 외부적으로 고대 근동의 법률 전통이 영향을 미칠 때는 절대로 상위 법률인 왕의 법률이나 유배의 주체인 제국의 법률이라고 하더라도 일반적으로는 강압적인 방식으로 일괄 적용되는 형태가 아니었음을 보여준다. 하지만 이러한 점이 중앙에 있는 법적 권위를 가진 주체가 힘이 없다는 것을 의미하는 것은 아니었다. 왕은 내부적으로 자신이 원하면 자신의 권력으로 자신의 법률을 지방에 적용할 수 있었다. 하지만 전체적으로는 내부나 외부적으로 고대 근동의 중앙법률은 강압적인 형태로 세부 조직에 일괄 적용되지는 않았다.[44]

---

[43] 다른 좀 더 일반적인 견해로는 오경의 정경화를 기원전 515년에 이루어진 예루살렘의 성전의 건축이 완공되고 난 이후에 70-80년 이후에 이루어진 것으로 보는 가설이 있다. 앞에서는 가장 최근에 연구서에서 나온 견해를 소개하였다. 김은규, 「페르시아 제국시대에 구약성서의 오경은 신권정치의 관변 경전인가?」, 『종교연구』 68, 2012, p.188.

[44] 이 글은 김아리, 「고대 근동 법률 전통의 내부적 영향과 외부적 영향 - 고대 바빌론 시대와 신바빌론 시대를 중심으로-」 『역사학보』 264 (2024), pp. 223-246을 수정 보완한 것이다.

참고자료

김은규, 「페르시아 제국시대에 구약성서의 오경은 신권정치의 관변 경전인가?」, 『종교연구』 68, 2012, 169-194쪽.
강승일, 『이스라엘과 고대근동의 점술』, 고대 근동 시리즈 15, 서울 : CLC, 2015.
마크 반 드 미에로프 지음, 김구원 옮김, 『고대 근동 역사 B.C. 3000년경-B.C 323년』, 서울 : CLC, 2002.
윤일구, 『고대법의 기원 함무라비 법전』, 대구: 한국학술정보, 2015.
조르주 루 지음, 김유기 옮김, 『메소포타미아의 역사』 1, 서울: 한국문화사, 2013.
주원준, 『신명기-거룩한 독서를 위한 구약성경 주해 5-』, 의정부: 한님성서연구원, 2005.
최창모, 최영철, 이원삼, 김종도 지음, 『유대교와 이슬람, 금기에서 법으로』, 파주: 한울 아카데미, 2008.
한상수, 『함무라비 법전: 인류법문화의 원형』, 김해: 인제대학교 출판부, 2008.
André-Salvini, Béatrice, *Le Code de Hammurabi*, Louvre édition, (Paris: Collection Solo, 2016).
Alkadny, Mohamad, G. "Bureaucracy : Weber's or Hammurabi's Ideal or Ancient?", *Public Administration Quarterly* 26, (2002-2003), pp.317-345.
Assante, Julia, "The kar-kid/*harimtu* prostitute or single woman", *Ugarit forschungen Band* 30, (Munster, 1989), pp.5-96.
Bottéro, Jean, *Mesopotamia Writing, Reasoning and the Gods*, (1992).
Charpin, Dominique, "Lettres et procès paléo-babyloniens", *Rendre la Justice en Mésopotamie* (2000), pp.69-111.
Charpin, Dominique, *La vie meconnu du temple mesopotamiens* (Paris: Belle Lettres, 2017).
Cohen, Yoram, "Cuneiform Writing in Bronze Age Canaan", *The Social Archaeology of the Levant*, (2018), pp.245-264.
Démare-Lafont, Sophie, "La culture juridique grecque et la pratique contractuelle mésopotamienne", *Transferts culturels et droits dans le monde grec et hellénistique* (Paris : 2012), pp 227-240.
Finkelstein, Jacob J., "Ammiṣaduqa's Edict and Babylonian Law Codes", *Journal of Cuneiform Studies* 15 (1961), pp.91-104.
George, Andrew R., *The Babylonian Gilgamesh Epic, Introduction, Critical Edition and Cuneiform Texts Volume I, II*, (Oxford: Oxford University Press, 2003).
Janssen, Carolina, "Samsu-iluna and the hungry naditums", Norther Akkad Project Reports, (1991), pp.3-39.
Jursa, Michael, *Neo-Babylonian Legal and Administrative Documents Typology, Contents and Archives, Guides to the Mesopotamian Textual Record Volume* 1, (Munster: Ugarit-Verlag, 2005).
Jursa, Michael. Paszkowiak and C. Waerzeggers, "Three Court Records", *AfO* 50, (2003/2004),

pp.255-268.

KIM, Ari., *Administrative et Judiciaires des grands organismes institutionnels en Babylonie du VIIe au Ve siecle av J.-C.*, (Paris: Paris 1 University, 2019).

Kleber, Kathrine and E. Frahm, "A Not-so-Great Escape: Crime and Punishment according to a Document from Neo-Babylonian", *JCS* 58 (2006), pp.109-122.

Lafont, Sophie, *Jurer et maudire : pratiques politiques et usqges juridiques du serment dans le Proche-Orient ancien, Méditerranées, Revue de l'association Méditerranées Publiée avec le concours de la Fondation Singer-Polignac*, 10-11, (Paris: L'Harmattan, 1997).

Lambert, Wilfred. G., "Nebuchadnezzar King of Justice", *Iraq* 27, (1965), pp.1-11.

Laurie E. Pearce and Wunsch, Carolina, *Documents of Judean Exiles and West Semites in Babylonia in the Collection of Dabid Sofer*, CUSAS 28, (2014).

Otto, Eckart, "Law of Hammurabi", B. A. Strawn (ed.), *The Oxford Encyclopedia of the Bible and Law*, pp.501-502.

Sandowicz, Malgorzata, "Fear the Oath! Stepping back from Oath taking in first millennium B. C. Babylonia", *Palamedes* 6, (2011), pp.17-36.

Scheil, Vincent, *Code des lois de Hammurabi (Droit Privé), roi de Babylone, vers l'an 2000 av. J.-C.*, Mémoires de la Délégation en Perse, 2e série. Band 4. m Paris: Leroux, 1902).

Van Seters, John. "Jacob's Marriages and Ancient Near East Customs: A Reexamination", *The Harvard Theological Review* 62, 4, (1969), pp.372-395.

Villard, Pierre, "Suse", *Dictionnaire de la Civilization Mesopotamienne*, (2000), pp.806-810.

Jursa, Michael, *Neo-Babylonian Legal and Administrative Documents Typology, Contents and Archives, Guides to the Mesopotamian Textual Record Volume* 1, (Munster: Ugarit-Verlag, 2005).

Writing, David P., *Inventing God's Law, How the Covenant Code of the Bible Used and Revised the Laws of Hammurabi*, (Oxford : Oxford University Press, 2012).

목차

I. 들어가면서

II. 가나안 지역의 비문들
    1. 연구사
    2. 상형문자
    3. 신관문자
    4. 쐐기문자
    5. 알파벳문자
    6. 선형문자

III. 토론과 결론

제9장
고대 문명 주변부의 문자 사용과 글쓰기
– 가나안 지역의 비문을 중심으로 –

강후구(서울장신대 신학과)

I. 들어가면서

고대 이집트 문명과 메소포타미아 문명은 각각 상형문자와 수메르 문자를 탄생시켰다. 문자는 말을 통한 소통을 문자로 매개로 하여 소통하게끔 만든 혁신적인 발명으로 인류의 보편적 발전에 가장 큰 영향을 끼쳤다. 문자를 통한 기록은 지식의 축적과 함께 문명화와 도시 문화를 발생케 하였으며,[1] 기억에 의존하던 전승이 기록됨으로 전승자를 넘어서 전승과 역사가 알려지기 시작하였다. 문자가 발명되기 이전에 구두의 단계가 있었지만, 단지 구두로만 소통하지는 않았다. 문자 이전 시기에 그림이나 표시를 통한 소통 단계를 거친 후 문자를 통한 소통 단계로 이어졌음이 고대 문명 발생지인 메소포미아와 고대 이집트에 공통적으로 나타났다.[2]

---

[1] J. Goody, The Interface between the Written and the Oral (Cambridge: Cambridge UNiversity Press, 1987), p.300.

[2] O. Topçuoğlu, "1. Iconography and Protoliterate Seals" in C. Woods ed., *Visible Language*: *Inventions of Writing in the Ancient Middle East and Beyond* (Chicago, IL: M&G Graphics, 2010), p.29; A. Stauder, "6. The Earliest Egyptian Writing" in C. Woods ed., *Visible Language*: *Inventions of Writing in the Ancient Middle East and Beyond* (Chicago, IL: M&G Graphics, 2010),

고대 문명 지역에서의 문자의 발명은 공통적으로 왕정 시대와 함께 나타났으며 이 시기부터 기록된 문서를 통하여 왕정 역사와 사회적 변화를 파악할 수 있게 되었다. 이집트 문명과 메소포타미아 문명의 문자는 각각의 지역에서 내부적으로는 이전과 다른 문화를 가져왔고, 외부적으로는 문자를 통한 소통의 국제적 외교 관계를 가능케 하였다.[3] 고대 문명 지역의 문자 발명은 자연스럽게 주변 지역에 알려졌을 것이어서, 그것이 주변 지역에 어떠한 영향력을 얼마나 주었는가?라는 질문이 야기된다. 이는 곧 고대 문자의 전파 과정을 이해하는데 중요한 부분이기에 연구 가치가 높다고 할 수 있다.

본 연구는 이 질문에 답하기 위하여 이집트 문명과 메소포타미아 문명 사이에 위치한 가나안 지역을 중심으로[4] 지금까지 이 지역에서 고고학적으로 발견된 비문 전체를 살펴볼 것이다. 이 종합적 연구를 통하여 가나안 사회 내 통시적인 문자 변화와 가나안 지역에서 발견된 전체 비문 속에서 고대 문명의 문자로 기록된 비문들을 분석하여 그것들이 가나안 사회내에 끼친 영향력이 있는지, 있다면 어떤 양상으로 나타났는지 살펴보고자 한다.

II. 가나안 지역의 비문들

1. 연구사

시나이 반도 세라빗 엘-카뎀과 이집트 룩소 부근 키르벳 엘-홀에서 발견된 세계 최초

---

p.137.

[3] 마르크 V. 드 미에룹 지음, 김구원, 강후구 옮김, 『고대 근동 역사: B.C. 3000년경~B.C. 323년』(서울: CLC, 2022), 63-114쪽.

[4] 가나안 지역을 선택한 이유는 세 가지이다. 첫째, 가나안인들이 고대 문명의 문자에 영향을 받아 세계 최초의 알파벳 문자를 만들었기 때문이며, 둘째, 가나안 지역이 두 문명 사이에 위치한다는 지정학적 특수성에 기인하고, 마지막으로, 이 지역이 다른 어떤 지역보다 고고학적으로 많이 연구되었기 때문이다.

의 알파벳 비문에 대한 보고와 관련된 연구는 고대 비문 연구 특히, 고대 문명 지역에서 발생한 문자들이 어떠한 발전과정을 거쳤는가에 대한 이해를 증진시켰다.[5]

세라빗 엘-카뎀에서 발견된 45개의 비문은 문자 형태는 상형문자를 닮았으나 셈어 즉, 가나안인들이 사용하는 언어를 표시한 것으로 알파벳 문자로 확인되었다.[6] 다르넬과 그의 동료들은 키르벳 엘-홀의 바위에 새겨진 비문 분석을 통하여 비록 이집트 내륙에서 발견되었지만 알파벳 문자이며 그 연대가 중왕조 시대의 것이라고 주장하였다.[7] 골드바서는 이 알파벳 비문이 글을 모르는 노동자에 의하여 만들어졌다고 주장한 반면,[8] 레이니와 다른 학자들은 이 문자가 이집트 상형문자와 신관문자도 알고 있고 가나안어도 알고 있는 서기관이 이 문자를 만들었다고 주장하였다.[9] 배철현은 이 두 비문 분석을 통하여 이것이 아시아인 즉, 가나안인들에 의하여 만들어진 것이며 누구나 쉽게 배울 수 있고 사용한 문자임에도 불구하고 이것은 지배 언어가 되지 못하고, 대신 이러

---

5 B. Sass, *The Genesis of the Alphabet and Its Development in the Second Millennium B.C.* (Wiesbaden: Agypten und Altes Testament 13, 1988); J. C. Darnell, F. W. Dobbs-Allsopp, M. J. Lundberg, P. K. McCarter, B. Zuckerman, C. Manassa, "Two Early Alphabetic Inscriptions from the Wadi el-Ḥôl: New Evidence for the Origin of the Alphabet from the Western Desert of Egypt," *Annual of the American Schools of Oriental Research* 59 (2005), pp.63 – 124; O. Goldwasser, "How the Alphabet Was Born from Hieroglyphs," *Biblical Archaeology Review* 36/2 (2010), pp.38-50; C. Bae, "Inventors of the First Alphabetic System: Hints from Two Alphabetic Inscriptions in the Middle Bronze Age (1900-1500 BCE)," *Mediterranean Review* Vol. 5. No. 2 (2012), pp.1-16; 유윤종, 「A Sociolinguistic Approach to the Proto-Sinaitic Writings: From 1850 to 1050 BCE」, 『동서인문』 제7호 (2017), 81-107쪽.

6 B. Sass, 앞의 글, pp.8-50.

7 J. C. Darnell et al. 앞의 글, pp.89-90.

8 O. Goldwasser, 앞의 글, pp.38-50.

9 A. F. Rainey, 2010, "Turquoise Miners Did Not Invent the Alphabet," https://www.biblicalarchaeology.org/daily/biblical-artifacts/inscriptions/raineys-first-critique/ (검색일자: 2024년 8월 29일); C. Rollston, 2010, "The Probable Inventors of the First Alphabet: Semites Functioning as rather High Status Personnel in a Component of the Egyptian Apparatus," http://www.rollstonepigraphy.com/?p=195 (검색일자: 2024년 9월 28일); B. E. Colless, "The Origin of the Alphabet: An Examination of the Goldwasser Hypothesis," *Antiguo Oriente* 12 (2014). pp.71 – 104.

한 용이성은 평민들이 사용 가능케 하였다고 주장하였다.[10] 유윤종은 이 두 비문이 발견된 지정학적 특성과 알파벳 문자가 지배적 언어가 되기까지 역사적 과정을 추적하면서 세 가지 특성 "주변성과 혼잡성", "언어와 제국주의", "언어와 민족주의"로 설명하였다.[11]

위 두 비문의 발견과 더불어 가나안 지역에서 이루어진 고고학적 연구를 통하여 알파벳 비문들이 이 지역 내에서도 발견되었다. 시대를 달리하여 비문들이 발견되기에 한편으로 알파벳 문자를 통시적으로 분석하기 시작하였고,[12] 또 다른 한편으로 발견되는 각 비문의 내용을 바탕으로 그 당시의 역사와 사회를 파악하려 시도하였다.[13]

이와는 별도로 가나안 사회 안에서 사용된 다른 문자들의 비문에 대한 연구가 쏟아졌다. 호로비츠와 그의 동료들은 가나안 지역안에서 발견된 쐐기문자 비문의 총집을 발간하였고,[14] 고대 이집트 문자로 기록된 비문들이 가나안 지역에서 발견되어 출판되었으며,[15] 레비와 나아만은 이들의 분포와 정치-사회적 의미를 찾고자 하였다.[16]

---

[10] C. Bae, 앞의 글, pp.1-16.

[11] 유윤종, 앞의 글, 81-107쪽.

[12] A. Lemaire, "The Spread of Alphabetic Scripts (c.1700-500 BCE)," *Diogenes* 218 (2008). pp.44-57; B. Sass, 앞의 글(1988); B. Sass, *The Alphabet at the Turn of the Millennium: The West Semitic Alphabet ca. 1150-850* (Tel Aviv: Tel Aviv University, 2005).

[13] 다음의 예들에서 찾아볼 수 있다: F. Höflmayer, H. Misgav, L. Webster, K. Streit, "Early alphabetic writing in the ancient Near East: the 'missing link' from Tel Lachish," *Antiquity* 95/381(2021), pp.705-719; B. Sass, Y. Garfinkel, M. G. Hasel, M. G. Klingbeil, "The Lachish Jar Sherd: An Early Alphabetic Inscription Discovered in 2014," *Bulletin of Americal Schools of Oriental Research* 374 (2015), pp.233-245.

[14] W. Horowitz, O. Takayoshi, S. L. Sanders, *Cuneiform in Canaan: cuneiform sources from the Land of Israel in ancient times* (Jerusalem: Israel Exploration Society, 2006); W. Horowitz, O. Takayoshi, S. L. Sanders, *Cuneiform in Canaan: Next Generation*. 2nd ed. (University Park, Pennsylvania: Eisenbrauns, 2018).

[15] R. T. Sparks, "Re-writing the Script: Decoding the textual experience in the Bronze Age Levant(c. 2000-1150 BC)," in K E. Piquette, R. D. Witehouse ed., *Writing as Material Practice: Substance, surface and medium* (London: Ubiquity Press, 2013), pp.75-80, 아래 논의 참조.

[16] E. Levy, "A Note on the Geographical Distribution of New Kingdom Egyptian Inscriptions from the Levant," *Journal of Ancient Egyptian Interconnections* 14 (2017), pp.14-21; N. Na`aman, "Egyptian Centres and the Distribution of the Alphabet in the Levant," *Tel Aviv* 47 (2020),

지금까지 가나안 지역에서 발견된 비문을 분석하면, 총 일곱 개의 언어를 위하여 다섯 개 문자(상형문자(이집트어, 히타이트어), 신관문자(이집트어), 쐐기문자(수메르어, 아카드어, 우가릿어), 알파벳 문자(원시-가나안어), 에게 문자/선문자(고대 그리스어))가 사용되었으며, 시기적으로 기원전 2천년대 말경부터 기원전 1천년대 말경까지 약 1000년에 걸쳐 사용되었음을 알 수 있다. 전언하면, 고대 문명에서 발생한 상형문자, 신관문자, 쐐기문자 외에도 가나안 사회 내에서 다른 문자들이 사용되었으며, 고대 문명 지역에서 문자가 탄생한 이후 약 1000년이 넘는 기간 이후에 가나안 사회는 문자를 사용하기 시작하였다.

본 연구에서는 고대 문명의 문자들이 가나안 사회에 끼친 영향력을 제대로 파악하기 위해서 그 과정을 살펴볼 필요가 있음을 인식하고, 시대적 흐름에 따른 문자사용의 변화를 알기 위하여 아래에서 각 문자별로 기록된 비문의 현황을 살펴보고 이후 종합적 고찰하고자 한다.

2. 상형문자

상형문자는 그림이나 상징으로 단어를 표현하는 것으로,[17] 고대 근동 지역에서 고대 이집트인들이 가장 먼저 사용하였고, 이후 하타이트인들이 사용하였다. 고대 가나안 사회에서 사용된 상형문자에는 고대 이집트어 상형문자, 히타이트어 상형문자가 있다.

1) 고대 이집트어 상형문자

아프리카-아시아 언어 그룹(셈어, 베르베르어, 이집트어, 쿠시어, 차드어, 오모어)에 속하는 이집트어를 위하여 네 개의 문자(상형문자, 신관문자, 민중문자, 콥트문자)가 사용되었다. 이 가운데 가장 일찍 그리고 가장 널리 알려진 것은 상형문자로서 기원전 3천년대 말경부터 알려졌다.[18] 그러나 지금까지의 고고학적 자료를 바탕으로 알려진 사실은 이집트에서

---

pp.29-54.

[17] Cambridge Dictionary, "hieroglyph", https://dictionary.cambridge.org/dictionary/english/hieroglyph, 검색일자: 2024년 8월 27일.

[18] J. P. Allen, "Egyptian Language and Writing," in D. N. Freedman ed., *Anchor Bible Dictio-*

상형문자와 신관문자가 사용되기 시작한 이후 약 1200년이 넘는 기간 동안 가나안 지역에서 고대 이집트 상형문자의 사용 흔적은 보이지 않고, 기원전 1천년대 초기 즉, 이집트 중왕조 시기(아메넴헤트 3세-아메넴헤트 4세)에 와서야 발견되기 시작한다. 기원전 1천년대(고고학적으로 중기 청동기와 후기 청동기 시대)는 가나안 사회 내 중요한 역사적 변화가 일어나는 시기로서, 메소포타미아, 히타이트, 이집트, 사이프러스와 에게 지역에 이르는 국제적 관계가 활발하게 일어났다. 이러한 활동은 자연스럽게 가나안 지역 내에 고대 문명 지역을 포함한 타지역의 물질문화가 유입되는 결과를 낳았고, 그 가운데 하나가 바로 비문이다. 가나안 지역에 가장 큰 영향을 미친 것은 가장 근접하게 위치한 이집트 제국으로서 비문 또한 이집트의 영향을 받았다.[19]

이 당시 이집트 제국 세력과 연관하여 일어난 중요한 두 가지 사건이 있다. 하나는 이집트 델타 지역을 힉소스인들이 정복하여 이집트화된 가나안인들의 문화가 그 지역에 남겨진 것뿐만 아니라, 이집트의 문화가 이전 시대와는 다른 차원으로 가나안에 유입되었다. 또 다른 하나는 이집트 제국 세력이 가나안을 정복하여 정치적, 군사적, 경제적으로 지배하였고, 유례없는 이집트의 물질문화를 남겼다.[20] 중기 청동기 시대의 이집트 저주 문서, 시누헤 이야기 등 이집트 자료에 따르면 이 시기 이집트와 가나안 간의 관계는 이전 시대와는 분명히 다른 양상으로 밀접한 관계를 가졌고, 서로 간의 왕래를 통하여 물질문화의 이동이 있었으며,[21] 이 시기부터 가나안 지역에서 발견되기 시작하는 이집트 상형문자는 이를 반영한다고 볼 수 있다.

---

nary Vol. 4 (New York: Doubleday, 1992), pp.188-190.

19 C. Bae, 앞의 글; J. Naveh, *Early History of the Alphabet. An Introduction to West Semitic Epigraphy and Palaeography* (Jerusalem: Magnes Press, 1982), p.47.

20 D. Ben-Tor, "Egyptian-Canaanite Relations in the Middle and Late Bronze Ages as Reflected by Scarabs," in S. Bar, D. Kahn, J J Shirley ed., *Egypt, Canaan and Israel: History, Imperialism, Idelogy and Literature: Proceedings of a Conference at the University of Haifa, 3-7 May 2009* (Leiden: Brill, 2011), p.23.

21 A. Mazar, *Archaeology of the Land of the Bible* (New York: Doubleday, 1990), pp.174-231; A. Kempinski, "Ch. 6. The Middle Bronze Age," in A. Ben-Tor ed., *The Archaeology of Ancient Israel* (Jerusalem: The Open University Press, 1992), pp.159-161; A. F. Rainey, R. S. Notley, *The Sacred Bridge: Carta's Atlas of the Biblical World* (Jerusalem: Carta, 2006), pp.50-60.

중기 청동기 시대와 후기 청동기 시대에 가나안 지역에서 발견된 이집트 비문(상형문자, 신관문자, 스캐럽)에 대하여 종합적인 연구를 시도한 이가 없었다. 이는 언어 전문화와 다양화가 이루어지면서 언어 한 분야에 집중하게 되고 종합적인 연구는 요원하기 때문이다. 그럼에도 불구하고 일부 학자들에 의하여 부분적인 연구가 알려졌는데, 스팍스에 따르면 118개의 고대 이집트 상형문자 비문이 가나안 지역에서 발견되었다.[22]

주목할 만한 것은 중기 청동기 시대 가나안 사회의 거주 지층에서 발견된 이집트 상형문자 비문은 후기 청동기 시대에 비하면 매우 드물게 발견된다는 점이다. 이 시기 알려진 이집트 상형문자 비문은 대부분 스캐럽이며, 항아리 인장과 일부 이집트 입상이 발견된다.[23] 이러한 이집트 상형문자는 텔 엘-아줄, 여리고, 라기스, 게셀, 므깃도, 세겜 등 도시 중심으로 발견된다. 후기 청동기 시대에 발견되는 왕정 비문(승리 비문) 또는 건축물에 새겨진 이집트 상형문자 비문은 아직까지 이 시기에 전혀 발견되지 않는다.

중기 청동기 시대에 가나안 사회는 스캐럽을 통한 도장 문화를 가져왔으며,[24] 이는 아마도 하부 이집트를 정복하였던 힉소스 세력에 의하여 전파되었을 것으로 이해된다.[25] 하솔에서 발견된 상형문자로 기록된 스핑크스 앞부분이 그 한 증거이다. 이 유물

---

[22] R. T. Sparks, 앞의 글, p.76.

[23] 두 개의 입상이 중기 청동기 시대(MB IIA) 게셀과 므깃도에서 각각 발견되었다(J. M. Weinstein, "A Statuette of the Princess Sobeknefru at Tel Gezer," *Bulletin of Americal Schools of Oriental Research* 213 (1974), pp.49-57; W. A. Ward, Ward, "Egypt and the East Mediterranean in the Early Second Millennium BC," *Orient* 30 (1961), p.140). 이 입상에서 개인의 이름이 기록되었는데 게셀에서는 공주 "소벡네프루"가 므깃도에서는 제사장 "드제후티호텝"이 언급되었다. 이름뿐만 아니라 사회적 명칭이 함께 언급되어 이것이 외교적 영향인지 아니면 정치적 망명의 결과인지 가늠하기가 어렵지만(F. Richards, *The Anra Scarab: An Archaeological and Historical Approach*. Unpublished Ph.D. diss. (Edinburgh: University of Edinburgh. 1996), p.39. 이러한 입상이 중기 청동기 시대 지층에서 발견된 것은 정치적 지배는 아니었지만, 이 시기 이집트가 가진 가나안 사회내의 일종의 정치-문화적인 영향력을 보여주는 것으로 볼 수 있다.

[24] 스캐럽이 부적으로 해석되는 경우가 있었으나(W. A. Ward, 앞의 글, p.43; F. Richard, 앞의 글, pp.3-6), 스캐럽에 형상뿐만 아니라 상형문자가 기록된 이후 스캐럽이 정치적, 상업적 목적의 행정을 위한 내용으로 이해될 수 있는데, 왜냐하면 이름과 직책이 기록되어 있기 때문이다(F. Richard, 위의 글, pp.6-10).

[25] 이집트에서 기원한 스캐럽은 제1중간기에 처음 나타난 중왕조 시대 이후부터 수출하기 시작하였다. 다프나 벤-토르에 따르면, 스캐럽의 수출은 이집트인들의 상업적 접촉뿐만 아니라 이집트 문화 영

은 이집트 외부 지역에서 스핑크스의 존재가 처음으로 알려진 것으로 기록된 이름이 고대 왕조의 바로인 멘카우레의 것으로 확인된다. 그러나 그 당시 가나안 지역과의 교류가 없었기에 발굴자들은 후대의 힉소스인들이 이 스핑크스를 가나안 지역 하솔로 가져온 것으로 보고 있다.[26]

중기 청동기 시대 중기 초(MB IIA)에 발견되는 스캐럽의 양은 작았지만, 그 이후(MB IIB)부터는 증가하였으며 그것도 수입된 것이 아닌 지방에서 제작된 것이어서 의미가 있다. 그러나 스캐럽의 폭발적 증가는 중기 청동기 시대 말기-힉소스 시대 이후 일어났다.[27] 비록 이 시기에 기념비적 이집트 상형문자 비문은 발견되지 않지만 스캐럽에 묘사된 귀족의 의상과 왕관, 쥐고 있는 홀 등의 모습은 이집트 왕정의 모습 또는 종교와 연관된 내용을 알려준다.[28]

후기 청동기 시대의 고대 이집트 상형문자는 이 시대의 정치적 상황과 연관되어 나타난다. 중기 청동기 시대와 달리 이 시기는 투트모세 3세 이후 가나안은 이집트 제국의 속국이 되었기에 이집트 제국의 직간접적인 정치적 지배를 받았고 이는 곧 역사 자료와 고고학적 유적과 유물에서 찾아볼 수 있다.[29] 이에 대한 영향으로 후기 청동기 시대에는 이전 시대와 달리 고대 이집트어 상형문자로 기록된 왕정 비문 또는 석상들이 발견되는데 가나안 사회의 중심 도시들에서 출토되었다.

라기스에서는 아멘호텐 2세의 이름이 기록되고 프타 신와 아문 신 등 이집트 신들이 묘사된 4각 프리즘이 알려졌고,[30] 벧산에서는 투트모세 시대의 메칼 비석과 Q 지역 이집트 행정 건물에서 발견된 세티 1세 비석이,[31] 욥바에서는 아멘호텝 3세의 거대한

향력을 보여주는 것이다(D. Ben-Tor, 위의 글, p.24).

26   R. Ngo, "Rare Egyptian Sphinx Fragment Discovered at Hazor," https://www.biblicalarchaeology.org/daily/news/rare-egyptian-sphinx-fragment-discovered-at-hazor/, 검색일자: 2024년 9월 27일.

27   D. Ben-Tor, 위의 글, pp.25-30.

28   O. Tufnell, ""Hyksos" Scarabs from Canaan," *Anatolian Studies* 6 (1956), pp.67-73.

29   A. Mazar, 위의 글, pp.232-294; A. F. Rainey and R. S. Notley, 위의 글, pp.61-103.

30   O. Tufnell ed., *Lachish IV: The Bronze Age* (London: Oxford University Press, 1958), pp.123, 244-245, Pl. 38:29. 비문에 대해서는 D. Diringer "Inscriptions. A. Early Canaanite," in O. Tufnell, 앞의 글, p.128, Pl. 38:295를 보라.

31   A. Mazar, "Tel Beth Shean," in E. Stern ed., *The New Encyclopedia of Archaeological Exca-*

스캐럽과 람세스 2세의 카르투쉬를 포함한 비문이 발견되었다.³²

이 시기 가나안인들이 상형문자를 어떻게 생각하였는지를 보여주는 단적인 예가 라기스에서 발견된 인형관에 새겨진 상형문자 모방을 한 비문이다.³³ 모양은 고대 이집트 상형문자이지만 전혀 뜻이 없는 것으로 인형관에다 이집트 상형문자 표식을 기입한 시도인데, 이는 가나안인들의 상형문자에 대한 동경을 가리키는 것으로 이해된다.

2) 히타이트어 상형문자

지금까지 소수의 히타이트 상형문자 비문이 가나안 지역 도시의 후기 청동기 지층에서 발견되었다. 텔 아벡, 텔 나미에서 각각 하나,³⁴ 텔 므깃도와 텔 엘-파라(남쪽)에서 각각 둘씩,³⁵ 총 여섯 개의 하타이트 상형문자 비문이 알려졌다. 발견된 장소들은 모두 이 시기 중심 도시이거나 항구 도시라는 특징을 지닌다. 한편 히타이트 상형문자가 적혀진 자료 측면에서 볼 때, 이 문자가 반지 또는 상아 제품에 새겨진 것은 이 문자가 매우 제한적 사회층에 의하여 사용된 것임을 알 수 있다. 이러한 사실은, 이타말 징거가 지적한 바대로, 가나안 지역내에서 발견된 히타이트 상형문자 비문들이 가나안과 히타이트 지역과의 관계를 나타낸다기보다는 아마도 이 지역을 다스렸던 이집트 제국과 히타이트

---

vations in the Holy Land, Vol. 1. (Jerusalem: Israel Exploration Society, 1993). pp.216-220; Ibid., "Tel Beth Shean: History and Archaeology," in R.G. Kratz and H. Spieckermann ed., *One God-One Cult-One Nation: Archaeological and Biblical Perspectives*, BZAW 405, (Berlin/New York, 2010), p.250.

32 Z. Herzog, "Jappa," in E. Stern, H. Geva and J. Naveh ed., *The New Encyclopedia of Archaeological Excavations in the Holy Land*, Vol. 5. (Jerusalem: Israel Exploration Society, 2008), pp.1791-1792.

33 O. Tufnell, 위의 글 (1958), pp.131-132, Pls. 45:3, 4.

34 I. Singer, "A Hittite Hieroglyphic Seal Impression from Tel Aphek,". *Tel Aviv* 4 (1977), pp. 178-190. *Ibid.*, "A Hittite Signet Ring from Tel Nami," in A. F. Rainey ed., *Kinattutu sa darati: Raphael Kutscher Memorial Volume* (Tel Aviv: Institute of Archaeology, Tel Aviv University, 1993), pp.189-191.

35 G. Loud, *Tel Megiddo Ivories* (Chicago: The University of Chicago Press, 1939), p.10ff, Pl.11; I. Singer, "A Hittite Seal from Megiddo," *Biblical Archaeologist* 58 (1995), pp.91-93; *Ibid.*, "Two Hittite Ring Seals from Tell el-Far'ah (South)," *Eretz-Israel* 27 (2003), pp.133-134, 287*(Hebrew with English summary).

제국 간의 외교와 무역 관계, 즉 특정 계층에서 이루어진 국제 관계를 알려주는 것으로 이해할 수 있다.³⁶

3. 신관문자

지금까지 가나안 지역에서 21개의 신관문자가 알려졌다.³⁷ 신관문자는 고대 이집트 문명이 가나안 사회에 끼친 또 다른 영향으로서 가나안 사회의 일부 중심 도시에서 발견되었다. 스팍스의 견해에 따르면, 이집트 신관문자의 사용은 이집트인들의 가나안 중심지 지배와 연관이 있다.³⁸

라기스 발굴을 통해서 세 개의 신관문자가 보고되었다. 이들은 대접에 적혀진 것으로 모두 궁전-요새의 남동쪽에서 발견되었다. 대접 4번과 5번은 너무 작아서 연대를 정확하게 설정하기가 어렵지만 발굴자에 따르면 람세스 시대로 연대 설정되었다. 대접 4는 번역할 만한 비문 내용이 남아 있지 않지만, 비문 5번은 날을 가르키는 내용이 남아 있다. 대접 3번의 비문은 그 내용이 잘 알려졌는데 안과 바깥쪽에 쓰인 것은 모두 날짜, 곡물의 내용 그리고 숫자가 기록된 것으로 공물을 기록한 것으로 여겨진다.³⁹ 라기스 이외에도 신관문자가 쿠부르 엘-왈라이다,⁴⁰ 텔 엘-파라(남쪽),⁴¹ 텔 세라,⁴² 그리고 가드에서⁴³ 발견되는데 모두 가나안 남쪽에 위치하고 있다.

---

36   I. Singer, 위의 글, p.134.

37   R. T. Sparks, 위의 글, p.76.

38   앞의 글, p.78.

39   O. Tufnell, 위의 글, pp.132-133, Pls. 44:3-6, 47:1-4.

40   S. J. Wimmer. and G. Lehmann, "Two Hieratic Inscriptions from Qubur el-Walaydah," *Egypt and the Levant* 24 (2014), pp.343–348.

41   O. Goldwasser, "Hieratic Fragments from Tell el-Farah (South)," *Bulletin of the Americal Schools of Oriental Research* 313 (1999), pp.39-42.

42   O. Goldwasser, "Hieratic Inscriptions from Tel Sera` in Southern Canaan," *Tel Aviv* 11 (1984), pp.77-93.

43   A. M. Maeir, M. Martin, S. J. Wimmer, "An Incised Hieratic Inscription from Tell es-Safi, Israel," *Ägypten und Levante* (2004), pp.125-134.

신관문자가 발견된 곳은 몇 가지 공통점을 지닌다. 우선, 전언한 바와 같이 모두 가나안의 중심 도시였으며, 주요한 교통 요지에 위치하고, 이집트와 가까운 지역 즉 가나안 남쪽 지역에 집중되어 있으며 모두 후기 청동기 시대 문맥에서 발견되었다. 기록된 문헌의 내용 대부분 조세 등 행정과 관련하여 기록된 것으로 상형문자와는 다른 목적으로 신관문자가 사용되었음을 추측할 수 있는데 가나안의 물품을 이집트로 옮길 때 서기관이 사용한 것으로 이해된다.

둘째, 최근 레비의 연구에 따르면 후기 청동기 시대 가나안 사회에서 발견된 이집트 상형문자와 신관문자 비문의 분포는 벧산을 기준으로 주로 왕정 비문 또는 승리 비문을 기리는 상형문자 비문은 벧산 북쪽에 분포하며, 신관문자 비문은 벧산 남쪽에 분포하고 있다.[44] 달리 말하면 지금까지 발견된 모든 이집트 비문가운데 왕정 비문은 벧산 남쪽에서 발견되지 않는 반면, 신관문자 비문은 벧산 북쪽에서 발견되지 않는 대조를 보여준다. 한편, 건축 구조물 가운데 이집트 상형문자 비문이 적혀 있는 것은 비블로스와 텔 델하미야를 제외하고 벧산과 그 남쪽에 집중해서 나타난다. 마지막으로, 이집트 상형문자 왕정 비문, 신관문자 비문, 건축 상용문자 비문이 모두 발견된 것은 이러한 기준점이 되는 벧산 밖에 없다는 것은 중간 지점의 독특한 위치를 알려준다.[45] 이러한 대조와 집중은 이집트의 지속적인 거주 지역은 벧산 남쪽에 위치하며 벧산 북쪽 지역은 단기간의 이집트 거주를 보여주는 것으로 군사적 승리를 보여주는 것으로 해석된다.[46]

4. 쐐기문자

첨필로 점토판에 찍어 표시하거나 돌에 새기는 형태로 나타나는 쐐기문자는 메소포타미아 지역에서 탄생하였다. 수메르어에서 시작하여 언어가 다른 언어들 예를 들어, 아카드어, 우가릿어에서도 쐐기문자가 사용되었다. 알려진 고대 메소포타미아 문명의 유

---

44 E. Levy, "A Note on the Geographical Distribution of New Kingdom Egyptian Inscriptions from the Levant," *Journal of Ancient Egyptian Interconnections* 14 (2017), p.15. Maps 1(a) and 1(b).

45 앞의 글, pp.15-16. Map 1(c).

46 앞의 글, p.16.

산은 기록된 자료를 바탕으로 보았을 때, 기원전 3천년대부터 기원후 1세기까지라고 볼 수 있으며 그 기록된 내용 범주는 수학에서부터 동물학에 이르기까지 다양하다.[47]

고대 메소포타미아의 쐐기문자는 두 가지 특성 즉, 발견된 자료가 많고 시대별 특성을 지니고 있기에 통시적 연구와 동시에 공시적 연구가 가능하다. 달리 말하면 학자들은 주어진 자료를 통하여 방언의 차이, 언어 시대 구분, 문서의 기록 수준 등에 대한 연구를 수행할 수 있었다.

다른 지역보다는 비교적 늦지만 기원전 1천년대 초기에 몇 지역에서 쐐기문자로 기록된 토판들이 가나안 지역에서 출토되었다. 이 시기의 쐐기문자의 연대 설정의 어려움을 감안하더라도,[48] 지금까지 알려진 자료를 종합하면 2024년 현재 기원전 1천년대 가나안 지역에서 발견된 쐐기문자 토판은 99개이다.

호로비츠와 그의 동료는 2006년에 그 당시까지 발견된 쐐기문자 문헌을 모두 모아 목록화 작업을 수행하여 출판하였다.[49] 약 십여 년이 지난 후 추가적으로 알려진 쐐기문자 문헌들을 모아 다시 학계에 보고하였다.[50] 그들에 따르면 29개 지점에서 발견된 총 97개의 문헌 가운데 가나안에서 발견된 기원전 1천년대의 쐐기문자 문헌(수메르어, 아카드어, 서셈어)은 69개이며, 기원전 1천년기의 문헌은 27(1)개이다. 기록 내용의 장르로 나누면 행정 문서가 31개, 편지가 19개, 원형 인장이 13개, 학술용 10개로 많이 발견되었고, 왕정 비문(7개), 개인 비문(5개), 알파벳 쐐기문자(3개), 법률 비문(1개) 순으로 발견되며, 그 외 다양한 종류를 합치면 8개가 발견되었다.[51] 지역적으로 북쪽 하솔에서부터 남쪽 브엘세바에 이르기까지 걸쳐 있으며, 지형적으로 일부 산악 지역에서 발견되지만(사마리아, 세겜, 텔 엔-나스베, 예루살렘, 헤브론 등), 대부분은 평지 지역에서 발견된

---

47 M. Hilger, "New Perspective in the Study of Third Millennium Akkadian," *Cuneiform Digital Library Journal* 2003.4. p.1.

48 주된 이유는 기원전 2천년대의 문헌을 후대에 필사함에서 발생한다(M. Hilgert, 위의 글, p.4).

49 W. Horowitz, O. Takayoshi and S. L. Sanders, *Cuneiform in Canaan: cuneiform sources from the Land of Israel in ancient times* (Jerusalem: Israel Exploration Society, 2006).

50 W. Horowitz, O. Takayoshi, and L. L. Sanders, *Cuneiform in Canaan: Next Generation*. 2nd ed. (University Park, Pennsylvania: Eisenbrauns, 2018).

51 앞의 글, pp.4-5, Table 1.

다.⁵²

1) 수메르어 쐐기문자

최신 자료에 따르면, 가나안 사회 내 쐐기문자의 처음 사용은 기원전 2천 년 경 중기 청동기 시대에 와서야 시작되었다는 이전 이해와는 달리 이미 기원전 2천년대 말경에 일어났음이 새롭게 알려졌다. 몇 해 전 벧세메스에 있는 이스라엘 고고학 문화재청 창고에서 이전에 느헤미야 쵸리가 벧산에서 발견한 콘 모양의 유물이 수메르어 쐐기문자로 기록된 것이며 우르 제 3왕조 시대의 것이라고 보고되었다. 호로비츠의 주해에 따르면 그 내용에 우르 제3왕조의 왕인 우르-남무 왕이 언급되었다.⁵³ 우르-남무 왕의 연대가 기원전 2천년대 말기(기원전 2096-2048)이기에 이 연대를 받아들인다면 이 비문은 기원전 2천년대 쐐기문자 사용의 첫 증거라고 할 수 있다.

가나안 지역이 기원전 3천년대 말기부터 고대 메소포타미아 지역과 상관관계를 가진 것은 여러 가지 물질문화를 통하여 알려졌다.⁵⁴ 그럼에도 불구하고, 이 시기에 고대 메소포타미아의 쐐기문자는 가나안에 크게 영향을 주지 않았다. 이 시기 고대 메소포타미아 지역의 쐐기문자는 그 자료가 다수 발견되었고, 가나안 지역과의 상호 관계성이 분명하지만 이 지역에서의 쐐기문자 무발견은 그 의미가 있다고 할 수 있다.⁵⁵ 이는

---

52 W. Horowitz et al. 위의 글(2006), Map 1.

53 W. Horowitz, O. Takayoshi and F. Vukosavović, "Hazor 18: Fragments of a Cuneiform Law Collection from Hazor," *Israel Exploration Journal* 62/2 (2012), pp.158-176.

54 Y. Rotem, M. Iserlis, A. Rosenblum and M. S. Rothman, "A Late 4th millennium BCE cylinder-seal amulet from Tel Yaqush and its contribution to the understanding of EB I-II communities in the Central Jordan Valley," *Levant* 53 (2021), pp.13-29; A. Mazar, 위의 글 (1990), pp.162-168; A. Ben-Tor, 위의 글 (1992), pp.86-122.

55 그 예로, 고대 아카드어 시대와 고대 바빌론/고대 아시리아 시대 쐐기문자를 경계짓는 기원전 2천년대 말기의 우르 제 3왕조 시기에는 쐐기문자로 기록된 토판이 60,000점이 알려졌다. 이러한 왕성한 기록 활동에 반면 가나안 사회는 기원전 2천년대 말기까지 문화 활동이 전혀 알려지지 않은 것은 특이할 만한 사항이다. 힐거트에 따르면 우르 제3왕조 시기의 쐐기문자 내용은 후대 시대의 인용이 발견되지 않기에 자료에 대한 접근성이 불가하였음에 기인한다. 한편 언어 구분이 사르곤 제국 멸망후 일어난 점은 언어 변화는(M. Hilgert, 위의 글, pp.8-12), 정치적 변화와 함께 일어나는 것임을 부인할 수 없다. 한편 기원전 1천년대에 이르러서도 비록 이 시기에 처음으로 가나안 지역에 문서 증거가 등장하지만 이

특별히 가나안 지역과 지리적으로 인접한 유프라테스 강 상류 지역(지금의 시리아 북쪽 지역의 제벨 아루다, 하부바 카비라)에서 일찍이 기원전 3천년대에 문맥에서 쐐기문자 문헌이 발견되기 시작한 것과 비교해 볼 때,[56] 더욱 특이한 점이라 할 수 있다. 이는 앞서 살펴본 바와 같이 천년이 넘는 기간동안 이집트와 가나안의 상호 교류의 증거가 있음에도 불구하고 고대 이집트의 상형문자와 신관문자가 가나안 지역에서 발견되지 않는 것과 공통된 부분이다.

중기 청동기 시대에도 소수이기는 하지만 수메르어와 연관된 쐐기문자가 발견되었다. 하솔 비문 9번[57]은 순수하게 수메르어로 기록되었으며, 텔 젬메의 것은 아마도 수메르어로 기록되었거나(텔 젬메 비문 1번), 수메르어로 기록되었거나 아니면 아카드어로 기록되었지만 수메로그램을 사용한 것으로 여겨진다(벧산 비문 1번, 하솔 비문 7번).

후기 청동기 시대에도 소수 수메르어로 기록된 쐐기문자 비문이 알려졌다(하솔 비문 6번, 므깃도 비문 2번). 이 시기 몇 개의 비문은 아카드어로 쓰였지만 수메로그램이 함께 사용되거나(아벡 비문 8번, 다아낙 비문 13번), 아카드어, 서셈어와 함께 수메르어가 기록된 흔적이 보인다(아벡 비문 1번, 아벡 비문 3번, 아스글론 비문 1번). 아카드어로 기록된 비문 가운데 일부는 인명을 수메르어로 기록하거나(므깃도 비문 5번), 수메르어 단어를 표시한 비문도 알려졌다(다아낙 비문 4번). 이들은 수메르 제국이 멸명한 이후에도 여전히 수메르어의 영향력이 가나안 지역까지 끼쳤음을 보여주는 것이다.

2) 아카드어 쐐기문자

기원전 2천년대 중반 에블라에서는 아카드어 쐐기문자 고문서관이 있을 정도로 왕성한 문서 활동을 보여주지만 가나안 지역에서는 기원전 1천년대 즉, 중기 청동기 시대에 와서야 아카드어로 기록된 문서가 발견되기 시작한다. 호로비츠와 그의 동료들은 유프라

지역의 문서 활동의 증거가 양적인 면에서 메소포타미아와 이집트 문명 지역에서 발견되는 것과는 현저히 적다. 스팍스는 구체적으로 그 이유를 분석하지 않았지만, 첫째로 문서활동이 적었고 두 번째로 기록된 재료가 고대 메소포타미아 지역의 토판과 고대 이집트 지역의 돌과는 달리 가나안 지역에서는 고고학적 부재를 가져오는 나무와 파피루스였기 때문이라고 주장하였다(N. T. Sparks, 위의 글, p.75).

56 W. Horowitz et al. 위의 글 (2018), p.10.

57 비문 숫자는 가나안 지역에서 발견된 쐐기문자 목록을 작성한 호로비츠와 그의 동료들의 연구 결과를 수용한 것이다(앞의 글, p.27-171).

테스 강 중류 지역의 중심도시였던 마리와의 교역을 통하여 아카드어 쐐기문자 사용이 시작되었다고 보고 있다.[58]

이 시기 가나안 지역에서 발견된 아카드어 쐐기문자로 기록된 비문은 지금까지 17개가 일곱 개 도시에서 알려졌다. 이들은 제한적인 장소 즉, 이 당시 가나안 사회의 중심 도시(벧산, 텔 베이트 미르심, 게제르, 하솔, 헤브론, 텔 젬메, 세겜)에서 알려졌다고 할 수 있다. 지역적으로 살펴보면 평야 지역뿐만 아니라 중앙 산악 지역에서도 알려졌으며, 그 내용으로는 행정, 편지, 학습용, 원통형 인장, 개인 비문과 법문이 기록되었다. 특징적인 것은 비문의 집중화가 나타난다는 점이다. 다른 장소에서는 하나의 쐐기문자 비문이 알려진 반면 하솔에서는 이 시기에 11개의 토판이 출토되었다.[59] 한편 발견된 토판의 숫자나 상호교류면에서(마리의 토판에서 하솔이 여러 번 언급되었다), 하솔의 국제적 관계의 중심 도시였음이 확인되는데 이 당시 중심 도시인 카트나, 마리, 함무라비의 바빌론과 대등적 관계를 가졌다.[60] 십여 년 전 하솔에서 발견된 한 토판은 고대 메소포타미아 지역의 법률 문서인 함무라비 비문의 내용이 발견되어,[61] 중기 청동기 시기에 하솔이 법조항을 갖춘 도시-국가였음을 알 수 있다.

한편 가나안 지역에서 발견된 아카드어 쐐기문자는 초기에는 표준 아카드어로 기록된 것이 알려진 반면 시간이 지나감에 따라 가나안 지방의 언어 영향을 보여주는 증거들이 나타난다.[62] 이는 고대문명의 문자가 주변 지역에 끼치는 변화 과정을 알려주는 것으로 쐐기문자 수용 단계에서 지방화 과정을 보여준다.

후기 청동기 시대에 들어서 고대 이집트 상형문자 비문의 숫자와 종류가 더 늘어난 것과 함께 쐐기문자도 그 숫자가 세배 가까운 증가를 보여주고 있다. 이 시기 발견된 아카드어 쐐기문자로 기록된 것은 44(5)[63]개로서, 아벡에서 8개, 아쉬켈론 1개, 벧산 1개,

---

58 앞의 글, pp.10-11.
59 앞의 글, pp.11, Table 2.
60 앞의 글, p.63.
61 W. Horowitz et al. 위의 글 (2012), pp.158-176.
62 W. Horowitz et al. 위의 글 (2018), pp.13-14.
63 5개의 비문은 후기 청동기 시대의 것으로 연대 설정이 가능하나 확실하지 않은 것으로 별도로 표시한다(앞의 글, p.15 Table 3). 만약 이 5개를 포함한다면 후기 청동기 시대의 아카드어 쐐기문자 비문은 52개이다.

게셀 1개, 하솔 6개, 텔 엘-헤시 1개, 여리고 1개, 예루살렘 2개, 므깃도 6개, 세겜 1개, 타아낙 16개가 각각 발견되었다. 가장 큰 특징은 중기 청동기 시대에는 쐐기문자가 전혀 발견되지 않았던 도시에서 후기 청동기 시대에 발견된다는 점이며 어떤 도시에서는 그 숫자가 무시할 수 없는 숫자이다(예를 들어 아벡, 므깃도, 타아낙이 그러하다). 이러한 쐐기문자의 증가는 한편으로 이 시기 가나안 지역이 정치적으로 이집트의 지배 속에서 국제적인 관계를 가졌음을 알려주는 것이며, 또 다른 한편으로 국제적 관계를 지닌 도시(도시-국가)가 이전 시대보다 증가하였음을 알려준다. 각 도시에 서기관이 존재하였음을 가리키는 것으로 일부 도시에서 발견된(아벡, 아쉬켈론, 하솔, 므깃도), 학습용 쐐기문자 토판은 이를 증거한다.[64]

3) 알파벳 쐐기문자(서셈어 쐐기문자)

가나안 지역 내에서 알파벳 쐐기문자로 기록된 비문이 사용되었음을 알려졌다.[65] 비록 발견된 숫자가 미미하기는 하지만(3개), 알파벳 쐐기문자 비문은 아래에서 살펴보게 될 가나안인들의 고유한 문자인 알파벳 문자와 별도로 쐐기문자가 가나안인들의 언어 사용을 위하여 사용되었음을 보여주는 것이다.

우가릿 이외 지역으로 벧세메스에서 알파벳 쐐기문자가 처음으로 알려진 이후 타아낙과 타보르에 알려졌는데 모두 기원전 13세기 또는 12세기경의 것이다. 달리 말하면 우가릿 문자와 동시대이거나 그보다 더 후대의 것이다. 비록 다른 문자들보다 늦게 사용된 것이기는 하였지만, 가나안 지역에서 알파벳 쐐기문자가 발견된 것은 고무적인 일인데, 왜냐하면 가나안인들이 중기 청동기 시대부터 사용한 쐐기문자에서 자신들의 문자 즉 알파벳 문자를 만들어 사용할 수 있었는데 그렇지 않았음을 직접적으로 보여주는 증거이기 때문이다. 호로비츠는 알파벳 쐐기문자가 보급되어 사용되지 못한 이유를 블레셋인들의 침입과 정착에서 찾았지만(pers. comm.), 아래에서 살펴보게 될 이집트 상형문자에서 기원한 원시-가나안 알파벳 문자가 이미 중기 청동기 시대에 발명되어 사용되었기에 알파벳 쐐기문자가 보급되어 사용될 가능성이 낮았다고 볼 수 있다.

---

64 앞의 글, pp.14-18.
65 앞의 글, pp.161-171.

5. 알파벳 문자

앞서 언급한 문자들과는 달리 알파벳 문자는 가나안인들의 고유한 문자이다. 비록 가나안인들의 알파벳 문자는 고대 이집트 상형문자에 영향을 받은 것이지만,[66] 가나안인들은 고대 문명의 문자들이 아닌 그들 고유의 문자를 만들어 사용하였다. 달리 말하면 세계 최초의 알파벳 문자가 고대 문명의 영향을 받아 탄생한 것이다.[67]

---

[66] J. Naveh, *Early History of the Alphabet. An Introduction to West Semitic Epigraphy and Palaeography* (Jerusalem: Magness Press, 1982), pp.23-28; O. Goldwasser, 위의 글 (2010), pp.38-50; C. Bae, 위의 글, pp.3-6; N. Na`aman, "Egyptian Centres and the Distribution of the Alphabet in the Levant," *Tel Aviv* 47 (2020), pp.29-30.

[67] 최근 세계 최초의 알파벳 문자가 셈어 즉, 가나안어에서 기원한 것이 아니라 그리스 지역에서 기원한 것이라고 테오도리데스가 주장하였다. 그는 1세기 전에 에반스가 주장하였던 것을 문자 형태와 전승들을 분석하여 그리스의 알파벳 문자는 가나안에서 기원하여 페니키아를 통하여 그리스로 전달한 것이 아니라 우가릿어의 알파벳과 모음을 알고 있었고 고대 그리스 선형 문자를 알고 있었던 팔라메데스(Palamedes)에 의하여 만들어진 것이라고 주장하였다(K. Theodorides, "Revisiting the tradition of Palamedes as inventor of the alphabet," *Academia Letters*. Article 5305 (2022). 한편, 알파벳 문자의 기원과 전달자가 누구인지에 대한 이전의 서로 다른 견해는 J. Naveh, 위의 글, p.23을 참조하라. 최근 시나이 반도의 키 르벳 엘-카뎀과 룩소 근처 키르벳 엘-홀 지역에서 발견된 알파벳 문자 비문 발견으로 알파벳 문자를 개발한 이가 누구인가?에 대해서 새로운 논쟁이 일어나고 있다. 고대 이집트 상형문자를 모방하여 서셈어 알파벳 문자를 만든이가 이집트에 상주하였던 가나안 서기관이라는 의견과(A. F. Rainey, "Turquoise Miners Did Not Invent the Alphabet," on https://www.biblicalarchaeology.org/daily/biblical-artifacts/inscriptions/raineys-first-critique/ (2010, 검색일자: 2024년 8월 29일). C. Rollston, "The Probable Inventors of the First Alphabet: Semites Functioning as rather High Status Personnel in a Component of the Egyptian Apparatus," Online publication, http://www.rollstonepigraphy.com/?p=195 (2010, 검색일자: 2024년 9월 28일); B. E. Colless, "The Origin of the Alphabet: An Examination of the Goldwasser Hypothesis," *Antiguo Oriente* 12 (2014), pp.71-104), 이집트인들에 의하여 고용된 가나안 노동자라는 의견이 대립하고 있다(O. Goldwasser, 위의 글 (2010), Ibid., "The Early Alphabetic Inscriptions Found by the Shrine of Hathor at Serabit el-Khadem: Palaeography, Materiality, and Agency," *Israel Exploration Journal* 72 (2022), pp.14-48.). 달리 말하면, 알파벳 문자를 만든 이는 고대 이집트인들이 아닌 가나안인들이며, 그들의 영향을 받아 페니키아인들을 통하여 유럽 지역으로 알파벳 문자가 전파된 것으로 이해할 수 있다. 그러나 최근 한 연구에 따르면, 문자 활용과 보급은 서기관의 몫이며 알파벳 문자와 고대 이집트어의 유사성을 근거로 알파벳 문자를 만든이는 이집트 서기관이며, 그들이 문자 활용을 전파하였다(A. Koller, "The

지금까지 발견된 원시-가나안 알파벳 문자로 쓰인 초기 비문들이 발견된 곳은 크게 네 지역으로 나뉠 수 있다: 가나안 지역 본토(게셀, 라기스 엘 엘-아줄 등), 시나이 지역(세라빗 엘-카뎀), 이집트 델타 지역(텔 엘-다바/아바리스), 상부 이집트(키르벳 엘-홀). 이는 원시-가나안 비문이 가나안 지역 외부에서 발명되었는가 아니면 내부에서 시작되었는가에 대한 논의를 불러 일으킨다. 이를 분명히 하기 위하여 각 비문의 연대를 정확하게 하는 것이 필요한데, 르메흐가 지적한 바와 같이 연대 설정이 부정확하며 그 편차도 기원전 2000년부터 1300년까지 다양하다.[68]

지금까지의 연구 결과를 통하여 세라빗 엘-카뎀에서 발견된 45개의 알파벳 문자(원시-시나이 문자)와 키르벳 엘-홀에서 발견된 바위 위에 새겨진 알파벳 문자가 가장 오래된 것으로 중왕조 초기(기원전 20-19세기)의 것으로 보고 있다(아래 논의 참조). 이들은 모두 가나안 지역 바깥에서 발견된 것으로서 최초의 알파벳 문자 비문은 이집트와 연관된 지역에서 발견되었다는 공통점이 있다, 따라서 원시-가나안 문자는 가나안 내부에서라기 보다는 외부에서 기원하였다고 볼 수 있는데, 이 점에 대하여 유윤종은 원시-가나안어 문자의 특성 즉, 주변성이 발견된다고 주장하였다.[69] 주변성이라는 기술적 용어는 가나안 중심으로 해석한 것이다. 원시-가나안어 문자는 문명 문자(상형문자)에서 지방 문자(원시-가나안어 문자, 알파벳 문자)로의 문명 전이 현상으로 파악할 수 있으며, 따라서 고대 이집트와의 접촉 지역에서 시작하여 이후 고대 가나안 사회 내부로 퍼져가는 현상이라 이해할 수 있을 것이다. 초기 원시-가나안 문자가 발견된 세라빗 엘-카뎀과 키르벳 엘-홀은 이집트 상형문자가 가나안인들에게 노출되는 지역으로 그림 문자가 사용된 지역에서 원시-가나안 문자가 발명되었음을 알 수 있다. 이는 발견된 원시-가나안 문자 형태가 이집트 상형문자에서 사용된 그림 문자 형태와 매우 유사한 형태로 사용한 점은 자연스러운 전이 현상으로 이해할 수 있다. 이는 마치 페니키아 문자 형태가 고대 그리스 문자 형태로 전이된 것과 같은 현상으로 이보다 약 천년 앞서 일어난 것이다.

Diffusion of the Alphabet in the Second Millennium BCE: On the Movements of Scribal Ideas from Egypt to the Levant, Mesopotamia, and Yemen," *Journal of Ancient Egyptian Interconnections* 20 (2018), pp.1-14.

68 A. Lemaire, "The Spread of Alphabetic Scripts (c.1700-500 BCE)," *Diogenes* 218 (2018), p.46.
69 유윤종, 위의 글, 81-107쪽.

스팍스에 따르면 지금까지 발견된 중기 청동기와 후기 청동기 시대의 가나안 알파벳 비문을 종합하면 17개가 발견되었다.[70] 그의 연구 이후 고고학적 발굴에 의하여 몇 개의 비문들이 보고되어,[71] 지금까지 가나안 지역에서 발견된 알파벳 문자 비문을 종합하면 총 20개가 알려졌다.

가나안 지역 내부에서 발견된 알파벳 문자의 가장 오래된 비문 중 비교적 고고학적 문맥이 분명한 것이 라기스에서 알려졌다. 이 비문은 청동검에 이름을 새긴 것으로 무덤에서 발견되었는데 함께 매장된 토기와 풍뎅이 인장들 등을 바탕으로 중기 청동기 시대 말기(MB II) 기원전 약 1700-1550년경의 것으로 연대 설정이 가능하다. 최근 이 비문과 유사한 시기의 상아로 된 빗에 새겨진 비문이 새롭게 알려졌는데, 빗의 기능과 관련된 문구가 새겨져 있다. 이는 지금까지 알려진 가나안 비문 가운데 가장 오래된 완전한 문장을 보여준다.[72]

라기스 이외에도 나길라와 게제르에서도 유사한 고대 글자 형태를 보여주는 비문이 발견되었다. 이들은 분명한 고고학적 문맥에서 발견된 것이 아닐 뿐만 아니라 비문이 새겨진 토기도 너무 작아서 토기 형태를 바탕으로 한 연대 구분에 어려움이 있다. 자스가 지적하였던 것처럼 글자 형태로 편년해 보았을 때, 중기 청동기 시대 말기 또는 후기 청동기 초기의 형태라고 볼 수 있다.[73] 라기스의 상아 빗 외에 다른 세 비문 모두 새겨진 것이라는 점 외에 짧은 비문으로서 아마도 인명이 기록되었다는 공통점을 가지고 있다.

---

70 R. T. Sparks, 위의 글, p.75. B. Sass, 위의 글 (1988); G. J. Hamilton, *The Origins of the West Semitic Alphabet in Egyptian Scripts* (Washington: Catholic Biblical Association of America, 2006) 참조.

71 B. Sass, Y. Garfinkel, M. G. Hasel and M. G. Klingbeil, "The Lachish Jar Sherd: An Early Alphabetic Inscription Discovered in 2014," *Bulletin of Americal Schools of Oriental Research* 374 (2015), pp.233-245; F. Höflmayer, H. Misgav, L. Webster and K. Streit, "Early alphabetic writing in the ancient Near East: the 'missing link' from Tel Lachish," *Antiquity* 95/381 (2021), pp.705-719; D. Vainstub, M. Mumcuoglu, M. G. Hasel, K. M. Hesler, M, Lavi, R. Rabinovich, Y. Goren and Y. Garfinkel, "A Canaanite's Wish to Eradicate Lice on an Inscribed Ivory Comb from Lachish," *Journal of Jerusalem Archaeology* 2 (2022). pp.76-119.

72 D. Vanstub et al., 앞의 글.

73 B. Sass, 위의 글 (1988), pp.54-56, pls. 144-147.

중기 청동기 시대의 알파벳 문자 비문이 4(+1)[74]개가 알려진 반면, 후기 청동기 시대에 접어들면서 알파벳 문자 비문의 숫자는 3배 이상 증가한다. 숫자뿐만 아니라 비문이 발견된 도시들의 숫자도 증가하였으며 그 지역적 분포 또한 확장되었다: 벧세메스, 라기스, 하솔, 라다나, 텔 레호브, 쿠루브 왈라이다. 발견된 장소들 모두 가나안의 중심 도시였기에 알파벳 문자 비문 기록 활동 또한 다른 문자 비문 기록과 동일한 장소에서 이루어졌음을 알 수 있다. 상형문자, 쐐기문자 비문이 발견되는 곳에서 알파벳 비문이 발견되는 경우가 거의 대부분이다(아래 3. 토론과 결론 참조). 한편 이 시기 알파벳 문자 비문이 한 도시에 집중적으로 발견되는 것을 볼 수 있다. 예를 들어 라기스에서 지금까지 6개의 후기 청동기 시대 비문이 발견되었다. 이러한 현상은 쐐기문자가 아벡, 다아낙, 하솔에 집중하여 발견되는 것처럼 알파벳 문자 비문 또한 집중적으로 사용한 도시들이 있음이 발견된다.

한편 후기 청동기 시대 대부분의 알파벳 비문은 말기(LB IIB/LB III)에 집중되었다. 최근 라기스 발굴에서 알려진 후기 청동기 시대 초기(LB I)의 비문은 중기 청동기 시대의 알파벳 비문과 후기 청동기 시대의 알파벳 비문의 공백을 채워주었다.[75] 이후 시대의 고고학적 문맥에서 알려진 후기 청동기 시대의 알파벳 비문 문자는 발견된 문맥이 분명한 것들을 분석해 보면 신전에서 발견되어 제사 또는 제의용으로 비문이 사용되었음을 알 수 있고,[76] 제의와 관련된 문맥이 아니더라도 기록된 비문 내용이 종교적이다.[77] 이와 같이 후기 청동기 시대의 알파벳 문자는 가나안 종교와 관련된 비문이 적지 않게 발견되는데 이는 아마도 당시 가나안 제사장들이 기록에 참여하였음을 가리키는

---

[74] 나베는 세겜에서 발견된 석판 가장자리에 새겨진 비문을 중기 청동기 시대의 것으로 보았고 심지어 게셀과 라기스의 비문보다 더 오래된 것으로 보았다(J. Naveh, 위의 글, p.26, Fig. 18). 글자 형태를 보았을 때(특히, 알렙과 멤), 중기 청동기 때의 것이라기 보다는 후기 청동기 시대의 것으로 보는 것이 합당하게 보이지만 일부 학자들은 그의 연대 설정에 동의한다(Vainstub et al. 위의 글, p.102).

[75] F. Höflmayer et al. 위의 글 (2021).

[76] F. M. Cross, "The Evolution of the Proto-Canaanite Alphabet," *Bulletin of American Schools of Oriental Research* 134 (1954), pp.15-24; B. Sass et al., 위의 글 (2015).

[77] F. M. Cross, "Newly Found Inscriptions in Old Canaanite and Early Phoenician Scripts," *Bulletin of the American Schools of Oriental Research* 238 (1980), pp.1-20; N. Greene, "The Qubur al-Walaydah Bowl: New Images and Old Readings," *Bulletin of the American Schools of Oriental Research* 377 (2017), pp.39-47.

것으로, 이전의 궁전의 서기관과 함께 문서 저작을 하는 주요 사회 계층으로 자리 잡게 되었음을 의미한다.

6. 선형문자(키프로-미노안 문자)

가나안 사회는 지중해 지역과 관계 맺는 것을 거부하지 않았다. 중기 청동기 시대 지층에서 미노안에서 볼 수 있는 석조 형태(orthostats)와 프레스코 벽화가 발견되는 한편,[78] 그 지역의 토기장이 표시[79]와 특별히 그 지역의 독특한 형태와 장식을 지닌 카마레스 토기(Kamares Ware)가 발견되었다.[80] 이 지역과의 관계는 일찍이 중기 청동기 시대부터 시작되었으나, 에게 문자(키프로-미노안 문자)는 중기 청동기 시대에 발견되지 않으며 모두 후기 청동기 시대 지층에서 알려졌다.

키프로스 섬의 대표적 도시인 엔코미(Enkomi)에서 알려진 이후부터 우가릿에서 많이 알려진 이 문자는 소수이지만 가나안 도시(아스글론,[81] 아펙[82])에서 발견되었다. 다른

---

[78] 프레스코 벽화는 크노소스 궁전이 대표적으로 알려진 지중해 지역의 크레테 섬과 데라 섬 등에서 중기 청동기 시대부터 궁전 벽화 장식으로 잘 알려졌다(Niemeier and Niemeier 2002; Cline et al. 2011; Cline and Yasur-Landau 2013).

[79] A. Yasur-Landau and Y. Goren, "A Cypro-Minoan Potmark from Aphek," *Tel Aviv* 31 (2004), pp.22-31.

[80] T. Dothan, and S. Zuckerman, "Kamares Ware at Hazor," *Israel Exploration Journal* 50 (2000), pp.1-15.

[81] F. M. Cross and L. E. Stager, "Cypro-Minoan Inscriptions Found in Ashkelon," *Israel Exploration Journal* 56 (2006), pp.129-159.

[82] 아펙에서 발견된 토기장이 표시는 아마도 키프로-미노안 글자인 것으로 여겨지는데, 이러한 예는 아펙 뿐만 아니라 사이프러스 섬의 키티온과 페니키아 지역의 우가릿에서도 알려졌다(A. Yasur-Landau and Y. Goren, 위의 글, p.24); 아스돗(T. Dothan, "Ashdod: Seven Seasons of Excavation," *Qadmoniot* 5/2 (1972), p.7; T. Dothan and M. Dothan, *People of the Sea: The Search for the Philistines*0 (New York: Macmillan Publishing Company. 1992), p.167; 데이르 알-발라흐(T. Dothan, *Excavations at the Cemetery of Deir el-Balaḥ*. Qedem 10 (Jerusalem: The Hebrew University of Jerusalem., 1979), p.12, FIg. 15).

문자들과 마찬가지로 에게 문자가 발견된 곳은 가나안의 중심 도시였으나, 다른 문자와는 달리 첫째, 발견된 곳이 가나안 해변 지역에 위치하고, 둘째, 이 문자는 지금까지 해독 불가한 문자라는 특징을 가지고 있다.[83]

가나안 사회 내에서 이 문자가 알려진 것은 그 지역의 사람들과의 상업적 관계를 보여주는 것이며, 아마도 상업적 활동과 연관된 글로 추측할 수 있을 것이다.[84]

표 1. 청동기 시대 가나안 지역에서 발견된 문자별 비문 수

	상형문자		신관문자	쐐기문자			알파벳 문자	선문자
	고대 이집트어	히타이트어	고대 이집트어	수메르어	아카드어	서셈어	원시-가나안어	에게 문자
초기 청동기	-	-	-	1	-	-	-	-
중기 청동기	?[85]	-	-	2?	17	-	5	-
후기 청동기	?	6	?	5	44 (+5)	3	15	2
총합	118	6	21	8	61 (+5)	3	20	2
발견된 장소	?[86] (텔 엘-아줄 욥바 여리고 라기스 게셀 므깃도 세겜 벧산 하솔)	아벡 텔 나미 므깃도 텔 엘-파라 (남)	라기스 쿠부르 엘-왈라이다 텔 엘-파라 (남) 텔 세라 가드	아스글론? 아벡? 벧산	텔 젬메 텔 엘-헤시 텔 베이트 미르심 아벡 게셀 여리고 헤브론 예루살렘 세겜 다아낙 므깃도 벧산 하솔	벧세메스 다아낙 타보르	라기스 벧세메스 쿠부르 엘-왈라이다 세겜 텔 레호브 하솔	아스글론 아벡

---

[83] 최근 데이비스는 키프로-미노안 비문이라고 여겨지는 것들에 하여 문자에 대한 정확한 정의가 내려지지 않았다는 점, 발견된 숫자가 제한적이라는 점, 키프로-미노안 비문의 종합적 자료가 없다는 점을 들어 비문 자체에 대한 논의에 문제 제기하였다(B. Davis, "Cypro-Minoan in Philistia?," *Kubaba* 2 (2011), pp.40-74).

[84] 스팍스에 따르면 상업적 사용 외에 비문의 기능이 몇 가지 있다. 가장 중심적인 기능으로 행정용, 헌정용으로 사용되었고, 교육용, 정치용(정치적 선전포고용), 장례용, 보호용, 소유표시용으로 사용되었다(R. T. Sparks, 위의 글, Table 3). 아래 토론과 결론 마지막 부분과 표2 참조.

[85] 고대 이집트 상형문자와 신관문자는 모든 비문을 시기 별로 구분한 연구가 아직 시행되지 않았다. 이에 대한 시기 구분은 다음 연구 과제로 남긴다.

[86] 고대 이집트 상형문자가 발견된 곳은 체계적으로 연구되지 않았다. 텔 엘-아줄, 욥바, 여리고, 라

표 2. 중기 청동기 시대와 후기 청동기 시대의 문자와 기능(Sparks 2013: 99, Table 3)

	행정용	교육용	정치용	장례용	헌정용	보호용	소유 표시용	비문 수
쐐기문자	○	○	-	-	○	-	-	96개
알파벳 쐐기문자	○	-	-	-	○	-	○	3개
원시 가나안어	?	-	-	-	○	-	○	20개
이집트 상형문자	○	-	○	○	○	○	-	118개
신관문자	○	-	-	-	○	○	-	21개
히타이트 상형문자	○	-	-	-	○	-	-	3개
에게 문자	○	-	-	-	○	-	-	2개

III. 토론과 결론

고대 문명 지역에서 발생된 문자를 그 주변 지역에서 수용하는 과정에서 지역적 차이를 가지면서 몇 가지 특징이 일어난다. 지역 중심도시에 기반한 지방화, 모방과 창조, 문명 전이성과 증가성 등이 나타난다.

이 글에서는 청동기 시대[초기 청동기 시대 말기(EB III)-후기 청동기 시대 말기(LB IIB/LB III))에 가나안 지역에서 발견된 문자들, 상형문자(이집트어, 히타이트어), 신관문자(이집트어), 쐐기문자(수메르어, 아카드어, 서셈어), 알파벳 문자(원시-가나안어), 에게 문자/선문자(고대 그리스어))의 비문을 망라하여 살펴보았다. 발견된 비문들 이외에도 고고학적으로 남겨지지 않은 문서들 즉, 파피루스 등 유기물질에 기록된 문서가 존재하였음을 부인할 수 없지만,[87] 위에서 살펴본 비문들은 가나안 사회의 문서 활동을 분석할 수 있는 기초 자료를 제공한다. 이 문자들은 외부 지역 특히, 고대 문명의 영향을 받은 것도

기스, 게셀, 므깃도, 세겜, 벧산, 하솔 등에서 알려졌다.

[87] A. F. Rainey, 위의 글 (2010).

있지만, 고대 문명의 영향을 받아 자체적인 문자 창제와 사용 등의 발전과정을 겪게 되었다. 이들을 종합하면 다음의 몇 가지 특징이 발견된다.

첫째, 초기 청동기 시대 말기 하나의 수메르어 쐐기문자 토판을 시작으로 중기 청동기 시대의 문자 활동이 몇 개의 도시 중심으로 이루어졌고, 후기 청동기 시대에 와서 절정을 이루었다. 달리 말하면 이집트 제국의 지배하에 있던 후기 청동기 시대에 가장 많은 문자 활동이 있었음을 알 수 있다. 이는 기록된 문자의 종류와 비문의 수에서 확인되는데, 모든 문자의 비문 숫자가 후기 청동기 시대에 2~3배 증가하며, 중기 청동기 시대에 전혀 발견되지 않던 문자가 후기 청동기 시대에 새롭게 발견되는 경우도 확인된다. 이는 소수이지만, 이집트 제국에 의한 지배 시기에 가나안 사회의 활발한 국제적 관계를 보여주는 것이라 할 수 있다.

한편, 후기 청동기 시대에 비문의 숫자가 점차 증가하였지만, 이 시기 말기 가나안 도시가 멸망한 이후 초기 철기 시대에 가나안인들의 비문이 거의 발견되지 않음을 볼 때, 가나안 사회에서 사용된 문자들이 축소되거나 사라졌다고 할 수 있다.

둘째, 증가한 양상 중 가장 눈에 띄는 것은 이집트 상형문자의 개수이다. 후기 청동기 시대에 이집트 제국이 가나안을 속국으로 만들고 가나안은 정치적, 사회적, 경제적 영향을 받았다는 사실이 이집트 상형문자의 폭발적인 증가를 설명할 수 있을 것이다. 알파벳 문자의 학습 용이성과 자신들의 언어에 맞는 고유의 문자임에도 불구하고 알파벳 문자의 증가보다 상형문자의 증가가 더 많다. 숫자면에서도 분포면에서도 다른 어떤 문자보다 상형문자는 가나안 사회 내 영향력이 컸다고 할 수 있다. 쐐기문자가 외교의 지배 언어였다는 점은 부인할 수 없지만, 상형문자는 신관문자와 함께 가나안 사회 내에서 정치적, 경제적 지배 언어였다고 할 수 있다.

셋째, 기원전 1천년대를 통틀어 가나안 사회 내에 혁신적인 원시-가나안 알파벳 문자가 발명되었지만, 널리 보급되지 않았다. 이후 기원전 1천년기에 국가가 형성된 이후 페니키아인들과 이스라엘인들에 의하여 알파벳 문자가 국가 차원에서 사용되었다.[88] 원시-가나안 문자는 그 사회의 제1문자가 되지 못하였다. 위 표1에서 볼 수 있듯이 발견되는 비문의 숫자를 비교해 볼 때, 쐐기문자 또는 상형문자로 기록된 비문이 훨씬 많다(3~6배). 최초의 알파벳 문자로서 누구나 손쉽게 배울 수 있고, 자신들의 언어를 음절

---

88 A. Lemaire, 위의 글 (2008), pp.50-52.

로 표현할 수 있는 이점이 있지만 제한적으로만 사용될 뿐이었다. 비록 이후 시대에 좀 더 많은 원시-가나안 문자 사용이 발견되지만, 이러한 원시-가나안 문자의 제한적 사용 현상은 가나안 사회가 붕괴될 때까지 지속되었다.

가나안 사회의 주도적 문자는 고대 문명 지역에서 온 쐐기문자와 상형문자였다. 달리 말하면 알파벳 문자가 사용되기 시작한지 얼마 안되어 이집트가 가나안을 지배하는 시기를 맞이하면서 제국 문자(상형문자)와 국제 외교 문자(쐐기문자)가 제1문자 자리를 차지하게 되었다.[89] 메소포타미아 지역과 이집트 지역과의 소통뿐만 아니라 우가릿부터 가자에 이르기까지 50개의 도시-국가 중심지 간, 즉 토속 지방민들 간의 소통에서도 원시-가나안 알파벳 문자는 사용되지 않고 상형문자 또는 쐐기문자가 사용되었다. 글을 기록하는 서기관들이 지속적으로 문명지역의 문자를 사용하였음을 보여준다. 전언한 바와 같이 신왕국 시대 이후 이집트가 가나안 사회를 지배하였기에 상형문자의 사용은 정치적 이해관계로 설명할 수 있고, 가나안 사회 내 쐐기문자 사용은 이 언어가 외교적 언어로 사용되었기에 국제 관계 속에서 이해할 수 있다. 청동기 시대의 가나안 사회는 고립된 사회가 아니였으며 후기 청동기 시대에 이집트의 정치 지배하에서는 국제적 관계가 더욱 심화되었음을 알 수 있다.

넷째, 문자가 발견된 다섯 장소들과 그 분포를 살펴보면, 다음과 같은 몇 개의 특징이 나타난다: 1) 문자가 발견되는 장소들은 모두 가나안 사회의 중심 도시였다. 이 중심들은 북쪽 갈릴리 지역, 이스르엘 평야 지역, 중앙 산악지역, 쉬펠라 지역, 해안 평야 지역 그리고 요르단 계곡에 분포되어 각 지역의 중심 도시라고 할 수 있다. 중기/후기 청동기 시대에 거주하지 않았던 네게브를 제외하고 거의 모든 지역에서 발견되는 것을 볼 때, 문자사용의 지역 편중 현상은 없는 것으로 여겨진다. 2) 일부 도시는 몇 개의 다른 문자가 함께 발견되기도 하지만(하솔, 므깃도, 세겜, 아벡, 라기스 등), 대부분의 도시는 특정 문자만 발견된다. 이는 고고학적 연구의 제한성에서 기인한 것일 수 있지만, 문자는 사회적 구조의 결과물로서[90] 지역적 특성을 드러낸 것일 수 있다. 예를 들어, 에게 문자는 모두 해안 지역에서 발견되어 지중해를 통한 국제적 관계의 결과로 이해할 수 있으

---

89   N. Na'aman, 위의 글 (2020) 참조.

90   I. Shai and J. Uziel, "The whys and why nots of writing: literacy And illiteracy in the southern Levant during the Bronze Ages," in *Kaskal: Rivista di storia, ambienti e culture del Vicino Oriente Antico* 7 (2010), p.67.

며, 신관문자는 쉬펠라 남부와 블레셋 평야 지역에서 발견되는데 이들은 지리적으로 이집트와 가까운 지역으로 공물을 모아 이집트로 운송하는 중심 역할을 한 것으로 해석된다. 3) 지리적으로 가장 넓은 분포를 나타내는 것은 쐐기문자로서, 아카드어 쐐기문자가 가장 넓은 분포를 보여준다. 발견된 비문의 숫자면에서는 상형문자보다 더 적은 양이지만 국제 공용어였던 쐐기문자가 이집트의 지배하에 있을 때에도 각 도시 서기관들이 사용한 언어라는 사실을 가리킬 수 있다. 이집트에서 발견된 아마르나 서신들은[91] (Moran 1992) 이에 대한 증거로 제시될 수 있을 것이다. 4) 알파벳 문자가 발견되는 도시들은 대부분 상형문자이던지 아니면 쐐기문자가 발견되는 장소이다. 이는 기록을 담당하였던 서기관이 있는 곳에서 가나안인들의 고유한 알파벳 문자가 사용되었음을 추측케 한다.

마지막으로, 중기 청동기와 후기 청동기의 비문에 기록된 문자(쐐기문자, 알파벳 쐐기문자, 원시 가나안어, 이집트 상형문자, 이집트 신관문자, 곡형 상형문자, 히타이트 상형문자, 에게 문자, 위 표1 참조) 중, 사용된 기능에 따라 각 언어가 쓰인 특징이 있고 어떤 기능은 거의 모든 언어에 공통적으로 나타나는 경우가 있다(위 표2 참조). 예를 들어 정치용으로 사용된 것은 이집트 상형문자밖에 없는데 이는 이집트 제국이 가나안 사회를 다스렸던 시대적 상황이 낳은 결과일 것이다. 따라서 고대 이집트 문명이 낳은 이집트 상형문자는 제국의 문자이자, 정치 지배 문자라 할 수 있을 것이다. 헌정 비문 같은 경우는 지금까지 발견된 자료를 바탕으로 분석하였을 때, 히타이트 상형문자를 제외하고 모든 문자가 사용되었고, 행정용 비문은 원시 가나안어를 제외하고 모든 문자에서 사용되었다. 그만큼 가나안 사회에서 정치 지배 체제와 종교 제의적 기능에서 문자의 역할이 컸음을 알 수 있다. 특별히 알파벳 쐐기문자, 히타이트 상형문자, 에게문자의 발견된 숫자가 미미함에도 불구하고 헌정용으로 쓰인 점이 이를 뒷받침하고 있다.

이상에서 간략하게나마 가나안 사회에서 사용된 문자들을 종합적으로 살펴보았지만, 본 연구를 통하여 앞으로의 연구 과제를 발견하게 된다. 고대 이집트 상형문자의 시대에 따른 지리적 분포 연구, 가나안 지역 내에서 발견된 비문 내용을 분석하여 이를 전체 문자 체계 속에서 파악하는 연구, 가나안 지역 이외의 다른 지역에서 고대 문명의 문자들이 어떤 영향을 지녔는지에 대한 연구 등이 필요한데, 이것들은 다음 과제로 남겨둔다.[92]

91　W. L. Moran, *The Amarna Letters* (Baltimore: Johns Hopkins University Press, 1992).

92　이 글은 강후구, 「고대 문명 주변 지역의 비문 분석 연구 -가나안 지역을 중심으로-」, 『지중해지역연구』 26 (2024), pp.29-59를 수정보완한 것이다.

참고자료

유윤종, "A Sociolinguistic Approach to the Proto-Sinaitic Writings: From 1850 to 1050 BCE,"「동서인문」. 제 7호 (2017). 경북대학교 인문학술원. pp.81-107.

Mieroop, Marc Van De. *A History of the Ancient Near East*. 김구원. 강후구. 공역.「고대 근동 역사. B.C. 3000년경-B.C. 323년」(서울: CLC, 2022).

Allen, J. P. "Egyptian Language and Writing," in D.N. Freedman, (ed.) *Anchor Bible Dictionary* Vol. 4 (New York: Doubleday, 1992), pp.188-193.

Bae, C. "Inventors of the First Alphabetic System: Hints from Two Alphabetic Inscriptions in the Middle Bronze Age (1900-1500 BCE)," *Mediterranean Review* Vol. 5. No. 2 (2012), pp.1-16.

Ben-Tor, A. ed. *The Archaeology of Ancient Israel* (Jerusalem: The Open University Press, 1992).

Ben-Tor, D. "Egyptian-Canaanite Relations in the Middle and Late Bronze Ages as Reflected by Scarabs," in S. Bar, D. Kahn and JJ Shirley. ed. *Egypt, Canaan and Israel: History, Imperialism, Idelology and Literature: Proceedings of a Conference at the University of Haifa, 3-7 May* 2009 (Leiden: Brill, 2011),. pp.23-43.

Cline, E. H. Yasur-Landau, A. and Goshen, N. "New Fragments of Aegean-Style Painted Plaster from Tel Kabri, Israel," *American Journal of Archaeology* 115/2 (2011), pp.245-261.

Cline E. H. and Yasur-Landau, A. "Aegeans in Israel: Minoan Frescoes at Tel Kabri," *Biblical Archaeology Review* 39/4 (2013), pp.37-44, 64, 66.

Colless, B. E. "The Origin of the Alphabet: An Examination of the Goldwasser Hypothesis," *Antiguo Oriente* 12 (2014), pp.71-104.

Cross, F. M. "The Evolution of the Proto-Canaanite Alphabet," *Bulletin of American Schools of Oriental Research* 134 (1954), pp.15-24.

Cross, F. M. "Newly Found Inscriptions in Old Canaanite and Early Phoenician Scripts," *Bulletin of the American Schools of Oriental Research* 238 (1980), pp.1 - 20.

Cross, F. M. and Stager, L. E. "Cypro-Minoan Inscriptions Found in Ashkelon," *Israel Exploration Journal*, 56 (2006), pp.129-159.

Darnell, J. C., Dobbs-Allsopp, F. W., Lundberg, M. J., McCarter, P. K., Zuckerman, B., and Manassa, C. "Two Early Alphabetic Inscriptions from the Wadi el-Ḥôl: New Evidence for the Origin of the Alphabet from the Western Desert of Egypt," *Annual of the American Schools of Oriental Research* 59 (2005), pp.63-124.

Davis, B. "Cypro-Minoan in Philistia?," *Kubaba* 2 (2011), pp.40-74.

Diringer, D. "Inscriptions. A. Early Canaanite," in O. Tufnell, *Lachish IV: The Bronze Age* (London, 1958), pp.127-133.

Dothan, T. "Ashdod: Seven Seasons of Excavation," *Qadmoniot* 5/2 (1972), pp.2-13. (Hebrew with English summary).

Dothan, T. *Excavations at the Cemetery of Deir el-Balaḥ*. Qedem 10 (Jerusalem: The Hebrew University of Jerusalem, 1979).

Dothan, T. and Dothan, M. *People of the Sea: The Search for the Philistines* (New York: Macmillan Publishing Company, 1992).

Dothan, T. and Zuckerman, S. "Kamares Ware at Hazor," *Israel Exploration Journal* 50 (2000), pp.1-15.

Goldwasser, O. "Hieratic Inscriptions from Tel Seraʽ in Southern Canaan," *Tel Aviv* 11 (1984), pp.77-93.

Goldwasser, O. "Hieratic Fragments from Tell el-Farah (South)," *Bulletin of the Americal Schools of Oriental Research* 313 (1999), pp.39-42.

Goldwasser, O. "How the Alphabet Was Born from Hieroglyphs," *Biblical Archaeology Review* 36/2 (2010), pp.38-50.

Goldwasser, O. "The Early Alphabetic Inscriptions Found by the Shrine of Hathor at Serabit el-Khadem: Palaeography, Materiality, and Agency," *Israel Exploration Journal* 72 (2022), pp.14 – 48.

Goody, J. *The Interface between the Written and the Oral* (Cambridge: Cambridge University Press, 1987).

Greene, N. "The Qubur al-Walaydah Bowl: New Images and Old Readings," *Bulletin of the Americal Schools of Oriental Research* 377 (2017), pp.39-47.

Hamilton, G. J. *The Origins of the West Semitic Alphabet in Egyptian Scripts* (Washington: Catholic Biblical Association of America, 2006).

Herzog, Z. "Jappa," in E. Stern, H. Geva and J. Naveh ed. *The New Encyclopedia of Archaeological Excavations in the Holy Land*, Vol. 5. (Jerusalem: Israel Exploration Society, 2008), pp.1791-1792.

Hilgert, M. "New Perspective in the Study of Third Millennium Akkadian," *Cuneiform Digital Library Journal* 2003.4 (2003), pp.1-14.

Höflmayer, F. Misgav, H. Webster, L. and Streit, K. "Early alphabetic writing in the ancient Near East: the 'missing link' from Tel Lachish," *Antiquity* 95/381 (2021), pp.705-719.

Horowitz, W. Greenhut, Z. and Cohen-Weinberger, A. "Beth Shean 3?: A Sumerian Royal Inscription revealed in Nehemia Zori's Archaeological Inheritance," *NABU* 2022.1 (2022), pp.16-20.

Horowitz, W. Takayoshi, O. and Sanders, S. L. *Cuneiform in Canaan: cuneiform sources from the Land of Israel in ancient times* (Jerusalem: Israel Exploration Society, 2006).

Horowitz, W. Takayoshi, O. and Sanders, S. L. *Cuneiform in Canaan: Next Generation*. 2nd ed. (University Park, Pennsylvania: Eisenbrauns, 2018).

Horowitz, W. Takayoshi, O. and Vukosavović, F. "Hazor 18: Fragments of a Cuneiform Law Collection from Hazor," *Israel Exploration Journal* 62/2 (2012), pp.158-176.

Kempinski, A. 1992. "Ch. 6. The Middle Bronze Age", in A. Ben-Tor, ed. *The Archaeology of Ancient Israel*. Jerusalem: The Open University Press, pp.159-210.

Koller, A. "The Diffusion of the Alphabet in the Second Millennium BCE: On the Movements of Scribal Ideas from Egypt to the Levant, Mesopotamia, and Yemen," *Journal of Ancient Egyptian Interconnections* 20 (2018), 1-14.

Lemaire, A. "The Spread of Alphabetic Scripts (c.1700-500 BCE)," *Diogenes* 218 (2008), pp.44-57.

Levy, E. "A Note on the Geographical Distribution of New Kingdom Egyptian Inscriptions from the Levant," *Journal of Ancient Egyptian Interconnections* 14 (2017), pp.14-21.

Loud, G. *Tel Megiddo Ivories* (Chicago: The University of Chicago Press, 1939).

Maeir, A. M., Martin, M. and Wimmer, S. J. 2004. "An Incised Hieratic Inscription from Tell es-Safi, Israel," *Ägypten und Levante* XIV (2004), pp.125-134.

Mazar, A. *Archaeology of the Land of the Bible* (New York: Doubleday, 1990).

Mazar, A. "Tel Beth Shean," in E. Stern, ed. *The New Encyclopedia of Archaeological Excavations in the Holy Land*, Vol. 1. (Jerusalem: Israel Exploration Society, 1993), pp.214-223.

McGovern, P. E. *Late Bronze Palestinian Pendants: Innovation in a Cosmopolitan Age* (Sheffield: American Schools of Oriental Research, 1985).

Moran, W. L. *The Amarna Letters* (Baltimore: Johns Hopkins University Press, 1992).

Na'aman, N. "Egyptian Centres and the Distribution of the Alphabet in the Levant," *Tel Aviv* 47 (2020), pp.29-54.

Naveh, J. *Early History of the Alphabet. An Introduction to West Semitic Epigraphy and Palaeography* (Jerusalem: Magnes Press, 1982).

Niemeier, B. and Niemeier, W.-D. "Ch. 6. The Frescoes in the Middle Bronze Age Palace," in A. Kempinski, N. Scheftelwitz and R. Oren, ed. *Tel Kabri: The 1986-1993 Excavations* (Tel Aviv: Tel Aviv University, 2002), pp.254-285.

Rainey, A. F. and Notley, R. S. *The Sacred Bridge: Carta's Atlas of the Biblical World* (Jerusalem: Carta, 2006).

Richards, F. *The Anra Scarab: An Archaeological and Historical Approach*. Unpublished Ph.D. diss. (Edinburgh: University of Edinburgh, 1996).

Rotem, Y., Iserlis, M., Rosenblum, A. and Rothman, M. S. "A Late 4th millennium BCE cylinder-seal amulet from Tel Yaqush and its contribution to the understanding of EB I-II communities in the Central Jordan Valley," *Levant* 53 (2021), pp.13-29.

Sass, B. *The Genesis of the Alphabet and Its Development in the Second Millennium B.C.* (Agypten und Altes Testament 13) (Wiesbaden, 1988).

Sass, B. *The Alphabet at the Turn of the Millennium: The West Semitic Alphabet ca.* 1150-850 (The Aviv: The Aviv University, 2005).

Sass, B. Garfinkel, Y. Hasel, M. G. and Klingbeil, M. G. "The Lachish Jar Sherd: An Early Alphabetic Inscription Discovered in 2014,". *Bulletin of Americal Schools of Oriental Research* 374 (2015), pp.233-245.

Shai, I. and Uziel, J. "The whys and why nots of writing: literacy And illiteracy in the southern Levant during the Bronze Ages," in *Kaskal: Rivista di storia, ambienti e culture del Vicino Oriente Antico* 7 (2010), pp.67-83.

Singer, I. "A Hittite Hieroglyphic Seal Impression from Tel Aphek," *Tel Aviv* 4 (1977), pp.178-190.

Singer, I. "A Hittite Signet Ring from Tel Nami", in A.F. Rainey, (ed.) *Kinattutu sa darati: Raphael Kutscher Memorial Volume* (Tel Aviv: Institute of Archaeology, Tel Aviv University, 1993), pp.189-191.

Singer, I. "A Hittite Seal from Megiddo," *Biblical Archaeologist* 58 (1995), pp.91-93.

Singer, I. "Two Hittite Ring Seals from Tell el-Far'ah (South)," *Eretz-Israel* 27 (2003), pp.133-134, 287* (Hebrew with English summary).

Sparks, R. T. "Re-writing the Script: Decoding the texual experience in the Bronze Age Levant(c. 2000-1150 BC)," in Piquette, K.E. and Witehouse, R.D. ed. *Writing as Material Practice: Substance, surface and medium* (London: Ubiquity Press, 2013), pp.75-104.

Stauder, A. "6. The Earliest Egyptian Writing," in Woods, C. ed. *Visible Language: Inventions of Writing in the Ancient Middle East and Beyond* (Chicago, IL: M&G Graphics, 2010), pp.137-147.

Tacitus, C. *Annals: Books IV-VI, XI-XII.* Trans. by J. Jackson (London: William Heinemann Ltd., 1986).

Theodorides, K. "Revisiting the tradition of Palamedes as inventor of the alphabet," *Academia Letters*. Article 5305 (2022).

Topçuoğlu, O. "1. Iconography and Protoliterate Seals," in Woods, C. ed. *Visible Language: Inventions of Writing in the Ancient Middle East and Beyond* (Chicago, IL: M&G Graphics, 2010), pp.29-32.

Tufnell, O. ""Hyksos" Scarabs from Canaan," *Anatolian Studies* 6 (1956), pp.67-73.

Tufnell, O. ed. *Lachish IV: The Bronze Age* (London: Oxford University Press, 1958).

Vainstub, D., Mumcuoglu, M., Hasel, M.G., Hesler, K. M., Lavi, M., Rabinovich, R., Goren, Y., and Garfinkel, Y. "A Canaanite's Wish to Eradicate Lice on an Inscribed Ivory Comb from Lachish," *Journal of Jerusalem Archaeology* 2 (2022), pp.76-119.

Ward, W. A. "Egypt and the East Mediterranean in the Early Second Millennium BC," *Orient* 30 (1961), pp.129-155.

Ward, W. A. "Notes on some Semitic Loan-words and Personal Names in Late Egyptian," *Orient* 32 (1963), pp.413-436.

Ward, W. A. *Studies on Scarab Seals, Vol I. Pre-12th Dynasty Scarab Amulets* (Warminster, 1978).

Weinstein, J. M. "A Statuette of the Princess Sobeknefru at Tel Gezer," *Bulletin of Americal Schools of Oriental Research* 213 (1974), pp.49-57.

Wimmer, S. J. "A Proto-Sinaitic Inscription in Timna/Israel: New Evidence on the Emergence of the Alphabet," *Journal of Ancient Egyptian Interconnections* 2 (2010), pp.1-12.

Wimmer, S. J. and Lehmann, G. "Two Hieratic Inscriptions from Qubur el-Walaydah," *Egypt and the Levant* 24 (2014), pp.343–348.

Yasur-Landau, A. and Goren, Y. "A Cypro-Minoan Potmark from Aphek," *Tel Aviv* 31 (2004), pp.22-31.

Ngo, R. "Rare Egyptian Sphinx Fragment Discovered at Hazor," on https://www.biblicalarchaeology.org/daily/news/rare-egyptian-sphinx-fragment-discovered-at-hazor/ (검색일자: 2024년 9월 27일).

Rainey, A. F. "Turquoise Miners Did Not Invent the Alphabet," on https://www.biblicalarchaeology.org/daily/biblical-artifacts/inscriptions/raineys-first-critique/ (2010, 검색일자: 2024년 8월 29일).

Rollston, C. "The Probable Inventors of the First Alphabet: Semites Functioning as rather High Status Personnel in a Component of the Egyptian Apparatus," on http://www.rollstonepigraphy.com/?p=195 (2010, 검색일자: 2024년 9월 28일).

찾아보기

H

HAZOR 18, 285

ㄱ

가차, 54, 61~65, 72, 74
가차자, 13, 53~55, 61~62, 72
간기, 162~163, 169, 177, 178, 184, 186, 191, 214, 224, 303
갑골각사(甲骨刻辭), 53, 61, 68, 72, 74, 97, 135
갑골문, 10, 12~13, 18, 19, 24~28, 32, 34~35, 37, 41~42, 44~46, 53~56, 60~63, 65, 68, 72, 74, 92, 94, 96~100, 104~105, 109~113, 115~116, 135~136, 138
기사류, 100, 105
험사류, 109, 110~111, 113, 115
견갑골점(scapulimancy), 35
결혼 계약, 237
경계, 14, 76, 86, 109, 115, 116, 159, 262, 309
고내구성 매체, 13, 96, 108, 115
고석, 56, 58, 62, 65
고왕국 시대, 14, 143, 145, 156, 157~60, 161, 163, 167, 169, 170
고전, 10~11, 143, 150~151, 156~158, 162, 165, 169~170, 180, 259, 260

공방, 47, 49, 70~71, 281
공중정원, 276
구상성 기호, 88
그림문자(pictograph), 25, 29~30, 32
금기법, 288
금문 기사류, 105, 106
기념, 9, 10, 14, 76, 79, 100, 105~08, 115, 116, 137, 149, 152, 157~158, 163~164, 167, 259, 278~279, 282~283, 304
기사(記事), 55, 64, 68, 74, 97~00, 104~105, 107~108, 277
기사각사(記事刻辭), 68, 98~100 104, 139
기억, 3, 11, 13~4, 21, 40, 76~79, 81~87, 89, 91~92, 94, 97, 105, 115~116, 137~138, 145, 160~162, 166, 168~169, 194, 204, 214, 218, 220~221, 223, 240~242, 263, 297
기억 매체, 3, 13, 21, 76~78, 81~87, 92, 94, 115
기원, 3, 9~15, 17~19, 21, 23~28, 30~35, 38, 44, 48~49, 55, 77~78, 83~90, 92, 94, 97, 138, 142~145, 156, 160~161, 170, 176, 178, 181, 188, 194, 196, 202, 204, 206, 210, 212, 214~215, 217, 222, 249, 260~261, 263, 267, 275, 277, 287, 292, 301~303,

308~310, 312~315, 320
기파루, 202, 236~238
기호, 3, 13, 21, 43, 55, 76~77, 81, 83~85, 87~89, 91~92, 94, 97, 115, 130, 132~133, 168
기호 전통, 3, 13, 21, 77, 92, 115, 132, 133
길가메시, 3, 14~16, 142, 156, 175~195, 197~205, 209~229, 231~244, 246~249

ㄴ

내장점, 285, 286
네페르티 예언서, 162
누딤무드, 238

ㄷ

단어, 23, 29~44, 46, 54~55, 57~58, 61~63, 68, 74, 96~97, 146, 151, 155, 199, 202, 301, 310
단음절 언어, 68
데카드, 190
도기기호, 60, 74
도기류 부호, 87~89, 92, 104, 118, 123, 126, 136
도화, 54, 57, 60, 61, 74, 87
두 형제 이야기, 148~149, 156

ㄹ

루갈, 191, 197~198, 201, 203, 215, 218, 222
루갈반다, 178, 191, 212, 215~218, 222~223, 233, 238, 243
리피트-이쉬타르, 190, 285

ㅁ

마투스, 181, 183~187, 195
매체, 10, 13~14, 19, 33~35, 47, 78, 81, 83~84, 86~89, 92, 94, 96, 100, 104~108,

115~116, 130, 138, 145, 153, 167, 170, 275
메투란 사본, 192, 228, 235~236, 240
문자, 1, 3, 4, 9~13, 18~19, 21~35, 37~44, 47~49, 54~56, 58, 60~62, 65, 68, 72, 74, 77~78, 81~89, 92, 94, 96~99, 108, 115~116, 127, 130, 132, 134, 136, 137~140, 145~147, 150, 152, 155~157, 160~161, 164~168, 170, 180, 193, 197, 200, 203, 211, 213~214, 216~217, 219, 221~222, 224~233, 264, 266, 275, 296~322
문자 전통, 88, 92, 132, 155, 156
문학 목록, 184, 185~186, 189~191
문해력, 3, 21, 22, 23, 33, 38, 40, 48
문화
문화적 기억, 14, 16, 19, 79, 138, 143, 145, 165~166, 168, 170, 220, 229~230, 244, 249
문화적 진화(cultural evolution), 12, 48
문화텍스트, 167~168

ㅂ

바벨탑, 276
복사(卜辭), 44, 46, 60, 68~71, 110~113, 115, 135, 138, 139
복순복사, 111~113, 115
부호, 12~13, 23, 25~30, 32, 37, 40~41, 44, 46, 48, 53~55, 61~63, 66, 68, 74, 81, 83~84, 86~89, 91~92, 94, 97~98, 108, 118, 123~130, 133~134
비판적 사용, 265~267, 270

ㅅ

사법권, 284, 291
사자의 서, 147
삼수-일루나, 280

상 문자, 76, 85, 92, 94, 96~98, 105, 109, 115~116
상형, 13, 18, 26, 34, 41~45, 61~62, 87~89, 92, 152, 157, 296~297, 299, 301~305, 307, 310~314, 316, 318~322
설문해자, 24, 61
성부(聲符), 65~66, 68
성서법, 17, 285~292
소리, 13, 23~25, 30, 33, 39, 61, 66, 81, 83, 94, 97, 167, 233
수집과 분류, 17, 265~267, 270~271
슐기, 190, 198, 203, 218~220, 222, 223, 244
시각 단어 형태 영역(VWFA), 39~40
시누헤 이야기, 149~150, 158, 164, 169, 302
시로-팔레스타인, 290~291
신들의 회의, 192~193, 239
신성결혼식, 237
신앗시리아 시대, 285, 287, 288, 289

ㅇ

아가, 13, 16, 19, 33, 63, 78, 83, 92, 116, 158, 169, 178~182, 184, 193, 198, 202, 213, 218, 221~225, 233, 242~248, 262, 264, 276, 289
아메넴하트 왕의 교훈, 147
아부-살라빅, 214~215, 220, 224
아부시르 파피루스, 166
앗수르바니팔 도서관, 176
야곱, 287
얀 아스만, 11, 14, 145, 153, 161, 170
언변좋은 농부, 151
에레스키갈, 185, 240, 242
에슈눈나, 285
에안나 신전, 197, 236, 281
엔키두, 16, 176, 178~180, 184~185, 188~189, 193, 199~203, 211~213, 224~229, 231, 232, 233, 238, 241~242, 247, 248
엔-통치자, 195, 196, 197, 198, 199, 201, 202, 234, 237, 238
역사 쓰기, 3, 13~14, 21, 77~78, 105, 115~116
영속성, 76, 115~167
오경, 287~288, 291~292
왕의 문서고, 283
우룩 꽃병, 196~197, 200
우르-남무, 285, 309
우르루갈, 240
우투헤갈, 217~218
유배, 287, 289~290, 292
음성언어, 76, 83, 84~87, 92, 94, 97
음성적 재현(phonetic representation), 31
이쉬타르 여신, 178, 181, 212, 215, 238, 281
인안나, 185, 190, 193, 196~197, 199~203, 217, 226~228, 236~239

ㅈ

자전적 문헌, 14, 143, 145, 156~160, 163~164, 167, 170
전용자(專字), 58
전통의 물줄기, 9, 11, 12, 14, 145, 165
점복, 10~11, 35, 37, 48~49, 68, 98~100, 104, 109~110, 113
제의법, 288
주인과 종의 대화, 16~17, 255~262, 267, 270~272
중국 사학사, 77, 78
중국-티베트어족, 86
중왕국 시대, 14, 143, 145, 149, 156,~164, 169~170
지식 사회학, 17, 257, 264
지우수드라, 193, 234~235, 239, 241
지혜문학, 3, 10, 16~19, 142, 149, 255~256, 258~261, 263~267

ㅊ
추상성 기호, 87~88, 92

ㅋ
카케페레세네브, 150
키쉬의 왕, 198, 221, 242~247

ㅌ
토기부호, 25~26
툼말 비문, 185, 228

ㅍ
표식(mark), 9, 13, 25, 29, 38, 40, 44, 305
표의자, 54, 61~63, 74
프타호텝의 교훈, 148, 151
피라미드 텍스트, 167

ㅎ
하늘 황소, 16, 178~181, 184~185, 193, 198, 201~202, 212~213, 216~217, 224~225, 235~236, 238~239, 248
학교, 16, 78~79, 84, 137~138, 140, 166, 171, 184, 189~190, 219~220, 222~224, 243, 248, 259~260, 263~264, 277, 283, 293, 323
함무라비 법전, 199, 276~280, 282~288, 291~293
합문(合文), 45
허신, 24~25
형성자, 13, 53, 55, 61~62, 65~66, 68, 72
형태소-음절문자, 57, 68
후와와, 16, 178~180, 184~185, 188~190, 193, 198, 20~203, 213, 224~227, 230~231, 233~234, 239, 243, 247, 248